Technology Development and Risk Assessment of Carbon Heated Tobacco Product

炭加热卷烟技术发展及风险评估

主　编　雷　萍　秦云华　张　柯　尚善斋
副主编　韩敬美　申钦鹏　王　汝　李志强
　　　　付丽丽
编　委　朱洲海　吴　恒　李廷华　杨　柳
　　　　朱东来　陈　宸　袁大林　张　齐
　　　　张　霞　赵　杨　尤俊衡

中国·武汉

图书在版编目（CIP）数据

炭加热卷烟技术发展及风险评估/雷萍等主编 . — 武汉：华中科技大学出版社，2022.11
ISBN 978-7-5680-8388-1

Ⅰ . ①炭… Ⅱ . ①雷… Ⅲ . ①卷烟—产品设计—技术发展—风险评价—研究 Ⅳ . ① F768.29

中国版本图书馆 CIP 数据核字（2022）第 211732 号

炭加热卷烟技术发展及风险评估
Tanjiare Juanyan Jishu Fazhan ji Fengxian Pinggu
Technology Development and Risk Assessment of Carbon Heated Tobacco Product

雷萍　秦云华　张柯　尚善斋　主编

策划编辑：曾　光	
责任编辑：白　慧	
封面设计：孢　子	
责任监印：朱　玢	
出版发行：华中科技大学出版社（中国•武汉）	电话：（027）81321913
武汉市东湖新技术开发区华工科技园	邮编：430223
录　　排：武汉创易图文工作室	
印　　刷：湖北恒泰印务有限公司	
开　　本：787 mm×1092 mm　1/16	
印　　张：19.75	
字　　数：441 千字	
版　　次：2022 年 11 月第 1 版第 1 次印刷	
定　　价：168.00 元	

本书若有印装质量问题，请向出版社营销中心调换
全国免费服务热线：400-6679-118　竭诚为您服务
版权所有　侵权必究

序
PREFACE

收到《炭加热卷烟技术发展及风险评估》这本书的手稿，阅读、思考，爱不释手。书中从加热卷烟的技术构思引出炭加热卷烟，从专利和产品的角度详细阐述了炭加热卷烟技术发展的历史。该书的编写人员基于多年来在该技术领域不断投入、产出众多成果的基础，向从事和关注加热卷烟领域的人们展开了一幅生动的炭加热卷烟技术演化的精美画卷。

炭加热卷烟应该说是加热卷烟最早的产品实践，将烟草自身燃烧产生烟气成功转变为燃烧炭质材料向烟草给热产生烟气，是烟草制品发展中的一个里程碑。经过30多年的发展，加热卷烟增加了电加热卷烟和气溶胶加热卷烟两个新成员，其中电加热卷烟产品在全球烟草消费市场中获得了巨大的成功。然而，目前在所有从业者看来，炭加热卷烟，或者说燃料供热的这种技术构思已经被丢弃到看不到的角落里了。

这个世界是丰富多彩、充满多样性的，日常消费品更是如此。一切成功的产品都是强大系统能力的产物，一个新的产品进入市场需要在"原理—技术—产品—市场"这一创新链上反复打磨。炭加热卷烟经过了30多年的发展，在这个创新链上有了几次不成功的尝试，还没有等到炭加热技术开始释放其发展动能，难道我们真的要放弃它吗？

事实上，炭加热卷烟从基本原理上第一次将传统卷烟"自热式反应系统"转变为"外热式反应系统"，其消费体验与传统卷烟相似，并可对消费者实现"无缝衔接"，同时具有减害的特点，即可兼顾"好抽""减害"的消费者需求，能够成为消费者从卷烟向加热卷烟过渡的桥梁。

本书的编写人员是在加热卷烟领域从业近十年的科技骨干，是烟草行业优秀科技工作者的代表，他们所带领的团队一直在加热卷烟领域，尤其是炭加热技术领域进行深耕，并非随波逐流地跟随研究热点开展工作。在和他们一起工作的日子里，我深深感觉到他们专业好、能力强，具有勇于探索和开拓创新的精神，"坚持数年，必有好处"，我欣喜地看到了他们一篇篇的论文被顶刊发表，一次次的学术交流与分享，一项项的科技成果通过鉴定，"著作等身"是他们更高的追求。相信读者在阅读本书时除了可以获得编写人员们分享的知识外，还可以体会到他们对科学事业的不懈追求。

  阅读本书后的第一感觉是：我即将轻松上阵，重新出发，从史观的角度，思考传统卷烟向加热卷烟转变的内在逻辑，推动更多新产品的产生。从参考资料中获取相关知识，结合对目前风靡全球的电加热卷烟的认知，从技术和社会协同发展的角度理解产品创新。星星之火，可以燎原！书中点点滴滴的方向性指引，将成为我们在炭加热卷烟领域不断创新的奠基石，成为产品切入市场、满足消费者需求的创新引擎。

  作为一名在烟草科技战线上工作20年的从业者，我一直秉承"忘记所有，才是拥有"的知识获得理念，让知识转化为创新的思维方式和应用实践。希望能够和阅读《炭加热卷烟技术发展及风险评估》一书的从业者共同努力，推动我国加热卷烟领域技术进化、产品研发等工作持续、深入地向前发展，蹄疾步稳，走向世界加热卷烟技术和产品的最前沿。

2022 年 11 月 1 日于郑州

前言
PREFACE

近年来，在全球控烟形势和公众健康舆论的双重压力下，传统卷烟的发展受到越来越多的制约，随之以风险弱化作为技术优势的新型烟草制品领域成为菲莫国际、英美烟草等国际烟草头部企业的战略发展方向，并掀起全球化的市场热潮。作为烟草工业升级和持续发展的新选择，新型烟草制品已然成为世界烟草产业变革的重要推动力。

新型烟草制品在满足消费者生理需求的基础上，可进一步降低产品释放物中有害及潜在有害成分，减少消费者的健康风险。按照产品属性划分，新型烟草制品可分为加热卷烟、电子烟和无烟气烟草制品三大类。其中，以加热不燃烧烟草为特点的加热卷烟在生理感受、心理感知、吸食方式等方面比较接近传统卷烟，烟草消费者容易接受，是一类极具发展潜力的新型烟草制品，成为烟草行业未来发展的重要方向之一。按照热源差异划分，加热卷烟又可分为电加热型、燃料加热型和理化反应加热型。

炭加热卷烟通过固体炭质燃料对烟草材料进行加热，属于燃料加热型卷烟。相比其他类型的加热卷烟，炭加热卷烟的外观形态和使用方式等与传统卷烟相似性更高，是国际烟草头部企业研发布局最早的加热卷烟产品。相应地，因其"加热非燃烧"的产品属性使其内部结构与传统卷烟迥异，随之衍生出炭质热源、发烟材料、隔热保温材料、气流路径、传热方式和生产工艺等创新技术。

经过三十多年的发展，围绕炭加热卷烟创新技术的专利、论文等相关文献已成为国际加热卷烟研究领域的重要组成部分，炭加热卷烟的出现进一步丰富和拓展了烟草技术体系。以加深对新型烟草制品的认识、推动烟草制品技术发展为目的，本书围绕炭加热卷烟技术发展脉络、代表性测试产品剖析、产品设计与开发技术思路、毒理学评价结果、市场监管法律法规等方面进行总结归纳，详细介绍炭加热卷烟的技术发展及风险评估，为读者全面了解和研究炭加热卷烟提供帮助。

本书的出版得到了云南中烟工业有限责任公司科研项目的资助，同时得到华中科技大学出版社的大力支持。在此，谨向所有为本书构思、编撰、出版做出贡献的单位和个人表示由衷的感谢和诚挚的敬意！

烟草制品技术发展日新月异，其知识体系和内容正处于快速演变和优化的过程中，目前尚无较系统的著作可供借鉴，加之编者水平所限，书中难免有叙述不当之处，诚望海涵，敬请读者批评指正。

编者
2022-11-14

目录
CONTENTS

第一章 炭加热卷烟技术发展概述 /1

1.1 加热卷烟简介 /2
1.2 炭加热卷烟简介 /3
1.3 炭加热卷烟的发展历程/动态 /5

第二章 炭加热卷烟技术发展 /11

2.1 炭加热卷烟领域专利概况 /12
2.2 跨国烟草公司技术发展脉络分析 /15
2.3 产品设计技术发展脉络分析 /72
2.4 设计理念趋势分析和技术措施 /115

第三章 炭加热卷烟产品剖析 /121

3.1 外观分析 /122
3.2 结构分析 /123
3.3 材料分析及性能表征 /129
3.4 烟气分析 /142
3.5 感官体验 /145

第四章 炭加热卷烟产品设计及开发 /147

4.1 炭质热源设计与开发 /148
4.2 烟芯材料设计与开发 /182
4.3 隔热保温材料设计与开发 /203
4.4 炭加热卷烟烟用材料设计要求 /216
4.5 炭加热卷烟卷接工艺及加工设备 /221

第五章　炭加热卷烟毒理学评价研究　/235

5.1　体外毒理学研究　/237

5.2　动物实验　/251

5.3　人体相关研究　/255

5.4　系统毒理学研究　/259

第六章　市场监管　/267

6.1　欧盟　/268

6.2　美国　/273

6.3　英国　/279

6.4　哈萨克斯坦　/292

6.5　韩国　/292

6.6　加拿大　/293

6.7　日本　/294

6.8　德国　/294

6.9　中国　/295

6.10　其他国家　/295

6.11　CORESTA　/296

6.12　世界卫生组织（WHO）　/297

6.13　小结　/301

附录　国内申请或公开的炭加热卷烟相关专利列表（1989—2018）　/303

第一章

炭加热卷烟技术发展概述

引言

随着公众对传统卷烟危害性认识的加强和政府对卷烟管制力度的加大，低危害新型烟草制品成为中国烟草顺应发展潮流、谋求未来发展的新选择。自2006年以来，菲莫国际、雷诺美国、英美烟草等国际烟草公司开始大力推进新型烟草制品的研发和市场推广。目前，国际市场上已出现了三种类型的新型烟草制品：加热不燃烧型烟草制品（如菲莫国际的iQOS，雷诺美国的Eclipse、REVO等）、无烟气烟草制品（口含/鼻吸，如瑞典火柴公司的Wolf、雷诺美国的Camel Snus等）和电子烟（如JUUL公司的JUUL电子烟）。其中，加热不燃烧卷烟（也称加热卷烟）以加热不燃烧模式代替高温裂解模式，达到释放烟气供消费者抽吸，且减少有害成分释放量的目的，因其在生理感受、心理感知、吸食方式等方面更接近传统卷烟，消费者接受度较高，具有很好的市场前景。

1.1 加热卷烟简介

1.1.1 产品定义

加热不燃烧（heat-not-burn，HNB）卷烟又叫加热卷烟，是利用特殊热源对烟草材料进行加热，加热时烟草材料中的烟碱及香味物质通过挥发产生烟气来满足消费者需求的一种新型烟草制品。和电子烟不同的是，该类型产品装填的是真正的烟草物质，有传统烟支外观，属于卷烟的范畴。

加热卷烟在生理感受、心理感知、吸食方式等方面最接近传统卷烟，同时大大减少了吸烟对消费者及周围人群的危害：

（1）对吸烟者的危害小。这是由于吸烟者在吸食加热卷烟时烟草材料不经过燃烧，因此产生的有害物质减少90%以上。

（2）对环境的危害小。加热卷烟不产生二手烟，减少了传统烟草制品对环境的污染及他人的危害，在一定程度上缓解了吸烟和公共场所禁烟的矛盾。

（3）安全性高。传统烟草制品燃烧残留的烟蒂很容易造成火灾，而加热卷烟避免了这一隐患。

（4）具有传统烟草制品的某些特性。加热卷烟含有烟碱，能够在一定程度上满足消费者的生理需求。

1.1.2 产品分类

按照加热方式不同,加热卷烟可分为电加热型、燃料加热型(如气态、液态、固态燃料)以及理化反应型(如化学反应、物理结晶等)三类。

电加热型如菲莫国际的 iQOS、英美烟草的 glo 以及韩国烟草的 lil。燃料加热型如雷诺美国的炭加热卷烟 "Eclipse",通过烟支头部装填的炭棒作为热源对烟丝进行加热;爱尔兰 Oglesby & Butler 集团的燃气加热卷烟 "WISPR",通过丁烷气体加热烟丝外金属腔体到 190℃ 进行抽吸。理化反应型目前只有专利,无市场化产品。

1.2 炭加热卷烟简介

1.2.1 产品定义

炭加热卷烟是采用固体炭质燃料作为热源,对烟草材料进行加热的一种燃料加热型卷烟。由于该类卷烟不燃烧烟草材料,点燃的一端不冒烟,也不产生烟灰,因此相对于传统卷烟来说几乎能减少 90% 的环境烟气。正如炭加热卷烟代表性产品 "Eclipse" 的宣传语一样(图 1-1):"请想象有这么一种香烟,它不会留下灰烬","请想象有这么一种卷烟,烟气能像这样消失殆尽"。炭加热卷烟在抽吸感受、吸烟者体验感、轻巧便携等方面具有很大优势,是最接近传统卷烟抽吸感受和用户体验的一类新型烟草制品。

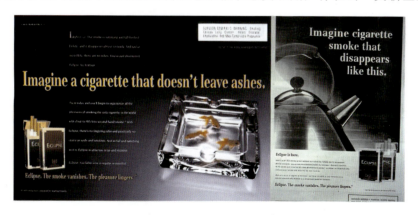

图 1-1 Eclipse 宣传广告

1.2.2 产品分类

炭加热卷烟从外观看如同一支普通卷烟,但其内部结构十分复杂。"三段式结构"

是炭加热卷烟的常规结构，包括燃料段、发烟段及滤嘴段，具体结构如图 1-2 所示。燃料段内含高纯炭质热源，并使用玻璃纤维作为保温隔热层；发烟段为二元复合烟草段，前半段受热提供烟气，后半段冷却降低烟气温度。发烟段通过燃料段中的一根用玻璃纤维包裹的炭质热源棒加热。

炭加热卷烟的抽吸分为两个阶段。以 Eclipse 为例，第一阶段是点燃炭棒，当炭棒刚点燃时，其温度还不足以将空气加热至烘烤发烟段所需温度，此时，包裹炭棒的玻璃纤维隔热保温材料之间少量的烟草薄片遇明火直接燃烧，产生少量烟气，为消费者提供初期的吸烟感受。第二阶段是炭棒开始稳定燃烧后，炭棒外的空气分别通过炭棒纵向沟槽以及玻璃纤维（简称玻纤）两种途径进入烟支，并被灼热状态的炭棒加热到足以烘烤烟草的温度，进而加热发烟段烟草材料以释放烟气。随着抽吸过程持续进行，发烟段产生的烟气通过后面的烟草填充部分，经过简单的热交换，烟气温度降低到合适的程度，最终输送到吸烟者口中。

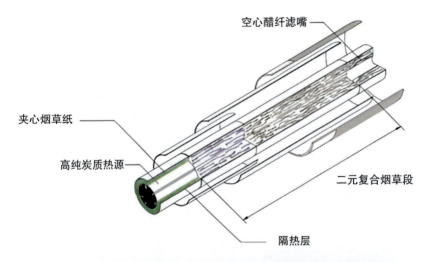

图 1-2 炭加热卷烟结构

1.3 炭加热卷烟的发展历程/动态

20世纪80年代国外已开始炭加热卷烟的研发。目前，国外烟草巨头雷诺美国、英美烟草、日本烟草均开展了炭加热卷烟的相关研究，并推出了上市产品。雷诺美国作为该领域的先驱，已开展多年研究，并成功推出数款商品化产品。现对上述三大跨国烟草公司近年在炭加热卷烟领域的产品研发及市场推广情况简介如下。

1.3.1 雷诺美国

雷诺美国烟草公司（Reynolds American Inc.，简称雷诺美国）是美国香烟市场第二大制造商，也是最早掌握加热不燃烧技术的烟草公司之一。雷诺美国在加热卷烟领域的研发重点是炭加热卷烟，迄今已推出四款商品化的炭加热卷烟产品，是目前推出炭加热卷烟产品最多的烟草公司。

1. 第一代产品

1988年10月，雷诺美国推出其第一代产品"Premier"（图1-3），也是全世界第一款炭加热卷烟。这款产品口味不适、有异味（炭味），且烟碱摄入量低，导致消费者接受度不高。

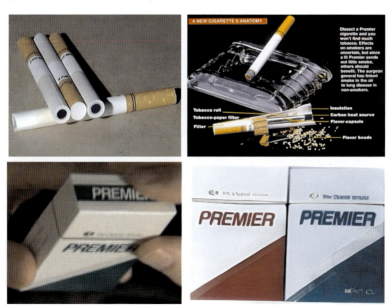

图1-3 雷诺美国炭加热卷烟产品"Premier"

2. 第二代产品

1995年，雷诺美国分别在三个国家推出第二代炭加热卷烟产品。其中，在美国Chattanooga推出"Eclipse"品牌，在德国Augsberg推出"HI·Q"品牌，在瑞典推出"Inside"品牌（图1-4）。同卷烟相比，Eclipse主流烟气有害成分大幅度降低，生物毒性显著降低，与1R5F标准参比卷烟相比，20多种Hoffmann有害成分仍然低60%以上。

图1-4 雷诺美国炭加热卷烟产品 Eclipse、HI·Q、Inside

3. 第三代产品

2015年2月，为了迎合大众对传统卷烟替代产品日益增加的需求，并且应对菲莫国际推出的iQOS电加热不燃烧烟草产品，雷诺美国对"Eclipse"进行了重新定位，成功推出了"REVO"牌炭加热卷烟（图1-5）。该款产品有混合型和薄荷两种口味，其定价与普通香烟相同，约6美元一包。

图1-5 雷诺美国炭加热卷烟产品"REVO"

4. 第四代产品

2016年,雷诺美国又在日本推出"CORE"牌炭加热卷烟,显示了雷诺美国对其炭加热卷烟产品的信心(图1-6)。

作为美国烟草行业的创新领导者,雷诺美国在引领消费者抽吸新型烟草产品上一直走在前列,但先后推出的四款炭加热卷烟均因不同的原因而停止销售。就雷诺美国首次推出的Premier来说,由于当时缺乏加热非燃烧烟草产品的研究和发展环境,以及销售策略不当、产品口味不适、有异味(炭味)和烟碱摄入量低,因而消费者接受程度不高;第二款Eclipse的宣传力度大,但最终因"青少年无烟运动"、"美国心脏病协会"和"马萨诸塞州公共卫生部"等反烟草组织公布的研究数据,而受到政府审查并被禁止销售。第三款REVO在试销不到半年后,雷诺美国宣布2016年7月底前暂停REVO的试销计划。在加热非燃烧等新型烟草制品的市场前景被业界广泛看好的情况下,突然终止REVO试销计划主要有以下两个原因:

图1-6 雷诺美国炭加热卷烟产品"CORE"

(1) REVO不易点燃,异味较大。这主要受限于REVO自身的设计特点,炭棒难点燃且容易熄灭;此外,虽然与电子烟和雾化器使用液体烟碱不同,REVO含有真正的烟草,但其口味与真正的卷烟有所差别。这可能是使消费者望而却步的原因之一,也是雷诺美国亟须改进的重点。

(2) 市场需求不足,缺乏消费基础。虽然目前有关加热非燃烧烟草产品的市场需求还没有明确的预估数据,但在全球烟民数量多达13亿的庞大消费群体的基础上,毫无疑问,传统卷烟消费依然占绝对主导地位,加热非燃烧烟草产品当前的市场容量十分有限。

1.3.2 菲莫国际

菲利普莫里斯国际公司(Philip Morris International Inc.,简称菲莫国际)是全球最大的卷烟厂商,世界第一大跨国烟草公司。随着加热卷烟市场的加速发展,菲莫国际毫无疑问已成为电加热卷烟领域的市场领跑者。经过多年的市场推广和技术升级,iQOS已经成为最为成熟的电加热卷烟产品,该产品迅速抢占市场,是近年来国际烟草工业推出的明星产品。

菲莫国际旨在打造"一个无烟世界",其产品研发共分为四个平台多线推进,其中之一就是炭加热卷烟。菲莫国际在2017年底推出了第一款炭加热卷烟产品"TEEPS"

（图1-7）。该款产品外观与普通卷烟类似，同样使用炭棒作为热源对烟草材料加热，从而产生供消费者吸食的烟雾。与雷诺美国的Eclipse和REVO不同的是，TEEPS使用压缩炭做热源，从烟叶中萃取烟草香味物质和烟碱，一旦炭棒被点燃，就会产生含有烟碱的可吸食烟雾。

图1-7 菲莫国际炭加热卷烟产品"TEEPS"

1.3.3 日本烟草

日本烟草国际株式会社（Japan Tabaco Inc.，简称日本烟草）是日本唯一的卷烟制造商，也是世界第三大跨国烟草公司。近年来，日本传统卷烟市场持续走低，这除了与日本公民健康意识提高和政府控烟力度加大有关外，还与加热卷烟在日本市场的销售有很大关系。在国际烟草巨头中，日本烟草属于对加热卷烟的研发起步较早的企业。

提到日本烟草在加热卷烟领域的品牌，我们很容易想到其加热卷烟品牌"Ploom"，其实在Ploom之前，日本烟草就推出过炭加热卷烟产品"AIRS"，这也是日本烟草推出的第一款市场化炭加热卷烟产品（图1-8）。但由于当时炭加热卷烟产品不是很成熟，因此日本烟草的炭加热卷烟产品和品牌未得到很好的发展和推广。

AIRS在烟支结构方面并没有太多的创新之处，它模仿了雷诺公司的Eclipse产品。AIRS烟支总长83 mm，与传统卷烟相当；直径7.5 mm，略小于常规卷烟直径（7.7 mm）；焦油量1 mg，由于烟草介质未燃烧的缘故，焦油量明显低于传统卷烟；烟碱0.1 mg，也明显低于传统卷烟。对于传统烟民来说，AIRS烟支抽吸时的满足感显得不足。

图1-8 AIRS炭加热卷烟产品

1.3.4　英美烟草

英美烟草公司（British American Tobacco p.l.c.，简称英美烟草）是目前全球市值最大的烟草上市企业。随着加热卷烟市场的发展，英美烟草的glo成为与菲莫国际的iQOS同台竞争的最大对手。

2016年10月21日，英美烟草向雷诺美国发出收购邀约，因收购价格原因遭到了雷诺美国的拒绝。

2017年，英美烟草完成了对雷诺美国的收购，实现了英美烟草和雷诺美国的强强联合，成为全球市值最大的烟草上市公司。收购雷诺美国，标志着英美烟草时隔12年重返美国市场；同时雷诺美国旗下的Eclipse、REVO等炭加热卷烟产品的核心技术将帮助英美烟草进一步发展加热卷烟技术。

【参考文献】

[1] 罗诚浩，陈义坤，魏敏，等．一种干馏型卷烟：201310144843.4［P］.2013-07-10.
[2] 窦玉青，沈轶，杨举田，等．新型烟草制品发展现状及展望[J]. 中国烟草科学，2016，37（5）：92-97.
[3] 沈轶．新一代烟草替代制品的研发和趋势[J]. 烟草科技，2012，3：38-40.
[4] 张兴伟，邢丽敏，齐义良，等．新型烟草制品未来发展探讨[J]. 中国烟草科学，2015，36（4）：110-116.
[5] SMITH C J,MCKARNS S C,DAVIS R A,et al. Human urine mutagenicity study comparing cigarettes which burn or primarily heat tobacco[J]. Mutation Research,1989,223（2）：221-32.
[6] MURPHY J,LIU C,MCADAM K,et. al. Assessment of tobacco heating product THP1.0. Part 9: The placement of a range of next-generation products on an emissions continuum relative to cigarettes via pre-clinical assessment studies[J]. Regulatory Toxicology and Pharmacology,2018,93: 92-104.

第二章

炭加热卷烟技术发展

引言

为全面了解炭加热卷烟的技术发展,笔者就世界各主流烟草公司如雷诺美国、日本烟草、菲莫国际、英美烟草以及我国烟草行业各大中烟公司在炭加热卷烟领域内的专利进行了全面检索,对检索出的专利进行了技术分析和法律分析,梳理出炭加热卷烟的技术发展脉络,界定了专利的保护范围,帮助读者系统了解国内外炭加热卷烟技术进展,为规避国外专利保护和突破国外技术壁垒提供技术指引。

2.1 炭加热卷烟领域专利概况

2.1.1 炭加热卷烟领域专利概况

从专利申请情况来看,截至2018年6月,与炭加热卷烟相关的专利申请已超过200余件,其中大约80%为发明专利。专利内容主要涉及类似Eclipse等炭加热卷烟产品的技术改进,主要申请人有雷诺美国、日本烟草、菲莫国际、英美烟草以及我国烟草行业各大中烟公司等。

从专利权人的角度分析,雷诺美国对炭加热卷烟研究得最早,其专利的技术层次高、内容涵盖广,主要包括炭加热卷烟整体设计、炭质热源配方及结构设计、炭质热源制造方法、烟草材料、热源包裹材料设计、烟支成型制造方法、其他部件设计等多个方面,旨在提高抽吸品质、优化生产工艺、提高产品质量和生产效率。雷诺美国在研究早期(1990年之前)和中期(1998年之前)申请专利较多,很多重要的烟支结构概念和传热方式理念也是在这期间提出的。但其在1998年至2009年长达11年之间并未申请专利,后期(2009年之后)虽申请专利,但专利数量较少,质量也不高。

1989年,菲莫国际开始在中国申请专利,第一次公开了其炭加热卷烟的整体结构以及发烟材料的组成和制备方法。之后十年内申请专利较少,但在2008年之后专利数量呈激增趋势,且质量很高。与雷诺美国2008年之后专利申请数量减少相比,菲莫国际呈明显的后来者居上的趋势。1995年,英美烟草申请了其第一件专利"卷烟制品的燃料、卷烟制品用的气悬体发生剂及气悬体发生燃料以及卷烟制品"。2003年,日本烟草申请了其第一件专利"烟制品"。2013年开始,国内才开始申请与炭加热卷烟相关的专利,起步与国外相比晚了近30年时间。

从专利技术点的角度分析,相关专利主要围绕烟支整体设计、炭质热源、发烟基材、制造方法等方面。炭加热卷烟是使用炭质燃料对烟草进行加热的，因此，炭质热源的配方、结构设计、成型制造方法是炭加热卷烟研发的重要突破点。

分析现有专利发现，针对炭质热源的专利达39件，主要涉及的专利保护点包括热源材料、炭质热元件、配方设计、制造方法、制造装置等，以上关于炭质热源的研究或关注于减少CO释放量，或关注于增加烟雾的产生量，或关注于热源的着火性能，或关注于改善烟气口感。

2.1.2 代表专利法律状态

雷诺美国是最早开始研究炭加热卷烟的公司，且申请了第一件炭加热卷烟专利，推出了市场上第一款炭加热卷烟产品。20世纪80年代，雷诺美国申请了一系列专利来保护其发明的炭加热卷烟。表2-1为雷诺美国早期申请的4项核心专利，公开了炭加热卷烟的整体设计及各组件等。

表2-1 雷诺美国早期专利

专利名称	申请日	优先权	申请号	保护要点
吸烟制品	1985-09-11	1984-12-21 US06/684537	CN85106876	整个吸烟制品
炭加热元件及制备炭加热元件的方法			CN90103438.X	炭燃料元件及制备方法
吸烟制品			CN91109831.3	热传导件
吸烟制品			CN91109832.1	绝热构件

注：后面三项专利是第一项专利的分案。

核心专利1"吸烟制品"（申请号：CN85106876）公开了炭加热卷烟的基本结构（包括燃料元件、烟雾发生机构和接嘴）以及基本原理，即烟雾发生机构中的热稳定基质接收燃料元件提供的热量，从而产生烟雾。

核心专利2"炭加热元件及制备炭加热元件的方法"（申请号：CN90103438.X）为核心专利1的分案，对核心专利1中的"燃料元件"进行了保护，包括碳含量、密度、直径、长度和通道。

核心专利3"吸烟制品"（申请号：CN91109831.3）为核心专利1的分案，对"吸烟制品"中"烟雾发生机构"中的"热传导件"进行了保护。该热传导件轴向安置在燃料元件后面，用于将热量传递给烟雾发生基材。

核心专利4"吸烟制品"（申请号：CN91109832.1）为核心专利1的分案，对"吸烟制品"中"燃料元件"外围的"绝热元件"进行了保护。该绝热元件围住燃料元件，位于燃料元件和烟纸之间，起隔热作用。

综上所述，雷诺美国早期的4项核心专利公开了炭加热卷烟具有"燃料元件（具有许多纵向延伸的通道和/或中心通孔)+烟雾发生机构(即包含烟草物质/香味物质的单元)+至少围住燃料元件一部分的绝热构件(即阻燃绝热层)+接嘴(即烟嘴)"的结构,该结构为炭加热卷烟的基本结构。目前,这4项专利均已过期,即"炭燃料+烟草材料+抽吸嘴端"的基本结构已成为公知技术。

2.1.3 现有核心专利分析

虽然雷诺美国在中国最早申请的保护炭加热卷烟基本结构的专利"吸烟制品"早已失效,但是其后续申请的相关专利仍通过增加技术细节持续保护"炭燃料+烟草材料+抽吸嘴端"的基本结构。目前已得到授权且尚在保护期的核心专利有两项:CN20108008270.1和CN201180031721.3。

从权利要求书来看,这两项专利公开的结构与早期专利相比,在燃料段一端多了可抽吸材料段。从新颖性角度分析,只要不使用可抽吸材料段,便不侵犯其专利保护的结构。

另外,该专利的申请文本虽然包含了基本结构的全部要点,但是,该专利于2015年6月24日公布了正式授权文本,与早前公开的申请文本相比,大大缩小了保护范围,仅限定了炭加热烟草制品的发烟物质应为"主要包括烟草、丙三醇、水和黏结剂(黏结剂由70%~80%水,1%~5%磷酸氢二铵,20%~30%烟草组成)"的"发泡单体基材"。按照授权文本,只要选择不同的基材和黏结剂就可以规避侵权风险,也就是说,类似Eclipse的产品结构已进入公知技术领域。

雷诺美国、英美烟草为了对其产品进行持续保护,仍在不断创新,并对燃料、发烟基材、烟草材料、滤嘴材料等技术点的专利进行改进和布局。

2.1.4 国内代表专利分析

1. 行业内专利分析

由于炭加热卷烟的基础结构已成为公知技术,因此该领域已经不存在所谓核心专利,行业内也不具备该领域的核心专利,而是部分专利在产品结构方面有创新,其中以湖北中烟工业有限责任公司(以下简称湖北中烟)研究得最深,专利申请数量最多。例如,一种气路分离式碳质热源新型卷烟(CN201510019346.0)使用导热元件将碳热源与烟草段隔开,从而碳热源燃烧产生的CO气流与烟草段干馏产生的主流烟气气流能够绝大部分或者完全被隔离开,提高了安全性,且可加速烟雾产生速度。烟丝段同样分为两段,一段为与热源段连接的铝箔包裹烟支,一段为与滤嘴段连接的传统烟支。

一种后部进气式导热吸烟装置(CN201310542691.3)包括内层导热壳、外层导热壳,两者之间形成进气夹层,两者在端部形成气流入口。外层导热壳封闭端为加热部分,其外表面套装有燃料部分。使用时，进气与燃料产生的废气能够基本隔离，扩大了燃料的使用范围。该专利仍然采用"炭燃料+烟草材料+抽吸嘴端"的基本结构。

2. 行业外专利分析

同济大学申请了一项发明专利"加热型不燃卷烟"（CN201510242774.X）。该项发明还申请了PCT国际专利，专利申请号为PCT/CN2014/090470。

该发明介绍了一种加热型不燃卷烟及其加工制备方法，该卷烟含过滤嘴、烟丝、加热器及卷烟纸等成分。加热器由空心导热管及燃料柱构成，导热管由一块固定其上的耐高温挡板分为吸热段与放热段，其中吸热段埋入燃料柱中，放热段插入烟丝内，再由卷烟纸将过滤嘴、烟丝、导热管及燃料柱包裹成烟支。吸食前点燃燃料柱，对导热管的吸热段加温，再通过导热管放热段将热量传导给外围烟丝，实现加热。

2.2 跨国烟草公司技术发展脉络分析

为了全面了解各主流烟草公司在炭加热卷烟领域的专利情况，笔者以专利权的20年保护期限为最低时间范围，根据技术脉络的连续性适度向前扩展，综合分析1989年至2018年间各公司在中国申请的炭加热卷烟领域的授权专利。检索时，检索范围以中国专利全文数据库为主，必要时扩展到美国专利数据库和欧洲专利数据库；关键词以"碳热源"或"碳质热源"和"卷烟"或"烟草"为主。对于检索到的同一专利的公布文本和授权文本，以授权文本作为研究对象。

由于各公司对炭加热卷烟的各组成部分有不同的称呼，为避免混乱，在本章中将各术语统一说明如下：

① 炭质热源：发生燃烧而供应热量的可燃物，主要含碳（炭颗粒或炭粉），往往还含有燃烧助剂、黏结剂等辅助成分。炭质热源也可称为可燃热源、碳热源、燃料棒、炭棒、发热部、散热部、生热段、燃料元件、发热元件等。

② 发烟材料：受热后能产生烟雾或气溶胶的固体物质，可以为颗粒状或整体块状，除了香味源之外，往往还含有黏结剂、填料等辅助成分。发烟材料也可称为气溶胶基材、气溶胶生成基材、烟草材料（含再造烟草）、烟草料、香味生成基材、香味散发部、基材等。

③ 气溶胶发生剂：受热后能产生烟雾或气溶胶的液体物质，也称为气溶胶源、气

雾剂、浮质源，例如多元醇、多元醇酯等。

④ 卷烟纸：用于包裹发烟材料等的纸张，也称为包裹纸、包装层、包裹元件等，当同时包裹两个元件时，也称为接装纸。

⑤ 过滤嘴：用于过滤烟雾的材料段，位于烟支最末端，也称为滤嘴、烟嘴件、口件、嘴件、嘴端件、衔嘴。

⑥ 气流路径：主流烟雾（即供吸烟者抽吸的那部分气流，含烟雾和冷却空气，有时也包括燃烧尾气）流过的路径，也称为气流通道。

为方便读者查阅，笔者将本章涉及的专利明细按照公司不同进行了分类编号，并列在本书附录中。

2.2.1 雷诺美国技术发展

雷诺美国从20世纪80年代开始炭加热卷烟的研发工作，截至目前，其专利技术已经历了四代的更新演化。雷诺美国早期（1990年之前）和中期（1998年之前）的专利非常多，以专利群的方式对类似Eclipse的炭加热卷烟产品在结构、材料和制造方法上进行了保护，很多重要的烟支结构概念和传热方式理念也是在早期和中期专利中提出的；但其在1998年至2009年长达11年的时间内，并未申请专利，后期（2009年之后）虽申请专利，但专利数量较少，质量也不高。我们从雷诺美国的专利情况来纵观其炭加热卷烟的技术演化过程，会有很多收获。

1. 第一代技术

雷诺美国第一代技术的时间跨度从1985年到1991年。在这期间，雷诺美国率先提出一系列颇具创造性的、令人眼花缭乱的技术方案，如对流加热与热传导加热并举、纯粹热传导加热、热辐射加热、气流路径不通过炭质热源、各种形状的炭质热源、炭质热源的组成和加入催化剂减少一氧化碳（CO）等，整体烟支结构均比较复杂，各节段间交叉重叠较多，界线不分明，难以实现工业化制造。

1）基础结构：LN-1

该专利是雷诺美国早期的炭加热卷烟的基础性专利，技术方案的涉及面较广，故从最开始的专利又衍生出很多分案申请。鉴于分案申请在技术内容上与母案是一致的，故将它们统一作为一个专利来分析。

该烟支主体结构由炭质热源、发烟材料、膨胀室和烟嘴构成，但在各部件的具体结构和整体设计上有诸多变化，体现了比较全面而超前的设计理念，尤其在热传递方面，较早地提出了热传导加热；在气流路径设计方面，也较早地提到了尽量使空气不流经炭质热源，避免吸入燃烧尾气。

其中，以对流传热为主的炭加热卷烟如图2-1所示。可见，这是最基本的炭质热源、发烟材料、膨胀室和烟嘴依次连接的方案。该方案仅有对流传热，没有热传导传热。

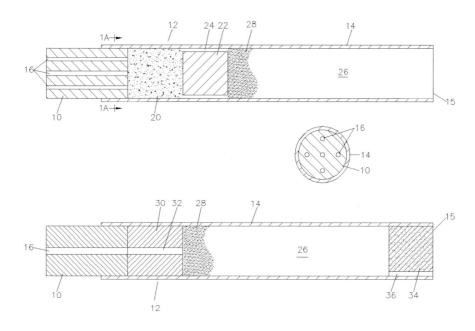

图2-1 雷诺美国第一代炭加热卷烟烟支结构

该专利除了常规的对流传热外，还分别展示了各种热传导加热的结构及技术特征。笔者将对照图2-2逐一陈述。

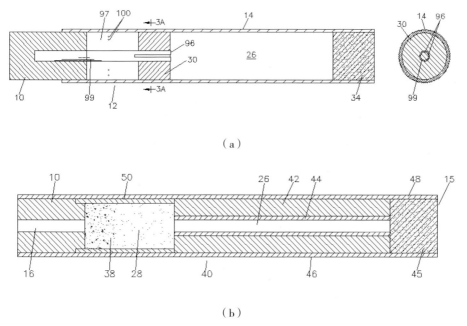

图2-2 雷诺美国第一代热传导加热的炭加热卷烟结构

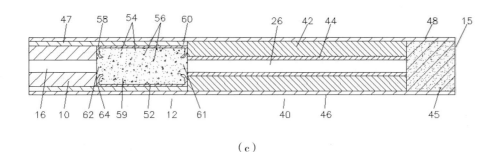

(c)

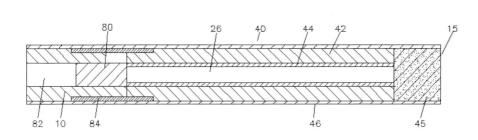

(d)

续图 2-2

图 2-2（a）中靠一头插入炭质热源（10）中而另一头插入发烟材料（12）中的导热棒（99）进行热传导。此外，空气孔（100）置于炭质热源（10）与发烟材料（12）之间的空隙处。这种方式能减少 CO 的吸入量。但该专利并未提及炭质热源（10）的下游端面是彻底隔气性的，因为没有设置使其彻底隔气的技术措施，这说明发明人并未意识到要刻意"杜绝"对流加热。刻意杜绝对流传热在 LN-1 申请日 3 年后的 LN-7 中才实现。

图 2-2（b）中用金属片条/金属箔（50）从炭质热源（10）向烟雾发生基质（38）和烟草（28）进行热传导，这恰恰是 PM-10 所示的技术特征。但雷诺美国 LN-1 比菲莫国际 PM-10 早提出这一概念近 23 年。

图 2-2（c）中用带有翻边（58）的金属盒（52）将热量从炭质热源（10）热传导给金属盒（52）并进一步传导给烟叶（56），由此发烟。

图 2-2（d）中将发烟材料（80）直接置于炭质热源（10）的中心气流通道中进行加热，但这种方式显然会使发烟材料容易被烧焦甚至点燃，因此不可取。故该结构仅仅作为理论方案提出，在雷诺美国后续专利中也未再出现。

该专利中的其余方案都是在上述方案基础上的细微变形，例如炭质热源前端设为锥形或伸出包裹物，炭质热源有多个纵向孔，炭质热源和/或金属盒用隔热材料包围，将发烟材料改为负载气雾剂的珠粒或分为两段，在膨胀室中设置醋酸纤维管等，均无重大实质性变化，故不再赘述。

2）变形结构 1：LN-2

与 LN-1 相比，LN-2 增加了几种技术方案，见图 2-3。

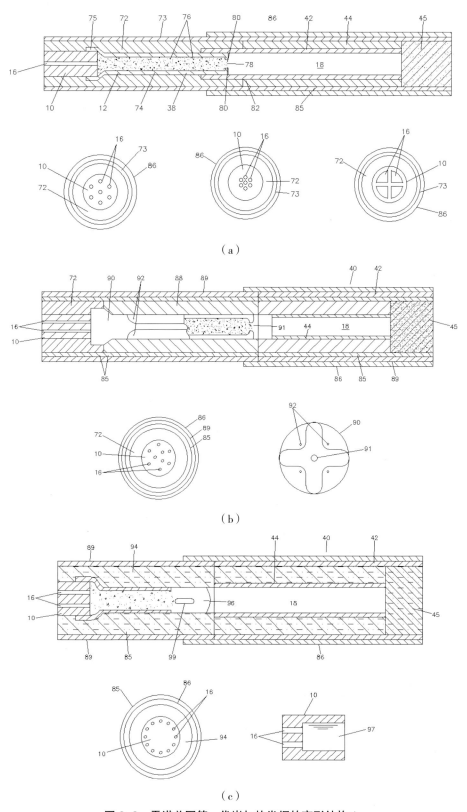

图 2-3 雷诺美国第一代炭加热卷烟的变形结构 1

图2-3（a）中的金属盒（74）将图2-2（c）中的翻边（58）改为开端（75），该开端（75）包住炭质热源（10）的下游段进行热传导。

图2-3（b）则在金属盒（90）的周壁上开设通孔（92），并用烟草套管（88）包围金属盒（90）。这样，金属盒（90）的开端获得从炭质热源（10）传导过来的热量，同时加热盒内的发烟物质和盒周围的烟草套管（88）。此外，通孔（92）也能将一部分热气体导入烟草套管（88）中，对其进行加热，盒外烟草套管（88）受热产生的烟雾与盒内发烟材料受热产生的烟雾在下游合并后被人抽吸。

图2-3（c）与图2-3（b）类似，只是用纵向槽（99）代替了图2-3（b）中的通孔（92），以便将一部分热气体引入套管（94）中，套管系烟草与绝热纤维的混合物，也能补充烟气量。

3）变形结构2：LN-7

该专利相比之前的专利有了本质的改进，明确公开了"气流路径不经过炭质热源"这一特征，即有意识地将对流传热排除在外。而菲莫国际在2013年的PM-18中才提出类似的技术特征。此外，该专利还公开了一种阻挡机构，用于将炭质燃料元件分开，阻挡燃料元件燃烧产生的气体直接通过制品，该技术与菲莫国际PM-10中提出的阻挡涂层技术特征相似。

该专利中的各种典型烟支结构如图2-4所示。

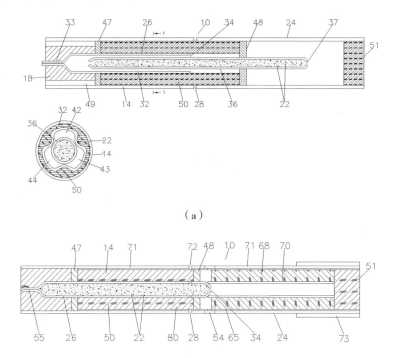

图2-4　雷诺美国第一代炭加热卷烟的变形结构2

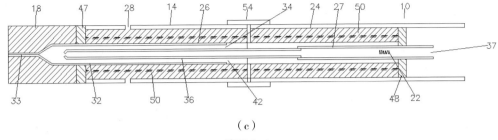

(c)

续图 2-4

如图 2-4（a）所示，前端封闭的热传导套管（26）插入燃料元件（18）中用于导热，其中空气密封机构（47）和前端封闭的热传导套管（26）相当于 PM-10 或 PM-15 中的不透气涂层，使得燃料元件（18）的尾气不能进入热传导套管（26）内，热传导套管（26）内是内管（36），其中容纳着烟雾基质（22）。空气从烟支中部的外周孔（28）进入，穿过透气性绝热件（50）流经热传导套管（26）与内管（36）之间的环状时，被热传导套管（26）加热，然后进入内管（36）中对烟雾基质（22）进行干馏，使其释放烟雾。内管（36）与外管（32）之间还有多个接触点以加强导热，因此内管（22）也能以热传导方式对其容纳的烟雾基质（22）进行加热。烟雾基质（22）虽然同时受到热空气对流加热和内管（36）的传导加热，但所有热量都来源于热传导套管（26）的热传导，故在整体加热模式上可以认为仅有热传导加热，没有来自炭质燃料元件燃烧尾气的热对流加热。

图 2-4（b）中取消了内管（36），直接将烟雾基质（22）装入热传导套管（26）中，仅靠热传导套管（26）的热传导来加热，产生的烟雾在下游处被从外周孔（28）进入的空气稀释冷却后，再通过膨胀室和过滤嘴进入消费者口腔中。同样，由于空气密封机构（47）和前端封闭的热传导套管（26）的存在，炭质热源的燃烧尾气不能进入主流烟雾中。

图 2-4（c）则与图 2-4（a）类似，只是外周孔（28）的位置不同，且发烟材料置于内管下游。

总之，该专利在设计理念上已明确将对流加热排除掉，这相当于公开了菲莫国际第二代（PM-10、PM-15）和第三代（PM-18）专利中的核心技术特征，体现了雷诺美国在炭加热卷烟领域的技术领先地位。但该专利所示的各技术方案中，烟支各节段之间在轴向上彼此重叠过多，且内外管的设计过于复杂，故难以通过简单高效的方式进行工业化生产。因此，尽管提出的技术方案众多，但还没有意识到各节段间界线分明的好处。从这一点来看，菲莫国际相关专利虽然提出时间较晚，但其烟支各节段间有意识地设计了分明的界线，非常便于分节段生产并进行工业化组装，体现了菲莫国际炭加热卷烟技术的后发优势。

4）变形结构3：LN-2

该专利在加热方式上有所创新，炭质热源以热辐射方式向导热元件传热，然后导热元件以热传导方式加热发烟材料；此外，也利用燃烧尾气对发烟材料进行对流加热。代表性烟支结构如图2-5所示。

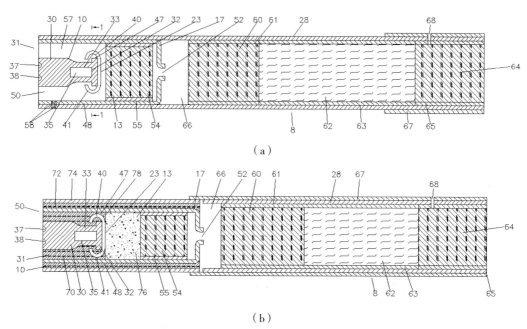

图2-5 雷诺美国第一代炭加热卷烟的加热方式改进

图2-5（a）的核心特征在于用导热性封装件（17）（可由金属制成）将燃料热源（10）和发烟材料（13）封起来，燃料元件（10）通过热辐射方式加热封装件（17），然后封装件（17）再加热容纳在其内的发烟材料（13），产生烟雾。其中燃料元件（10）被耐热性固定部件（23）所夹持，与封装件（17）之间留有气流通道（57），二者没有任何形式的直接接触，纯靠热辐射来传热。空气经由气流通道（57）预热后流经发烟材料，进行对流加热。

图2-5（b）与图2-5（a）的不同之处在于，在燃料元件（10）和封装件（17）之间填充了透气性绝热材料（70），并将发烟材料分为两段，这在某种程度上减少了对流传热。该专利提出了辐射加热的概念，比较新颖，但其烟支结构和炭质热源结构相当复杂，不便于工业化生产和组装，因此缺乏后续性专利，可见其实用价值不高。

该专利的另一个特点在于改进了炭质热源的形状（图2-6）。改进点在于将燃料元件（10）分为基座部分（32）、隔离部分（33）和燃烧部分（30），可以保留或取消整体上纵向贯穿该燃料元件的气流通道。其中基座部分（32）被耐热性固定部件（23）夹持，不参与燃烧，夹持的目的是使其不与其他元件直接接触，且燃烧后不脱落；燃烧部分（30）系被点燃部分，设有凹槽（38）以便于点燃；隔离部分（33）具有缩小的横截面积，以减少燃烧部分（30）向基座部分（32）的热传递，并增大供氧量。据称这样可以改善燃吸中后期的温度，减少 CO 生成，改善烟雾释放量的逐口一致性。

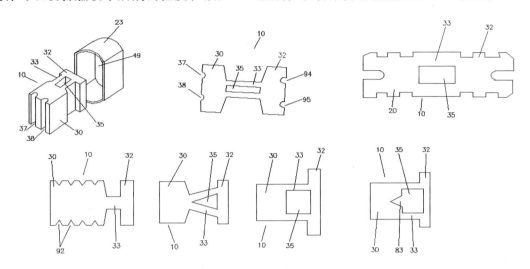

图 2-6　雷诺美国第一代炭加热卷烟的炭质热源结构改进

5）其他改进：LN-4、LN-5、LN-6、LN-11

LN-4 不涉及炭加热卷烟烟支结构的改进，仅涉及发烟材料中的多孔载体的制备方法，适用于各种结构的炭加热卷烟。为了使烟雾物质或香料在受热时尽可能多的释放，该多孔载体材料对它们的吸附作用力不能太高，以便于脱附。而多孔载体中的细小孔具有较大的表面积和吸附能力，因此，通过在惰性气氛下烧结处理的方式使细小孔封闭或融合成中大孔（表现为孔的细孔直径 d_{50} 增加），减少其吸附能力，从而有利于烟雾物质或香料的受热脱附。

LN-5 不涉及炭加热卷烟烟支结构的改进，仅涉及发烟材料的具体组成信息，适用于各种结构的炭加热卷烟。该发烟材料包括多孔载体和吸附在其孔内的烟草香料以及非水溶性的、非烟草的烟雾形成剂：其中多孔载体为多孔矾土（即多孔氧化铝）或多孔炭；烟草香料为烟草粉末、烟草萃取物、喷雾干燥的烟草萃取物等；非烟草的烟雾形成剂为甘油、三乙烯乙二醇、丙烯乙二醇等多元醇类。要求多孔矾土的比表面积约小于 50 m^2/g，中孔直径（d_{50}）约大于 0.1 μm，多孔炭的比表面积约小于 200 m^2/g。

LN-6 不涉及炭加热卷烟烟支结构的改进，仅涉及其中的炭质热源形状的改进，提出了更多代表性形状，如图 2-7 所示。图 2-7（a）中的周边槽（11）中设有隆起部（13），该隆起部（13）烧完后周边槽（11）的通气面积扩大。图 2-7（b）中就近安排在炭棒周边的纵向孔（11）在燃烧时因薄壁（13）被烧掉和孔间壁被烧掉而成为开放通气槽或融合成大的纵向孔，可起到扩大通气面积的作用。图 2-7（c）和图 2-7（d）也类似，就近安排的多个中心孔（7）或中心通道（7）燃烧后融合成大的纵向通道，扩大了通气面积。上述措施均提高了炭质热源的可点燃性并提高了供氧能力，改善了燃烧性能，减少了CO的释放量。

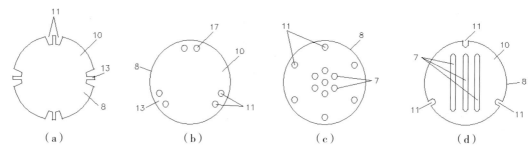

图2-7 雷诺美国第一代炭加热卷烟的炭质热源形状改进

LN-11不涉及烟支结构的改进。该专利的设计目的是减少发烟材料或香味生成部中的香料（如薄荷醇）向其他元件尤其是向炭质热源的迁移，这种迁移会使得炭质热源燃烧时香料高温热解并产生异味。采用的技术方案是，以碳充填的纸作为香料载体。在造纸过程中，将炭粉（活性炭粉或非活性炭粉）掺入纸浆中，然后采用常规造纸法制成。其中炭粉粒径为250~600目，填充后碳的质量分数为15%~30%。以这种碳填充得到的纸作为香料载体，香料的迁移量显著减少，与将香料直接施加至烟草夹套或发烟材料上相比，迁移量减少95%以上。该碳充填的纸可以卷成卷或做成段塞至炭加热卷烟的发烟材料之后，在燃吸时补充香味，而不燃吸时香料不会迁移。

6）工业化方法：LN-8、LN-9

专利LN-8公开了LN-1和LN-2中烟支的工业化组装方法。这再一次说明，只有烟支各节段自身结构简单且各节段之间界线分明才便于工业化组装。考虑到专利LN-1和LN-2所示烟支并未实现商业化，且该烟支结构在雷诺美国后续研发中已经被放弃，故没有必要再剖析其工业化生产技术细节。有兴趣的读者可自行研究。

专利LN-9公开了炭加热卷烟滤棒中非织热塑性塑料纤维网的制备方法，如图2-8所示。先将热塑性塑料粉末熔化并挤出成多排平行纤维，然后在旋转筒（51）上加热软化，使得纤维并排熔合，形成热塑性网状织物，这是典型的通过并排纤维热熔合生成无纺布的方法。

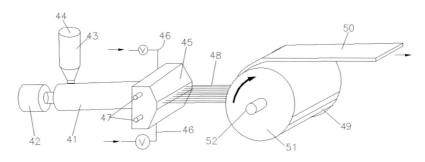

图2-8 雷诺美国第一代炭加热卷烟的纤维网制备方法示意图

该专利还公开了将非织热塑性塑料纤维网卷成非织热塑性塑料纤维段的方法，如图

2-9所示。这种方法靠圆柱形卷筒（54）将网状织物收拢或折叠成塑料圆柱并切割成段。优选地，还可以用双圆锥体将网状织物收拢或卷成圆柱形。

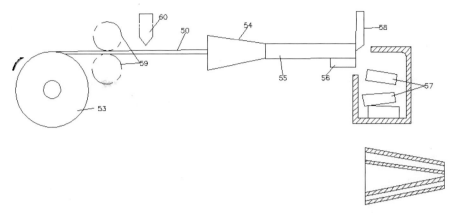

图2-9　雷诺美国第一代炭加热卷烟的纤维段制备方法示意图

2. 第二代技术

雷诺美国第二代技术时间跨度从1991年到1998年。在这期间，其烟支风格大变，烟支结构回归简单的热对流传热和热传导传热并举。为了适应工业化生产的需要，各节段之间尽量界线分明，减少彼此交叠的部件，并且在炭质热源、绝热材料层、发烟材料等基础元件方面都分别有工业化生产方法的专利。其已经上市的Eclipse炭加热卷烟就是这个阶段的代表性产品。

1）基础结构：LN-13

该专利体现出雷诺美国在炭加热卷烟设计理念上的重大回归。从该专利开始，雷诺公司抛弃了一切复杂形状的烟支内构件，回归到对称结构和同轴结构这些简单的结构，如图2-10所示。传热上也回归到"热传导＋热对流"的传热方式，其中靠导热封壳（16）进行热传导加热。

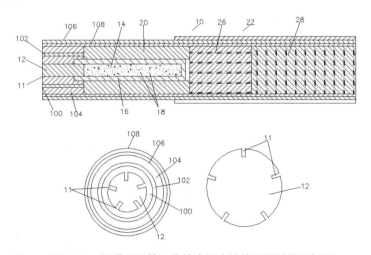

图2-10　雷诺美国第二代技术烟支结构及燃料段剖视图

该专利中提出的另一个技术特征是在炭质热源外面包裹复合包裹层（玻纤层/烟草片/玻纤层多层交替结构）。其中，烟草片也能受热释放烟雾或香味，起到增加烟雾量和香味的作用；复合包裹层在后续专利中也被称为透气性绝热套管。该技术特征虽然简单，但一直在雷诺美国后续专利中得到沿用，说明其实用效果很好。

2）变形结构1：LN-18

该专利公开了雷诺美国第二代技术的最优烟支结构（图2-11），即炭质热源、发烟材料、膨胀室（可全部或部分填充增香填料，部分填充时，留有一定空隙）和过滤嘴各节段依次连接的常规结构。各节段间界线分明，除了接装纸外，没有交叠部件，便于分别制造好各部件后再统一卷接。

其中炭质热源被复合隔热套包裹，延续LN-13的特征。从传热方式来看，恢复了传统的以对流加热为主的模式，但在说明书中描述了也可以使用内衬金属箔的接装纸将炭质热源的热量以热传导方式传递给发烟材料。工业化制造方法为分节段接装法，先用接装纸接装炭质热源-发烟材料段，再用接装纸将膨胀室段（含填料）和过滤嘴依次接装上去。

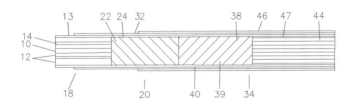

图2-11　雷诺美国第二代四段式简化结构

该专利从适应工业化生产出发，回归到简单的烟支结构。值得注意的是，该专利经历了专利无效程序的考验，表明该专利所示技术具有基础性和工业实用性。目前该专利已经过期。

3）变形结构2：LN-14

该专利在烟支结构上比LN-13略有改进（图2-12）。改进之处在于增加了空间（25）和保持装置（27），其中空间（25）的作用是充当膨胀室，汇集并冷却烟雾。保持装置（27）是由包装纸（35）的一部分卷制而成的，作用是挡住导热容器（12），使之不滑入空间（25）。这些结构上的小改进在雷诺美国后续专利中再未提到，属于细微处的改进。

而专利LN-14的主要改进点在于将包裹炭质热源的卷烟纸用阻燃剂和/或碳化减缓剂进行处理，使得卷烟纸在燃烧后以碳化纤维素或灰的形式被整体保留下来，不明显增大或减小该卷烟纸在抽吸期间的孔隙度，维持均匀透气。其中阻燃剂选取氯化钙、氯化铵、氯化镁、硫酸镁、硫酸一铵、磷酸二钠等，碳化减缓剂选白垩、陶土、二氧化钛、氧化镁等。

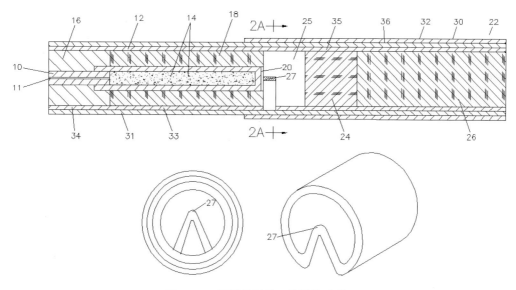

图2-12 雷诺美国第二代结构改进

4）炭质热源改进：LN-15、LN-17、LN-19

专利LN-15的主要改进点在于向炭质热源中加入钠盐，使最终钠含量为3000～20 000 ppm。钠盐形态也很重要，黏结剂中固有的钠（如羧甲基纤维素钠）不如外加的钠盐（碳酸钠、乙酸钠、草酸钠、苹果酸钠等）有效。钠盐形态和含量共同影响炭质热源燃烧性能。钠盐含量在上述范围内时，可显著提高炭质热源的可点燃性，加快其燃烧速度，并显著提高气溶胶产出率。含量低于下限则效果不明显，含量高于上限后效果增量也很小。

专利LN-17系对炭质热源结构的改进，代表性结构如图2-13所示。其改进点在于燃料元件（10）由贯穿于燃料元件全程的、彼此接触的可燃材料（9）和不燃材料（7）构成，其中可燃材料为含碳材料，不燃材料为石墨箔或金属带。该不燃材料（7）可降低燃烧温度，由此减少CO的产生。图2-13（a）中的燃料元件（10）外面还交替包裹有玻纤层（12）、烟草纸（15）和玻纤层（17），沿用了LN-13的技术特征。

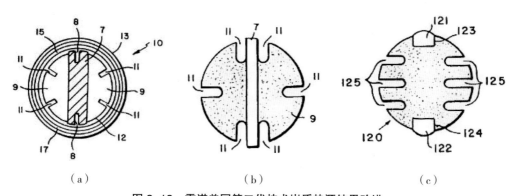

图2-13 雷诺美国第二代技术炭质热源结果改进

专利LN-19的改进点在于向炭质热源中加入石墨和碳酸钙，以降低燃烧温度，进而降低CO含量，适用于任何结构的炭加热卷烟。其中，石墨的作用是使炭质燃料难以点燃；碳酸钙的作用是不影响炭质燃料的点燃特性，且在炭燃烧时与绝热夹套反应而形成熔结物，提高了持留燃料的能力，并降低燃烧温度。此外，可向炭质热源中加入碳酸钠，这是延续LN-15的技术特征。该专利也经历了专利无效程序的考验，证明了其基础性和工业实用性。该专利后来被雷诺美国转让给了日本烟草，这进一步说明其价值。

5）其他专利：LN-16、LN-21

专利LN-16公开了LN-13中所示的用复合绝热层包裹的炭棒的制备方法，该专利中的复合绝热层被称为弹性保持材料。图2-14示意了其包裹过程：挤出机（50）将炭糊挤出形成湿润炭条（12），经过气垫传送机（52）输送，在经过转轮（53和54）之间时形成延迟回路（55），然后输送至包裹装置（60），将一面涂有黏结剂的保持材料（56）也输入该包裹装置（60），对湿润炭条（12）进行包裹，即得到经包裹的炭棒。其中，保持材料（56）上可预涂果胶黏结剂，在进入包裹装置前向其表面洒水以激活该黏结剂，实现对炭条（12）的黏接；气力输送是为了防止湿润炭条在输送过程中被机械装置损坏；设计延迟回路（55）的目的是在挤出机（50）的输出能力发生波动时提供缓冲，确保对包裹装置（60）均匀进料，而不是在包裹装置（60）的输入能力与挤出机（50）的输出能力不匹配时拉断该炭条。该方法使得炭条与包围材料牢固黏结在一起，防止在后续烟支装配过程中二者彼此松开或脱落。约10年后，日本烟草的JP-2和JP-3对这种方法做了进一步改进，详见后文。

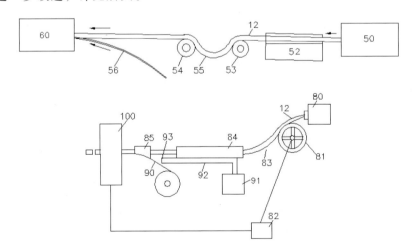

图2-14 雷诺美国第二代复合绝热层包裹的炭棒的制备方法

专利LN-21涉及LN-13所示的玻纤层/烟草纸/玻纤层复合绝热层的工业化制备方法。该方法要实现的目标是连续供应玻璃纤维条带，使玻璃纤维条带的供应速度与包裹炭棒的机器的生产速度相匹配。其使用了两卷玻璃纤维条带，当第一卷玻璃纤维条带快用完时，用自动拼接机将第二卷玻璃纤维条带的头部与第一卷玻璃纤维条带的尾部自动拼接起来,从而实现玻璃纤维条带的不间断供应,关键的拼接设备(16)如图2-15(a)所示,它在检测到前一条带W_2的尾部和后一条带W_1的头部同时出现在拼接区时,则启动胶带夹头(87)向下压,用胶带条(T_2和T_1)将W_2尾部和W_1头部用黏接方式拼接起来,拼接后的条带如图2-15(b)所示,由此解决了玻璃纤维条带的连续供应问题。如图2-15(c)所示,在玻纤层/烟草纸/玻纤层复合绝热层的生产过程中,将玻璃纤维条带纵向切成两个窄条,然后将这两个窄条分隔开,并引导烟草纸穿过两个窄条之间,最后将这三条条带聚到一起,形成三层的复合条带,即LN-13所示的玻纤层/烟草纸/玻纤层复合绝热层。该专利中提出的另一技术特征,是在炭质热源外面包裹复合包裹层(玻纤层/烟草片/玻纤层多层交替结构),该技术特征虽然简单,但一直在雷诺美国后续专利中沿用。

上面所说的复合绝热层在LN-16、LN-17、LN-18、LN-19、LN-20专利中反复出现,用于包裹炭棒,且已经用于炭加热卷烟的工业化生产,甚至在距LN-21专利十多年后的LN-22专利中仍然得到使用,可见其具有重要的作用。该专利也经历了专利无效程序的考验。目前该专利已经超过保护期。

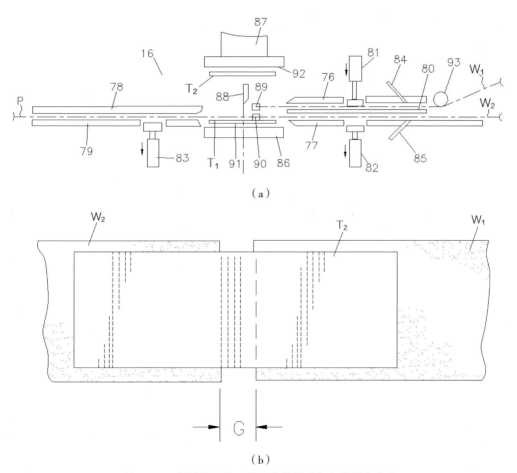

图2-15 雷诺美国第二代复合绝热层包裹的制备方法

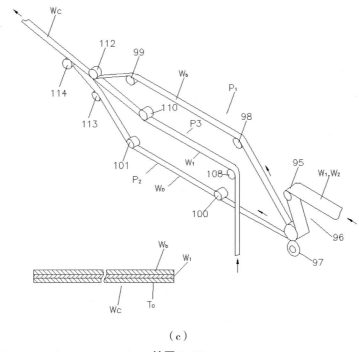

(c)

续图 2-15

3. 第三代技术

雷诺美国第三代技术的时间跨度从 2009 年至今。在这期间,雷诺美国基本维持其在第二代技术中确定下来的简化的烟支结构,在烟支结构上的创新较少。

1)基础结构:LN-22

第三代技术公开了一些新的烟支结构,这是雷诺美国在发布第二代专利十多年后,再次公开了烟支结构,如图 2-16 所示,在烟支结构上既有改进又有回归传统的趋势。实际上,雷诺美国早在第二代技术时就摒弃了复杂的金属盒或内外导热套筒之类的内构件,这说明其十多年来还在坚持走简单的传统烟支结构的技术路线。

图 2-16(a)展示了一种全新的炭加热卷烟结构,在炭质热源的发热段(35)前端又增加了点燃端部段(22),其中容纳有可抽吸填料,例如烟丝。抽吸时,首先点燃点燃端部段(22),如同点燃传统卷烟一样方便快捷且立即开始释放烟雾,并像传统卷烟一样抽吸,且该烟雾也能在流经发烟材料段(51)时干馏其中的发烟基质(55)而产生烟气。点燃端部段(22)燃烧后点燃发热段(35),然后该卷烟作为炭加热卷烟来抽吸,靠发热段(35)以热对流和热传导来加热发烟材料段(51),其中热传导靠金属箔或内衬金属箔的卷烟纸(58)来实现。图 2-16(b)则是传统的各段依次连接的炭加热卷烟,采用了热对流传热与热传导传热并举的方式,其中包裹材料(161)是内衬铝箔的接装纸,起到热传导作用,还在烟草段后段设有穿孔(81),以供空气进入。

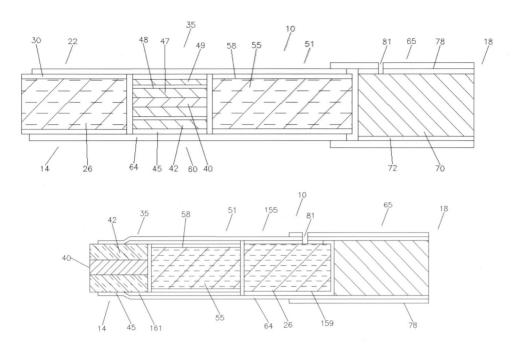

图 2-16 雷诺美国第三代技术结构示意图

因为恢复了对流传热，故如何减少炭质热源的 CO 释放量重新成为一个问题。LN-22 提出向炭质热源中加入催化剂前体（金属盐或金属有机化物）的方法，该催化剂前体在炭质热源燃烧时原位分解成催化剂（金属氧化物），起到减少 CO 的作用，并列出了金属可以是过渡金属，尤以 Ce、Cu、Pd 等金属为佳。这种加入金属氧化物催化剂来减少 CO 的概念早已经有人提出过，原位分解的概念也是之前先浸渍催化剂前体再高温煅烧形成催化剂的等效变化，并不新鲜，故该专利没获得授权。

2）变形结构 1：LN-23

LN-23 在基础结构上做了少许改动。区别之一在于在炭质热源（35）与发烟材料（51）之间增设了一个缓冲区（53），见图 2-17。缓冲区为空腔或填充有透气性不可燃材料，例如机织、针织或混织非玻璃材料及发泡陶瓷、发泡金属等，缓冲区（53）起到防止发烟材料被烤焦或热降解的作用。另一区别是在发烟材料后部设置有开放的内段（66），用于汇集烟雾。此外，在过滤嘴中还设有可压碎调味胶囊，抽吸时可用手将其捏碎以释放香味。不过，上述这些区别技术特征都是之前已有的技术。

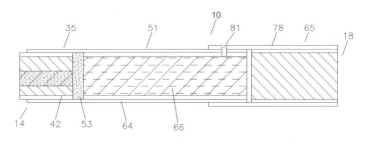

图 2-17 雷诺美国第三代技术结构变形示意图 1

该专利的实质改进点在于将长期以来一直被广泛使用的玻纤层/烟草纸/玻纤层复合绝热层替换为含非玻璃黏胶人造丝材料的阻燃材料，例如用氧化硅处理过的人造丝纤维、碳纤维、用阻燃剂（例如硼酸、有机磷化合物、三聚磷酸钾、磷酸铵、水合氧化铝、石墨等）处理过的普通纤维等。这些纤维经过编织后形成网状物，可在纤维丝之间形成更规则且更连贯的气流空隙，有利于空气均匀流入，使炭质热源稳定燃烧。相比之下，LN-13中所述的玻纤层中的玻璃纤维是无序堆积成层的，纤维间的空隙也不规则，故空气也无法均匀流入。玻纤层的另一缺点是玻纤在高温下将熔化成泡沸层，阻止空气流入。

该专利还具有重要的技术汇总作用，因为其说明书中对各节段的组成材料及其制法和相关专利都分门别类地进行了详细介绍，可供研究者进一步参考。

显然该专利适合任何结构的炭加热卷烟。该专利获得了授权，专利权至2030年8月10日到期。

3）变形结构2：LN-25

该专利的发明点在于将发烟材料分为两段，如图2-18所示。其中上游段是基质腔（756），下游段是烟草棒（769），基质腔（756）内填充有烟草球（763），热传导元件（784）包裹炭质热源（735）、整个基质腔（756）和至少一部分烟草棒（769），用于导热。

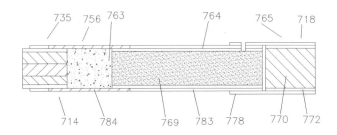

图2-18 雷诺美国第三代技术结构变形示意图2

但该专利中并未提到将发烟材料分段以及用烟草球填充基质腔有何有益效果。据推测，其优点可能是便于热气流在整个基质腔的截面积上沿烟草球间的空隙均匀分散。因为烟草球之间的空隙相对均匀，而片材或柱塞形式的发烟材料可能会因内部空隙不均匀发生气流不均匀流动或气流不畅等问题，造成局部过热、烧焦而释放异味。

4）变形结构3：LN-24

该专利的改进点在于将之前的气雾生成段制成单体基材形式，包括中心孔和/或外周沟槽，以便热气流通过，形状如图2-19所示。该单体基材通过挤出法或发泡挤出法制造，便于工业化生产，也便于流水线装配。在配方上主要包括质量分数为10%～90%的烟草、5%～50%的丙三醇、1%～30%的水和0%～10%的黏结剂，此外还可以含有碳酸钙或石墨。

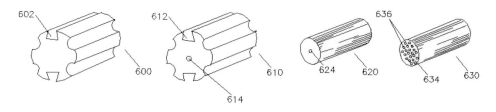

图 2-19　雷诺美国第三代技术气雾生成段改进

除了上述单体基材形式之外，该专利还公开了气雾生成段为多层卷绕式整体基材的形式，如图 2-20 所示。其中，芯部（563）之外依次卷绕着第一外层（593）（如阻燃剂处理过的织物）、中间层（592）（如烟草纸）和第二外层（591）（如阻燃剂处理过的织物），各层可载有不同的气雾剂或香料，以便受热时释放不同的烟雾或香味成分，芯部下游还有纵向开口通道（566）。这样的多层卷绕式整体基材要优于传统的流延片材基材，流延片材基材内部孔隙不均匀，可能在热气流通过时因热量集中于某处而导致局部过热，使其烧焦或热降解而产生异味。但该多层卷绕式整体基材不具有中心气流通道和外周沟槽，因此不存在上述问题。

该专利适用于各种结构的炭加热卷烟。虽然该专利已被授权，但通过改变其中的发泡单体基材的配方，或能有效降低侵权风险。

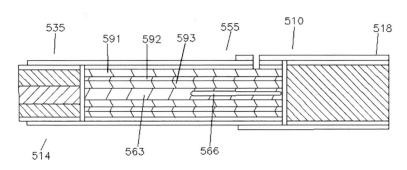

图 2-20　雷诺美国第三代技术气雾生成段多层卷绕式整体基材

综合评价雷诺美国的炭加热卷烟技术发展历程，可以看出：

早期（1985—1991 年），雷诺美国率先提出了一系列颇具创造性的令人眼花缭乱的技术方案，包括热对流加热与热传导加热并举、纯粹热传导加热、热辐射加热、气流路径不通过炭质热源、各种形状的炭质热源、炭质热源的组成和加入催化剂减少 CO 等。这些炭加热卷烟的核心特征都是在早期提出的，其中一些好的技术特点还一直延续下来，但整体烟支结构比较复杂，各节段间交叉重叠较多，界线不分明，难以分别制造并工业化组装。

中期（1991—1998 年），雷诺美国的烟支结构大变，回归简单的热对流传热和热传导传热并举，此外，为了适应工业化生产的需要，各节段之间界线分明，减少彼此交叠的部件，并且在炭质热源、绝热材料层、发烟材料等基础元件方面都分别有工业化生产方法的专利。

后期（2009年至今），雷诺美国基本维持其在中期确定下来的简化的烟支结构，在烟支结构上的较大创新不多。值得一提的是，这一时期的基础专利所示的炭质热源前端增加了由烟草构成的点燃端部段，其余专利的创造性高度都比较低，涉及的领域也比较窄，偶有授权但基础性也比较差。

雷诺美国在研究开发炭加热卷烟方面不仅比菲莫国际要早，而且起点更高，各个技术环节也考虑得比较全面，一些关键性技术概念的提出均早于菲莫国际，提出的技术方案也很多，有一些方案已经进入工业化生产阶段，可惜的是，雷诺美国曾经推出的以Premier和Eclipse为代表的两款炭加热卷烟产品并未获得商业上的成功。但雷诺美国提出的很多关键技术特征，至今仍对炭加热卷烟研发具有指导和借鉴作用。从雷诺美国的专利来纵观其炭加热卷烟的技术演化过程，会有很多收获。

2.2.2 菲莫国际技术发展

菲莫国际在炭加热卷烟领域起步较晚，1989年才开始在中国申请专利，专利分布较为均匀。值得注意的是，在2008年之后，菲莫国际的专利数量呈激增趋势，且质量也很高。其最为核心的第二代和第三代炭加热卷烟及其工业化制备方法专利都是在2008年之后提出来的，与雷诺美国的技术路线有明显区别，在技术上自成体系，且优势明显。与雷诺美国2008年之后专利数量明显减少相比，菲莫国际呈明显的后来者居上的趋势，这体现出菲莫国际强大的研发实力。

综合传热方式和气流路径设计这两个主要因素，可将菲莫国际炭加热卷烟技术划分为三代。

1. 第一代技术

菲莫国际第一代技术的时间跨度从1989年到2005年，以"香烟制品"（专利号：CN89104935.5）为基础性核心专利。这一时期的专利在传热方式上以对流传热为主；在气流路径上，空气经过整个炭质热源进入发烟材料；另外，烟支内有很多内构件，彼此间多有交叠，烟支结构过于复杂，不利于工业化生产。

1）基础结构：PM-1

该专利公开了一种菲莫国际早期的炭加热卷烟的整体结构以及炭质热源的横截面形状，如图2-21所示。

在烟支结构上，炭质热源（20）、发烟材料（21）、膨胀室（12）、过滤嘴（13）以上下游分段方式集成到一根烟支上，从远嘴端至近嘴端依次排列，并被卷烟纸或接装纸所卷绕。这构成了菲莫国际后续炭加热卷烟烟支结构的基本排列方式。各段的作用非常明确：炭质热源——燃烧，提供热量和热气流；发烟材料——受热释放烟雾和香味；

膨胀室——使烟气冷却，形成可见烟雾；过滤嘴——过滤烟雾中的有害物质。

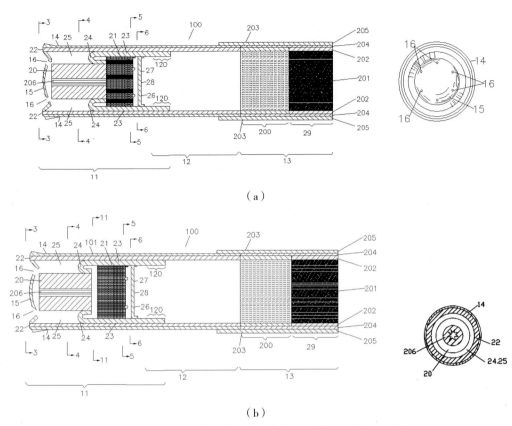

图 2-21 菲莫国际第一代技术结构示意图及炭棒横截面形状

炭质热源（20）具有一条或多条气流通道（206），通道呈多角星形，且不裸露，被辐射能反射套管（22）和反射端盖（15）所包围，目的是保持热量、防止散热。而辐射能反射套管（22）采用透气材料制成或者具有穿孔，反射端盖（15）上也设有穿孔（16），以便为炭质热源燃烧提供氧气。炭质热源不直接接触辐射能反射套管（22），而是被具有弯边（24）的内套管（23）悬空夹持，与辐射能反射套管（22）之间有环形空隙（25）。悬空夹持的作用是防止炭质热源脱落，以便充分供氧。从炭质热源到发烟材料的传热方式以对流传热为主，接触面的热传导为辅。

发烟材料优选丸状烟草填充层。该专利公开了发烟材料的组成和制备方法，具体如下：

15%～95%的烟草粉末，粒径在25～400目之间，优选在150目左右；

5%～35%的气雾发生剂母体，例如甘油、丙二醇等，该气雾发生剂母体兼做润滑剂；

0%～50%的填充材料，例如碳酸钙、氧化铝粉末；

其他任选的助剂，例如薄荷油、烟草萃取物等。

上述物质混合搅拌后，用挤出机从一个模孔中挤出成细条，并切割成细粒，粒径在0.5～1.5 mm。该细粒即为PM-1优选的丸状烟草，生产工艺流程如图2-22所示。

该专利权早已过期，故无须再关注其法律意义。

2）变形结构 1：PM-4

该专利系对 PM-1 专利所示技术方案的补充和变形（见图 2-23），明确了采用多孔陶瓷管作为 PM-1 中所述的辐射能反射套管（22），并在过滤段增加了烟丝条段（203），以额外增加烟草香味，还给出了多种夹持炭质热源的方式。

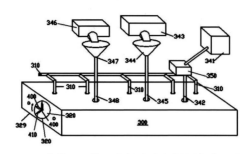

图 2-22 菲莫国际第一代技术发烟材料生产工艺流程

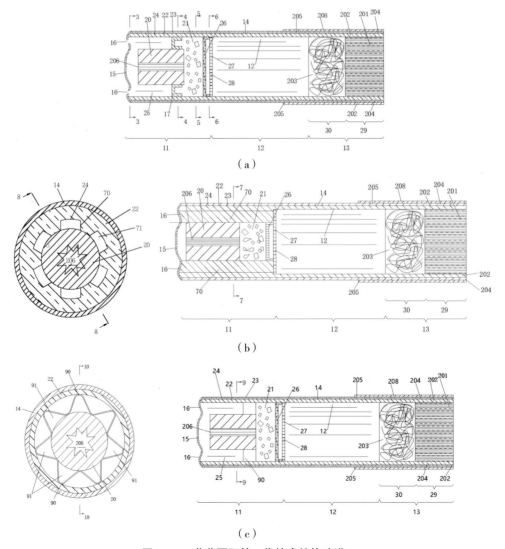

图 2-23 菲莫国际第一代技术结构改进 1

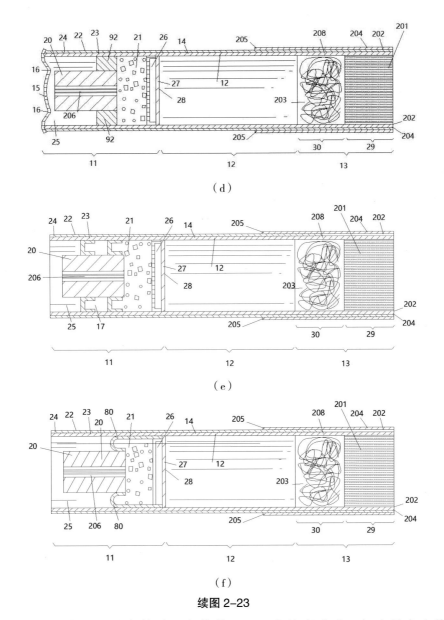

续图 2-23

图2-23（a）中用金属卡箍（17）代替PM-1中的弯边（24）来悬空夹持炭质热源（20），由此省略了PM-1中的内套管（23），简化了烟支结构并降低了装配难度。该金属卡箍（17）上具有孔，能透气。

图2-23（b）在陶瓷套管（22）的内壁上沿周向设置多个肋（70）和槽（71），肋（70）起到夹持炭质热源（20）的作用，而槽（71）相当于PM-1中的环形空隙（25），保证气流通畅。

图2-23（c）在陶瓷套管（22）和炭质热源（20）之间设置波纹纸带（90），用来夹持炭质热源，波纹（91）则相当于PM-1中的环形空隙（25），保证气流通畅。

图2-23（d）中用实心纸圈（92）来代替图2-23（a）中的金属卡箍（17），用来

夹持炭质热源（20）。显然这种夹持方式更简单。纸圈与炭质热源的接触面用铝箔隔开，保证纸圈不被损坏。

图 2-23（e）中用双金属卡箍（17）来夹持炭质热源（20），以夹持得更稳固。但这种方法显然增加了制造难度。

图 2-23（f）中用带有弯边的纸管（80）来夹持炭质热源（20），这与 PM-1 中的带有弯边的内套管在本质上是相同的，只是明确了材质为纸而已。

3）变形结构 2：PM-6

专利 PM-6 的前 13 个方案完全是在重述 PM-1 专利的技术方案，从第 14 个方案开始，对 PM-1 专利做了一定的改进，现结合图 2-24 具体阐述改进之处。

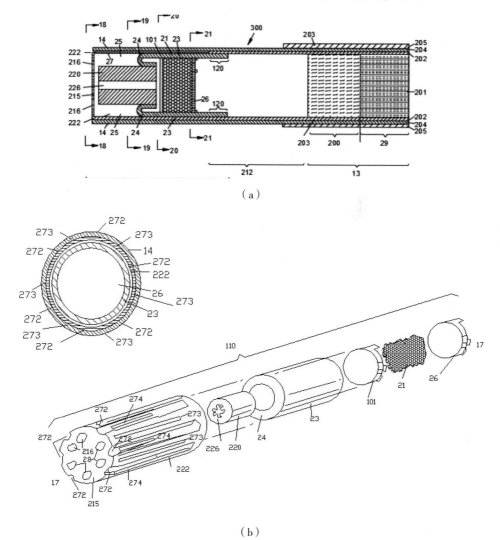

图 2-24　菲莫国际第一代技术结构改进 2

如图 2-24（a）所示，用一个底面具有孔（216）的杯形件（222）代替了 PM-1 中的辐射能反射套筒（22）与带孔的金属端盖（15）的组合，用以容纳炭质热源（220），并反射热能，供应空气以维持燃烧；杯形件（222）可由冷拉铝整体化制造，降低了制造和装配难度；省略了PM-1中的发烟材料与膨胀室之间的带孔的铝制隔板（27）。为了维持烟气的节流膨胀效果，将PM-1中的多孔挡网（26）改为网状夹片（26），作为补偿。

如图2-24（b）所示，炭质热源（220）的气流通道（226）由PM-1中的多角星形改为花瓣形，发明人认为这样传热效率更高且热量更均衡，且减少灰化倾向。炭质热源（220）的组成成分中增加了氮化铁，这种成分可使得炭质热源的燃烧温度更高，并减少诸如CO等有害成分的生成。

4）变形结构3：PM-8

该专利与PM-1相比，在烟支结构上有了较大改进（图2-25）。改进点在于：

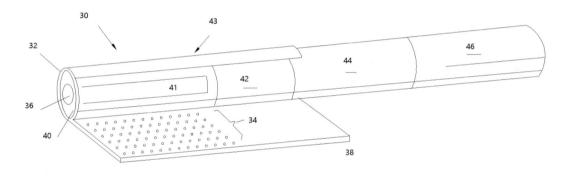

图2-25 菲莫国际第一代技术结构改进3

①去掉了所有的炭质热源夹持件，炭质热源不再被悬空夹持，而是被简单实用的卷烟纸包裹在烟支前端。为了包裹牢固，在卷烟纸（32）和炭质热源（36）之间填充有烟草（40），该烟草（40）将随炭质热源一起燃烧。但主要的烟雾来源仍是设置在炭质热源下游的烟草料（42），其被对流加热而释放烟雾。该改进点大大简化了炭加热卷烟的结构，降低了装配难度。

②在烟草料（42）与中空管（44）（作用相当于膨胀室）之间不再设有提供节流膨胀的元件。这也大大简化了炭加热卷烟的结构，降低了加工难度。

③在卷烟纸（32）外周增设了复合包装材料（38），其在内外纸层之间夹设金属箔层或陶瓷层，并具有沿着烟支纵向分布的多个孔（34），在卷烟纸（32）逐步燃烧后，孔（34）可沿着纵向逐步打开而向炭质热源供应空气。也可以直接用该复合包装材料（38）包裹炭质热源（36）和烟草（40），而不使用卷烟纸（32）。这种情况下，用蜡将各个孔（34）封住，随着炭质热源沿着纵向燃烧，蜡熔化，各孔（34）沿纵向依次打开。用这种方式控制炭质热源（36）的燃烧速率，可减少烟草（40）在抽吸期间燃烧产生的侧流烟气，并提供均匀可控的燃烧特性。

该专利还给出了图2-25的变形方案，改变之处在于，将炭质热源（36）及其外周的烟草（40）伸出卷烟纸（32）或复合包装材料（38）一段长度。这样氧气更容易进入，使得该炭质热源容易被点燃。具体图略。

5）其他改进：PM-5、PM-7、PM-9

专利 PM-5 涉及对 PM-1 中的炭质热源组成的改进，与炭加热卷烟的烟支结构无关，故不仅适用于 PM-1 专利，也可适用于其他各种烟支结构的炭加热卷烟专利。改进点在于，用金属碳化物代替单质碳单独作为炭质热源，或者将金属碳化物与单质碳的混合物作为炭质热源。其中，所述金属碳化物可选用碳化铁、碳化铝、碳化钛、碳化锰、碳化钨、碳化铌等，并在实施例中给出了碳化铁的合成方法及参考文献。

上述改进可提供以下有益效果：

①金属碳化物与单质碳具有相近的能量输出；

②金属碳化物燃烧后只产生金属氧化物和 CO_2，几乎不产生 CO。该专利的实施例中给出了证明数据，以单质碳为主的炭质热源，燃烧产物中 CO_2 和 CO 的体积比为 3：1；而金属碳化物燃烧产物中二者体积比为 30：1。

③金属碳化物更易点燃，其在 550℃ 下即可点燃，即用常规打火机短时间内就能点燃，且点燃后不易自熄。而 PM-1 中的炭质热源很难用常规打火机在短时间内点燃。

专利 PM-7 的烟支结构与专利 PM-1 相同，仅涉及对 PM-1 中炭质热源组成的改进，与炭加热卷烟的烟支结构完全独立，故不仅仅适用于 PM-1 专利，应该也可适用于其他各种烟支结构的炭加热卷烟专利。改进点在于，向炭质热源中掺入金属氧化物。其中，所述金属氧化物可选用氧化铁、氧化铝、氧化铬、氧化钴、氧化钒、氧化硅、氧化锗、氧化镓、氧化铟、氧化铂和氧化钯，但优选氧化铁。上述改进在掺入金属氧化物后，炭质热源更易点燃，且燃烧温度更高；此外，金属氧化物能将燃烧产生的 CO 催化转化为 CO_2。

该专利中还给出了将金属氧化物掺入炭质热源的方法。首先，不是在源头上将金属氧化物颗粒与炭颗粒混合后挤出，而是在将含碳原料的混合物用挤出机挤成长条，经过干燥除去溶剂后，得到半成品炭棒。然后，将铁基金属氧化物前体（如硝酸盐、硫酸盐、氯化物等）溶解于含羟基有机混合物（例如多元醇）中，并加热至 60~150℃，使之与多元醇反应，生成含铁和有机成分的聚合物或低聚物，形成黏度和浸润性能适中的溶胶，再用浸渍法或喷涂法将该溶胶施加到半成品炭棒上。最后，在高温下焙烧，使其中的铁转化为 Fe_2O_3，并除去所有有机物，得到掺杂有金属氧化物的炭质热源。由上述制备方法可知，金属氧化物与炭颗粒并非构成简单的物理混合物，而是分散在多孔炭材料的表面。

专利 PM-9 公开了一种可以添加到发烟材料中的银基催化剂，具体为承载在非银金属氧化物（优选氧化铈）的颗粒载体之中和/或之上的银和/或氧化银颗粒，该银和/

或氧化银颗粒是通过银盐的沉淀或热分解形成的，也可通过银靶装置受控气氛下的激光蒸发和受控冷凝形成。银基催化剂是通过喷雾、撒粉或浸渍方法引入发烟材料中的，也可以引入烟纸和过滤材料中。其作用是在无外部氧源的条件下（即在卷烟的贫氧区），在温度低于210 ℃时将CO转化为CO_2，例如在110 ℃即可实现90%的CO转化为CO_2。虽然该专利没有明确表明该催化剂用于炭加热卷烟的发烟材料，但从其转化温度可见，显然不适用于传统燃烧型香烟，而更适合在诸如炭加热或电加热型卷烟的低温加热型发烟材料和烟用材料中使用。

2. 第二代技术

菲莫国际第二代技术的时间从2008年开始，以PM-10和PM-15为基础性核心专利。这一时期，专利在传热方式上以热传导传热为主，但仍存在部分对流传热；在气流路径上，空气经由具有气密性涂层的炭质热源中心气流通道进入发烟材料；在烟支结构上，摒弃了第一代中的绝大部分复杂内构件，烟支结构改为分节段方式，且各节段间界线分明，便于工业化生产。

1）基础结构：PM-10

该专利所示炭加热卷烟与菲莫国际第一代炭加热卷烟相比，有了本质上的改进，主要是传热方式有了实质性变化。自此，可以认为菲莫国际炭加热卷烟技术进入第二代。现结合图2-26来阐述PM-10与PM-1相比的本质性改进。

炭质热源（4）的一端处于暴露状态，无须用辐射能反射套筒或者杯状体进行封闭，省略了用于夹持炭质热源的装置，也省去了发烟材料与膨胀室之间的使烟气发生节流膨胀的元件，这一点其实继承了PM-8的改进点，不再赘述。此外，膨胀室的结构特征在第二代专利技术中仍得以延续。

炭质热源（4）的中心气流通道（16）的内壁被不透气的耐热涂层（14）覆盖，其作用是将经由该中心气流通道吸入发烟材料（6）中的空气与炭质热源容易产生CO的区域（即正在燃烧的区域）隔离开，防止CO等进入发烟材料（6）中，且使发烟材料（6）受热蒸馏出的烟气成分不受消费者抽吸强度的影响。可将氧化物颗粒悬浊液以浸涂法施加到中心气流通道（16）的内壁上，之后再经干燥和煅烧即可形成耐热涂层（14）。

PM-10增加了热传导元件（22），例如金属箔，起到夹持炭质热源（4）的作用，但更重要的是，热传导元件（22）与炭质热源（4）的后部（4b）和发烟材料（6）的前部（6a）均接触，将原来的以对流传热为主的传热方式改为以热传导传热为主，但仍存有部分对流传热。这是菲莫国际第二代炭加热卷烟与第一代炭加热卷烟相比最核心的改进点，并以此特征来进行技术的代际划分。

发烟材料（6）的后部延伸超过热传导元件（22）的下游端一段距离，这可以改善发烟量的逐口一致性。为防止发烟材料（6）的延伸段中的甘油接触卷烟纸而发生迁移，优选还设置了一个铝箔套管（32），将其与卷烟纸（12）隔开，见图2-26（b）。因热传导元件（22）导走大量热量，故发烟材料（6）不会与炭质热源（4）的过热部分接触，因此发烟材料（6）不会过热燃烧或烧焦。

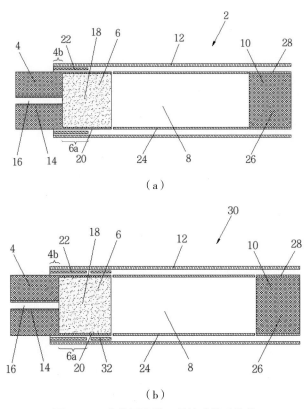

图2-26　菲莫国际第二代技术基础结构

2）改进结构1：PM-15

该专利是对专利PM-10中烟支结构的一次较大改进，下面结合图2-27进行阐述。

将图2-27与图2-26进行对比可见，本专利在炭质热源下游端的端面上增加了一个屏障涂层（14），该涂层不可燃且不透气，例如黏土、玻璃、矿物、陶瓷或者氧化铝颗粒涂层。其作用一是防止发烟材料过热而被烧焦或热解，减少有害烟气成分；二是防止炭质热源本体中的有害燃烧产物（例如CO等）进入发烟材料中。因为该涂层具有不透气性，只允许空气从炭质热源的中心气流通道进入发烟材料中。该屏障涂层的导热率优选是低导热率的，但并不要求一定是绝热的。屏障涂层（14）可通过喷涂、气相沉积、浸渍、刷涂或胶接方式沉积到炭质热源的下游端面上，优选通过用含有涂层材料的溶液或悬浮液浸涂后干燥的方式来沉积形成。

该改进点的效果看来是非常正面的，因为从之后菲莫国际炭加热卷烟的专利来看，该技术特征一直得以保留。

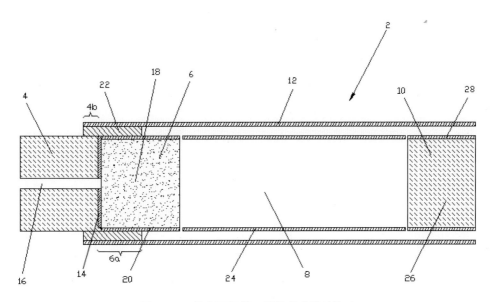

图2-27 菲莫国际第二代技术改进结构1

3）改进结构2：PM-16

该专利是对专利PM-10中烟支结构的另外一方面的较大改进，下面结合图2-28进行阐述。与PM-10相比可见，PM-16的改进点在于：

①完全省略了膨胀室。

②复合热源与发烟材料可以为传统的上下游设置（图2-28（a）），也可以为同心设置（图2-28（b））。无论如何设置，二者之间都设有绝热体或气隙（10），用于防止发烟材料过热而被点燃或烧焦。

③炭质热源改为复合热源（6），所谓复合热源（6），是指在多孔陶瓷基体（16）内分散有颗粒燃料（18）。该复合热源可以没有中心气流通道，如图2-28（c）所示；也可以有中心气流通道（22），如图2-28（d）所示，中心气流通道内表面也可以有催化材料层（24）。复合热源的好处是，多孔陶瓷基体结构在燃烧前后基本不变，可维持热源的强度和整体完整性，而传统炭质热源在炭燃烧后容易崩解或脱落。另外，多孔陶瓷基体的多孔性也能确保空气进入陶瓷基体内部给颗粒燃料供氧，并使燃烧产物能够排出。复合热源的导热率主要通过多孔陶瓷基体来控制。

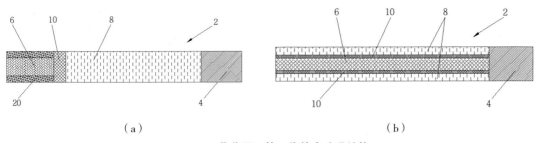

（a）　　　　　　　　　　　　　　　（b）

图2-28 菲莫国际第二代技术改进结构2

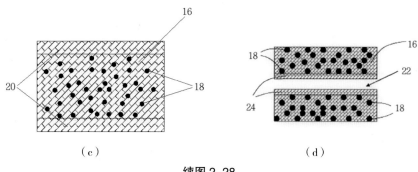

续图 2-28

此外，用于传统炭质热源的各种具有助燃或者消除 CO 等功能的燃烧助剂也可以用于此复合热源，不再赘述。

该专利提到的这种炭加热卷烟结构比 PM-10 更简单，故更容易用于工业化生产。此外，尽管本书将上述复合热源归入菲莫国际第二代炭加热卷烟专利中，但实际上这种复合热源与烟支结构无关，可适用于各类型炭加热卷烟。

4）改进结构 3：PM-16.5

该专利涉及对 PM-10 中烟支结构的另一方面的较大改进，技术改进点在膨胀室内，下面结合图 2-29 进行阐述。

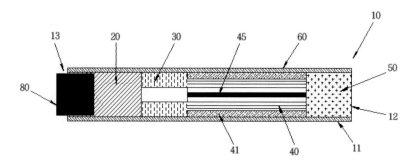

图 2-29 菲莫国际第二代技术改进结构 3

该专利在膨胀室内增加了分隔件（30）、挥发性香料产生部（45）和纤维支撑元件（40），用于进一步释放香味。其中，纤维支撑元件（40）可以是浸满液体香料成分的纸质支撑件、线或合股线；或者，可以将固体香料颗粒分散在该纤维支撑元件中。分隔件（30）用于防止发烟材料（20）被转移到挥发性香料产生部（45），起到将二者分隔开的作用。

该专利的技术效果在于为气溶胶持续提供增香效果。鉴于其改进点是在膨胀室内增加增香设计，与烟支结构无关，故其实际上可适用于菲莫国际各代炭加热卷烟，具有一定的通用性。

5）改进结构 4：PM-17

该专利涉及对 PM-10 专利中烟支结构的完善，下面结合图 2-30 进行阐述。

与PM-10相比，PM-17的技术改进点在于增加了一个可移除盖（30）和过滤嘴（31）组件。如图2-30（a）所示，该组件可套在嘴端，作为滤棒供用户抽吸；也可以套在炭质热源端，靠其内表面带有铝箔的滤纸（33）围成的绝缘护套来耗散炭质热源热量并隔绝空气，达到熄灭炭质热源的目的。从实施例可见，该炭加热卷烟具有从炭质热源向发烟材料进行热传导的导热元件，故将该专利也归入菲莫国际第二代炭加热卷烟专利中。

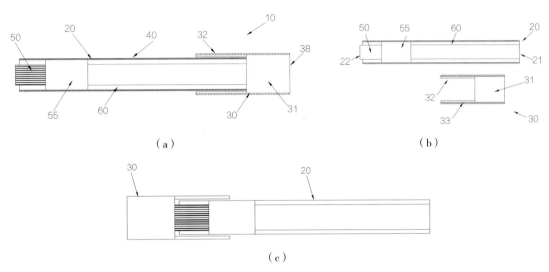

图2-30 菲莫国际第二代技术改进结构4

6）其他改进：PM-13、PM-14

专利PM-13涉及对专利PM-10中发烟材料的改进。在炭加热卷烟中，发烟材料经常会在炭质热源的高温下发生燃烧或热降解，燃烧产物和热降解产物会影响口感。该专利的目的在于提供一种能避免燃烧或热降解的发烟材料，主要是用多根彼此平行排列的均质发烟材料束作为发烟材料的。该均质发烟材料束是将粒状发烟材料通过黏结剂聚集在一起而形成的发烟材料，即再造发烟材料束，其最大特点是质量与比表面积之比大于等于 $0.09\ mg/mm^2$，最好不大于 $0.25\ mg/mm^2$。关于该均质发烟材料束的制造方法，该专利没有详细说明，仅介绍说可以通过造纸法、注塑法、面团复原法或挤出法来制造，未透露更多细节。笔者推测其加工方法可能与菲莫国际电加热卷烟iQOS中的发烟材料类似，只是将iQOS中的发烟材料由片状进一步切成了细丝而已。

该均质发烟材料束的作用机理如下：一是使热空气均匀流过，避免对流传热不畅所造成的局部热量集中；二是提高单位表面积上的烟草物质质量，提高其吸收热量的能力；三是防止温升过高，因为随着烟草物质质量增加，可施加的气溶胶形成剂（例如各种多元醇或多元醇酯）的含量可高达12%～25%，它们汽化需要消耗热量。以上均可防止烟草因局部温度过高而燃烧或热降解。

该专利还提出了评价发烟材料是否发生燃烧或热降解的定性方法和半定量方法，可供研发人员借鉴。定性方法是肉眼观察加热之后的均质发烟材料束表面的燃烧点，烟草为暗色，燃烧点处有白灰，很容易辨认。半定量方法是用分析仪器（例如气相色谱）来检测气溶胶中的异戊烯含量，异戊烯是烟草中存在的类异戊二烯化合物的热解产物，故异戊烯的含量可以被视为烟草燃烧或热降解的半定量指标。

专利 PM-14 同样对专利 PM-10 中的炭质热源进行了改进。改进之处在于，向炭质热源中掺入金属硝酸盐或金属过氧化物、超氧化物，或者掺入金属或铝热剂（例如 Fe_2O_3 与金属铝的混合物），这些物质均为释氧/释能物质。掺入这些物质后，炭质热源会在普通打火机作用下发生爆燃，使温度迅速上升，再回落到稳定水平，直至燃烧终结。相应地，发烟材料的温度也会迅速上升，使得第一口抽吸就能释放足够多的气溶胶，然后发烟材料的温度回落到 250～400 ℃ 范围内的某一稳定温度，并稳定地保持在此温度下，均匀地释放气溶胶。由此，气溶胶释放量的逐口一致性得到改善，这得到了实验结果的证实。上述金属硝酸盐可以通过浸渍法施加到多孔炭质热源表面。金属或金属过氧化物可以通过水性悬浊液沉积法将它们的微粒沉积到多孔炭质热源表面。

3. 第三代技术

菲莫国际第三代技术的时间集中在 2013 年，以 PM-18 为基础性核心专利。在烟支结构上，第三代技术保留了第二代技术中的导热元件和阻挡隔层的有利设计，但又进行了实质性改进——彻底消除了从炭质热源到发烟材料的对流传热，完全靠热传导来传热。

1）基础结构：PM-18

从该专利起，菲莫国际的炭加热卷烟技术进入第三代，因为 PM-18 与以 PM-10 或 PM-15 为代表的第二代炭加热卷烟相比，在烟支结构上具有众多实质性改进，所以可视为菲莫国际第三代炭加热卷烟的重要而核心的基础性专利。现结合图 2-31 进行阐述。

与第二代 PM-10 相比，PM-18 保留了其中的导热元件和阻挡隔层的有利设计，但又进行了如下实质性改进：

①炭质热源（4）不再具有中心气流通道；

②阻挡涂层（20）将炭质热源与发烟材料彻底阻隔，彻底消除了从炭质热源到发烟材料的对流传热，完全靠热传导传热；

③在膨胀室（10）内增设了空气流动引导元件（8），并在膨胀室外周以及卷烟纸上设置空气入口（32）。

上述实质性改进都是围绕一个核心目标来设计的，即改变气流路径。在以 PM-1 为代表的菲莫国际第一代炭加热卷烟和以 PM-10 或 PM-15 为代表的菲莫国际第二代炭加热卷烟中，气流路径都是从炭质热源、发烟材料、膨胀室到过滤嘴这一路径。但该专利中，在气流路径的设计上，刻意使气流不再流经炭质热源，用阻挡涂层（20）将炭质热源与发烟材料彻底阻隔，因此炭质热源（4）也无须具有中心气流通道。环境空气经过空气入口（32）进入透气扩散器（28），然后进入发烟材料（6）内部，携带着发烟材料受热挥发出的气溶胶，经由中空管（24）、环形气密性密封件（26）进入膨胀室（10），最后经过滤嘴（12）进入消费者口腔中。这是一种全新的气流路径设计思路。

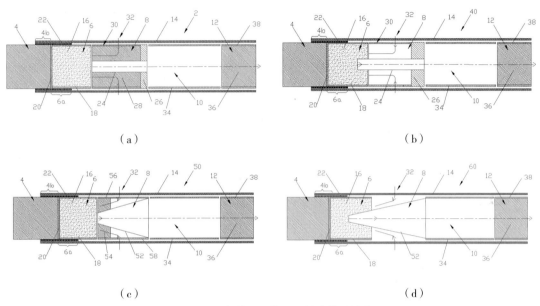

图 2-31 菲莫国际第三代技术基础结构

这种全新气流路径设计具有明显的优点：

①炭质热源不需要中心气流通道，当然也就不需要在中心气流通道内壁上涂阻挡涂层，这大大降低了炭质热源的制作难度。

②炭质热源向发烟材料的传热完全靠热传导，彻底消除了热对流，不仅燃烧尾气不进入发烟材料，抽吸进入烟支的空气都是未经炭质热源预热的空气，即"净空气对流传热"都被消除。否则如 PM-15 所示，如果炭质热源中心气流通道的阻挡层隔气性不完全的话，还是有一部分燃烧尾气会混入烟气中。因此，该发明不会将任何炭质热源的燃烧产物带入发烟材料中，从根本上不再需要任何减少 CO 的技术努力，例如不需要加入将 CO 转化为 CO_2 的催化剂，不需要在中心气流通道内壁上涂阻挡涂层等。

③因为彻底消除了对流传热，故不存在发烟材料在对流传热下过热而被烧焦或点燃的风险。

④炭质热源独立于气流通道，故炭质热源的燃烧情况以及向发烟材料的热传导情况不再受用户抽吸力度的影响。因此，燃烧过程和热传导传热过程都相对稳定。相比之下，如果存在对流传热，则传热情况会受到用户抽吸强度的强烈影响（抽吸时，供氧充足，温度迅速上升；不抽吸时，炭质材料因供氧不足而发生阴燃，温度降低）。因此，本专利的气流路径设计使得发烟材料的温度更容易维持，由此显著改善了抽吸间的逐口

一致性。

另外，图2-31（b）、（d）示出了将空气流动引导元件（8）中的中空管插入发烟材料内部的技术方案，但该方案会为卷烟制造过程带来麻烦，显然不如图2-31（a）、（c）所示的技术方案更适合工业化大生产。这可从菲莫国际的后续专利PM-23得到验证，PM-23是图2-31（a）所示炭加热卷烟的工业化制造方法，该方法适合分段式拼装卷接法，显然各节段间彼此独立是最适合卷接的。

2）改进结构1：PM-19

该专利既可视为对菲莫国际第二代炭加热卷烟的改进，又可视为对菲莫国际第三代炭加热卷烟的改进。其改进点主要在于气流路径。

PM-19专利在将可燃热源与发烟材料隔绝方面的设计与PM-18实质上相同（图2-32）。此外，该专利公开了基于图2-32所示结构的两种变形技术方案（具体图略），即使空气从炭质热源（40）的阻挡隔层（图2-32中黑色部分）与发烟材料（6）的上游端之间或从发烟材料（6）的中部进入，并流经发烟材料（6）、膨胀室（8）和过滤嘴（10）而进入消费者口腔中。

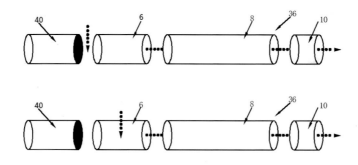

图2-32 菲莫国际第三代技术改进结构1

3）改进结构2：PM-20

该专利既可视为对第二代炭加热卷烟的改进，又可视为对第三代炭加热卷烟的改进。其技术改进点主要在于用双导热元件代替原来的单一导热元件，如图2-33所示。

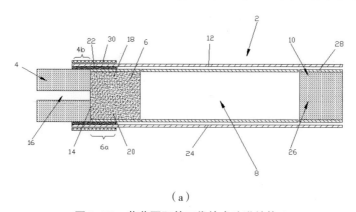

（a）

图2-33 菲莫国际第三代技术改进结构2

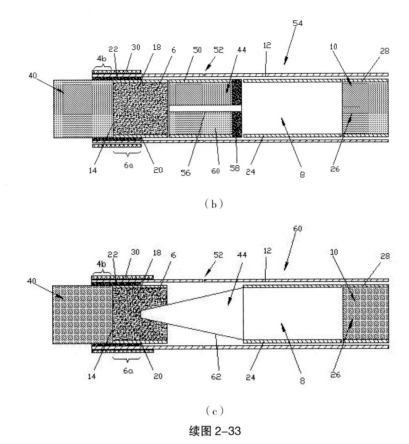

续图 2-33

其中,第二导热元件(30)与第一导热元件(22)之间具有隔热层或者气隙,且图2-33(c)中该导热元件(30)比第一导热元件(22)长出一段距离。第二导热元件(30)与第一导热元件(22)的材质可以相同,也可以不同,优选都由铝箔制成。第二导热元件(30)可以为层压材料,即由内部的导热层与外部的隔热层压制而成。

这样的改进具有如下有益效果:

①第二导热元件(30)内壁反射辐射热量,减少了第一导热元件(22)的散热损失;

②使发烟材料(6)的前后端温度相对均匀,改善了发烟量的逐口一致性,这是个意外效果;

③提高了烟碱和甘油的递送量,并延长了发烟持续时间,这是个意外效果;

④第二导热元件(30)可以对包裹发烟材料(6)的卷烟纸的受热褪色/变色进行遮挡,保持外观。

4)改进结构3:PM-21

该专利同样既可视为对第二代炭加热卷烟的改进,又可视为对第三代炭加热卷烟的改进。其改进点主要在于,将炭质热源同心分层为第一层和第二层,二者组成不同。第一层含有点火助剂,点火助剂可快速点燃并释氧和/或释能,使炭质热源迅速燃烧升温;第二层则为正常多孔炭材料,其正常燃烧,维持工作温度。如图2-34所示,二者可互为芯层和外层。

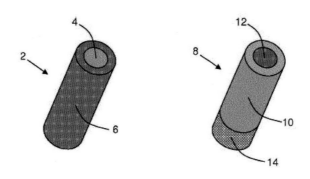

图 2-34　菲莫国际第三代技术炭质热源结构改进

这样的改进具有如下有益效果：与之前的单一多孔炭热源相比，多层的炭质热源整体在燃烧初期温度相差并不大，但在燃烧中后期，炭质热源的整体温度更高，且温度平稳性更好。这使得气溶胶释放量增加且改善了逐口一致性，具体效果可参见该专利图示，这里不再赘述。

5）改进结构4：PM-27

该专利是在PM-18所示的炭加热卷烟的炭质热源端增设了一个可移除盖子（114），其通过弱线（120）（类似于邮票上的穿孔线）与炭加热卷烟的卷烟纸脆弱连接，见图2-35。

在使用时，通过横向按压使弱线破裂并沿弱线将可移除盖子撕下来，暴露出炭质热源，供用户点燃。弱线的位置可以变化，可以与炭质热源下游端平齐，也可与导热元件的上游端或下游端平齐。该可移除盖子（114）的作用在于保持炭质热源的清洁并防潮。此外，可完整地将炭质热源的外包装纸撕下，避免残留在炭质热源上的纸热解而产生不良气味。

该专利的改进意义不大，属于相对"外围"的专利。但值得一提的是，该可移除盖子并非单独制造的，而是与气流引导元件（106）同源制造的，即使用相同的原材料，经过相同的设备和工艺制成，故该可移除盖子（114）中也具有中空管就不足为奇了。这样可充分利用现有的用于加工气流引导元件（106）的设备来制造该可移除盖子（114），而不必制造新设备。具体加工设备和加工工艺可参见同日申请的专利PM-28。

6）改进结构5：PM-29

该专利是将PM-18中所示的第三代炭加热烟支中的气流引导元件分为三部分：第一部分（202）与发烟材料（104）相邻，第二部分（206）位于中间，第三部分（204）与膨胀室（108）相邻，如图2-36所示。

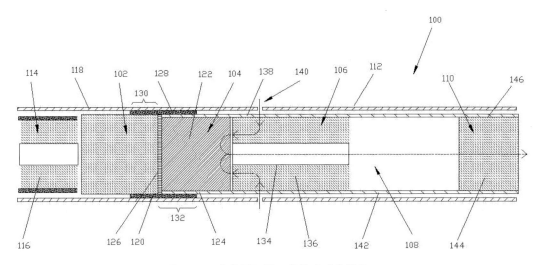

图2-35 菲莫国际第三代技术改进结构3

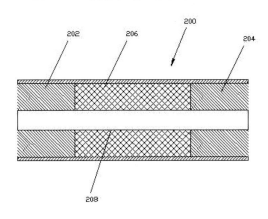

图2-36 菲莫国际第三代技术改进结构4

空气入口位于第一部分（202）与第二部分（206）的交界处。其中第一部分（202）和第三部分（204）具有基本相同的抽吸阻力，第二部分（206）的抽吸阻力则大得多。该设计能够使发烟材料（104）的温度和烟雾成分不受吸烟者抽吸状态的影响。

7）其他改进：PM-25、PM-26

专利PM-25是对菲莫国际炭加热卷烟中的炭质热源的改进。虽然图示显示其适用于第二代炭加热卷烟，但从说明书中可见，发烟制品中也可以有气流引导元件——这是典型的第三代炭加热卷烟的结构特征。故该专利技术方案既适用于第二代炭加热卷烟，又适用于第三代炭加热卷烟。

在炭质热源制作过程中，早期用于黏结炭粉或炭颗粒的黏结剂为纯有机黏结剂（参见PM-3专利，黏结剂为淀粉或糖类物质），存在如纯有机黏结剂在炭质热源燃烧期间或受热后分解释放气体，从而丧失黏合性，导致炭质热源完整性受损（如破裂或脱落）等缺点。

该发明中使用有机/无机复合黏结剂，包括以下三种物质的黏结剂组合物：

①至少一种有机聚合物黏结剂材料，例如纤维素聚合物（优选羧甲基纤维素）或各种植物胶、淀粉、糖、菜油等。其在炭质热源生产过程中以及燃烧前起到黏合作用，但在炭质热源燃烧时或燃烧后，其随之被烧掉，不再起黏合作用。

②至少一种羧酸盐。其作用是促进炭质热源的燃烧，另外，发现其能将炭质热源燃烧后剩下的物质黏合在一起，起到黏结剂的作用，能改善炭质热源燃烧后的完整性，以及改善灰分的黏合性和外观。

③至少一种不可燃无机黏结剂材料，包括片状硅酸盐材料。因其在炭燃烧过程中不分解，故其在炭质热源燃烧时或燃烧后仍起到黏结剂作用，能保持炭质热源燃烧后的完整性，另外可以增加炭质热源的燃烧温度。

上述黏结剂组合物显示出特别有效的黏结性质，使得炭质热源在燃烧后仍能保持完整性，没有可见的变形或破裂。实验证明，使用这样的黏结剂组合物，炭质热源燃烧后发生"跌落"（即炭质热源的至少一部分发生脱落）的可能性被降至0%，燃烧后无破损和破裂。

专利 PM-26 是对第三代炭加热卷烟中的炭质热源结构的改进，具体如图 2-37 所示。该改进并不适用于第二代炭加热卷烟，因为不便于在该炭质热源上开设第二代的标志性特征"中心气流通道"。与 PM-18 所示的炭质热源相比，其改进点在于将炭质热源中的可燃炭芯分为上游部分（12）和下游部分（14）两段。上游部分（12）套上绝热不可燃外围层（10），作用是防止外围层过热，降低其易燃性。如果该外围层不是绝热不可燃材料（例如为卷烟纸），则非常容易被点燃并引燃其他物品，造成火灾。该专利的改进意义不大，属于"外围"专利。

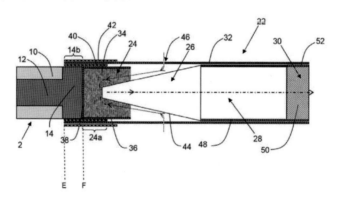

图 2-37　菲莫国际第三代技术炭质热源改进

纵观菲莫国际各专利的技术发展脉络可见：

第一代炭加热卷烟以对流传热为主，有很多内构件，彼此间多有交叠，烟支结构过于复杂，不便于工业化组装。第二代则以热传导传热为主，对流传热为辅（仍有气流经过炭质热源进入发烟材料中，即便如 PM-15 所示的空气流经炭质热源的带有阻挡层的中心气流通道，其被预热后加热发烟材料，仍属于对流传热）。

第二代在烟支结构上摒弃了第一代中的绝大部分复杂内构件,烟支结构改为分节段方式,且各节段间界线分明,便于工业化组装。

第三代开始,彻底改为纯粹热传导传热,完全没有对流传热,连流入发烟材料中的空气都是未经预热的。当然,如有需要,也可以让其沿途进行预热。第三代烟支结构也为分节段方式,各节段间界线分明,也便于工业化组装。因此,第二代和第三代烟支均有相关的工业化组装的方法及专利。

2.2.3 英美烟草技术发展

英美烟草在炭加热卷烟领域的研发进程未见持续性报道,且专利数量自始至终未呈现爆发式增长。这反映出其在炭加热卷烟领域的研发实力远不如雷诺美国和菲莫国际。当然,这也与该公司的专利布局策略有关系。下文首先从技术方面逐一分析英美烟草各炭加热卷烟专利,结合各专利的代表性图示,从烟支结构、炭质热源的组成和结构及燃烧特性、减少CO措施、气流路径设计、传热方式等几个方面进行剖析。

1)基础结构:YM-1、YM-2、YM-3

这些专利均系以同一专利申请95195839.9为母案的分案申请,其技术内容相同,主要区别在于权利要求不同。鉴于分案申请与其母案具有相同的申请日且其母案的20年专利保护期限已过,故这些申请均仅具有技术意义,无须在意其权利要求的区别,可进行合并分析。

在烟支结构方面,英美烟草公开了两种类型的炭加热卷烟,如图2-38所示。

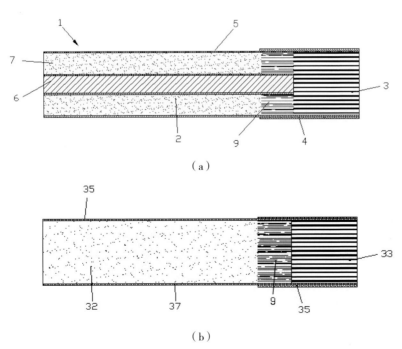

图2-38 英美烟草炭加热卷烟结构

一种是炭质热源（6）作为芯棒，发烟材料（7）包围着该芯棒，呈同轴布置，下游过滤嘴（3）前设有增香区段（9）的结构，见图2-38（a）。气流路径从远嘴端至过滤嘴，传热方式为热传导与热对流并存。

另一种是炭质热源颗粒或粉末与发烟材料混合成混合物，整体作为卷烟材料棒条（32），下游依次设有增香区段（9）和过滤嘴（33）的结构，见图2-38（b）。气流路径从远嘴端至过滤嘴，传热方式为散点分布式热传导与散点分布式热对流并存。其中，炭质热源与发烟材料的可燃性/不可燃性靠填充在其中的无机填料的量控制。卷烟纸可以为单层或者双层，双层时，外层可含MgO，以减少侧流烟气。

该炭加热卷烟的烟支结构相当简单，在炭质热源结构、减少CO措施、传热方式以及气流路径上没有任何特殊控制，当然也谈不上对逐口一致性的控制。

2）改进结构1：YM-4

该专利系英美烟草对雷诺美国Eclipse炭加热卷烟的改进。技术改进点在于，用包封材料将气溶胶发生剂（例如多元醇类）或香料（例如薄荷醇）包封起来。该包封材料在特定温度或外力作用下熔化、降解或破裂，释放出气溶胶发生剂或香料，供抽吸者享用。包封材料的种类、热破裂温度、包封厚度等均可调节，以调节气溶胶发生剂或者香料的释放时机。

其中常见的包封材料为多糖、纤维素、明胶、树胶、凝胶、蜡、藻酸盐或藻酸酯，详见该专利的[0023]至[0028]段，不再赘述。

其中常见的包封方法为将气溶胶发生剂吸附到微粒材料上，然后将包封材料喷洒到该微粒材料上，或者与微粒材料共挤出、共造粒等，最后干燥，形成包封。在使用藻酸盐包封的情况下，可用钙离子处理成为不溶性的藻酸钙薄膜或凝胶罩来完成包封。

上述包封方法可避免在卷烟储运期间气溶胶发生剂或香料迁移至卷烟纸或炭质热源中造成污染，并避免其挥发损失；还可通过控制包封材料的破裂时机来自由控制和调节发烟。普通Eclipse炭加热卷烟的烟雾量（以总颗粒物含量计，TPM）在抽吸后期迅速下降，导致口感变差；而用包封材料包封后，TPM呈逐口上升的趋势，烟气口感逐口增强。

3）改进结构2：YM-5

该专利改进了炭加热卷烟的炭质热源，如图2-39所示。改进点在于，将具有中轴通道（9）和纵槽（8）的炭质热源（7）用隔热材料（10）（例如溶胶凝胶、气凝胶、泡沫陶瓷等，但不含玻璃纤维）包起来，且隔热材料（10）中分散有CO催化剂颗粒（11）。

之前的专利中为减少CO，都是将CO催化剂颗粒共混于炭质热源中，而且催化剂的含量必须很低，以免干扰炭质热源的燃烧。这种方法的缺点是少量的催化剂常不能有效转化CO，以及催化剂会在碳燃烧高温下失活。

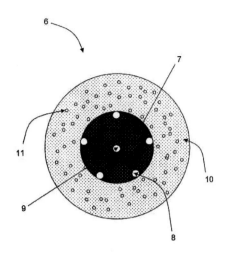

图 2-39 英美烟草炭加热卷烟炭质热源改进

该专利将 CO 催化剂颗粒分散于隔热材料（10）中，因无须考虑其对炭质热源燃烧的干扰，故催化剂的使用量可以增加，且不会因高温而失活，催化性能持久。此外，隔热材料是多孔固体物质，隔热效果比传统的玻璃纤维布更好，且更安全，因为玻璃纤维布脱落的细小玻璃纤维粉末被消费者吸入呼吸系统后会产生强刺激。

其中，CO 催化剂以干粉、溶液或胶体的形式与隔热材料混合，或者用 CO 催化剂前体溶液喷雾、浸渍隔热材料后再转化为原位生成 CO 催化剂。CO 催化剂的具体实例为金属、金属氧化物或金属盐，优选金属氧化物，例如氧化铁、氧化铜、氧化锌和氧化铈，更多具体实例可参见该专利的 [0020] 段。

总体来说，相对于菲莫国际和雷诺美国，英美烟草在炭加热卷烟方面起步较晚，技术比较落后且进展缓慢，研发活动较少且不集中开展，故在中国申请的专利也较少，除 YM-5 专利有一定实用价值外，基础性专利几乎没有。

2.2.4 日本烟草技术发展

下文将从技术方面逐一分析日本烟草各炭加热卷烟专利，结合各专利的代表性图示，从烟支结构、炭质热源的组成和结构及燃烧特性、减少 CO 措施、气流路径设计、传热方式等几个方面进行剖析。

1）基础结构：JP-1

该专利基本上是以炭质热源（13）、香味散发部（15）、膨胀室（19）、过滤嘴（17）依次连接的常规结构，如图 2-40 所示。其中，膨胀室（19）与过滤嘴（17）之间设有香味补充部（18）；炭质热源（13）具有多条气流通道（131、132 和 133），并被耐热材料（14）所包围。

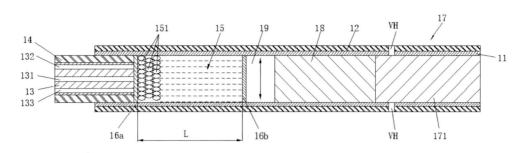

图 2-40 日本烟草炭加热卷烟基本结构

该专利的发明点在于，用比表面积小于 3 m^2/g 的非多孔颗粒（例如碳酸钙颗粒）代替之前的多孔颗粒来承载香味物质。大量的非多孔填料紧密填充以形成香味散发部（15）。为防止这些非多孔颗粒迁移，香味散发部（15）的上下游各设有通气性耐热部件（16a、16b），例如金属筛。

之前的专利中，香味物质被深入吸附在多孔颗粒孔隙内部，其挥发不仅要克服汽化潜热，还要克服吸附热，故对热量输入要求高，香味不易释放且逐口一致性差。此外，香味物质在孔隙内过度受热还可能发生热变性问题，影响最终的烟气香味。本专利改为将香味物质吸附到非多孔颗粒上。这样设计的有益效果是，可避免吸附热，对热量输入要求较低，香味更易释放且改善了逐口一致性，还避免了香味物质热变性问题。但含有众多颗粒的烟支结构相对复杂，不便于工业化生产。

2）改进结构：JP-7

该专利是对 JP-1 所示的炭加热卷烟的烟支结构的一次重大改进，可以视为日本烟草第二代炭加热卷烟专利。改进后的烟支结构如图 2-41 所示。

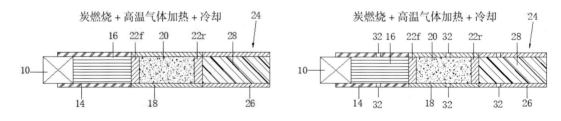

图 2-41 日本烟草炭加热卷烟改进结构

技术改进点在于，在炭质热源（10）与发烟材料（20）之间增设了一个冷却元件（16），该冷却元件透气且耐热，其周向可任意地设置进气孔（32），通过该冷却元件自身吸热，以及通过进气孔（32）使环境空气进入，将流过炭质热源的高温气体冷却到 50～200 ℃ 的温度后再去加热发烟材料，使发烟材料仅释放香味却不产生烟雾，由此实现"无烟"的目的。低于 50 ℃，则香味释放量锐减，高于 200 ℃，则会产生可见烟雾。

值得注意的是，该专利中的炭质热源继承使用了 JP-6 中的格子壁型炭质热源。格子壁型炭质热源如图 2-42 所示。

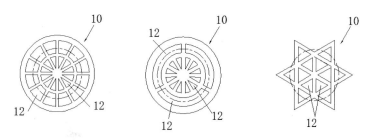

图 2-42 日本烟草炭加热卷烟格子壁型炭质热源

3）其他改进：JP-4、JP-5、JP-6、JP-8

专利 JP-4 涉及 JP-1 所示的炭加热卷烟中炭质热源的改进方法，目的在于减少 CO 含量。之前减少 CO 含量的常规方法是向炭质热源中加入催化剂，将 CO 转化为 CO_2，但加入催化剂会影响热源的燃烧性质。该发明则采取向炭质热源中掺入质量分数为 30%～55%、粒径为 0.08～0.15 μm 的超细碳酸钙颗粒的方法来减少 CO，超细碳酸钙通过与炭粉和黏结剂共挤出的方式掺入炭质热源中。实施例表明，与掺入 18 μm 以上的普通碳酸钙粉末相比，CO 可减少 20%～50%。该专利已获授权，且权利要求范围较宽。但对于如菲莫国际第三代专利技术那样将炭质热源完全排除在气流路径之外的炭加热卷烟技术，则完全不涉及该专利的技术。

专利 JP-5 同样涉及 JP-1 所示的炭加热卷烟中炭质热源的改进方法，目的在于提高发烟量（以 TPM 计），同时又不增加 CO 含量。之前的解决方案是向炭质热源中加入碱金属离子，但其提高 TPM 的同时也显著增加 CO 含量。该发明则采取向炭质热源中掺入质量分数为 0.5%～5% 的多元醇的方法来提高 TPM，这种方法不会增加 CO 含量。实施例表明，与不掺入多元醇的常规炭质热源相比，掺入质量分数为 0.5%～5% 的多元醇后，TPM 可增加 16.4%～35.8%，但 CO 含量几乎没有增加，且炭质热源更容易被点燃。若多元醇掺入量低于 0.5%，则 TPM 提高不明显；高于 5%，则 CO 将增加。

专利 JP-6 同样是对 JP-1 所示的炭加热卷烟中炭质热源的改进，目的在于提高其易燃性且使其燃烧时不易脱落。改进点在于，不再用绝热材料去包裹炭质热源，而是将炭质热源做成整体的格子壁型，壁之间是气流通道。该格子壁型炭质热源可在裸露状态下燃烧且非常容易点燃，燃烧时炭质热源不易脱落，因为壁具有一定的机械支撑性。另外，省去了在炭质热源周围包裹绝热材料的工序，例如省去了 JP-3 所示的包装工序。还发现，壁越薄，格子数越多，炭质热源越容易点燃。

专利 JP-8 同样是对 JP-1 所示的炭加热卷烟中炭质热源的改进，目的在于提高炭质热源的可点燃性，以及使炭质热源在燃烧中后期发热稳定。如图 2-43 所示，炭质热源（10）前段为点火端部（12），中后段为中空圆筒部（11），该中空圆筒部（11）内具有轴向空洞（11A）；点火端部（12）具有点火槽（12A）或者凸起（12P）。开槽数目越多，或者凸起越多，则越容易被点燃。这样的炭质热源能够实现初期易点燃和中后期稳定燃烧发热的目的。该专利也属于相对外围的专利，虽然构思较新颖，但这样的炭质热源不再具有对称性，其加工制造和与其他部件的组装都会变得复杂，不利于实现工业化。

综合现有的日本烟草炭加热卷烟专利来看，主要改进点集中于炭质热源，并未提出烟支结构上的新方案。只有JP-7在炭质热源和发烟材料之间设置了冷却元件，算是烟支结构的细节改进，并非革命性改进。

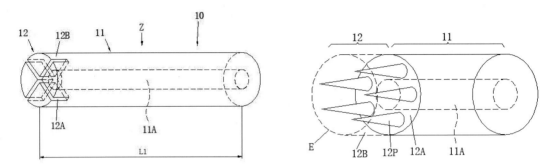

图2-43　日本烟草炭加热卷烟炭质热源改进

4）其他技术：JP-3

该专利涉及JP-1所示的炭加热卷烟中炭质热源的工业化制造方法，尤其是采用绝热材料层（该专利中称为隔热卷筒纸）牢固包裹炭条的方法。现结合图2-44来说明现有技术的优缺点和该专利的技术方案。

现有技术中，用隔热卷筒纸包裹炭条时，隔热卷筒纸上涂有干燥的果胶层，包裹前向其上纵向施加水，以形成纵向润湿带，作为黏结剂线。包裹时，如果这些纵向润湿带恰好包裹在炭条的周边纵向槽处，则粘贴不牢，形成不合格品。只有当这些纵向润湿带恰好包裹在炭条的周边棱处，才能粘贴牢固，形成合格品。但这并不好控制。加宽纵向润湿带会导致向上施加更多的水，这些水会转移至炭条上，炭条因含水率增加而变形，也会造成不合格品。

本专利则将挠性供水管（36b）固定在一根在垂直于绝热卷筒纸（W）行进方向上做往复振动的振动棒（34）上。随着振动棒（34）的往复运动，以及绝热卷筒纸（W）向前行进，挠性供水管（36b）在绝热卷筒纸（W）上画出波浪形（正弦形）润湿带，再通过包装部（4）包装炭条（A），则可以确保将绝热卷筒纸（W）与炭条（A）黏接在一起，而不用避开纵向槽，大幅提高成品率。该专利涉及生产工艺细节技术，具有很高的实用性，但对于那些不具有纵向槽的炭质热源棒，则失去了意义。

在工业化生产方面，日本烟草着重对炭质热源的工业化制备方法进行了改进，大大提高了炭质热源的成品合格率。该制备方法不只适用于生产日本烟草炭加热卷烟中的炭质热源，还适合对任何通过挤出法制备的炭质热源进行干燥，具有广泛的适用性。

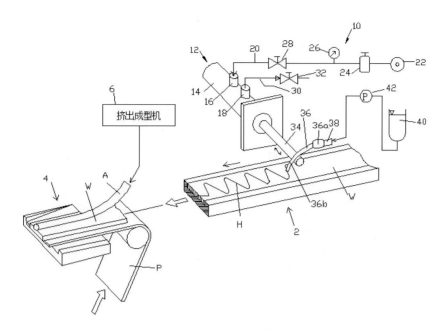

图 2-44 日本烟草炭加热卷烟炭质热源制备方法

2.2.5 国内相关技术发展

下文将从技术方面逐一分析国内各炭加热卷烟专利。国内炭加热卷烟专利绝大部分是湖北中烟和云南中烟申请的。现结合各专利的代表性图示，从烟支结构、炭质热源的组成和结构及燃烧特性、减少 CO 措施、气流路径设计、传热方式等几个方面进行剖析。

1. 湖北中烟

1）GN-1 至 GN-7

这系列专利均为湖北中烟同日申请，涉及炭质热源的制备方法和使用这样的炭质热源的炭加热卷烟。之前的炭质热源棒都是采用挤出法制备的，质地相对致密，且外周包裹玻璃纤维布，存在不易点燃和细小玻纤易被吸入人口中的缺点。这系列专利改良了炭质热源棒的制备方法，改为先制成丝状或片状的炭质热源，再将丝或片卷成棒形，或切碎后填充成炭质热源棒。该炭质热源棒靠丝间或片间的自然空隙作为轴向气流通道，不需要开设中心轴向孔，也不需要在外周包裹玻璃纤维布，且易于点燃。

GN-1 至 GN-6 涉及炭质热源制备方法，具体如下：将"炭粉＋水＋海藻酸盐"混合成胶状物，然后挤出成丝（直径 1～3 mm）或挤出成片（厚度 0.5～2.5 mm）。再将该丝或片与浓乙醇接触，使其中的海藻酸盐析出形成薄膜，包覆炭丝或炭片（GN-1 和 GN-2）；或与酸接触形成海藻酸并析出形成薄膜，包覆炭丝或炭片（GN-3 和 GN-4）；或与钙盐溶液接触生成海藻酸钙并析出形成薄膜，包覆炭丝或炭片（GN-5 和 GN-6）。最后经漂洗和干燥后，得到炭丝或炭片。得到的炭丝或炭片非常适合工业化加工，且非常易于点燃。

GN-7涉及包含由上述炭丝或炭片制成的炭质热源棒的炭加热卷烟,其烟支结构整体上由传统的炭质热源段(1)、发烟材料段(2)、填充段(3)和过滤嘴段(4)依次组成,具体结构如图2-45所示。该炭质热源棒(1a)无须设置中心气流通道,靠卷制炭片或填充炭丝时自然形成的孔隙(1c)作为轴向气流通道来实现供气,并以纯粹的对流传热方式加热下游的干馏段(2)内填充的干馏烟丝(2a)和填充段(3)内填充的烟草制品(3a)。因此,不可避免会吸入CO等有害气体。

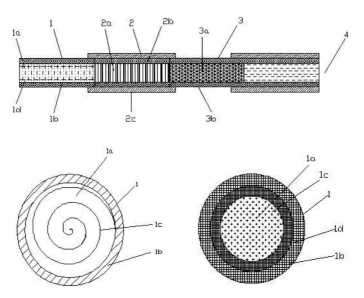

图2-45 湖北中烟炭加热卷烟炭质热源制备方法

2) GN-13至GN-16

GN-13至GN-15为同日提交的专利,GN-14和GN-15是采用同一技术构思的、同日申请的实用新型专利和发明专利,GN-16为次日提交的专利,与GN-13为同一技术构思。

这些专利均涉及低温卷烟辅助工具,其出发点是使用传统点燃型卷烟作为发烟材料,通过该辅助工具将传统卷烟由点燃抽吸方式改造成低温加热抽吸方式,并使用打火机作为热源。所涉及的具体结构如图2-46所示。

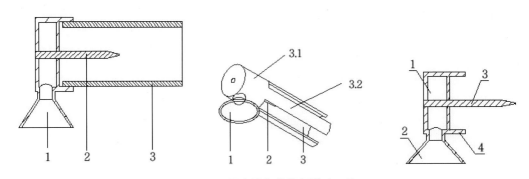

图2-46 国内炭加热卷烟辅助工具

其中,打火机火焰的热量由集热器(1)收集后,由导热杆或导热片传导给传统卷烟,使其发烟,其中GN-13为中心加热方式,GN-14和GN-15为外周加热方式。

这些专利虽然简单,但也有效地将热源燃烧尾气与主流烟气气流通道隔离开,完全使用热传导加热,避免对流传热,能够避免吸烟者吸入燃烧尾气。专利的设计思路有所突破,即不再追求单独而完整的炭加热卷烟,而是基于这样的辅助工具将普通卷烟烟支转化为低温加热抽吸方式,而这样的辅助工具可以反复使用,应该说有一定的可行性。但使用时需要在抽吸期间不断地用打火机进行加热,这有违抽烟者的操作习惯。

3)GN-17至GN-20

这些专利均属于用导热筒将炭质热源的燃烧热以纯粹热传导方式传递给作为发烟材料的普通卷烟,以对其进行低温干馏,释放烟雾。

其中,GN-18和GN-19的烟支结构如图2-47所示。两者的区别在于炭质热源的气流通道的截面形状不一样,GN-18为中心通孔,GN-19为十字形通道,后者具有更大的换热面积,该十字形通道与PM-1中所示的多角星形是等效的。该导热套筒与炭质热源的气流路径相隔,其中筒状气流导管(2)相当于PM-15中的涂于炭质热源中心气流通道内壁面上的屏障涂层,而筒状套热管(1)与炭质热源接触的上游端壁相当于PM-15中的炭质热源后端面的屏障涂层,这些都阻挡了炭质热源燃烧尾气被吸入。另外,雷诺美国的LN-7中也有内外导热套筒的设计,也是为了阻挡炭质热源燃烧尾气。

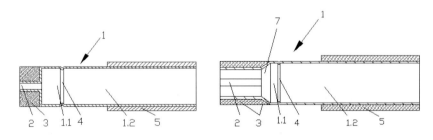

图2-47 国内炭加热卷烟结构

GN-20将GN-18中的圆柱形聚热区改为漏斗形聚热区,其余无变化。

GN-17则在GN-20的基础上进一步改善了炭质热源的可点燃性。其借鉴了火柴原理,将炭质热源(2)外周涂上了引燃层(4)(组成同火柴头),又在烟盒侧面设置助燃层(类似于火柴盒上的摩擦层),通过使引燃层(4)在助燃层上摩擦来快速点燃并引燃炭质热源(2),类似于划燃火柴的过程。当然,也可以通过打火机火焰加热来快速点燃该引燃层(4)并引燃炭质热源(2)。这种炭加热卷烟的整体结构如图2-48所示。

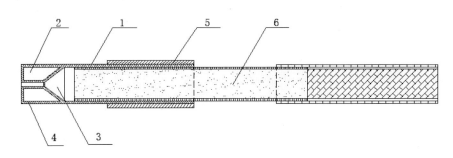

图 2-48　国内炭加热卷烟结构 3

上述这些专利已经暗含将炭质热源与发烟材料制成分体式（或者说是"炭加热烟具/类似普通卷烟烟支"的分体式设计）这一技术思路上的革新，且均可简单地插入普通卷烟烟支作为发烟材料，故有一定的实用性。实际上 GN-13 至 GN-16 已经提出了烟具与烟支分体式设计的概念，但 GN-13 至 GN-16 中烟支无炭质热源，靠外部热源加热。而 GN-17 至 GN-20 在烟支中设置了炭质热源，这是一个显著的进步。

4）GN-21 至 GN-22

这些专利与 GN-17 至 GN-20 均为同日申请，系炭加热卷烟中的保温套或隔热套（5）的进一步细化。

GN-21 在 GN-17 至 GN-20 中的保温套（5）的上游段和/或下游段各增设了间隔层（5.1 和 5.2），目的是利用空气来提高隔热效果，防止隔热材料损坏；或者使隔热套下游具有伸出部（5.3），并具有周向透气孔，以使其温度更低，防止使用者烫伤，见图 2-49。

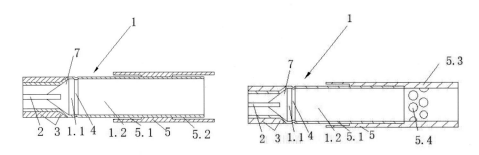

图 2-49　国内炭加热卷烟结构 4

GN-22 示出了隔热套的各种形态，如图 2-50 所示。其中，图 2-50（a）以隔热套内壁本身夹持普通卷烟烟支，以进气孔（2）作为气流通道。图 2-50（b）至（d）分别以内壁上的半球形突起件（5）、肋条状突起件（8）和弧形肋条状突起件（11）来夹持普通卷烟烟支，并将上述突起件与隔热套内壁之间的轴向空隙作为气流通道。这些气流通道能起到以径向向卷烟烟支供气的效果。

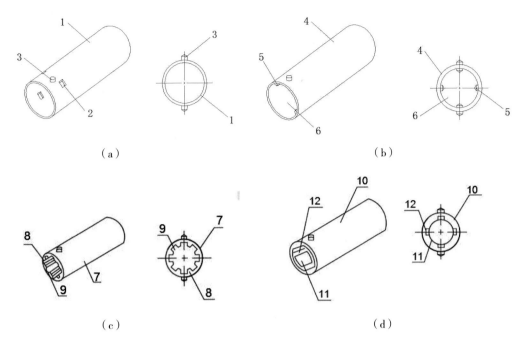

图 2-50 国内炭加热卷烟结构——隔热套

5）GN-23

该专利提供了一种后部进气式导热吸烟机构，结构如图 2-51 所示。

其中，内层导热壳（1）套在外层导热壳（2）内，二者为同轴关系，并靠支撑筋（5）隔开，二者之间是进气夹层（3.1）。外层导热壳（2）的前端加热部被燃料部分（10）包围，空气流经内层导热壳（1）与外层导热壳（2）之间的气流入口（3.3），进入进气夹层（3.1）并沿途被预热，然后从内层进气口（2.1）进入内层导热壳（1）内部（即插烟部（1.1）），对插入其中的常规卷烟烟支进行加热，以释放烟雾。

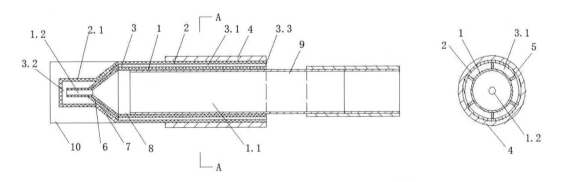

图 2-51 国内炭加热卷烟结构——后部进气

不难发现，GN-23 在设计思路上与雷诺美国的 LN-7 如出一辙。可见二者的技术构思相同，只是 GN-23 中将隔热层（4）置于卷烟纸外部，而 LN-7 中将透气性隔热件（50）置于热传导套管（26）与卷烟纸之间。另外，GN-23 中是内层导热壳（1）中插入常规卷烟作为发烟材料,而 LN-7 只是将烟雾基质(22)容纳于内管(36)中。这并非实质性区别。

6) GN-28

该专利也是炭加热烟具/普通卷烟烟支的分体式设计,仅采用热传导加热方式,使得燃烧尾气不进入主流烟雾。其结构如图 2-52 所示。

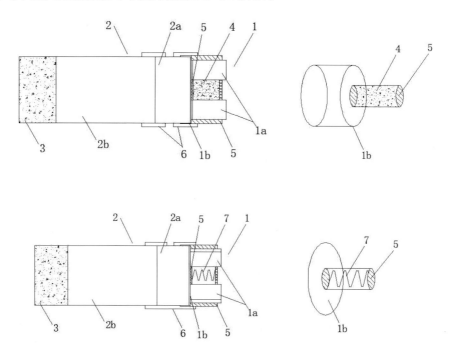

图 2-52 国内炭加热卷烟结构——分体式

其中,导热元件(1b)是关键部件,其前段为气流导管(受热段),外围围绕着空心圆柱形炭棒;其后段为圆柱形套筒(放热段),围绕着烟支段(2)进行周向加热。气流导管内壁和圆柱形套筒均不透气,以确保空心圆柱形炭棒(1)的燃烧尾气不进入烟支中。气流导管内设有烟粉或烟丝(4)以提供燃烧初期的烟雾,然后靠热传导对烟支段(2)进行加热,以持续释放烟雾;或者,气流导管内可设有螺旋金属丝以强化对空气的预热,圆柱形套筒也可以简化成空心圆盘,仍然提供对烟支段的端部加热。导热元件(1b)实际上相当于菲莫国际的 PM-15 专利中的"导热元件+炭棒中心孔内壁屏障涂层+炭棒后端部屏障涂层"的组合体。

7) GN-31

该专利通过炭质热源结构上的改进来使 CO 等燃烧废气不进入吸烟者口中,结构如图 2-53 所示。该专利将炭质热源(1)沿轴向分为若干热源段(2),且各热源段(2)均与烟丝段(5)径向隔开一段距离,即设有空隙(6),以利于空气流通,防止烟丝温度过高。

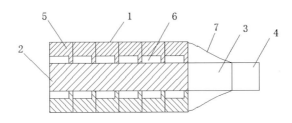

图2-53 国内炭加热卷烟结构——隔热套

8）GN-29、GN-30

这两个专利均涉及炭加热卷烟中的发烟材料的配方。

GN-29是为了解决发烟材料中雾化剂过少则烟雾量不足，或雾化剂过多则烟丝成水渍状态且容易污染卷烟纸、影响外观的缺陷。其在常规的液体雾化剂配方（例如丙二醇、甘油、香精香料、水等的混合物）中加入了固化剂（琼脂、结冷胶、卡拉胶、Agargellan（琼脂与结冷胶的混合物）、Phytage植物凝胶等），将雾化剂由液态变为半凝固的胶态后施加到烟丝上，由此避免了烟丝产生水渍和污染的现象。该胶态雾化剂有一定黏性，更容易吸附到烟丝上，并有一定的保润效果。

GN-30则在GN-29的基础上加入了烟草提取物，也是为了解决液体雾化剂过多时所产生的水渍问题，而且烟草提取物可以额外增香。将该雾化剂涂布到普通烟丝上，或涂布到造纸法再造烟叶上，或涂布到铝箔纸的一侧，干燥后将再造烟叶或铝箔纸切丝，均可得到复合烟丝。该复合烟丝作为炭加热卷烟的发烟材料，可以提高烟雾释放的连续性。

9）GN-12

该实用新型专利的特点在于在将原来炭棒外周的轴向直通道（或轴向沟槽）改为宽度为1mm的螺旋沟槽，螺旋沟槽与炭棒的轴向夹角为30°，据此延长空气与炭棒表面的接触时间，与同等长度炭棒下的轴向直通道相比，可将空气温度提高5%，干馏效果更好。从此亦可看出，该炭加热卷烟的传热方式是对流传热方式。但螺旋沟槽很难用模具挤出法进行加工，因为要求模具上有对应的形状，对模具要求非常高，且挤出物进出模具非常困难。

2. 云南中烟

1）GN-33

该发明提供一种烟雾量可调式燃料加热型烟草制品，其设计点在于通过调整烟气容纳腔（即烟雾冷凝段）的大小，来调节烟雾量。结构包括可替换式烟雾发生段（1）和烟筒（4）。可替换式烟雾发生段（1）包括可燃热源（2）和发烟材料段（3）；烟筒（4）包括四部分，依次为开口段、容积可调节式混合腔（5）、调味盒（6）、滤嘴（7），如图2-54所示。使用时，将可替换式烟雾发生段（1）密封插入烟筒（4）的开口段中，点燃可燃热源端即可抽吸，通过滑动烟筒上的调节开关（5d）来调节套筒（5a）的位置，从而调节混合腔容积的大小，达到调整烟雾量大小和控制口味均一性的效果。

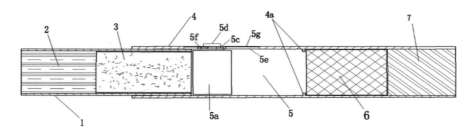

图 2-54　国内炭加热卷烟结构——可调节烟雾量

2）GN-34

该专利设计了一种气路分离式的炭加热卷烟，通过将燃料段与烟雾生成段隔离开，从而达到防止 CO 进入主流烟气的目的，具体结构设计如图 2-55 所示。具体结构包括：①燃料段（1），具有中心轴向通孔（1a）和至少一个径向通孔（1b）；②发烟材料段（3）；③挡板（2），置于燃料段（1）和发烟材料段（3）之间且具有中心孔（2a），该中心孔与中心轴向通孔（1a）实现气流联通。其中燃料段（1）还开设有径向通孔（1c），其与径向通孔（1b）实现气流联通。该设计可隔绝燃料段与烟气气流通道，杜绝燃料段燃烧产生的 CO 进入主流烟气；另外，径向通孔与轴向通孔贯通的设计，能产生气流回路，可使燃料段燃烧更均匀、更充分，避免燃料阴燃或者中途熄灭。

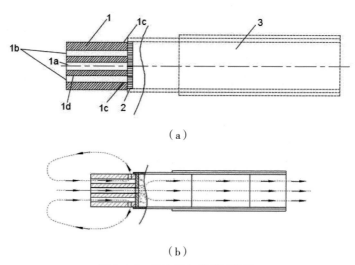

图 2-55　国内炭加热卷烟结构

3）GN-35、GN-37

这两个专利均提供了一种可点燃炭加热卷烟的烟具装置。

GN-35 的烟具装置包括壳体，安装于壳体一端、用于插接炭加热卷烟的烟支插接套，安装于壳体内的电池，位于壳体内的激光器，位于激光器出射端前方的聚光透镜，以及与电池及激光器串联构成回路的开关。具体的烟支插接套及保护机构示意图如图 2-56 所示。

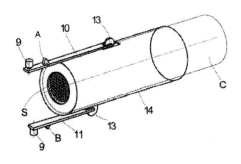

图 2-56　国内炭加热卷烟结构——点燃装置

GN-37 公开了一种能自动点燃或加热卷烟的装置，该装置除了可点燃炭加热卷烟外，还可用作加热卷烟的烟具，具体结构如图 2-57 所示。该产品包括热源系统、控制系统和可开闭式顶盖（6）。热源系统包括电加热腔（22）和点火器（21），点火器（21）具有电热元件（212），电加热腔（22）具有至少一对电加热腔通光孔（221）。控制系统包括控制电路板（41）、机械开关（42）、模式切换开关（43）、红外光源（44）、光感开关（45）、装置电路总开关（46）。其中机械开关（42）控制顶盖（6）的开闭并控制装置电路总开关（46）的通断；模式切换开关（43）用于在点火器（21）工作或电加热腔（22）工作二者之间进行切换；红外光源（44）、光感开关（45）和电加热腔通光孔（221）布置在同一条直线上；光感开关（45）控制点火器（21）或电加热腔（22）的通电与否。本专利的创新点在于将单一功能进行多元化扩展，是一种可同时提供传统卷烟、炭加热卷烟和电加热卷烟三种卷烟抽吸功能的集成型烟具，便于携带。

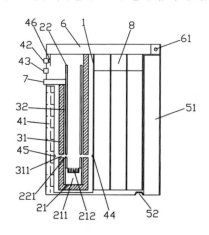

图 2-57　国内炭加热卷烟结构——烟具装置

4）GN-10，GN-38 至 GN-40

该系列专利均为对炭质热源的改进。

GN-10 的特点在于炭质热源的组成，组成如下：炭 40～60 份，碳酸钙 10～15 份，石墨 5～10 份，烟末 10～30 份，藻酸盐 8～10 份，甘油 1～5 份，氧化铁 0.5～1.0 份，混合后用模具压成蜂窝煤状。其中，烟末的作用在于提升香气和口感；碳酸钙和石墨的作用在于降低燃烧温度、减少CO；氧化铁的作用在于将CO催化转化为CO_2。但这些作用都是之前的技术已具有的，例如PM-7和YM-5中曾经明确提到加入氧化铁作为催化剂，LN-19中曾经明确提到加入碳酸钙和石墨来降低燃烧温度。

GN-38公开了一种具有双层卷绕结构的炭质热源，其形状为圆柱状，由双层片状材料卷绕而成，如图2-58所示。其中，一层为燃烧层（2），另一层为支撑层（1）。燃烧层（2）和支撑层（1）均贯穿整个圆柱状炭质热源的轴向方向，中心轴向方向有中心孔（3）。该设计的有益效果是利于炭质热源燃烧速率稳定、释热均匀，能够减少CO产生。

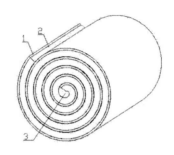

图2-58　国内炭加热卷烟炭质热源结构

GN-39公开了一种复合炭质热源，由支撑成分和燃烧成分复合而成。其首次使用碳纳米管、石墨、石墨烯或氧化石墨烯等材料，具有良好的导热性能，目的是保证复合炭质热源的燃烧、热量及时传导、降低燃烧温度等。

GN-40公开了一种改性炭材料，将CuO作为改性剂改性炭质材料，使炭质热源更易点燃、放热均匀和燃烧速率可控，改性剂的质量分数为0.1%～10%。

5）GN-8、GN-9

这两件专利为同一技术构思、同日申请的发明专利和实用新型专利。在结构上，没有做出实质性改进，而是结合炭加热卷烟与电子烟的优势，将炭加热卷烟与电子烟上下游进行组合，以取长补短，用炭加热卷烟弥补电子烟烟香不足的问题，以电子烟弥补炭加热卷烟烟雾量少的问题，如图2-59所示。

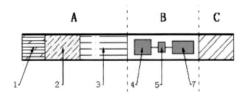

图2-59　国内炭加热卷烟结构——隔热套

6）GN-41、GN-42

这两件专利是针对炭质热源隔热保温材料的改进。

GN-41提供了一种复合隔热材料，该隔热材料有三层，中间层为玻纤毡层，外层为玻纤布层，分别为第一玻纤布层和第二玻纤布层，三层之间通过黏结剂或机械作用贴合在一起。该复合隔热材料的玻纤毡层为碱柔性玻纤毡，玻纤布层为采用纺织工艺制备的玻璃纤维布。通过在玻纤外增加具有一定抗拉强度的玻纤布，起到提高耐热性和机械强度的效果，同时又保留了其良好的透气性能和隔热性能。

GN-42公开了一种隔热毡的组成及制备方法。该隔热毡包括的组分为纤维材料85%~98%、黏结剂2%~10%、助剂0.1%~5%，所制备的隔热毡厚度为0.3~5 mm。其中所使用的纤维材料为玻璃纤维，或玻璃纤维与玄武岩纤维组合物，或玻璃纤维与碳纤维组合物，或玻璃纤维与玄武岩纤维和碳纤维组合物中的一种，其中玻璃纤维的质量分数为50%~100%。用该方法制备隔热毡，可有效提高其柔性，防止在使用过程中出现折痕、断裂和分层。

7）GN-11、GN-36

GN-11专利的特点在于烟丝填充区与过滤嘴之间增设的增湿区，增湿区内是吸满了水的醋酸纤维、海绵、纤维素等，受热时可释放水蒸气，对烟雾进行加湿，减少烟雾的干燥感。

GN-36专利的特点在于设计了一种可对内部燃料段补给氧气的吸气装置，包括热源段、气凝胶发生段和过滤段并依次相连。在抽吸过程中，由于燃料段包裹于热源段内部，因此需要通过第二通气小孔和第一通气小孔对包裹于热源段内部的燃料段进行氧气补给。该补气装置可使得包裹于烟支内部的燃料段得到氧气补给，从而燃烧更加充分，放热效率和热利用效率更高，相关成分释放更快、更充分。

3. 其他

1）GN-24

此发明虽属于个人发明，且从内容上看不属于炭加热专利，而是利用其他燃料进行加热，但因其构思和创意比较新颖，且可以平移到炭加热卷烟中，故值得关注。其发明点一是用热管从可燃热源导热来加热发烟制品；二是封堵转换装置，用于防止燃烧副产物与发烟制品接触。

对该专利中涉及的燃料加热型低温卷烟说明如下：

其加热装置是燃烧室，燃烧室内装有可燃物，通过燃烧生热来加热热管，优选设有打火机点火装置，以便点燃可燃物。

其导热装置是热管，热管与发烟材料之间的传热方式是纯粹的热传导，但热管内部的吸热段与放热段之间的传热靠导热介质的相变完成。导热介质在吸热段从燃烧室内吸热发生相变而汽化成蒸气，蒸气在放热段冷凝释放相变热量并将热量传导给发烟材料，实现加热。吸放热是通过导热介质的相变来完成的，并循环进行。热管可分为重力热管（冷凝液依靠重力作用从放热段返回至吸热段）和其他类型热管（通过多孔吸液材料的吸附作用，使冷凝后的导热介质返回到吸热段）。

优选地，在燃烧室的出气孔与发烟材料的进气孔之间设置一个封堵转换装置（即滑块），其作用是使燃烧尾气排放与香烟抽吸不同步，排气时不能抽吸，抽吸时不能排气，达到仅将环境空气吸入发烟材料中，避免燃烧废气进入吸食者口中的目的。但从实施例来看，该封堵转换装置是手动型的，不能做到随着抽吸自动转换，这是其缺点。

图2-60对该发明中的两种典型类型的卷烟做了进一步详细描述。

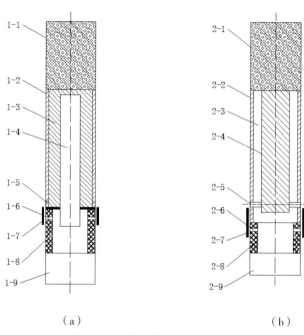

图2-60 国内炭加热卷烟结构

a. 芯部加热型卷烟（图2-60（a））。

采用柱状热管（1-4），在热管的吸热段和放热段之间固定一块不熔挡板，烟丝（1-3）包裹在热管的放热段外部，外包壳（1-2）沿环向开有不少于两排的孔，下排孔（1-6）位于热管的吸热段内，上排孔（1-5）位于烟丝段内，吸热段的外包壳与挡板构成了燃烧室（1-8）空间，在开孔的外包壳的表面布置一个封堵转换装置（例如移动式滑块（1-7））（作用：避免燃烧尾气与烟丝接触），在上下排孔之间移动，保证两孔不同时打开。

b. 外部加热卷烟（图2-60（b））。

采用凹型热管（2-3），在热管的下方外侧布置至少一根进气管（2-5），该进气管穿透热管的内外壁并密封固定，燃烧室的上方沿环向开有一个及一个以上出气孔，在热管段及燃烧室的外壳（2-2）上布置一个封堵转换装置（例如移动式滑块（2-7）），作用同上。

该发明的优点是，空气完全不流经热源装置，即将空气路径与燃烧尾气排放路径彼此独立，使燃烧尾气不与烟草材料接触，因此也不会被抽吸到人口中；热源装置与卷烟可加工成分离式，可以非燃烧低温抽吸也可点燃抽吸，且一盒卷烟中可只配备少量热源装置。

该发明的缺点是，封堵转换装置是手动的而非自动的，可能会影响吸烟感受。

该专利有一定的构思独创性，也可以借鉴到炭加热卷烟中来。试想，如果将炭棒作为燃料源的话，即将燃烧室（1-8）和燃料箱（1-9）换为炭棒，其实就相当于雷诺美国的LN-1所示技术方案，只不过是把其中的导热棒换为热管，以及多了个滑块来控制气流路径而已。

2）GN-32

该专利结构很简单，空心导热管具有被挡板分开的两段——吸热段和放热段，吸热段插入空心燃料柱中，放热段插入烟支中，由此连接成常规卷烟形状，然后点燃燃料柱，以热传导方式对烟支进行加热。空心导热管内仅有空气，无其他导热介质。

该专利的炭质热源、空心导热管、发烟材料、过滤嘴的依次设计用到了LN-1中的导热棒式设计思路，但结构上做到了最大限度地简化，可能更适合工业化生产；但从创新性角度来说，未必具有创造性，即未必能获得授权。缺点是可能吸入燃烧尾气，以及缺乏隔热套来保护吸烟者不被烫伤。

3）GN-25

该专利也是炭加热烟具/普通卷烟烟支的分体式设计，采用热传导加热方式，只不过将LN-1专利中使用的导热棒换为加热盘和加热针而已，用于加热常规卷烟烟支，见图2-61。其进气孔5也设在烟具中部，起到使气流通道绕开炭质热源而不抽吸燃烧产生的废气的作用。

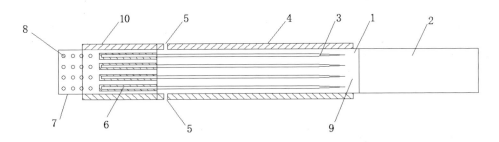

图2-61 国内炭加热卷烟结构

4）GN-26、GN-27

这两个专利是炭加热卷烟领域中偏外围的专利。

GN-26涉及带有铝箔的复合卷烟纸，可以用作炭加热卷烟烟支的卷烟纸。其中铝箔作为导热元件使用，其制作方法是将铝箔直接粘贴到卷烟纸的一面上，并进行打孔，以调节透气度。该复合卷烟纸可用于卷制LN-1中的带有金属薄片的管。

GN-27涉及发烟材料的制法,将烟丝燃烧产物通过水去除有害物质后,将香气物质和烟碱等吸收于有机溶剂中再蒸发除去有机溶剂得到的油状提取物作为加热卷烟原料。

国内主要在2013年之后才开始申请炭加热卷烟相关专利,起步与国外相比晚了近30年时间,虽然专利数量多,但其中很大一部分是价值较低的实用新型,以及为了提高专利数量而将本可合案申请的专利进行了拆分申请。国内专利起步较晚,技术领域也相对偏外围,在烟支结构上缺少核心专利,在工业化制造方法方面更是没有核心专利。

2.3 产品设计技术发展脉络分析

在上一章节中,笔者详细介绍了各主流烟草公司在炭加热卷烟领域的专利,梳理出各公司的技术发展脉络。在本章节中,笔者将针对炭加热卷烟产品设计所关注的方面,从炭质热源、发烟材料、膨胀室、过滤嘴段、烟支整体结构、气流路径、传热方式和烟支工业化生产方法等技术领域进行剖析,以便于相关研究人员参阅。

为方便读者查阅,笔者将本章涉及的专利按照不同的公司进行分类编号,并列在附表1中。后续章节将直接引用专利的编号。

2.3.1 炭质热源

炭质热源是炭加热卷烟的核心组成部分,用于加热发烟材料,产生供消费者吸食的烟雾。本章中,笔者从材质和组成、形状和结构、加工方法、提高易点燃性、降低CO含量、提高燃烧后炭质热源完整性和炭质热源固定方式等方面,对现有专利进行详细分析,以方便读者参考。

1. 材质和组成

顾名思义,炭质热源的主要成分是炭,一般由炭粉经过挤出法制成,也常称为炭棒。关于炭粉的指标,专利"碳质热源"(申请号:CN89104936.3)中提到,木炭原料的灰分尽可能少,其比表面积为 $50 \sim 2000 \ m^2/g$,优选 $200 \sim 600 \ m^2/g$,经过粉碎研磨形成炭粉后,其粒径 $d \leq 700 \ \mu m$,优选 $5 \sim 30 \ \mu m$。除了炭粉以外,专利"烟具热源"(申请号:CN89108978.0)还提到采用金属碳化物部分代替或全部代替炭粉作为炭质热源,其好处是更易点燃且大大减少CO。此外,可以根据需要添加其他添加剂。笔者将现有专利中炭质热源中常见的添加剂及其作用归纳整理于表2-2中。

表 2-2 炭质热源中常用的添加剂

公司	专利	添加剂	作用
菲莫国际	PM-5	金属碳化物：可选用碳化铁、碳化铝、碳化钛、碳化锰、碳化钨、碳化铌等，优选 Fe_5C_2、Fe_7C_2、Fe_9C_4、$Fe_{20}C_9$、Fe_4C、Fe_3C	更易点燃，几乎不产生 CO，能量输出与碳相似
菲莫国际	PM-7	金属氧化物：可选用氧化铁、氧化铝、氧化铬、氧化钴、氧化钒、氧化硅、氧化锗、氧化镓、氧化铟、氧化铂和氧化钯，优选 Fe_2O_3	更易点燃，燃烧温度更高，将 CO 催化转化为 CO_2
菲莫国际	PM-14	释氧或释能物质：金属硝酸盐、金属过氧化物或超氧化物、金属、铝热剂	更易点燃，燃烧温度更高
菲莫国际	PM-25	黏结剂：将纯有机黏结剂改为有机/无机复合黏结剂，其中的有机物为纤维素类黏结剂，其中无机物为羧酸盐和片状硅酸盐材料	羧酸盐促进炭棒燃烧且将灰分黏合在一起；片状硅酸盐材料能保持炭棒在燃烧前后的整体完整性
雷诺美国	LN-10	催化剂：由氧化物、氮化物、碳化物或硼化物构成的陶瓷材料，以及氧化铝、氧化锆、二氧化钛、氧化钇、氧化硅、磷酸盐、硅铝酸盐。上述陶瓷材料上还可以进一步负载活性金属组分，如铂族金属（铂、铑、钯、钇、钌）或过渡金属（铁、锰、钒、铜、镍、钴等）	将 CO 催化氧化为 CO_2
雷诺美国	LN-15	3000～20 000 ppm 的钠盐，优选外加钠盐如碳酸钠、乙酸钠、草酸钠、苹果酸钠等	该含量范围内的钠盐可提高炭棒的可点燃性，加快燃烧速率，显著提高气溶胶产出率
雷诺美国	LN-19	石墨和碳酸钙	降低燃烧温度和 CO 含量；其中石墨使炭棒难以点燃，并改善传热；碳酸钙与灰分形成熔结物，提高持留燃料灰分的能力
雷诺美国	LN-22	金属盐或金属有机化物	燃烧时原位分解为金属氧化物，将 CO 催化氧化为 CO_2
日本烟草	JP-4	质量分数为 30%～55%、粒径为 0.08～0.15 μm 的超细碳酸钙颗粒	掺入此特定含量和粒度的超细碳酸钙，CO 可减少 20%～50%
日本烟草	JP-5	多元醇	提高总发烟量 TPM 且不增加 CO，更易点燃
国内	GN-1 至 GN-7	木浆纤维烟草粉末	改善炭棒加工性能及其增香效果
国内	GN-10	烟末 + 碳酸钙 + 石墨 + 氧化铁	增香，降低燃烧温度，将 CO 催化氧化为 CO_2

2. 形状和结构

炭质热源的最常规形状是棒条状，故也被称为炭棒，其中心位置一般具有主气流通道，四周也可以设置更多的纵向气流通道。为提高通气效率，炭质热源的周向往往设有通气槽。在此基础形状上又可做若干改进，如表 2-3 所示。

表 2-3 炭质热源形状和结构

公司	编号	专利	形状和结构	特点
菲莫国际	1	PM-1		气流通道为多角星形
	2	PM-6		气流通道为花瓣形，据称比多角星形传热效率更高且热量更均衡，减少灰化倾向
	3	PM-10		中心气流通道为圆形通孔，其内壁涂有不透气涂层，以阻隔燃烧尾气进入气流通道；炭棒与发烟材料的接触面没有气密性屏障涂层
	4	PM-15		中心气流通道为圆形通孔，其内壁涂有不透气涂层，以阻隔燃烧尾气进入气流通道；除中心气流通道之外，炭棒与发烟材料的接触面设有气密性屏障涂层
	5	PM-16		多孔陶瓷基体内分布有燃料颗粒，构成复合热源；可以设中心气流通道，也可以不设通道，内表面可以有催化材料层；多孔陶瓷基体可维持热源的强度和整体完整性，其多孔性有利于供氧和尾气排出
	6	PM-18		炭棒与发烟材料之间完全被气密性涂层隔开，故可以不设中心气流通道

续表

公司	编号	专利	形状和结构	特点
菲莫国际	7	PM-21		炭棒同心分为内外两层，一层为正常炭粉材料，另一层为包含点火助剂的炭粉材料；该设计便于点燃，可提高温度的稳定性
	8	PM-26		炭棒没有中心气流通道；炭棒为印章形，印把部位包裹绝热不燃外层，防止过热
雷诺美国	9	LN-1		气流通道为圆形通孔，周向设有凹槽，辅助通气
	10	LN-2		截面形状为格子壁型
	11	LN-6		更多的截面形状，中心通孔可以为非圆形；关键点是各小通道间的壁很薄，燃烧后各小通道融合成大通道，可扩大通气面积，从而提高供氧能力，减少CO释放
	12	LN-12		燃料元件分为基座部分、隔离部分和燃烧部分。基座部分被耐热固定件夹持，不参与燃烧；燃烧部分被点燃，并设有凹槽以便于点燃；隔离部分具有较小的横截面积，减少由燃烧部分向基座部分的热传递，并增大供氧量。据称这样的设计可以改善燃烧中后期的温度，减少CO释放

续表

公司	编号	专利	形状和结构	特点
雷诺美国	13	LN-13		炭棒具有周向凹槽，可以不设中心气流通道；炭棒外面具有复合包裹层（玻纤层/烟草/玻纤层多层交替结构）
	14	LN-17		燃料元件由贯穿于燃料元件全程的、彼此接触的可燃材料和不燃材料构成，其中可燃材料为含碳材料，不燃材料为石墨箔或金属带。该不燃材料可降低燃烧温度，由此减少CO
英美烟草	15	YM-5		炭棒具有中心通孔和周向通孔；炭棒用隔热材料包裹，催化剂分散于隔热材料中而非炭棒中。催化剂用量可增大而不干扰炭棒燃烧
日本烟草	16	JP-2		炭棒具有中心通孔和周向通孔，外围包裹绝热材料
	17	JP-6		不再用绝热材料包裹炭质热源，而是将炭质热源做成整体的格子壁型，壁与壁之间是气流通道。因为壁具有一定的机械支撑性，因此格子壁型炭质热源可在裸露状态下燃烧且非常容易点燃，燃烧时炭质热源不易脱落
	18	JP-7		在继承JP-6设计的基础上，增加了更多的格子壁
	19	JP-8		炭质热源前段为点火端部，中后段为中空圆筒部，其内具有轴向空洞，初期易点燃，中后期能稳定燃烧和发热；点火端部具有点火槽或者具有凸起设计，开槽数目越多或凸起越多，越容易被点燃

续表

公司	编号	专利	形状和结构	特点
国内	20	GN-1 至 GN-7		先由炭粉制成丝状或片状的炭质热源，再用丝或片卷成棒形，或切碎后填充成炭质热源棒，靠丝间或片间的自然空隙作为轴向气流通道，不需要开设中心轴向孔，也不需要在外周包裹玻璃纤维布，且易于点燃
	21	GN-12		炭棒外周的轴向直通道（或轴向沟槽）改为螺旋沟槽，据此延长空气与炭棒表面的接触时间，与同等长度炭棒下的轴向直通道相比，可将空气温度提高5%，干馏效果更好
	22	GN-17		炭棒外表面包裹引燃层，引燃层与设置在烟盒侧面的助燃层摩擦可点燃炭棒，类似于划燃火柴的方式
	23	GN-31		炭棒上具有若干个叠置的凹槽，可以使炭棒与烟丝段径向隔开一定距离，有助于空气流通

3. 加工方法

炭质热源的常规加工方法是挤出法，这也是绝大部分炭加热卷烟专利中所采用的方法，即将炭粉与黏结剂及各种添加剂混合成糊状物，然后通过挤出机的模头挤压出具有特定几何形状的湿润炭条，干燥后切割成单个炭棒，或者趁湿切割后再干燥，得到单个炭棒。

挤出法的问题在于干燥和切割时炭棒容易破碎，此外，还需要考虑如何在中心气流通道表面涂覆特定涂层，或者向炭棒中掺入特殊的组分。为此，产生了一些专利。除了挤出法之外，还有模具冲压成型法。下面分别阐述各专利加工炭质热源的方法。

1）LN-3 和 PM-3

这两个专利都是传统挤出法的典型代表。

LN-3 专利涉及炭质热源的制法和形状，制法就是先将炭粉、黏结剂、其他添加剂和水混合成糊状，再挤出成型、干燥（后文简称为"挤出法"）。炭质热源挤出工艺如图 2-62 所示。

PM-3 专利公开了 PM-1 专利中的炭加热卷烟的炭质热源的组成和制造方法。该专利没有附详细的工艺流程图，笔者根据对该专利的理解，绘制出加工过程图（图 2-63）。

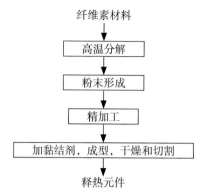

图 2-62　炭质热源挤出工艺

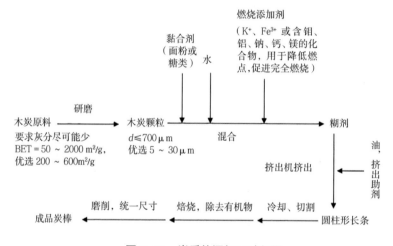

图 2-63　炭质热源加工过程图

其中成品炭棒指标：

①空隙体积≥50%，优选50%~60%；平均细孔孔径为1~2 μm。

②密度为0.2~1.5 g/cm³，优选0.5~0.8 g/cm³；在使用燃烧添加剂时，控制密度小于等于2.25 g/cm³。

③中心有多角星形气流通道，其内表面积要大于该炭棒的外表面积。

④综合灰分≤18%，优选≤8%。可对木炭原料进行酸处理或者控制燃烧添加剂的加入量来控制灰分。

2）LN-17

该专利系对炭质热源结构的改进，改进点在于燃料元件（10）由相互接触的可燃材料（9）和不燃材料（7）贯穿于燃料元件全程构成，其中可燃材料为含炭材料，不燃材料为石墨箔或金属带。该不燃材料（7）可降低燃烧温度，由此减少CO的产生。代表性结构如图2-64所示。

燃料元件（10）外面还交替包裹玻纤层（12）、烟草纸（15）和玻纤层（17），沿用了LN-13的技术特征。

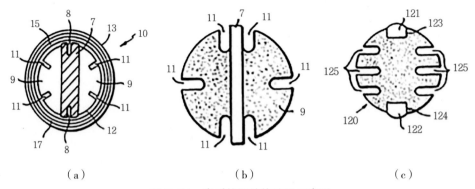

图 2-64 炭质热源结构改进示意图

该专利还公开了两种将可燃材料（9）与不燃材料（7）复合到一起的方法——拉带法和复合挤压法，分别见图 2-65 和图 2-66。

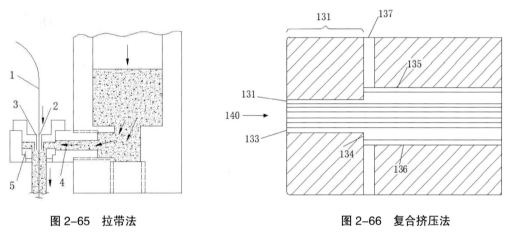

图 2-65 拉带法　　　　　　　图 2-66 复合挤压法

图 2-65 是在炭条经过模具挤出时，将不燃条带（1）从炭条模具（5）中连续拉过，以便与炭条复合，生成图 2-64（a）和图 2-64（b）所示的燃料元件（未经包裹）。

图 2-66 是在炭糊（140）经过模具挤出时，从模具横向通道（137）径向供入不燃段，从而形成如图 2-64（c）所示的侧面镶有不燃部分（121）的燃料元件（未经包裹）。

3）LN-20 和 LN-26

这两个专利涉及炭质热源加工过程中调节炭棒湿度的工业化方法。

现有技术（例如 LN-16）中用绝热材料包裹刚挤出的湿润炭条，炭条湿度过高或过低都会产生问题。刚挤出的炭条湿度达到 30%～40% 时，包裹后湿气挥发膨胀，会使得燃料元件膨胀、黏结缝松动或者外包裹材料褪色，产生废品，不能进入后续接装工序。湿度过低时，在将连续炭条切割成单个炭棒的过程中，炭棒又容易破碎。因此，需要对其湿度进行调节。该专利发现，炭条湿度在 22%～30% 时，易于切割且不易破碎，外包裹纸最佳湿度为 6%～18%。

工业化干燥方法是先用未经加热的环境空气对连续炭条进行初步干燥，使其湿度在上述适合切割的范围，优选 25%～30%。将连续炭条包裹绝热材料并切割成单个炭棒后，再用热空气进行干燥，以将多余湿气从炭棒中除去，并降低炭棒与外包裹纸的湿度至某一预定湿度。应使二者之间的湿度差基本为零，实现外包裹纸不膨胀、不褪色且黏结缝不松动的目标。

专利 LN-20 也经历过专利无效程序的考验，说明其具有技术基础性和工业实用性。其工业化干燥设备很复杂，但这不是本书关注的重点，因此不再赘述，有兴趣的读者可以自行参阅。

专利 LN-26 涉及湿润炭条的干燥方法，与 LN-20 所示的先用环境空气干燥再用热空气干燥的方案相比，其改进点在于 LN-26 始终用环境空气来干燥炭条，而无须使用加热空气的设备。但该专利并未提及使用热空气干燥有何不好，也未提及用环境空气干燥有何优点。因此，该专利因发明点过低而未被授权。

另外，值得指出的是，鉴于先挤出成湿润炭条，再初步干燥、切割，再二次干燥过程的复杂性，后来菲莫国际又提出了炭粉冲压成型法，以工业化方法一步冲压即可制成单个炭棒，并且在炭棒一端还贴有金属箔作为阻挡隔层，无须切割。炭粉冲压成型法可以从根本上避免切割造成的炭棒破碎，且无须使用 LN-20 所示的方法和设备，详见菲莫国际的专利 PM-22 和 PM-24。由此凸显了 PM-22 和 PM-24 的技术先进性以及重要的实用价值。

4）PM-22 和 PM-24

这两个专利是采用模具冲压成型法生产炭质热源的代表性专利。

其中，专利 PM-22 公开了带有阻挡层的炭质热源的工业化生产方法。该生产方法既适用于菲莫国际第二代炭加热卷烟中带有气流通道的炭质热源的工业化生产，又适用于菲莫国际第三代炭加热卷烟中不带有气流通道的炭质热源的工业化生产。该工业化生产方法主要是模具冲压法，即将炭颗粒充入模具，并覆盖上诸如铝箔之类的阻挡层，然后共同冲压成端部具有阻挡层的炭棒，具体过程如图 2-67 所示。

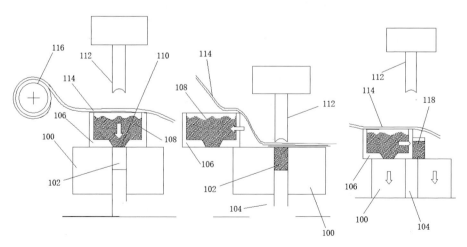

图 2-67 炭质热源模具冲压成型法示意图

该专利显然更适合生产菲莫国际第三代炭加热卷烟中不带有气流通道的炭质热源。这也从另一个侧面说明第三代比第二代更具优势，否则其专利不会深入到原材料的工业化生产方法的深度。

更重要的是，该制造方法避免了传统挤出法所造成的炭质热源棒难以切割的问题，因为机械切割会使炭质热源棒破碎。而PM-22专利采用模具冲压法，直接将炭粉成型为单个炭质热源棒，避免了棘手的切割问题。所以，该专利的工业化意义很强，值得重视。

专利PM-24与专利PM-22很相似，只是将PM-22中的限定模具空腔底壁的部段（104）换为第一冲头（140），并且阻挡层先从底部冲裁后，进入空气中充当底壁，再向该空腔中充入炭粉，然后由第二冲头从空腔上部对炭粉进行冲压，得到带有单个端部阻挡层的炭质热源棒，见图2-68。

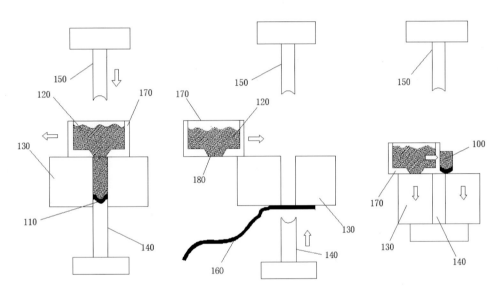

图2-68　炭质热源工业化冲压工艺示意图

专利PM-24并未明确提及其与PM-22相比的优点，笔者根据理解总结如下：PM-22中填充炭粉和覆盖-冲裁阻挡层的操作都在模具空腔的上方单向进行，炭粉和阻挡层各自的给料设备在空间上可能互相干扰。而PM-24中填充炭粉和冲裁阻挡层的操作分别从模具空腔的上下方进行，各自的给料设备在空间上不互相干扰，有利于工业生产线的布置。

5）JP-2

该专利涉及挤出法制备的湿润炭条的无损干燥方法。

为制造带有多条气流通道的炭质热源，常规方法是将炭糊剂挤出成湿润柔软的带有外周槽的炭条，该炭条在从挤出机输送到包裹机的过程中，因干燥不均匀（朝向气体的一侧被过度干燥而发脆，背向气体的一侧因干燥不足而仍然柔软）而容易发生形变，致使外周槽变形或破损，后续无法包裹隔热材料层。

该发明旨在解决以上问题，下面参照图 2-69 阐述解决方案。

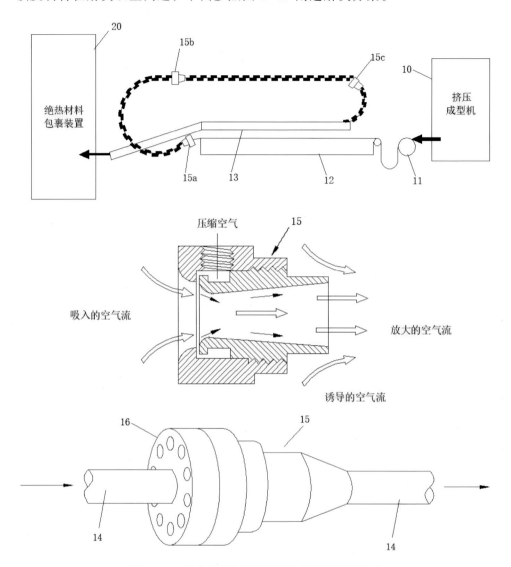

图 2-69　挤出法制备的湿润炭条的无损干燥方法

如图 2-69 所示，在挤压成型机（10）和包裹装置（20）之间设立中空管（14），中空管上多处设有空气量放大器（15a、15b 和 15c），使挤出的柔软的炭条在该中空管中被悬浮输送，并且空气量放大器在主气流的抽吸作用下将环境空气吸入空心管中作为辅助干燥气体，从炭条周围对其进行干燥，使其均匀地干燥硬化，消除不均匀干燥带来的形变和破损，大大提高了炭质热源的成品合格率。包裹好的炭质热源如图 2-70 所示。

JP-2 专利显然不只适用于生产 JP-1 所示炭加热卷烟中的炭质热源，还适合对任何通过挤出法制备的炭质热源进行干燥，具有广泛的适用性。该专利已获授权，且涉及基础的工业化制造方法，故值得关注。

第二章 炭加热卷烟技术发展

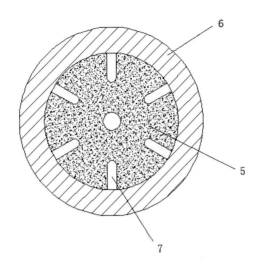

图 2-70 包裹好的炭质热源横截面示意图

6）GN-1 至 GN-6

这些专利均为湖北中烟同日申请,涉及炭质热源的制备方法和使用这样的炭质热源的炭加热卷烟。之前的炭质热源棒都是采用挤出法制备的,质地相对致密,且外周包裹玻璃纤维布,存在不易点燃和细小玻纤易被吸入人口中的缺陷。这些专利改良了炭质热源棒的制备方法,改为先制成丝状或片状的炭质热源,再将丝或片卷成棒形,或切碎后填充成炭质热源棒。该炭质热源棒靠丝间或片间的自然空隙作为轴向气流通道,不需要开设中心轴向孔,也不需要在外周包裹玻璃纤维布,且易于点燃。

GN-1 至 GN-6 涉及炭质热源制备方法,具体如下:将"炭粉 + 水 + 海藻酸盐"混合成胶状物,然后挤出成直径 1~3 mm 的丝或挤出成厚度 0.5~2.5 mm 的片,再将该丝或片与浓乙醇接触,使其中的海藻酸盐析出形成薄膜,包覆炭丝或炭片(见 GN-1、GN-2),或与酸接触形成海藻酸并析出形成薄膜,包覆炭丝或炭片(见 GN-3、GN-4),或与钙盐溶液接触生成海藻酸钙并析出形成薄膜,包覆炭丝或炭片(见 GN-6、GN-6),最后经漂洗和干燥后,得到炭丝或炭片。得到的炭丝或炭片非常适合工业化加工,且非常易于点燃。

7）PM-11

该专利涉及 PM-10 中的炭质热源的制备方法,主要说明了如何在中心气流通道内壁上涂覆均匀且界面清晰的涂层。传统的涂覆方法是用插入中心气流通道中的棍棒进行机械涂抹,常导致涂层厚度不均匀且容易损坏炭质热源。另一传统方法是共挤出法,但该方法不适合涂覆厚度小于 1 mm 的涂层,且在使用高压来迫使高黏性浆料从模具孔口挤出时,在该高黏性浆料含有众多坚硬颗粒的情况下,会导致模具磨损严重。另外,将涂层均匀涂覆到挤出的管的内表面以及让涂层与炭质热源之间界线分明,也是个挑战。本专利为解决此问题而提出。现结合图 2-71 阐述该涂覆方法。

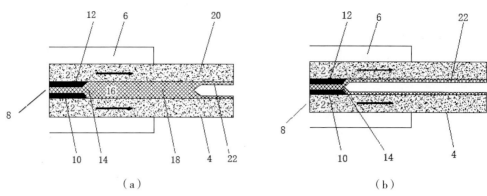

图 2-71 炭质热源隔离层涂覆方法

如图 2-71（a）所示，将含炭糊剂（2）从带有芯棒（10）的模具（6）的开口挤出，由此形成湿润的中空杆（4）。同时，将液态或悬浮态的涂层化合物独立地从芯棒（10）中心的给进通路（12）泵出，并经扩散状的开口（14）引导而填满储液部分（18），经过一段距离后，随着其动压逐渐减弱至不足以克服中空杆（4）的内壁面对该涂层化合物的表面黏滞阻力时，其不再填满该中空杆，而是形成弯液面（20），然后涂层化合物在黏着力的拖曳下以涂层（22）的方式随该中空杆（4）的前进而被拉成涂层，然后经过干燥和在惰气下热分解，在该中空杆（4）的内壁面上形成均匀且界线分明的涂层。如果减少涂层化合物的泵送压力，也可能不存在上述储液部分（18），而是涂层化合物一经挤出就以涂层（22）的方式随该中空杆（4）的前进而被拉成涂层，如图 2-71（b）所示。

改变涂层化合物泵送压力、涂层化合物黏度和含炭糊剂的挤出成型速度，可以调整涂层（22）的厚度。

该专利所示的涂覆方法优点如下：

①无须机械按压式涂抹，使涂层表面光滑。

②简化了涂覆设备，可使用原有的共挤出模具，仅需将芯棒开口进行改变。

③涂层不会被吸附到炭质热源的孔隙内部，仅存在于炭质热源表面，界线分明。

④涂层化合物中可含有坚硬微粒，但不会磨损模具和炭质热源，因为芯棒（10）的内径可以设置成远远大于微粒直径，微粒随涂层化合物自由流动，自然不会磨损。这使得向炭质热源的中心气流通道上涂覆以金属氧化物或陶瓷微粒为代表的涂层成为可能。

菲莫国际为其第二代产品的中心气流通道内部带有涂层的炭质热源专门开发了生产方法，可见第二代产品比第一代产品更具商业价值，否则其专利也就不会深入到工业化生产技术研发这一深度。

4. 提高易点燃性

炭质热源的点燃性能直接影响用户抽吸炭加热卷烟的体验感。因此，提高炭质热源的易点燃性十分重要。目前的方法主要分为两类，一类是加入引燃剂，例如释氧释能化合物;另一类是改变炭棒的形状结构。表2-4对此进行了汇总。

表2-4 提高炭质热源易点燃性的方法

专利	方法或图示	原理
第一类:加入引燃剂		
PM-5	加入金属碳化物如碳化铁、碳化铝、碳化钛、碳化锰、碳化钨、碳化铌等	金属碳化物更易点燃
PM-14	加入释氧或释能物质,例如金属硝酸盐、金属过氧化物或超氧化物、金属、铝热剂	释氧/释能物质更易点燃且有助燃作用
LN-15	加入3000~20 000 ppm的钠盐,优选外加钠盐如碳酸钠、乙酸钠、草酸钠、苹果酸钠等	此范围内的钠盐有助于点燃
JP-5	加入多元醇	有机物更易点燃
第二类:改变炭棒的形状结构		
PM-21		炭棒同心分为内外两层,内外层之一为正常炭粉材料,另一层为包含点火助剂的炭粉材料;便于点燃,提高温度的稳定性
JP-6 JP-7		将炭质热源做成整体的格子壁型,壁之间是气流通道;格子壁型炭质热源可在裸露状态下燃烧且非常容易点燃
JP-8	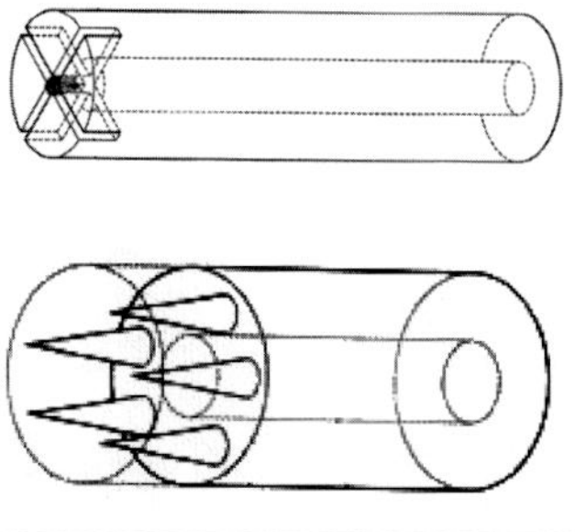	炭质热源前段为点火端部,具有点火槽或者具有凸起;开槽数目越多,或者凸起越多,则越容易被点燃
GN-1至 GN-7	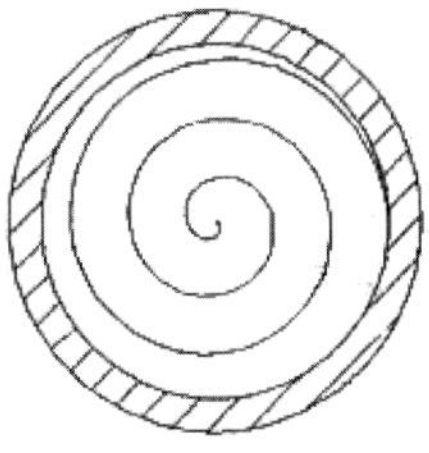	先由炭粉制成丝状或片状的炭质热源,再将丝或片卷成棒形,或切碎后填充成炭质热源棒,靠丝或片间的自然空隙作为轴向气流通道,不需要开设中心轴向孔,也不需要在外周包裹玻璃纤维布,故易于点燃

续表

专利	方法或图示	原理
GN-17	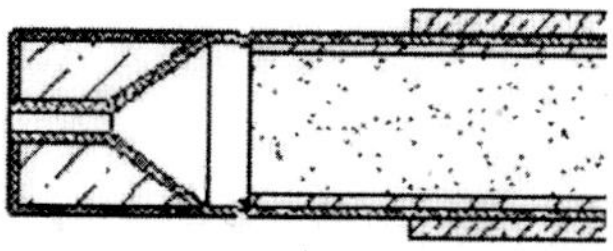	炭棒外表面包裹引燃层,其与设置在烟盒侧面的助燃层摩擦而点燃炭棒,类似于划燃火柴的方式

5. 降低一氧化碳含量

经过总结,专利中提到的减少 CO 的方法主要可分为四类,第一类是加入催化剂将 CO 催化氧化为 CO_2;第二类是加入惰性物质降低燃烧温度,减少 CO;第三类是改变炭质热源的形状结构,提高供氧量;第四类是改变烟支结构,使 CO 不能进入气流通道。笔者对这四类方法进行了汇总,详见表 2-5。

表 2-5 减少 CO 的方法

专利	减少 CO 的方法	原理
PM-5	加入金属碳化物,可选用碳化铁、碳化铝、碳化钛、碳化锰、碳化钨、碳化铌等	金属碳化物燃烧几乎不产生 CO
PM-7	加入金属氧化物,可选用氧化铁、氧化铝、氧化铬、氧化钴、氧化钒、氧化硅、氧化锗、氧化镓、氧化铟、氧化铂和氧化钯,优选氧化铁	金属氧化物将 CO 催化转化为 CO_2
LN-10	加入催化剂,例如由氧化物、氮化物、碳化物或硼化物构成的陶瓷材料。上述陶瓷材料上还可以进一步负载活性金属组分,例如铂族金属(铂、铑、钯、钇、钌)或过渡金属(铁、锰、钒、铜、镍、钴等)	催化剂将 CO 催化氧化为 CO_2
LN-19	加入石墨和碳酸钙	降低燃烧温度和 CO 含量;其中石墨使炭质热源难以点燃,并改善传热;碳酸钙与灰分形成熔结物,提高持留燃料灰分的能力
LN-22	加入金属盐或金属有机化物	燃烧时原位分解为金属氧化物,将 CO 催化氧化为 CO_2
JP-4	加入质量分数为 30%~55%、粒径为 0.08~0.15μm 的超细碳酸钙颗粒	掺入此特定含量和粒度的超细碳酸钙,CO 减少 20%~50%
GN-10	加入烟末、碳酸钙、石墨、氧化铁	增香;降低燃烧温度,减少 CO;将 CO 催化氧化为 CO_2
PM-10	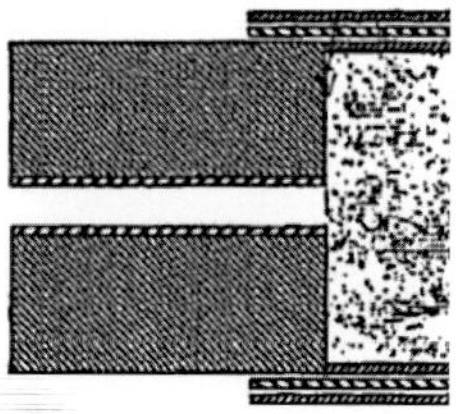	中心气流通道内壁涂有不透气涂层,以阻隔燃烧尾气进入气流通道

续表

专利	减少CO的方法	原理
PM-15	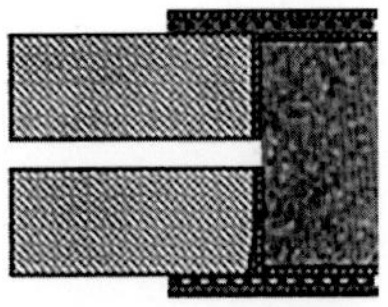	中心气流通道内壁涂有不透气涂层，炭质热源与发烟材料的接触面设有气密性屏障涂层，以阻隔燃烧尾气进入气流通道
PM-18	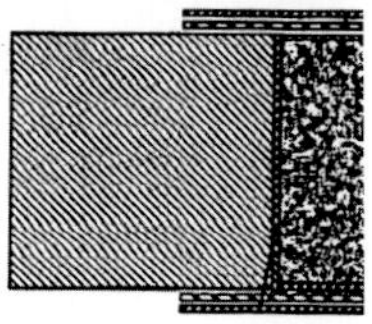	炭质热源与发烟材料之间完全被气密性涂层隔开，以阻隔燃烧尾气进入气流通道
LN-6	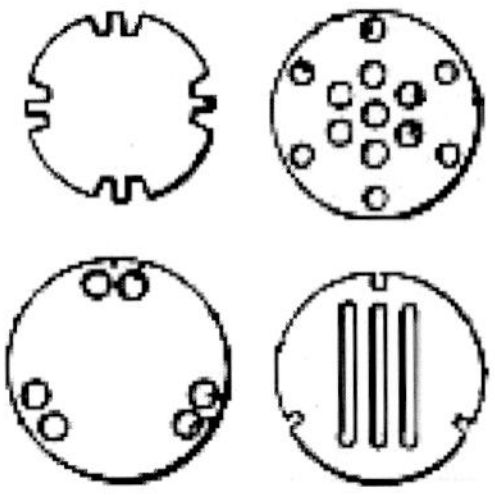	炭质热源设置多个纵向通孔或纵向周缘槽，各纵向通孔间的壁很薄，燃烧后各小通道融合成大通道，扩大通气面积，提高供氧能力，减少CO
LN-17	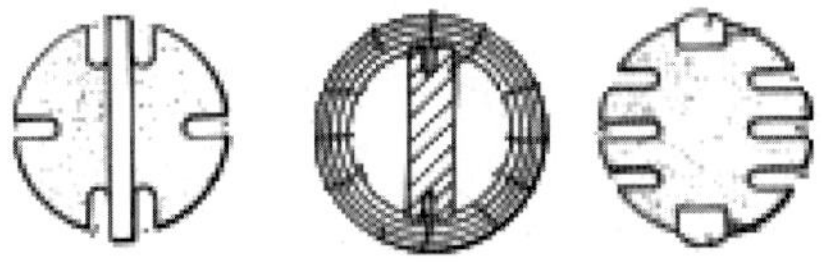	燃料元件由贯穿于燃料元件的、全程彼此接触的可燃材料和不燃材料构成，其中可燃材料为含碳材料，不燃材料为石墨箔或金属带。该不燃材料可降低燃烧温度，由此减少CO
JP-6 JP-7	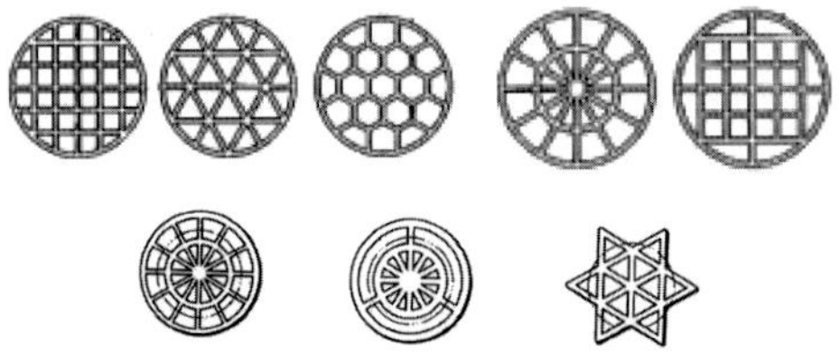	不再用绝热材料去包裹炭质热源，而是将炭质热源做成整体的格子壁型，壁之间是气流通道；强化供氧效果，减少CO

此外，专利PM-9还公开了一种通过向发烟材料中加入银基催化剂而降低CO含量的方法。虽然这不属于炭质热源这个主题，但为了完整起见，也将其列入减少CO的措施中供参考。该银基催化剂具体是指承载在非银金属氧化物（优选氧化铈）的颗粒载体之中和/或之上的银和/或氧化银颗粒，该银和/或氧化银颗粒是通过银盐的沉淀或热分解形成的，也可通过银靶装置受控气氛下的激光蒸发和受控冷凝形成。该银基催化剂是通过喷雾、撒粉或浸渍方法引入发烟材料中的，也可以引入烟纸和过滤材料中。该银基催化剂的作用是在无外部氧源的条件下，在温度低于210℃时将CO转化为CO_2，例如在110℃即可实现90%的CO转化为CO_2。

6. 提高炭棒燃烧后完整性

专利中提高炭质热源燃烧后完整性的方法主要有以下三类：第一类是加入无机黏结

剂，以便在燃烧后仍起黏合作用，维持完整性；第二类是通过形状结构的设计来提高完整性；第三类是用绝热材料包裹炭棒，提高完整性。详见表2-6的汇总。

表2-6 提高炭质热源燃烧后完整性的方法

公司	专利	提高炭质热源燃烧后完整性的方法	原理
菲莫国际	PM-25	将纯有机黏结剂改为有机/无机复合黏结剂，其中的有机物为纤维素类黏结剂，其中的无机物为羧酸盐和片状硅酸盐材料	羧酸盐促进炭质热源燃烧且将灰分黏合在一起；片状硅酸盐材料能保持炭质热源在燃烧前后的整体完整性
雷诺美国	LN-13	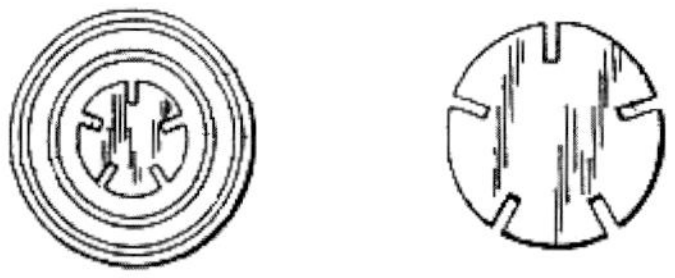	炭质热源外面具有复合包裹层（玻纤层/烟草/玻纤层多层交替结构）
雷诺美国	LN-17	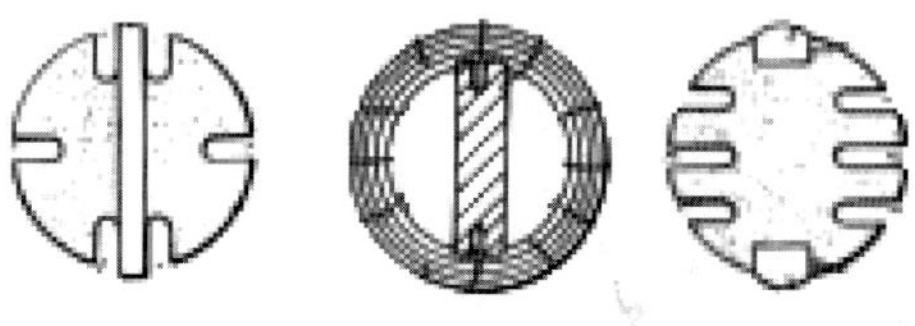	燃料元件由贯穿于燃料元件全程的、彼此接触的可燃材料和不燃材料构成，不燃材料为石墨箔或金属带。该不燃材料可起到结构支撑作用，提高完整性
雷诺美国	LN-19	石墨和碳酸钙	碳酸钙与灰分形成熔结物，提高留燃料灰分的能力，提高燃烧后结构完整性
英美烟草	YM-6	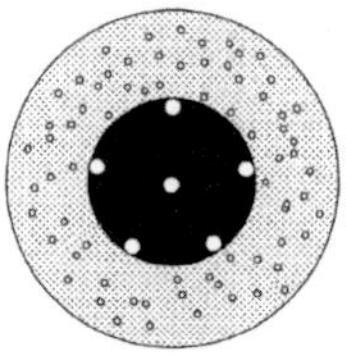	用多孔固体物质制成的隔热材料包裹炭质热源，提高其燃烧后结构完整性
日本烟草	JP-2	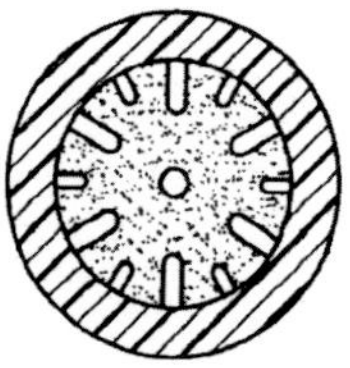	炭质热源具有中心通孔和周向通孔，外围包裹绝热材料
日本烟草	JP-6 JP-7	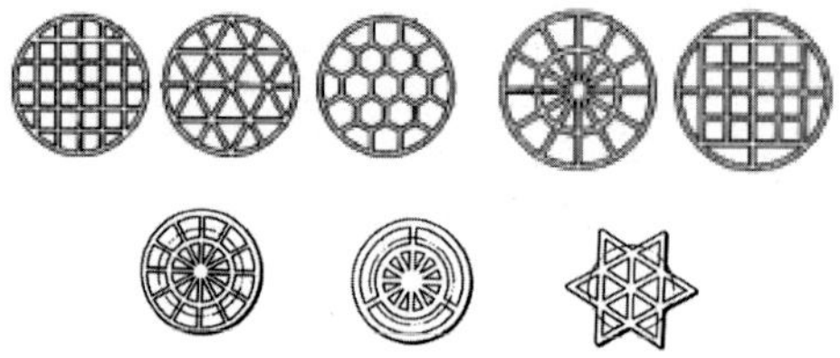	将炭质热源做成整体的格子壁型，壁之间是气流通道；因为壁具有一定的机械支撑性，燃烧时炭质热源不易脱落并保持结构完整

7. 炭质热源固定方式

将炭质热源固定在炭加热卷烟上主要有两种方式，早期是采用夹持件夹持炭质热源的方式进行固定，但采用夹持件显然使得炭加热卷烟不容易实现工业化生产，故后来几乎所有的炭加热卷烟都改用包裹方式，即将炭质热源用绝热透气材料包裹起来，既可维持炭质热源的结构完整性，又简化了炭质热源工业化生产方法和整个炭加热卷烟烟支的工业化生产方法。

其中包裹方法主要涉及如何用包裹材料包裹刚挤出的湿润炭条，以及如何干燥和切割炭条且不使其破碎。表2-7对此类方法进行了汇总。

表2-7 炭质热源固定方式

公司	专利	炭质热源固定方式图示	解释说明
菲莫国际	PM-1	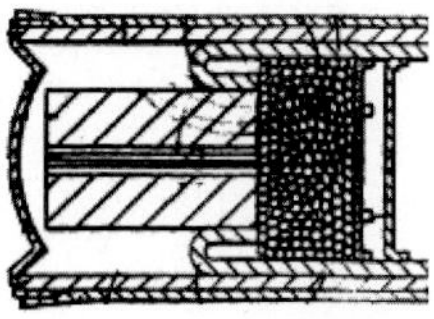	用具有弯边的内套管悬空夹持炭质热源
	PM-4	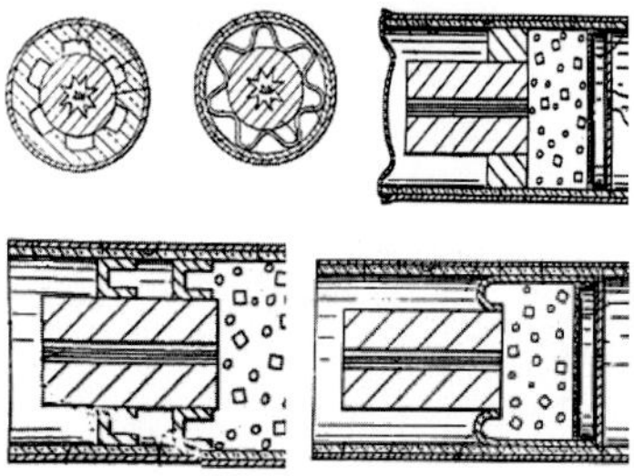	分别用金属卡箍、周向肋槽、波纹纸带、实心纸圈、双金属卡箍、带弯边的纸管来代替PM-1中的具有弯边的内套管，悬空夹持炭质热源
	PM-8	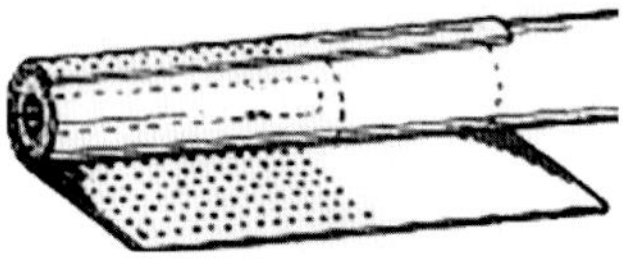	用卷烟纸包裹炭质热源，为了包裹得紧，在卷烟纸和炭质热源之间填充有烟草
	PM-10	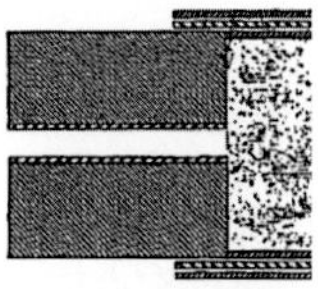	用导热元件和卷烟纸共同包裹炭质热源，且炭质热源裸露出一部分
	PM-15	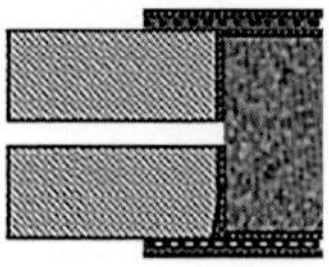	
	PM-18	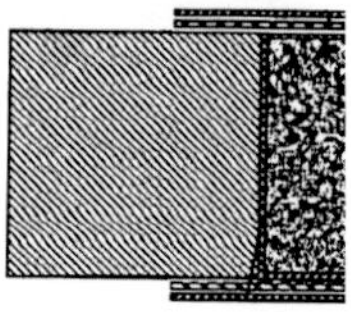	

续表

公司	专利	炭质热源固定方式图示	解释说明
雷诺美国	LN-1	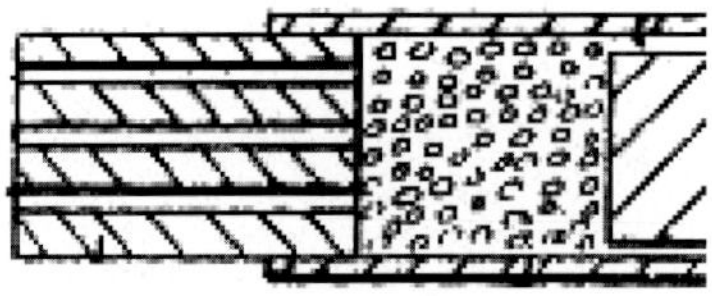	用卷烟纸包裹炭质热源
	LN-2	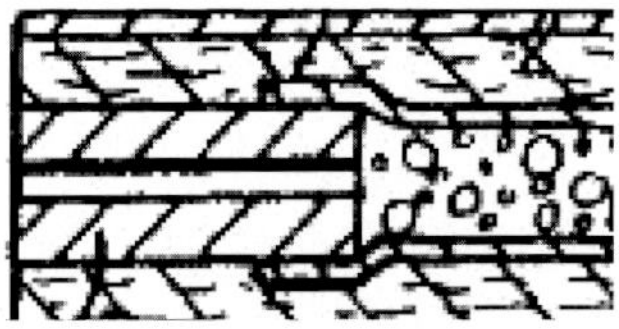	用开口金属盒夹持炭质热源
	LN-12	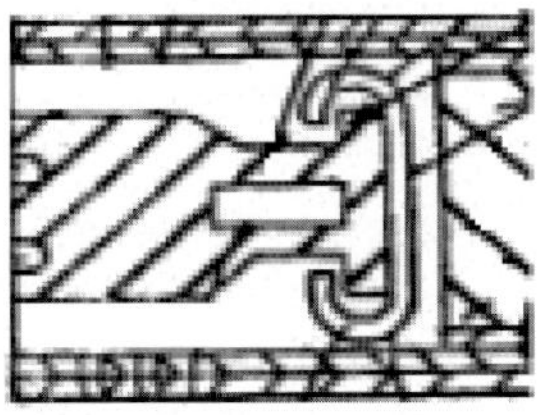	用耐热性夹持件悬空夹持炭质热源
	LN-13	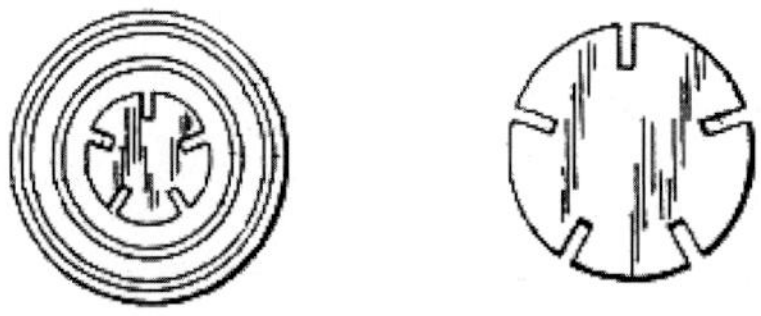	用复合包裹层（玻纤层/烟草/玻纤层多层交替结构）包裹炭质热源，炭质热源本身可具有中心通孔或周缘凹槽
英美烟草	YM-6	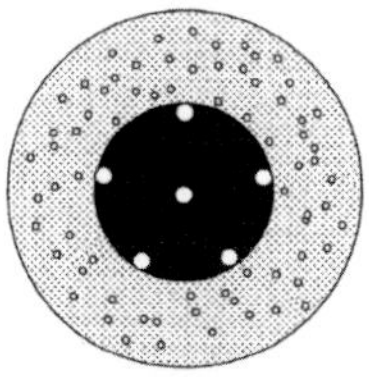	炭质热源用多孔固体物质制成的隔热材料包裹
日本烟草	JP-2	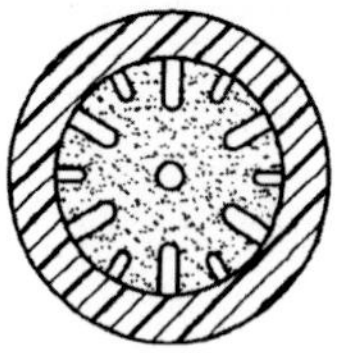	炭质热源具有中心通孔和周向通孔；外围包裹绝热材料

关于复合包裹层及包裹方法，部分专利提供了详细说明，笔者针对这部分专利逐一进行介绍。

1）LN-16

该专利公开了LN-13中所示的用复合绝热层包裹的炭棒的制备方法。该专利中的复合绝热层被称为弹性保持材料。笔者结合图2-72来说明其包裹过程。

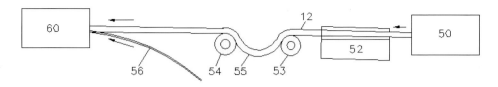

图2-72 复合绝热层包裹的炭质热源的制备方法示意图

挤出机（50）将炭糊挤出形成湿润炭条（12），经过气垫传送机（52）输送，在经过转轮（53和54）之间时形成延迟回路（55），然后输送至包裹装置（60），将一面涂有黏结剂的保持材料（56）也输入该包裹装置（60），对湿润炭条（12）进行包裹，即得到表2-6中所示的经包裹的炭棒。其中保持材料（56）上可预涂果胶黏结剂，在进入包裹装置前向其表面洒水以激活该黏结剂，实现对炭条（12）的黏接；气力输送是为了防止湿润炭条在输送过程中被机械装置损坏；设计延迟回路（55）的目的是在挤出机（50）的输出能力发生波动时提供缓冲，确保对包裹装置（60）均匀进料，而不是在包裹装置（60）的输入能力与挤出机（50）的输出能力不匹配时拉断该炭条。

该方法使得炭条与包围材料牢固黏结在一起，防止在后续烟支装配过程中二者彼此松开或脱落。约10年后，日本烟草的JP-2和JP-3对这种方法做了进一步改进。

2）JP-2

该专利涉及JP-1所示的炭加热卷烟中的炭质热源的工业化制造方法。为制造JP-1中所示的带有多条气流通道的炭质热源，常规方法是将炭糊挤出形成湿润柔软的带有外周槽的炭条，该炭条在从挤出机被气浮式输送到包裹机的过程中，因干燥不均匀（朝向气体的一侧被过度干燥而发脆，背向气体的一侧因干燥不足而仍柔软）而容易发生形变，致使外周槽变形或破损，后续无法包裹隔热材料层。

该发明旨在解决该问题，其阐述详见2.3.1章节。

3）JP-3

该专利涉及JP-1所示的炭加热卷烟中的炭质热源的工业化制造方法，尤其是将用绝热材料层（该专利中称为隔热卷筒纸）牢固包裹炭条的方法。现结合经过改造的图2-44来说明现有技术的缺点和该专利的技术方案。

现有技术中，用隔热卷筒纸包裹炭条时，会产生如下问题：隔热卷筒纸上涂有干燥的果胶层，包裹前向其上纵向施加水以形成纵向润湿带，作为黏结剂线。包裹时，如果这些纵向润湿带恰好包裹在炭条的周边纵向槽处，则粘贴不牢，形成不合格品。只有当这些纵向润湿带恰好包裹在炭条的周边棱处，才能粘贴牢固，形成合格品。加宽纵向润湿带会导致向上施加更多的水，这些水会转移至炭条上，使炭条因含水率增加而变形，也会造成不合格品。

本专利则将挠性供水管（36b）固定在一根在垂直于绝热卷筒纸（W）行进方向上做往复振动的振动棒（34）上，随着振动棒（34）的往复运动，以及绝热卷筒纸（W）

向前行进，挠性供水管（36b）在绝热卷筒纸（W）上画出波浪形（正弦形）润湿带，再去包装炭条（A），则可以确保将绝热卷筒纸（W）与炭条（A）黏接在一起，而不用避开纵向槽，可以大幅提高成品率。

该专利涉及生产工艺细节技术，具有很高的实用性，但对于那些不具有纵向槽的炭质热源棒，则失去了意义。

4）LN-20 和 LN-26

该专利涉及在炭质热源加工过程中调节炭棒湿度的工业化方法。这已经在前文中进行说明，在此不再赘述。

5）LN-21

该专利涉及 LN-13 中所示的玻纤层/烟草纸/玻纤层复合绝热层的工业化制备方法。该方法要实现的目标是连续供应玻璃纤维条带，使玻璃纤维条带的供应速度与包裹炭质热源的机器的生产速度相匹配。其使用了两卷玻璃纤维条带，当第一卷玻璃纤维条带快用完时，用自动拼接机将第二卷玻璃纤维条带的头部与第一卷玻璃纤维条带的尾部自动拼接起来，从而实现玻璃纤维条带的不间断供应。关键的拼接设备（16）如图 2-73（a）所示，它在检测到前一条带（W_2）的尾部和后一条带（W_1）的头部同时出现在拼接区时，则启动胶带夹头（87）向下压，用胶带条（T_2 和 T_1）将 W_2 尾部和 W_1 头部用黏接方式拼接起来，拼接后的条带如图 2-73（b）所示，由此解决了玻璃纤维条带的连续供应问题。

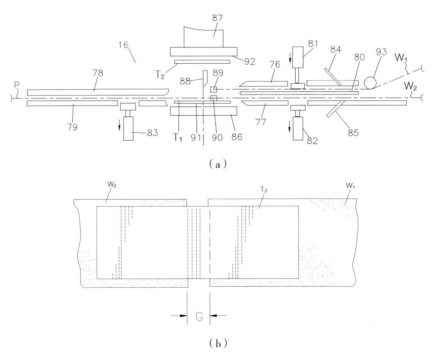

图 2-73　玻纤层/烟草纸/玻纤层复合绝热层的工业化制备方法

如图 2-74 所示，在玻纤层/烟草纸/玻纤层复合绝热层的生产过程中，将玻璃纤维条带纵向切成两个窄条，然后将这两个窄条分隔开，并引导烟草纸条穿过两个窄条之间，最后将三条条带聚到一起，形成三层的复合条带，即 LN-13 所示的玻纤层/烟草纸/玻纤层复合绝热层。

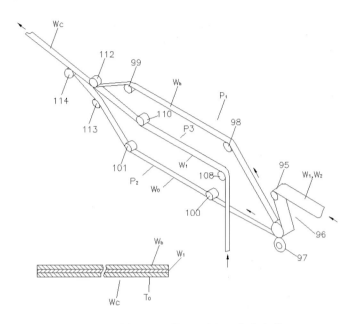

图 2-74　玻纤层/烟草纸/玻纤层复合条带

之前已论述，这样的复合绝热层已经在 LN-16、LN-17、LN-18、LN-19、LN-20 专利中反复出现，用于包裹炭棒，且已经用于炭加热卷烟的工业化生产，甚至在距 LN-21 专利十多年后的 LN-22 专利中仍然得到使用，可见其具有重要的基础作用。

2.3.2　发烟材料

发烟材料是炭加热卷烟的核心组成部分，其可以为颗粒状或整体块状，受热后能产生烟雾或气溶胶。发烟材料除了香味源之外，往往还含有黏结剂、填料等辅助成分。笔者对各专利中发烟材料的特点及改进方向进行了汇总，列于表 2-8 中。

表 2-8　发烟材料的特点及改进方向

公司	专利	发烟材料的特点	解释说明
菲莫国际	PM-1		发烟材料为丸状烟草填充层，即烟草颗粒填充层；丸状烟草是用挤出-切割法生产的，即先挤出烟草条，再切割成烟草粒

续表

公司	专利	发烟材料的特点	解释说明
菲莫国际	PM-9	向发烟材料中添加银基催化剂，具体为承载在非银金属氧化物（优选氧化铈）的颗粒载体之中和/或之上的银和/或氧化银颗粒。该银和/或氧化银颗粒是通过银盐的沉淀或热分解形成的，也可通过银靶装置受控气氛下的激光蒸发和受控冷凝形成。该银基催化剂是通过喷雾、撒粉或浸渍方法引入发烟材料中的，也可以引入烟纸和过滤材料中	银基催化剂的作用是在无外部氧源的条件下（即在卷烟的贫氧区），在温度低于210℃时将一氧化碳转化为二氧化碳，例如在110℃即可实现90%的CO转化率
菲莫国际	PM-13	用多根彼此平行排列的均质发烟材料束作为发烟材料，该均质发烟材料束的最大特点是质量与比表面积（BET）之比大于 0.09 mg/mm^2，但最好不大于 0.25 mg/mm^2	其作用机理包括：①使热空气均匀流过其中，避免对流传热不畅所造成的局部热量集中；②提高单位表面积上的烟草物质质量，从而提高吸热能力；③随着烟草物质质量的提高，可施加的气溶胶形成剂的含量可高达 12%～25%，它们气化需要消耗热量，防止温升过高
雷诺美国	LN-4	用多孔载体负载烟香材料，其中多孔载体可以为硅石、黏土、氧化物、硫酸盐、碳酸盐或碳化物。当多孔载体为氧化铝时，要求其 BET<50 m^2/g，优选 BET<30 m^2/g，更优选 BET<10 m^2/g；孔的 d_{50}>0.1 μm，优选 d_{50}>0.3 μm，更优选 d_{50}>0.5 μm。当多孔载体为碳时，要求其 BET<200 m^2/g，优选 BET<50 m^2/g，更优选 BET<30 m^2/g；要求孔的 d_{50}>0.05 μm	对负载发烟材料的多孔载体在惰性气氛下做烧结处理，使细小孔封闭或融合成中大孔（表现为孔的中值孔径 d_{50} 增加），减少其吸附能力，从而有利于烟雾物质或香料的受热脱附
雷诺美国	LN-5	发烟材料包括多孔载体和吸附在其孔内的烟草香料以及非水溶性、非烟草烟雾形成剂：其中多孔载体为多孔矾土（即多孔氧化铝）或多孔炭；烟草香料为烟草粉末、烟草萃取物、喷雾干燥的烟草萃取物等；要求多孔矾土的 BET <50 m^2/g，孔的 d_{50}>0.1 μm，多孔炭的 BET <200 m^2/g	给出了发烟材料的一个具体配方
雷诺美国	LN-11	以碳充填的纸作为香料载体。在造纸过程中，将炭粉（活性炭粉或非活性炭粉）掺入纸浆中，然后采用常规造纸法制成。其中炭粉粒径为 250～600 目，填充后碳的质量分数为 5%～75%，优选 10%～40%，更优选 15%～30%。以这种用碳充填得到的纸作为香料载体，香料的迁移量显著减少。该碳充填的纸可以卷成卷或做成段塞至炭加热卷烟的发烟材料之后，在燃吸时补充香味，而不燃吸时香料不会迁移	有益效果是可以减少发烟材料或香味生成部中的香料（如薄荷醇）向其他元件尤其是向炭质热源的迁移，这种迁移会使得炭质热源燃烧时香料高温热解产生异味

续表

公司	专利	发烟材料的特点	解释说明
雷诺美国	LN-24		将气雾生成段制成发泡单体基材形式，包括中心孔和/或外周沟槽，以便热气体通过。该发泡单体基材通过挤出法或发泡挤出法制造，便于工业化生产和流水线装配。气雾生成段为多层卷绕式整体基材的形式
雷诺美国	LN-25		将发烟材料分为两段，其中上游段是基质腔，下游段是烟草棒，基质腔内填充有烟草球，热传导元件从炭质热源、整个基质腔到至少一部分烟草棒，用于导热。优点可能是便于热气流在整个基质腔的截面积上沿烟草球间的空隙均匀分散
英美烟草	YM-4	用包封材料将气溶胶发生剂（例如多元醇类）或香料（例如薄荷醇）包封起来，该包封材料在特定温度或外力作用下熔化、降解或破裂，释放出气溶胶发生剂或香料，供抽吸者享用。包封材料的种类、热破裂温度、包封厚度等均可调节，以调节气溶胶发生剂或者香料的释放时机。通过控制包封材料的破裂时机可自由控制和调节烟气形态	包封的有益效果是，可避免在卷烟储运期间气溶胶发生剂或香料迁移至卷烟纸或炭质热源中造成污染，并避免其挥发损失
日本烟草	JP-1		用 BET$<3\ m^2/g$ 的非多孔颗粒（例如碳酸钙颗粒）代替之前的多孔颗粒承载香味物质，大量的非多孔填料紧密填充以形成香味散发部。将香味物质吸附到非多孔颗粒上，可避免吸附热，故对热量输入要求较低，香味更易释放且改善了逐口一致性，避免了香味物质热变性问题
国内	GN-27	将烟丝燃烧产物通过水去除有害物质后，将香气物质和烟碱等吸收于有机溶剂中，再蒸发除去有机溶剂，将得到的油状提取物作为低温卷烟原料	减害，可供低温加热抽吸

续表

公司	专利	发烟材料的特点	解释说明
国内	GN-29	向常规的液体雾化剂配方（例如丙二醇、甘油、香精香料、水等的混合物）中加入固化剂（琼脂、结冷胶、卡拉胶、Agargellan（琼脂与结冷胶的混合物）、Phytage 植物凝胶等），将雾化剂由液态变为半凝固的胶态，然后将胶态雾化剂施加到烟丝上，由此避免了烟丝产生水渍和污染现象，且该胶态雾化剂有一定黏性，更容易吸附到烟丝上，并有一定的保润效果	解决了发烟材料中雾化剂过少则烟雾量不足，或雾化剂过多则烟丝成水渍状态且容易污染卷烟纸、影响外观的缺陷
	GN-30	在 GN-29 的基础上又加入了烟草提取物，也是为了解决液体雾化剂过多时所产生的水渍问题，而加入烟草提取物还可以额外增香	可将该雾化剂涂布到普通烟丝上，或涂布到造纸法再造烟叶上，或涂布到铝箔纸的一侧，干燥后将该再造烟叶或铝箔纸切丝，均可得到复合烟丝。该复合烟丝作为发烟材料，可以提高烟雾释放的连续性

2.3.3 膨胀室

膨胀室作为烟支结构组成部分，主要用于使烟气冷凝形成烟雾。随着技术发展，膨胀室也被赋予其他功能，比如加香等。表 2-9 列出了各专利中膨胀室的技术特点。

表 2-9 膨胀室的技术特点

公司	专利	膨胀室的结构图示	技术特点解释说明
菲莫国际	PM-1	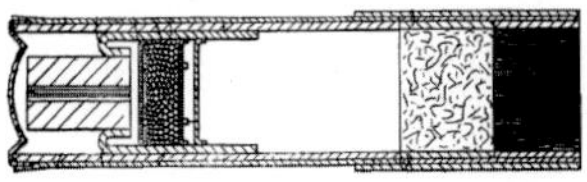	在发烟材料与膨胀室之间设有挡网和挡板，后者仅具有中心孔；通过节流膨胀效应帮助烟气在膨胀室中冷凝成可见烟雾
	PM-6	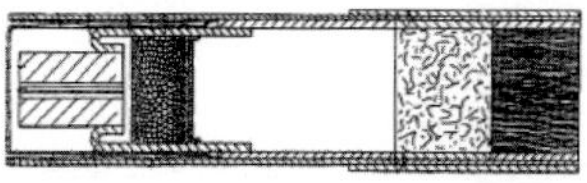	省略了 PM-1 中在发烟材料与膨胀室之间设置的带孔铝制隔板；为了维持烟气的节流膨胀效果，作为补偿，将 PM-1 中的多孔挡网改为带孔的夹片
	PM-8	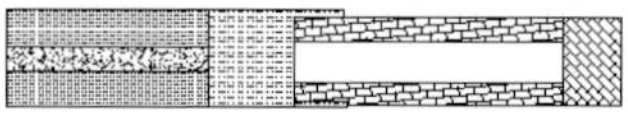	在烟草料与中空管（作用相当于膨胀室）之间不再设有提供节流膨胀的元件；这大大简化了炭加热卷烟的结构，降低了装配难度
	PM-10 PM-15		延续 PM-8 的技术特点，仅用中空管作为膨胀室，省去了发烟材料与膨胀室之间的用于使烟气发生节流膨胀的元件

续表

公司	专利	膨胀室的结构图示	技术特点解释说明
菲莫国际	PM-16.5	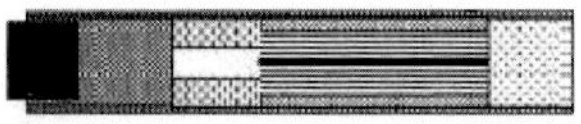	在膨胀室内增加了分隔件、挥发性香料产生部和纤维支撑元件,用于进一步释放香味。纤维支撑元件可以是浸满液体香料成分的纸质支撑件、线或合股线;或者,可以将固体香料颗粒分散在该纤维支撑元件中。分隔件用于防止发烟材料被推向挥发性香料产生部,起到将二者分隔的作用
	PM-18	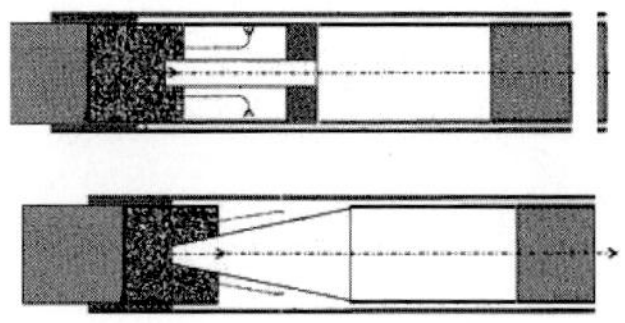	膨胀室的一部分用于放置气流引导元件,进气孔可开设在膨胀室段
雷诺美国	LN-13	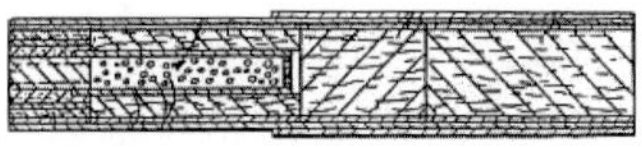	膨胀室内可完全被香味补充料所填满,即可完全取消膨胀室
	LN-18	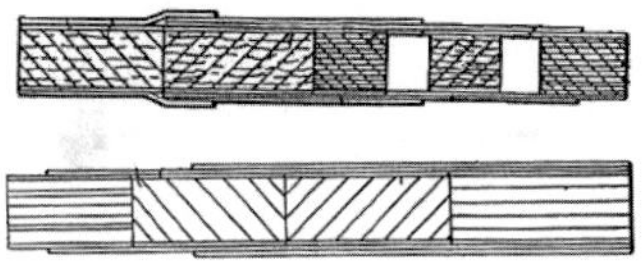	膨胀室内可部分或完全填充香味补充料
	LN-22 LN-23	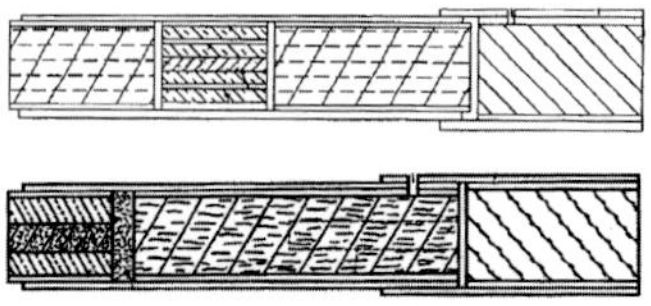	可完全取消膨胀室,但须在发烟材料段周壁开设进气孔
	LN-25	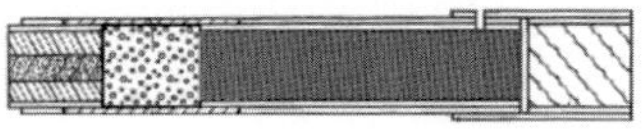	可完全取消膨胀室,但须在发烟材料段周壁开设进气孔
日本烟草	JP-1	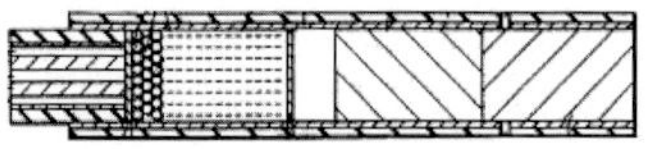	膨胀室的绝大部分被香味补充部占据

2.3.4 过滤嘴段

总体来说,炭加热卷烟的过滤嘴段与传统卷烟和电加热卷烟的过滤嘴段并无实质性差别,可以互换使用。炭加热卷烟专利中,仅专利LN-9和PM-17涉及对过滤嘴的改进。

1) LN-9

该专利将传统的醋酸纤维丝束替换为非织热塑性塑料纤维网经收拢或折叠而形成的非织热塑性塑料纤维段。传统醋酸纤维丝束会有隧道效应,即烟雾仅沿着丝束间阻力最小的某一条或某几条纵向通道流过,而不流经其余丝束间通道,这使得烟雾未经充分冷却,消费者会感觉唇部存在"热点",即烫嘴。

该发明中使用非织热塑性塑料纤维段,使得烟雾沿着整个过滤嘴横截面分散过滤,提高了冷却效果,可消除上述"热点",该专利所示数据表明降温效果明显。另外,该非织热塑性塑料纤维段的过滤效率低于醋酸纤维丝束,这能保持烟雾量不因吸附过滤而降低。

该专利公开了非织热塑性塑料纤维网的制备方法。先将热塑性塑料粉末熔化并挤出成多排平行纤维,然后在旋转筒上加热软化,使得纤维并排熔合,形成热塑性网状织物,这是典型的通过并排纤维热熔合而生成无纺布的方法。

该专利还公开了将非织热塑性塑料纤维网卷成非织热塑性塑料纤维段的方法。其中,圆柱形卷筒将塑料网收拢或折叠成塑料圆柱并切割成段。优选地,还可以用双圆锥体将塑料网收拢或卷成圆柱形。

2)PM-17

该专利涉及对PM-10专利中烟支结构的完善。与PM-10相比可见,其改进点在于增加了一个可移除盖和过滤嘴组件,该组件可套在嘴端,作为滤棒供用户抽吸;也可以套在炭质热源端,靠其内由表面带有铝箔的滤纸围成的绝缘护套来耗散炭质热源热量并隔绝空气,熄灭炭质热源。

2.3.5　烟支整体结构

总体来说,炭加热卷烟的基本结构如下。

第一种:炭质热源与发烟材料一体化结构,这种炭加热卷烟可以被称为"炭加热烟支"。

第二种:炭质热源(或其他加热源)与发烟材料分体式结构,这种炭加热卷烟更适合被称为"炭加热烟具"。其中将常规卷烟作为发烟材料与之结合使用。

1. 炭加热烟支

炭加热烟支是炭质热源、发烟材料、膨胀室(含香料补充段)、过滤嘴以上下游分段方式集成到一根烟支上,从远嘴端至近嘴端依次排列,并被卷烟纸或接装纸卷绕,成为一体式结构。各节段的作用非常明确:炭质热源燃烧,提供热量和热气流;发烟材料受热释放烟雾和香味;膨胀室使烟气冷却,形成可见烟雾;香料补充段补充香味;过滤嘴用来过滤烟雾中的焦油类等物质。其中膨胀室可以省略或者完全被香味补充段所填满。

略去其他结构细节不谈,从是否便于工业化生产方面来看,炭加热烟支又可被分为分节段式结构和非分节段式结构。

1）分节段式烟支结构

分节段式结构是指炭质热源、发烟材料、膨胀室（含香料补充段）、过滤嘴这四个主要节段沿轴向依次排列，且各节段在轴向上界线分明，无彼此交叠部分，但包裹件（如导热铝箔、卷烟纸、绝热包裹料、接装纸等）除外。分节段式结构中，炭棒一般仅用包裹件包裹，而不用夹持件悬空夹持。这种分节段式结构便于各节段分别制造和成型，然后统一在卷接系统上彼此端对端地抵接或轴向隔开一段距离卷接成整个炭加热卷烟。

表2-10示出了几种典型的分节段式结构的炭加热烟支，方便读者对比。

表2-10 分节段式结构的炭加热烟支范例

公司	专利	图示
菲莫国际	PM-8	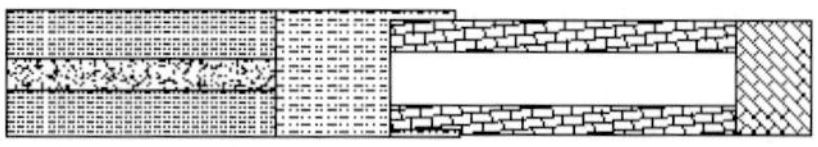
	PM-10 PM-15	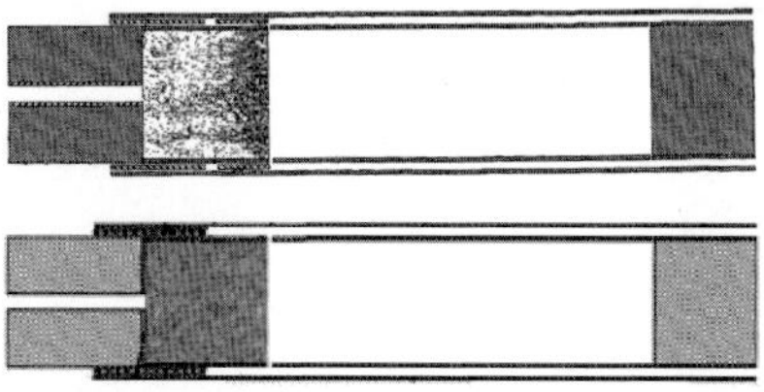
	PM-16	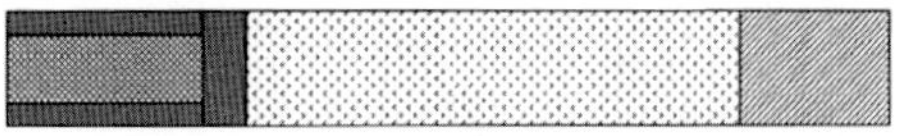
	PM-16.5	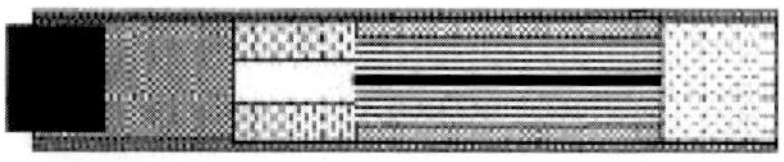
	PM-18	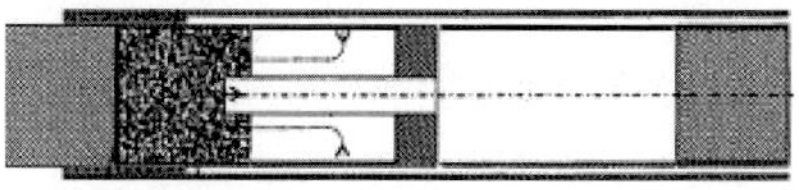
	PM-20	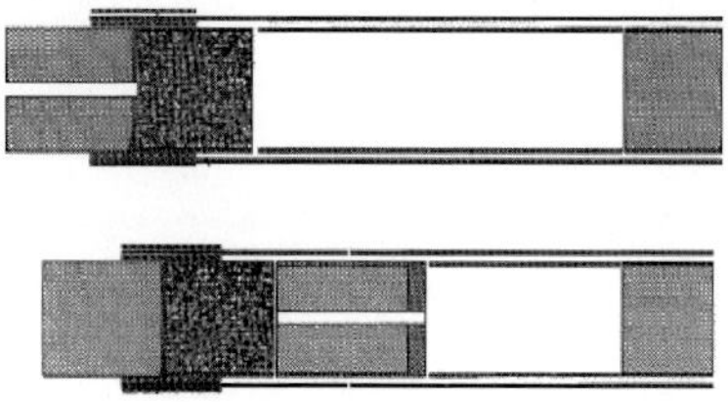
	PM-27	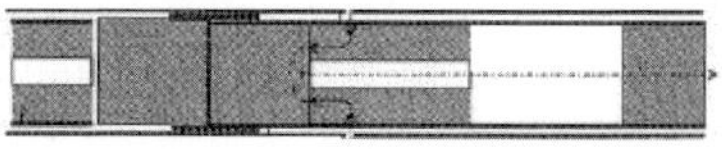

续表

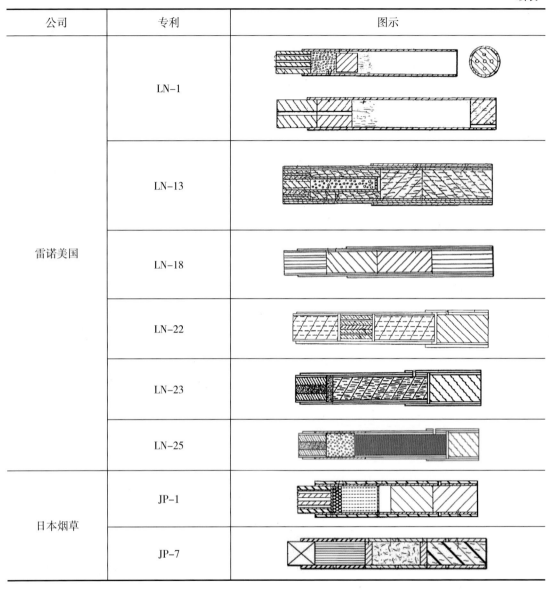

公司	专利	图示
雷诺美国	LN-1	
	LN-13	
	LN-18	
	LN-22	
	LN-23	
	LN-25	
日本烟草	JP-1	
	JP-7	

2）非分节段式烟支结构

不符合上述分节段式结构的炭加热烟支，被归入非分节段式烟支中。其典型特征是，除了包裹材料（如导热铝箔、卷烟纸、绝热包裹料和接装纸）之外，对于炭质热源、发烟材料、膨胀室（含香料补充段）和过滤嘴这四个主要节段来说，至少两个节段在轴向上有交叠部分。

非分节段式结构不便于各节段分别制造和成型，也不便于统一在卷接系统上彼此端对端地抵接或轴向隔开一段距离卷接成整个炭加热卷烟。因此，非分节段式烟支往往难以实现工业化生产，基本不具备商业化前景，仅具有理论上的技术意义。表2-11示出了几种典型的非分节段式炭加热烟支。

表2-11 非分节段式结构的炭加热烟支范例

公司	专利	图示
菲莫国际	PM-1	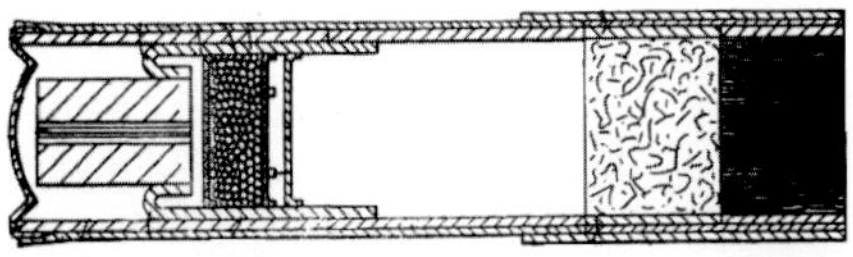
	PM-4 PM-5	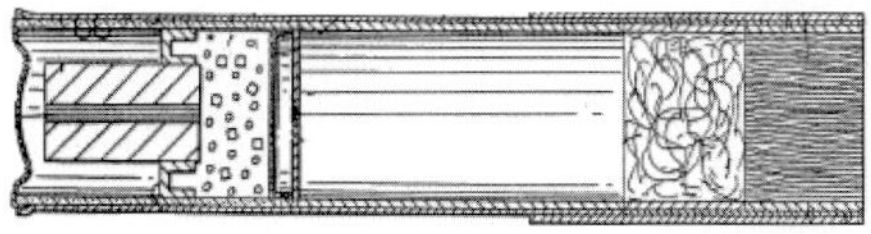
	PM-6	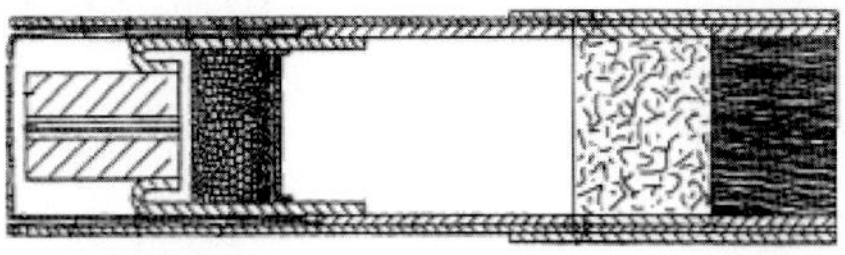
	PM-18	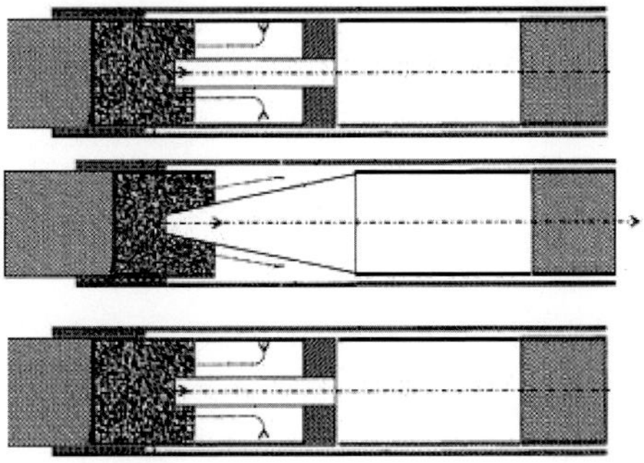
	PM-20	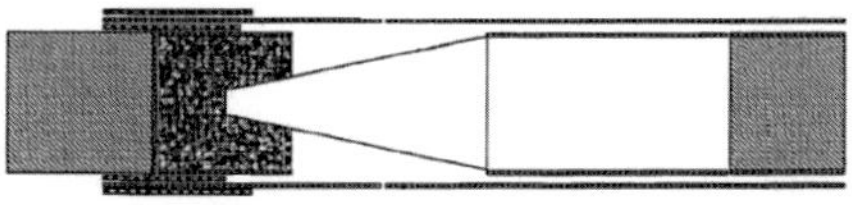
雷诺美国	LN-1	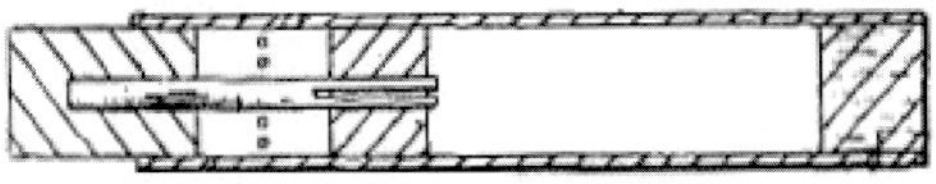
	LN-2	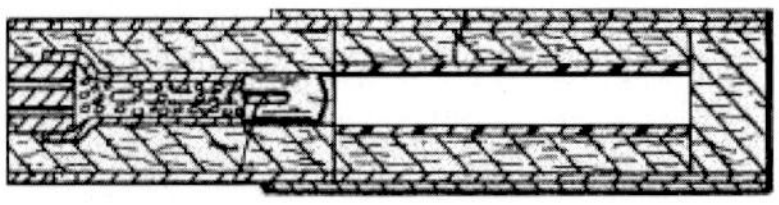
	LN-7	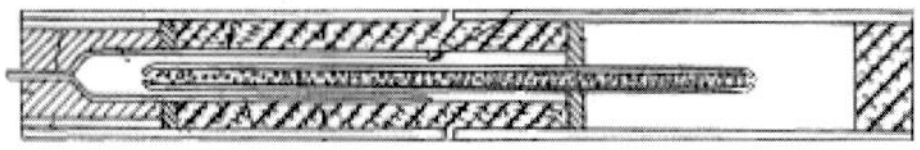
	LN-12	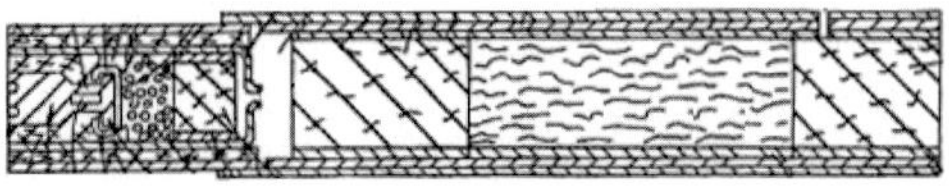

续表

公司	专利	图示
国内	GN-17	
	GN-18	
	GN-19	
	GN-21	
	GN-23	
	GN-32	

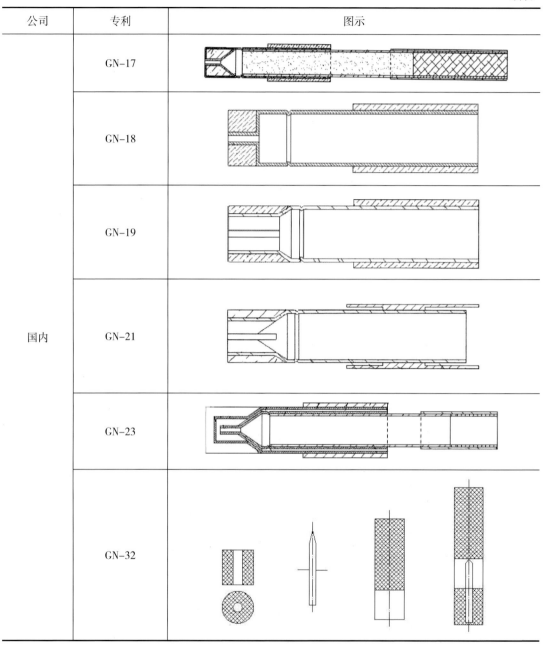

2. 炭加热烟具

如前所述，炭加热烟具本身不包含发烟材料，而是将传统卷烟作为发烟材料，两者组合使用。从专利国别和申请时间上来看，炭加热烟具都是中国专利，且在各种炭加热烟支发明之后，体现了国内卷烟企业对国外炭加热烟支专利的进一步简化、变形和规避，在国外专利的密集布局中开辟了一条有特色的炭加热卷烟技术路线。表2-12列出了几种炭加热烟具的典型例子。

第二章 炭加热卷烟技术发展

表 2-12 炭加热烟具范例

公司	专利	图示	技术特点
国内	GN-13 GN-14 GN-15 GN-16	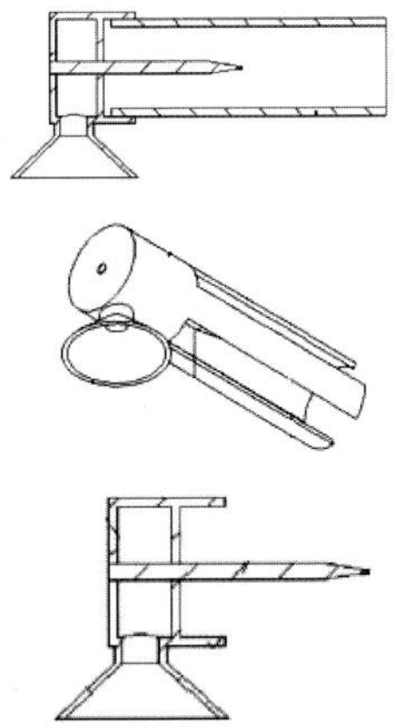	这些专利均涉及低温卷烟辅助工具，其出发点是使用传统端部点燃型卷烟作为发烟材料，通过该辅助工具将传统卷烟由点燃抽吸方式改造成低温加热抽吸方式，并使用打火机作为热源。打火机火焰的热量由集热器收集后，再由导热杆或导热片传导给传统卷烟，使其发烟。其中 GN-13 为中心加热方式，GN-14 和 GN-15 为外周加热方式。这些专利虽然简单，但也有效地将热源燃烧尾气与主流烟气气流通道隔离开，完全使用热传导加热，避免对流传热，能够避免吸烟者吸入燃烧尾气。缺点：使用时需要在抽吸期间不断地用打火机进行加热，这有违抽烟者的操作习惯
	GN-17	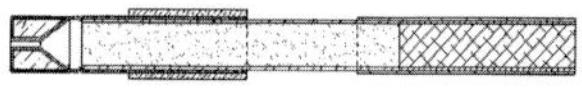	
	GN-18	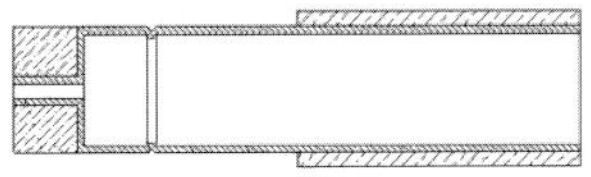	将炭加热烟支中的发烟材料段改变为一个预留的插烟空间，用于插入传统卷烟，然后靠导热筒将炭质热源的燃烧热以热传导方式传递给传统卷烟，并加热使之产生烟雾。导热筒一端插入炭质热源中，用于取热；另一端构成插烟空间，用于加热所插入的传统卷烟
	GN-19	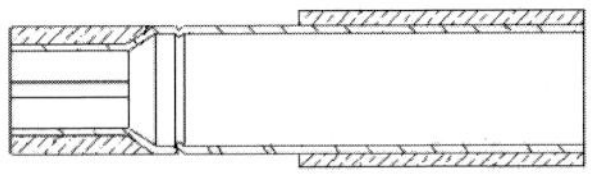	
	GN-21	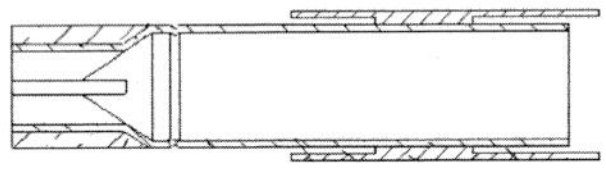	
	GN-23	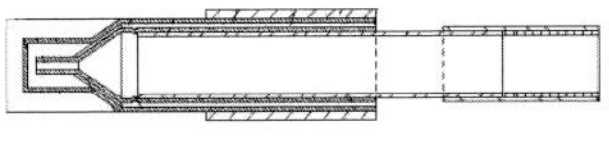	
	GN-25		将 GN-17 至 GN-23 中的导热筒替换为导热盘和导热针，对插入的常规卷烟进行端部和中心加热
	GN-28	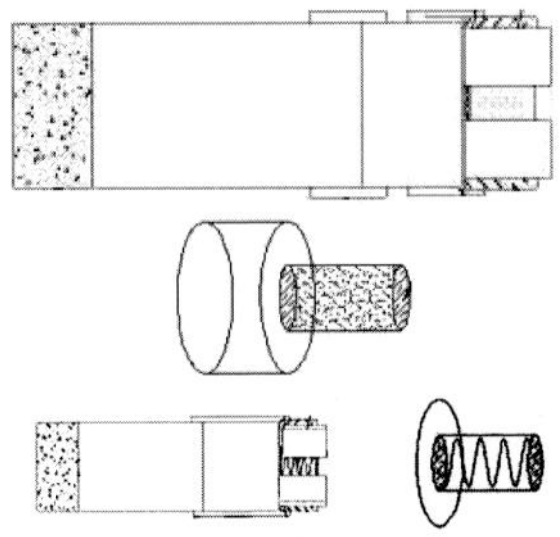	该专利构思巧妙，仅采用热传导加热方式，且使得燃烧尾气不进入主流烟雾。导热元件实际上相当于菲莫国际的 PM-15 专利中的"导热元件＋炭棒中心孔内壁屏障涂层＋炭棒后端部屏障涂层"的组合体

2.3.6 气流路径和传热方式

炭加热卷烟中的气流路径和传热方式是密不可分的，故对二者进行统一论述。

气流路径可分为使用炭棒式和回避炭棒式两大类，传热方式可分为纯对流传热、对流传热与热传导并举、纯热传导等方式。其中，对流传热即靠炭棒燃烧尾气来加热发烟材料，这是最基本的气流路径和传热方式。在炭加热卷烟发展历程中，早期和中期的很多专利都是这种常规方式，在此不再赘述。在中期和近期，陆续出现了对流传热与热传导并举和纯热传导方式，也陆续出现了气流路径回避炭棒的设计方式，笔者将这些设计方式汇总于表2-13，并逐个对比阐述。

表2-13 炭加热卷烟的加热方式与气流路径汇总

专利号	图示	加热方式	气流路径
对流传热+热传导			
LN-1	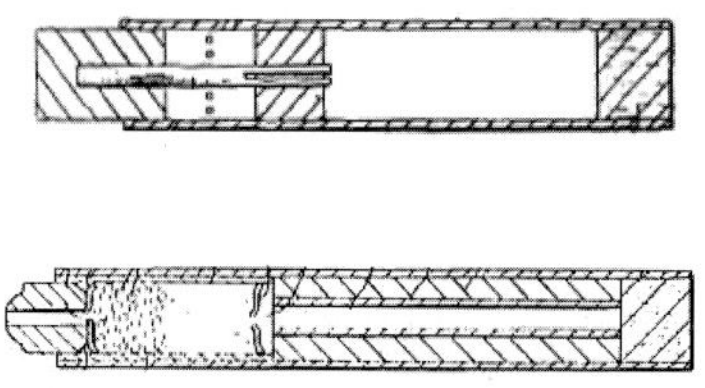	对流传热与热传导并举。靠两端分别插入炭棒和发烟材料中的导热棒进行热传导，或者靠与炭棒端面接触并容纳有发烟材料的铝制容器进行热传导	气流路径通过炭棒，燃烧尾气进入发烟材料中
LN-2	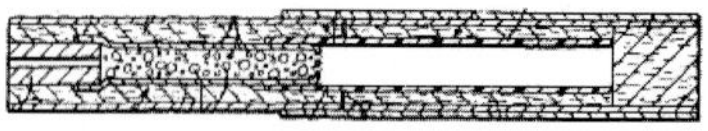	对流传热与热传导并举。靠开口段夹持住炭棒且其内容纳有发烟材料的金属盒进行热传导	
LN-12	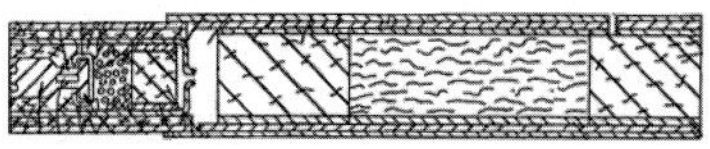	对流传热与热传导并举。炭质热源以热辐射方式向导热元件传热，然后导热元件以热传导方式加热发烟材料；此外，也利用燃烧尾气对发烟材料进行对流加热	
LN-13	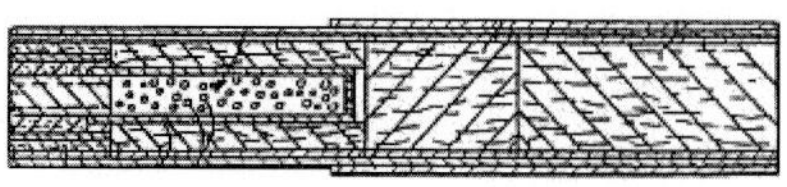	对流传热与热传导并举。靠导热封壳进行热传导	
LN-14	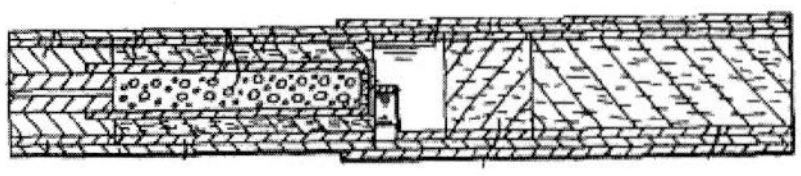	对流传热与热传导并举。靠导热封壳进行热传导	

第二章　炭加热卷烟技术发展

续表

专利号	图示	加热方式	气流路径
LN-22	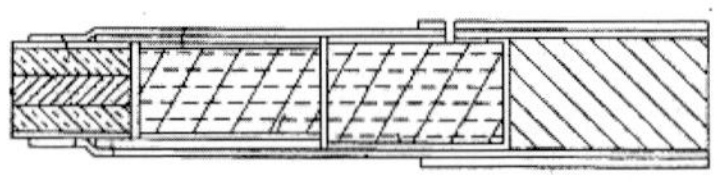	对流传热与热传导并举，靠同时包裹炭棒的金属箔或者内衬金属箔的卷烟纸进行热传导	气流路径通过炭棒，燃烧尾气进入发烟材料中
PM-10		对流传热与热传导并举。空气从炭棒的涂有不透气涂层的中心气流通道通过并被预热，然后通过发烟材料，进行对流传热；热传导元件（例如金属箔）同时包裹炭棒和发烟材料，进行热传导	气流路径通过炭棒，主流空气从炭棒不透气涂层的中心气流通道通过并进入发烟材料中，一部分燃烧尾气从炭棒与发烟材料的接触面处进入发烟材料中
PM-15	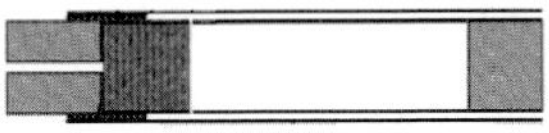	对流传热与热传导并举，同PM-10。改进点在于将炭棒与发烟材料接触的端部也用气密性屏障涂层隔绝，防止燃烧尾气进入发烟材料中	气流路径通过炭棒，主流空气从炭棒不透气涂层的中心气流通道通过并进入发烟材料中，燃烧尾气被彻底隔绝，不进入发烟材料中
GN-28	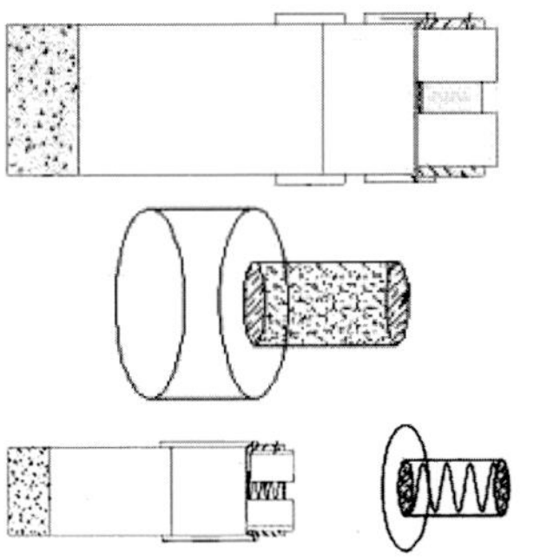	对流传热与热传导并举。导热元件前段为气流导管（受热段），其外围围绕着空心圆柱形炭棒；其后段为圆柱形套筒（放热段），围绕着烟支段进行周边加热。圆柱形套筒也可以简化成空心圆盘，仍然对烟支段的端部加热。气流导管内壁和圆柱形套筒均不透气，确保空心圆柱形炭棒的燃烧尾气不进入烟支中，消除对流	气流路径不通过炭棒，气流导管内壁和圆柱形套筒均不透气，确保空心圆柱形炭棒的燃烧尾气不进入烟支中
热传导			
PM-18	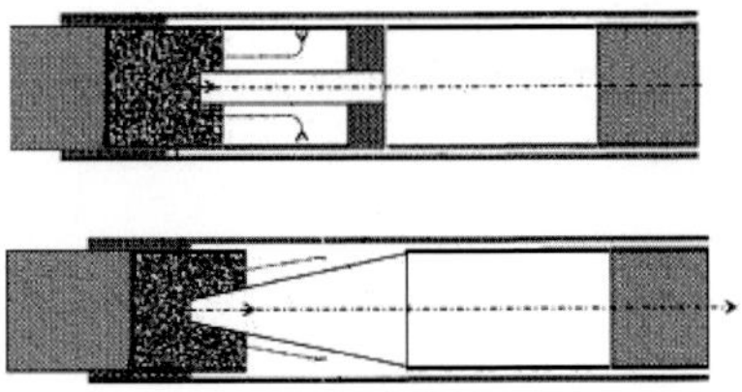	纯粹热传导。仅靠同时包裹炭棒和发烟材料的金属箔进行热传导，炭棒与发烟材料之间完全被气密性屏障涂层隔绝，完全避免了对流传热	气流路径不通过炭棒，空气开口设在膨胀室段，气流路径完全避开炭棒，燃烧尾气被彻底隔绝，不进入发烟材料中

105

续表

专利号	图示	加热方式	气流路径
PM-19	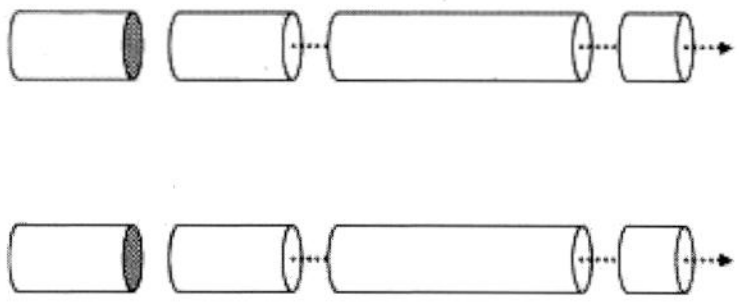	纯粹热传导，传热方式同 PM-18	气流路径不通过炭棒，空气开口设在发烟材料段的端部或中部，也是完全避开炭棒，燃烧尾气被彻底隔绝，不进入发烟材料中
PM-20	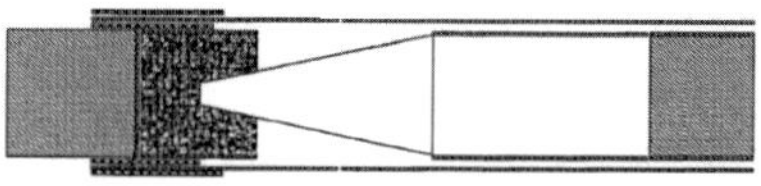	纯粹热传导，传热方式同 PM-18，改进点在于采用了双导热元件	气流路径不通过炭棒，气流路径同 PM-18
LN-7	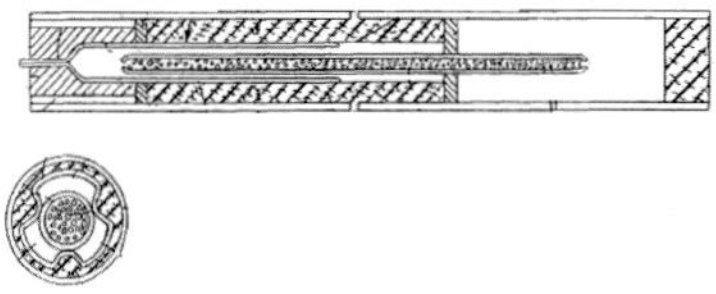	纯粹热传导，其中热传导套管与炭棒气密隔绝，靠其插入炭棒中的扁平端从炭棒取热并传导加热其内的发烟材料。为强化热传导，在热传导套管的内管和外管之间还设有多个接触点	气流路径不通过炭棒，空气从烟支中部进入热传导套管内，并经热传导套管预热后流经发烟材料
GN-17	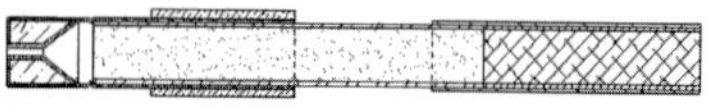	纯粹热传导。导热筒一端插入炭质热源中，用于取热；另一端构成插烟空间，用于放热而加热所插入的传统卷烟。导热套筒与炭质热源是气密隔绝的，完全避免了燃烧尾气进入发烟材料中，完全避免了对流传热	气流路径不通过炭棒。导热套筒与炭质热源是气密隔绝的，完全避免了燃烧尾气进入发烟材料中；空气从导热套筒的端部开口或周向开口进入导热套筒中，在其内被预热后再流经发烟材料
GN-18	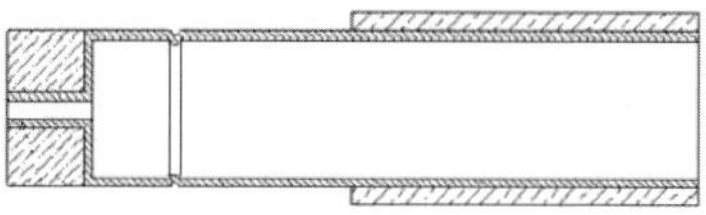		
GN-19	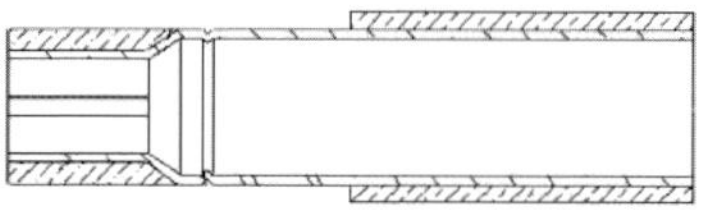		

续表

专利号	图示	加热方式	气流路径
GN-21		纯粹热传导。导热筒一端插入炭质热源中，用于取热；另一端构成插烟空间，用于放热而加热所插入的传统卷烟。导热套筒与炭质热源是气密隔绝的，完全避免了燃烧尾气进入发烟材料中，完全避免了对流传热	气流路径不通过炭棒。导热套筒与炭质热源是气密隔绝的，完全避免了燃烧尾气进入发烟材料中；空气从导热套筒的端部开口或周向开口进入导热套筒中，在其内被预热后再流经发烟材料
GN-23			
GN-25		纯粹热传导。将GN-17至GN-23中的导热筒替换为导热盘和导热针，对插入的常规卷烟进行端部加热和中心加热	气流路径不通过炭棒，空气从卷烟容纳腔底部侧壁流入

2.3.7 炭加热卷烟工业化生产方法

抽吸效果固然是衡量一款炭加热卷烟设计方案合理与否的重要标准，而是否便于高效地大规模工业化生产则是检验炭加热卷烟的结构设计是否合理的另一个重要因素，二者缺一不可。很多功能完善的炭加热卷烟设计方案，就是因为结构复杂、难以工业化生产而不具有商业化前景。同样，为了满足工业化生产，有时不得不以损失一定的功能性，甚至影响抽吸效果作为代价。二者必须兼顾，才能取得商业化的成功。

在现已公开的专利中，为兼顾功能完善和便于卷接这两方面，比较成功的例子是分节段式烟支结构设计和与之对应的分节段卷接方法。后文将详细阐述相关专利。

值得注意的是，下文所述的各基础性核心专利均为国外烟草公司的专利，在炭加热卷烟的工业化生产方面，国内烟草企业没有核心专利。由于国内烟草企业在炭加热卷烟方面起步较晚，尚未提出功能相对完善和趋于定型的设计方案，目前仍未发展到研发相应的工业化生产方法的阶段。将来如果发展到这一地步，将不可避免地面临如何规避和防范国外专利风险的问题。

下面分别介绍有关炭加热卷烟工业化生产方法的专利。

1）PM-12

该专利涉及PM-10中的炭加热卷烟的工业化生产方法，该炭加热卷烟由炭质热源、发烟材料、膨胀室和过滤嘴四节段依次组成，并用卷烟纸卷接。"节段"在该专利中被称为"部件"。PM-12中的方法尤其适合炭质热源这种不可整齐切割（被常规机械切割装置切割时会趋于破碎）的部件。

具体工艺流程图和关键设备的细节图如图 2-75 所示。

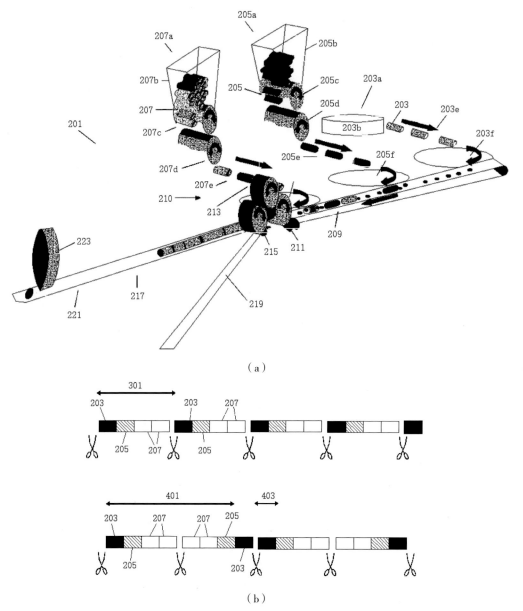

图 2-75 炭加热卷烟的工业化制造方法

如图 2-75（a）所示，各部件经过各自的供料给送装置（203、205 和 207）并按顺序给送到真空带（209）上，真空带底部设有真空吸口，以便将各部件牢固吸在带上。然后各部件经过压紧装置（210）处，在此，部件流先被分为部件组，同一部件组内的各部件被彼此相抵地压紧，在调整好各部件组之间的距离后，各部件组被放到卷烟纸（219）上进行后续的卷制和切割。其中，卷烟纸（219）上已经间隔一定的距离预施加铝箔。卷制后，按照图 2-75（b）所示的方式进行切割，便可得到不带过滤嘴的炭加热卷烟产品，再经过卷接过滤嘴，得到最终的 PM-10 中所示的炭加热卷烟产品。

图2-76示出了加工过程中最关键的压紧装置（210），其主要由三个直径相等的轮（211、213、215）组成。其中，轮（211）靠其外沿上周向隔开的指状件（505a）将沿着输送带（209）输送的部件流分割成部件组，然后旋转送至轮（213），轮（213）上设有被凸轮（507b）转动而带动的粗指状件（507a）；轮（211）外沿被指状件（505a）分为7个弧形段，而轮（213）外沿被粗指状件（507b）分为8个弧形段，容纳空间缩小，由此部件组从轮（211）转入轮（213）后各部件被彼此相抵地压紧；压紧后的部件组转入轮（215），该轮靠调节其线速度与输送带（221）之间的速度差来调节各部件组在输送带上的间距。

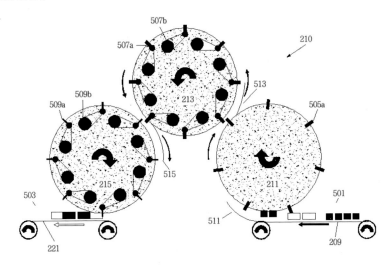

图2-76 压紧装置

图2-77示出了间隔预施加铝箔的包装纸的制备方法，参照该图很容易理解，不再赘述。

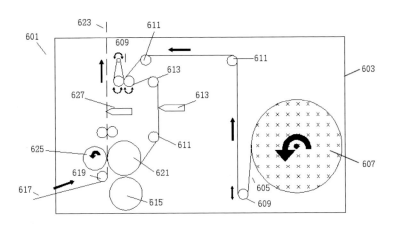

图2-77 间隔预施加铝箔的包装纸的制备方法

该专利所述技术适用于工业化生产分节段的卷烟产品，提出了如何将各部件分成部件组，如何压缩各部件组，如何用间隔预施加铝箔的包装纸将各部件组包裹起来的工业化生产方法以及相应的设备。该专利显然也适用于制备菲莫国际之后的PM-15、PM-18、PM-20等第二代和第三代炭加热卷烟。此外，该专利中提到，该工业化生产方法还适用于雷诺美国的Premier和Eclipse炭加热型卷烟的卷接。甚至说，该专利适用于生产所有分节段式炭加热卷烟。这是一个非常重要的基础核心专利，且该专利已经被授权，值得重点关注。

2）PM-23

该专利涉及菲莫国际第三代炭加热卷烟的工业化生产设备和卷接方法，是PM-12所示的第二代炭加热卷烟的卷接方法的进一步改进。

该专利所公开的设备和方法主要是将多个节段按顺序排列后，先分别形成第一多节段部件和第二多节段部件，然后将二者卷接在一起，并且要避免卷接过程中炭质热源与过滤嘴相接触，且要提高卷接速度。其中所述"多节段部件"在本专利中也称为"多分段部件"。卷接的烟支结构如图2-78所示，可见这就是菲莫国际PM-18中所示的烟支结构。

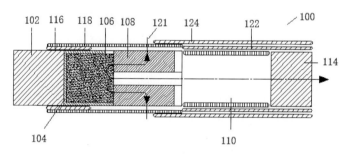

图 2-78　菲莫国际第三代炭加热卷烟

现结合图2-79说明具体卷接过程。其中，图2-79（a）和图2-79（b）所示的卷接第一多分段部件的方法，同图2-75所示的方法完全一致，只是略去了一些设备细节，故不再赘述。其中所述第一多分段部件（232）为炭质热源（202）、发烟材料（204）和气流引导分段（206）的组合，下文将每一个独立的第一多分段部件形象地简称为ABC。或者，所述第一多分段部件（232）为炭质热源（202）、发烟材料（204）、气流引导分段（206）和膨胀室段（110）的组合，相应地，将每一个独立的第一多分段部件形象地简称为ABCD。

图2-79（c）所示的转鼓（300）是关键部件之一，靠其将第一多分段部件（232）每隔一个进行转向，即将按ABC—ABC—ABC—ABC……顺序排列的多个第一多分段部件改为ABC—CBA—ABC—CBA……，或者将按ABCD—ABCD—ABCD—ABCD……顺序排列的多个第一多分段部件改为ABCD—DCBA—ABCD—DCBA……

接下来，在分离鼓（400）中将相邻的第一多分段部件分开一定距离，然后在组合鼓（404）处在该段距离内插入第二多分段部件（402）（由交替的过滤嘴段和衔嘴段组成），然后在包裹鼓（406）处将第一多分段部件（232）和第二多分段部件（402）

包裹起来，还可包裹外导热层（410）并用激光器（412）进行打孔，最后在切割鼓（414）处将第二多分段部件（402）切断，得到两根独立的炭加热卷烟，如图2-79（d）所示。

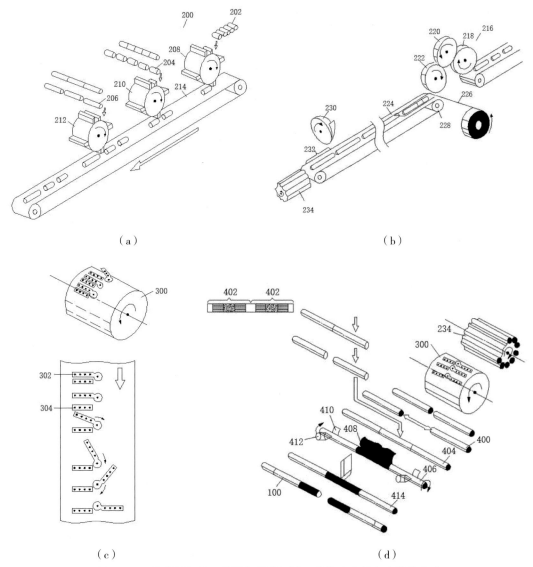

图2-79　菲莫国际第三代炭加热卷烟的工业化生产设备和卷接方法

上述方法通过转鼓（300）使第一多分段部件（232）每隔一个进行转向，并通过分离鼓（400）和组合鼓（404）的联合操作将第二多分段部件（402）插入第一多分段部件（232）的气流引导分段端之间，避免过滤嘴与炭质热源直接接触，使过滤嘴不被炭质热源上脱落的炭末所污染。据称这样的卷接方法能够提高卷接速度。

此外，正是因为PM-22提供了无须切割即可工业化生产炭质热源的方法，才使得专利PM-23的实现有了炭棒原料供应基础。

该专利于2019年在中国获得授权，如同PM-12一样，成为菲莫国际重要的基础核心专利，形成了非常牢固的专利保护网，严重阻碍行业内日后工业化生产的落实。

3) PM-28

该专利涉及 PM-27 中所示的带有可移除盖子（114）的第三代炭加热卷烟的工业化生产方法，先将多个节段按顺序排列好，再进行卷制，然后切割得到单个的多节段部件，即带有可移除盖子（114）的第三代炭加热卷烟。

下面结合图 2-80 来说明该专利公开的工业化生产方法。

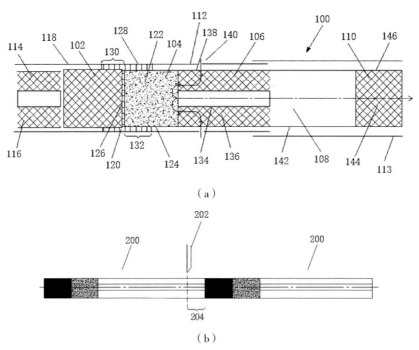

图 2-80 菲莫国际第三代炭加热卷烟的工业化生产方法

将可移除盖子（114）中的中空管及其外围过滤料（116）称为 C2 段，炭质热源（102）称为 A 段，发烟材料（104）称为 B 段，气流引导元件（106）称为 C1 段，膨胀室（108）称为 E 段，过滤嘴（110）称为 F 段。其中 C1 和 C2 段原本连在一起，记为 C1C2，在卷制后经过切割才分为两段。将 C2ABC1 四段的组合体称为第一多节段部件，EF 两段的组合体称为第二多节段部件。

将第一多节段部件中的各段按一定顺序排列并卷制，然后进行切割（图 2-81（a）），则得到若干个 C2ABC1 四段的组合体，即第一多节段部件；同理，可得到 EF 两段的组合体，即第二多节段部件（图 2-81（b））。

图 2-81 炭加热卷烟卷制方式

然后将第一多节段部件与第二多节段部件卷接起来,得到如图2-80(a)所示的六段式吸烟制品,即C2ABC1EF,也就是PM-27中所示的带有可移除盖子(114)的第三代炭加热卷烟。

该多节段炭加热卷烟的工业化制造方法便捷高效,考虑到只有具有市场前景的研发产品才有必要深入开发其工业化制造方法,故该专利的存在也间接证明菲莫国际对其第三代炭加热卷烟产品很有信心,且已经具备了工业化生产技术和能力。此外,还证明了PM-18所示第三代产品的各种技术方案中,图2-31(a)最适合工业化生产,而图2-31(b)、图2-31(c)和图2-31(d)均只具有理论意义,并不适合工业化生产。

该专利仅涉及带有可移除盖子的菲莫国际第三代炭加热卷烟的工业化制备方法,但该可移除盖子为非功能必要条件,故该专利的基础性比PM-12和PM-23要小得多。

4)LN-18

该专利涉及雷诺美国的LN-13中所示的炭加热卷烟的工业化生产方法,炭加热卷烟结构如图2-82(a)和图2-82(b)所示。

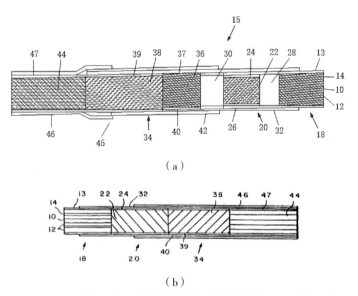

图2-82 雷诺美国LN-13烟支结构

图2-82所示的烟支结构为炭质热源、发烟材料、膨胀室(可全部或部分填充增香填料,部分填充时,留有一定的空隙)和过滤嘴各节段依次连接的常规结构。各节段间界线分明,除了接装纸外没有交叠部件,便于分别制造好后再统一卷接。其中炭质热源被复合隔热套包裹,延续LN-13的特征。

从传热方式来看,LN-8恢复了传统的以对流加热为主的模式,但从说明书可见,也可以使用内衬金属箔的接装纸将炭质热源的热量以导热方式传递给发烟材料。

工业化生产方法为分节段卷接法,先用接装纸卷接碳质燃料-发烟材料段,再用接装纸将膨胀室段(含填料)和过滤嘴依次卷接上去。以图2-82(a)所示烟支为例,其工业化生产方法如图2-83所示。

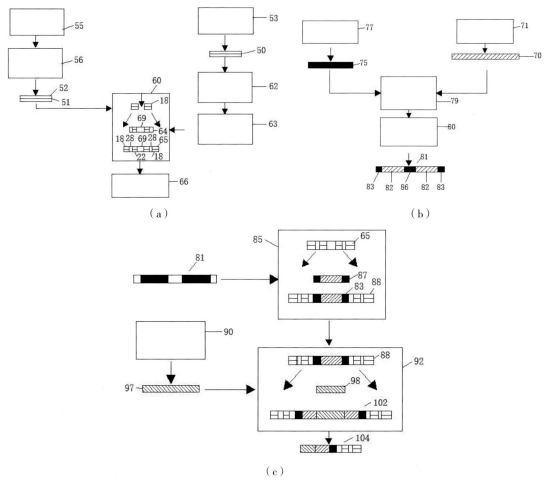

图2-83 雷诺美国炭加热卷烟工业化生产方法

如图2-83（a）所示，先分别制造燃料/绝热体组合件（52）和二联基材管（64），然后将燃料/绝热体组合件（52）切割成单联燃料棒（18）并卷接至二联基材管（64）两端，得到二联燃料/基材段（65）。

与上述操作同时进行的是，将烟草纸塞棒（75）与烟草棒（70）先后切割成合适长度的段并按顺序排列，再卷接成四联烟草段（81）（见图2-84（b））。

接下来如图2-83（c）所示，将四联烟草段（81）切割成二联烟草段（87），然后将二联燃料/基材段（65）拦腰切断后卷接至二联烟草段（87）的两端，形成二联烟草/燃料单元（88）。与此同时，将四联过滤段（97）分为二联过滤段（98）。随后将二联烟草/燃料单元（88）拦腰切断后卷接至二联过滤段（98）的两端，形成二联香烟（102），最后拦腰切断二联香烟（102），得到单根香烟（104），即图2-82（a）所示的烟支。

该专利从适应工业化生产出发，回归了简单的烟支结构。该专利也给出了图2-82（b）所示烟支的工业化制备方法，与图2-83的基本原理相同，不再赘述。

值得注意的是，虽然该专利权目前已经过期，但其经过了专利无效程序的考验，这说明了该专利所示技术的基础性和工业实用性。

2.4 设计理念趋势分析和技术措施

2.4.1 技术领域分布分析

综合2.1、2.2章节，将炭加热卷烟专利所涉及的技术领域进行归类，如图2-84所示。

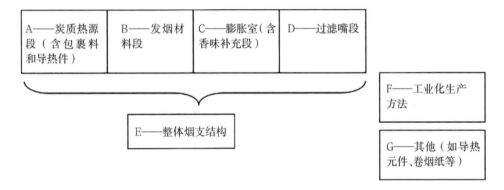

图2-84 炭加热卷烟专利技术领域分布

A领域：PM-3、PM-4、PM-6、PM-7、PM-11、PM-14、PM-16、PM-20、PM-21、PM-22、PM-25、PM-26；LN-3、LN-10、LN-13至LN-15、LN-17、LN-19、LN-21至LN-23；JP-2至JP-8；YM-4、YM-5；GN-1至GN-7、GN-10、GN-12、GN-17、GN-25、GN-31、GN-32、GN-36、GN-38至GN-42。

B领域：PM-1A、PM-9；LN-4至LN-6、LN-24；JP-1；GN-27、GN-29、GN-30。

C领域：PM-13、PM-16.5、PM-29；LN-4、LN-11；JP-1；GN-11。

D领域：PM-17；LN-9。

E领域：PM-1、PM-2、PM-5、PM-8、PM-10、PM-15、PM-18至PM-20、PM-22、PM-27；LN-1、LN-2、LN-7、LN-8、LN-12、LN-13、LN-18；YM-1至YM-3；GN-8、GN-9、GN-13至GN-20、GN-23、GN-24、GN-28、GN-32至GN-35、GN-37。

F领域：PM-12、PM-22至PM-24、PM-28；LN-8、LN-16、LN-18、LN-20、LN-21；GN-27、GN-1至GN-7。

G 领域：GN-21、GN-22、GN-26。

综上可见，从数量的角度来说，炭加热卷烟专利中，以炭质热源、整体烟支结构和工业化生产方法为三大研究热点。这也确实是决定炭加热卷烟产品技术指标的最关键的三个因素。

2.4.2 炭加热卷烟发展的设计理念性趋势和技术措施

1. 设计理念性趋势

（1）发烟材料加热方式倾向于纯粹的热传导，如以 PM-18 和 LN-7 为代表的炭加热卷烟专利；或者热传导和对流传热并举，以 PM-10、PM-15、LN-13 为代表。

即便有对流加热，最好也是用经过预热的空气加热发烟材料，而不是用燃烧尾气对流加热，也就是说，要使主流烟雾的气流路径避开炭质热源，以避免吸入燃烧废气，从根本上避免各种减少 CO 的技术努力。

（2）炭质热源应容易点燃。

（3）最优的烟支结构为多节段制品，各节段功能相对独立且最好在空间上互不重叠，以便于分段制造并在生产线上统一装配。

2. 技术措施

为实现上述设计理念，可使用以下具体技术措施：

（1）使用热传导元件，例如金属箔（周边加热）或导热棒（中心加热）或导热盘或导热涂层（端部加热）。热传导元件最好不透气。

（2）炭质热源与发烟材料之间要进行隔绝设计，使两部件间气体不流通，且空气通气孔的位置尽量位于发烟材料周围。

（3）炭质热源本身多孔且设有轴向通孔或轴向的外周槽。

（4）如果确实需要有燃烧尾气流过发烟材料，则炭质热源中需采取减少 CO 的技术措施。

（5）减少各节段之间的交叉重叠设计，如菲莫国际的 PM-18。

【参考文献】

[1] 菲利普莫里斯生产公司. 香烟制品：89104935.5[P]. 1992-12-30.
[2] 菲利普莫里斯生产公司. 用于抽烟装置的含烟草材料及其制法：89104934.7[P]. 1992-08-12
[3] 菲利普莫里斯生产公司. 碳质热源：89104936.3[P]. 1992-10-14.
[4] 菲利普莫里斯生产公司. 香烟制品：89104827.8[P]. 1992-09-16.
[5] 菲利普莫里斯生产公司. 烟具热源：89108978.0[P]. 1993-12-15.
[6] 菲利普莫里斯生产公司. 烟具：91105820.6[P]. 1992-04-01.
[7] 菲利普莫里斯生产公司. 制造含有金属氧化物的碳质热源的改进方法：94106205.8[P]. 2001-01-17.
[8] 菲利普莫里斯生产公司. 降低侧流烟的香烟：99802787.1[P]. 2008-06-18.

[9] 菲利普莫里斯生产公司.用于氧化香烟烟雾中的一氧化碳的催化剂：200580019889.7[P]. 2007-05-23.

[10] 菲利普莫里斯生产公司.基于蒸馏的发烟制品：200880102333.8[P]. 2011-08-31.

[11] 菲利普莫里斯生产公司.用于生产柱形热源的工艺：200880124170.3[P]. 2014-04-02.

[12] 菲利普莫里斯生产公司.用于组装用于吸烟制品的部件的设备及方法：200980153221.X[P]. 2013-10-23.

[13] 菲利普莫里斯生产公司.用于香烟制品的生成气溶胶的基质：201180009907.9[P]. 2015-08-19.

[14] 菲利普莫里斯生产公司.用于发烟制品的可燃热源：201280032154.8[P]. 2017-03-15.

[15] 菲利普莫里斯生产公司.包括有具有后方屏障涂层的可燃热源的发烟制品：201280051920.5[P]. 2018-02-09.

[16] 菲利普莫里斯生产公司.用于吸烟制品的复合热源：201280056053.4[P]. 2017-12-12.

[17] 菲利普莫里斯生产公司.具有可生物降解的香味产生部件的气雾产生制品：201280072118.4[P]. 2016-06-15.

[18] 菲利普莫里斯生产公司.具有双重功能的盖的发烟制品：201380005019.9[P]. 2018-01-26.

[19] 菲利普莫里斯生产公司.空气流动改进的发烟制品：201380007051.0[P]. 2019-12-03.

[20] 菲利普莫里斯生产公司.包括隔离的可燃热源的发烟制品：201380008557.3[P]. 2018-09-14.

[21] 菲利普莫里斯生产公司.包括双导热元件的发烟物品：201380016430.6[P]. 2021-02-05.

[22] 菲利普莫里斯生产公司.多层可燃烧热源：201380016398.1[P]. 2016-06-29.

[23] 菲利普莫里斯生产公司.制造可燃热源的方法：201380026301.5[P]. 2017-03-01.

[24] 菲利普莫里斯生产公司.两部分多部件组合机：201380031700.0[P]. 2019-12-06.

[25] 菲利普莫里斯生产公司.制造具有阻隔件的可燃热源的方法：201380038772.8[P]. 2017-04-05.

[26] 菲利普莫里斯生产公司.具有改进的粘结剂的可燃热源：201380040899.3[P]. 2020-03-10.

[27] 菲利普莫里斯生产公司.绝热热源：201380046055.X[P]. 2017-06-20.

[28] 菲利普莫里斯生产公司.带有可移除的盖子的吸烟制品：201380063377.5[P]. 2016-07-06.

[29] 菲利普莫里斯生产公司.用于制造具有可移除的包装件的吸烟制品部件的方法和设备:201380063355.9[P]. 2018-11-27.

[30] 菲利普莫里斯生产公司.包括气流引导元件的吸烟制品：201380066808.3[P]. 2018-12-14.

[31] R.J.雷诺兹烟草公司.吸烟制品：85106876.6[P]. 1992-10-14.

[32] R.J.雷诺兹烟草公司.碳燃料元件及制备碳燃料元件的方法：90103438.X[P]. 1992-09-23.

[33] R.J.雷诺兹烟草公司.吸烟制品：91109831.3[P]. 1994-06-15.

[34] R.J.雷诺兹烟草公司.吸烟制品：91109832.1[P]. 1994-06-15.

[35] R.J.雷诺兹烟草公司.烟制品－人造香烟：86105536[P]. 1992-07-29.

[36] R.J.雷诺兹烟草公司.制备吸烟制品的碳质燃料的方法和由此制成的产品：87101955[P]. 1992-07-29.

[37] R.J.雷诺兹烟草公司.处理供烟具使用的基体材料的方法和用此方法制造的产品：87105240.7[P]. 1991-07-31.

[38] R.J.雷诺兹烟草公司.由改良的烟雾生成基材制作的吸烟制品：87108020[P]. 1988-06-22.

[39] R.J.雷诺兹烟草公司.具有改进的燃料元件的吸烟制品：87105964[P]. 1992-01-01.

[40] R.J.雷诺兹烟草公司.烟雾释放制品：88100383[P]. 1988-08-03.

[41] R.J.雷诺兹烟草公司.制造吸烟制品的方法和在该制品中使用的各组件：88101084[P]. 1988-09-28.

[42] R.J.雷诺兹烟草公司.具有改进烟嘴件的吸烟制品：88106280.4[P]. 1992-03-18.

[43] R.J.雷诺兹烟草公司.有利于减少一氧化碳的含催化剂吸烟制品：89102902.8[P]. 1990-11-07.

[44] R.J.雷诺兹烟草公司.具有改进的香料输送装置的烟制品：89103355.6[P]. 1989-12-20.

[45] R.J.雷诺兹烟草公司.香烟：91101339.3[P]. 1991–10–02.
[46] R.J.雷诺兹烟草公司.具有烟草/玻璃纤维燃料包裹纸的香烟：91105363.8[P]. 1995–11–22.
[47] R.J.雷诺兹烟草公司.带改进的卷烟纸的吸烟制品：91105535.5[P]. 1992–03–11.
[48] R.J.雷诺兹烟草公司.用于吸烟制品燃料元件的含碳组合物：92105261.8[P]. 1997–03–19.
[49] R.J.雷诺兹烟草公司.烟制品的部件及其制造方法：93103139.7[P]. 2000–05–17.
[50] R.J.雷诺兹烟草公司.吸烟制品的组合燃料元件：93117863.0[P]. 1994–06–08.
[51] R.J.雷诺兹烟草公司.香烟及其制造方法：93117028.1[P]. 1998–05–06.
[52] R.J.雷诺兹烟草公司.燃料元件组合物：94104119.0[P]. 2001–02–28.
[53] R.J.雷诺兹烟草公司.调节烟制品燃料构件湿度的方法和装置：95121811.5[P]. 1999–09–15.
[54] R.J.雷诺兹烟草公司.复合条带的成形设备和方法：98109677.8[P]. 2001–11–28.
[55] R.J.雷诺兹烟草公司.用于制备吸烟物品的燃料元件的方法：200980137177.3[P]. 2011–08–17.
[56] R.J.雷诺兹烟草公司.带绝热垫的分段吸烟制品：201080038270.1[P]. 2014–12–10.
[57] R.J.雷诺兹烟草公司.分段式抽吸制品：201180031721.3[P]. 2015–06–24.
[58] R.J.雷诺兹烟草公司.带有基质腔的分段吸烟制品：201280055319.3[P]. 2017–08–29.
[59] R.J.雷诺兹烟草公司.制备吸烟制品的方法：201380017626.7[P]. 2014–12–17.
[60] 英美烟草（投资）有限公司.卷烟制品的燃料、卷烟制品用的气悬体发生剂及气悬体发生燃料以及卷烟制品：03143497.5[P]. 2004–06–30.
[61] 英美烟草（投资）有限公司.卷烟制品用的气悬体发生剂、气悬体发生燃料以及卷烟制品：200510079014.8[P]. 2006–08–23.
[62] 英美烟草（投资）有限公司.卷烟制品的燃料、卷烟制品用的气悬体发生剂及气悬体发生燃料以及卷烟制品：200610100695.6[P]. 2007–08–15.
[63] 英美烟草（投资）有限公司.对抽吸流量图的控制：201080046636.X[P]. 2015–09–09.
[64] 英美烟草（投资）有限公司.吸烟制品：201380005402.4[P]. 2014–09–24.
[65] 日本烟草产业株式会社.烟制品：02826243.3[P]. 2006–11–29.
[66] 日本烟草产业株式会社.碳质热源头的制造装置：200480034945.X[P]. 2009–02–04.
[67] 日本烟草产业株式会社.用于制造热源棒的制造机器及其制造方法：200580036614.4[P]. 2009–09–16.
[68] 日本烟草产业株式会社.非燃烧型吸烟物品用碳质热源组合物：200580046024.X[P]. 2010–12–15.
[69] 日本烟草产业株式会社.非燃烧型吸烟物品用碳质热源组成物和非燃烧型吸烟物品：200780013028.7[P]. 2011–06–29.
[70] 日本烟草产业株式会社.具备碳质热源的非燃烧型吸烟物品：200980159916.9[P]. 2012–05–16.
[71] 日本烟草产业株式会社.无烟的香味抽吸器：201180037410.8[P]. 2014–05–21.
[72] 日本烟草产业株式会社.碳热源和香味抽吸具：201380018384.3[P]. 2017–06–20.
[73] 湖北中烟工业有限责任公司,武汉市黄鹤楼科技园有限公司.利用乙醇制备烟用丝状碳质热源材料的方法：201310145816.9[P]. 2014–10–08.
[74] 湖北中烟工业有限责任公司,武汉市黄鹤楼科技园有限公司.利用乙醇制备烟用片状碳质热源材料的方法：201310145443.5[P]. 2014–04–30.
[75] 湖北中烟工业有限责任公司,武汉市黄鹤楼科技园有限公司.利用酸制备烟用片状碳质热源材料的方法：201310145457.7[P]. 2014–04–16.
[76] 湖北中烟工业有限责任公司,武汉市黄鹤楼科技园有限公司.利用酸制备烟用丝状碳质热源材料的方法：201310144798.2[P]. 2014–11–26.
[77] 湖北中烟工业有限责任公司,武汉市黄鹤楼科技园有限公司.利用钙盐制备烟用片状碳质热源材料的

方法：201310144942.2[P]. 2014-12-03.

[78] 湖北中烟工业有限责任公司，武汉市黄鹤楼科技园有限公司. 利用钙盐制备烟用丝状碳质热源材料的方法：201310145445.4[P]. 2014-11-26.

[79] 湖北中烟工业有限责任公司，武汉市黄鹤楼科技园有限公司. 一种干馏型卷烟：201310144843.4[P]. 2014-06-18.

[80] 红云红河烟草（集团）有限责任公司. 一种新型碳加热电子烟：201320285346.1[P]. 2014-01-01.

[81] 红云红河烟草（集团）有限责任公司. 一种新型碳加热电子烟：201310193621.1[P]. 2013-09-04.

[82] 红云红河烟草（集团）有限责任公司. 一种改善碳加热卷烟烟气口感的碳质热源：201310195725.6[P]. 2013-08-28.

[83] 红云红河烟草（集团）有限责任公司. 一种碳质加热型卷烟：201320570189.9[P]. 2014-04-16.

[84] 湖北中烟工业有限责任公司，武汉市黄鹤楼科技园有限公司. 干馏型卷烟碳质热源段：201320680789.0[P]. 2014-06-18.

[85] 湖北中烟工业有限责任公司. 金属导热式低温卷烟辅助工具：201310539203.3[P]. 2014-02-05.

[86] 湖北中烟工业有限责任公司. 一体导热式低温卷烟辅助工具：201320689752.4[P]. 2014-04-30.

[87] 湖北中烟工业有限责任公司. 一体导热式低温卷烟辅助工具：201310538122.1[P]. 2014-02-05.

[88] 湖北中烟工业有限责任公司，武汉市黄鹤楼科技园有限公司. 一种低温卷烟的导热器：201320692524.2[P]. 2014-04-30.

[89] 湖北中烟工业有限责任公司，武汉市黄鹤楼科技园有限公司. 火柴式导热吸烟装置：201320692487.5[P]. 2014-04-30.

[90] 湖北中烟工业有限责任公司，武汉市黄鹤楼科技园有限公司. 外部导热吸烟装置：201320694678.5[P]. 2014-05-21.

[91] 湖北中烟工业有限责任公司. 具有增强热交换的烟草干馏装置：201320694685.5[P]. 2014-05-21.

[92] 湖北中烟工业有限责任公司，武汉市黄鹤楼科技园有限公司. 具有聚热区的烟草干馏装置：201320696295.1[P]. 2014-04-16.

[93] 湖北中烟工业有限责任公司. 具有优化保温层的烟草干馏装置：201320694806.6[P]. 2014-05-21.

[94] 湖北中烟工业有限责任公司. 导热式低温卷烟的保温套：201320694054.3[P]. 2014-04-30.

[95] 湖北中烟工业有限责任公司，武汉市黄鹤楼科技园有限公司. 一种后部进气式导热吸烟装置：201320694683.6[P]. 20140521.

[96] 黄争鸣. 加热型低温卷烟及其制备方法：201310562994.1[P]. 20140205.

[97] 川渝中烟工业有限责任公司. 一种针式碳加热卷烟的装置：201320775746.0[P]. 2014-05-21.

[98] 中国烟草总公司郑州烟草研究院. 一种带有铝箔层的复合卷烟纸及其应用方法：201410613310.0[P]. 2016-08-31.

[99] 中国农业科学院烟草研究所，上海烟草集团有限责任公司. 一种制作低温卷烟原料的装置及方法：201410731807.2[P]. 20161102.

[100] 湖北中烟工业有限责任公司，武汉市黄鹤楼科技园有限公司. 一种气路分离式碳质热源新型卷烟：201510019346.0[P]. 2018-10-23.

[101] 湖北中烟工业有限责任公司. 一种碳加热低温卷烟的复合雾化剂及其制备方法和应用：201510115206.3[P]. 2015-08-12.

[102] 湖北中烟工业有限责任公司. 一种碳加热低温卷烟复合填充丝及其制备方法：201510115261.2[P]. 2015-08-12.

[103] 湖北中烟工业有限责任公司，武汉市黄鹤楼科技园有限公司. 一种碳质热源非燃烧型香烟：

201520222013.3[P]. 2015-08-05.

[104] 黄争鸣. 加热型不燃卷烟：201510242774.X[P]. 2015-08-05.

[105] 云南中烟工业有限责任公司. 一种烟雾量可调式燃料加热型烟草制品：201610442327.3[P]. 2016-08-17.

[106] 云南中烟工业有限责任公司. 一种气路分离式燃料加热型烟草制品：201610466840.6[P]. 2018-03-09.

[107] 云南中烟工业有限责任公司. 一种可点燃炭加热不燃烧卷烟的点燃器具：201610985613.4[P]. 2017-02-22.

[108] 云南中烟工业有限责任公司. 一种可对内部燃料段补给氧气的吸气装置：201710332508.5[P]. 2017-08-04.

[109] 云南中烟工业有限责任公司. 一种能自动点燃或加热卷烟的装置：201710814141.0[P]. 2019-07-16.

[110] 云南中烟工业有限责任公司. 一种具有双层卷绕结构的炭质热源及其制备方法：201810058984.7[P]. 2018-08-28.

[111] 云南中烟工业有限责任公司. 一种复合炭质热源及其制备方法：201810059551.3[P]. 2018-08-28.

[112] 云南中烟工业有限责任公司. 一种改性炭材料、其制备方法及用途：201810918505.4[P]. 2020-07-17.

[113] 云南中烟工业有限责任公司. 一种炭加热不燃烧卷烟用复合隔热材料及其制备方法：201811284784.X[P]. 2019-02-01.

[114] 云南中烟工业有限责任公司. 一种隔热毡、其制备方法及用于炭加热不燃烧卷烟的用途：201910153141.X[P]. 2019-05-24.

[115] 汤建国, 韩敬美, 陈永宽等. 新型烟草制品[M]. 成都：四川科学技术出版社，2020.

第三章
炭加热卷烟产品剖析

引言

雷诺美国公司早在20世纪80年代就开展了炭加热卷烟的研究,是研究最早也是研究最为系统深入的烟草企业。1988年,雷诺就申请了燃料加热型低温卷烟的专利,并于当年10月开始销售其第一代炭质热源低温卷烟产品"Premier",但因产品销售策略、产品口味不适、有异味(炭味)和烟碱摄入量低等原因导致消费者接受度不高而退市;1995年,雷诺又成功推出了"Eclipse"并在美国全国范围内销售,取得了小范围的成功;2015年2月,雷诺美国对"Eclipse"进行了重新定位,成功推出了"REVO"牌炭加热卷烟;2016年,又在日本推出"CORE"品牌同类卷烟。

菲莫国际旨在打造"一个无烟世界",其产品创新组合共有四个平台,其中之一就是炭加热卷烟。菲莫国际在其官网声称,在2017年底推出其第一款炭加热卷烟产品"TEEPS"。由于TEEPS仅在国外小范围内进行市场测试,因此,截至目前笔者还没有渠道获得该产品的实物以及更多信息。

为全面了解炭加热卷烟产品的技术特征,剖析产品设计要点,为国内炭加热卷烟研发提供相关数据。笔者以雷诺美国的炭加热卷烟产品为例进行剖析,并结合"Eclipse"和"REVO"的部分文献资料,从产品的结构、材料及烟气特征等方面对雷诺美国炭加热卷烟产品进行综述。

3.1 外观分析

为了迎合大众对传统吸烟替代方法日益增加的需求,并且应对菲莫国际推出的iQOS电加热不燃烧烟草产品,雷诺公司对"Eclipse"进行了重新定位,于2015年2月在美国威斯康星州推出了"REVO"牌炭加热香烟。该款香烟有一个可在点燃后加热烟丝的炭段,通过炭段加热而非燃烧烟草产生烟雾,供消费者吸食。

该款香烟有混合型和薄荷两种口味,其定价与普通香烟接近,约6美元一包。REVO香烟采用传统卷烟的包装方式,烟盒尺寸为56 mm×22.5 mm×87 mm,一盒20支装(图3-1)。

第三章　炭加热卷烟产品剖析

图 3-1　REVO 烟盒的正面和反面

烟盒背面介绍了该款香烟的点燃方法，共分为三步：①将打火机火焰靠近加热源端部；②连续抽吸 4 口，就像点燃传统卷烟一样；③直到加热源端部变红。烟盒内部放置有说明卡片，详细介绍了 REVO 香烟的使用方法及基本情况。

从外观看，REVO 烟支与传统卷烟烟支相似，长 83 mm，直径约 8 mm，烟支总重为 1.25~1.38 g，如图 3-2 所示。不同之处在于，REVO 烟支有一个加热段，内含可点燃的炭棒。

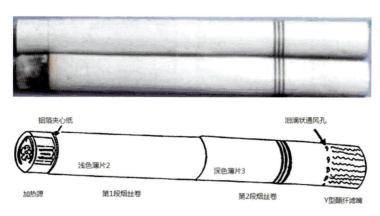

图 3-2　REVO 烟支图片及示意图

3.2　结构分析

对烟支结构进行解剖分析，如图 3-3（a）所示。该烟支由加热段（炭棒+烟草薄片）、烟丝段 1、烟丝段 2 和滤嘴段四部分组成。其中，加热段长 12 mm；烟丝段 1 长

21.5 mm，烟丝色浅；烟丝段2长39.5 mm，烟丝色深；滤嘴段长10 mm。

将烟支浸泡于水中，将卷烟纸等进行剥离，结果如图3-3（b）所示。由图可知，加热段由卷烟纸包裹，烟丝段1由单面铝箔纸包裹，加热段与烟丝段1通过夹心铝箔纸卷接；烟丝段2由成型纸包裹，并通过接装纸与烟丝段1卷接复合；滤嘴段由水松纸包裹。在烟丝段2的成型纸、接装纸与水松纸重叠部分呈现一排泪滴状通风孔。

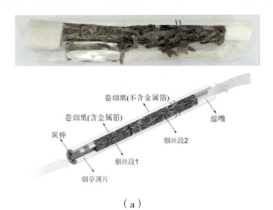
（a）

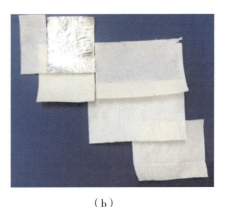
（b）

图3-3 REVO烟支解剖图和卷烟纸剥离解剖图

通过结构剖析推测，REVO烟支成型工艺应该包括如下四个阶段：

（1）加热段、烟丝段1、烟丝段2和滤嘴段分别成型；

（2）加热段和烟丝段1通过夹心铝箔纸卷接；

（3）进一步通过成型纸卷接烟丝段2；

（4）进一步通过水松纸卷接滤嘴段，烟支整体结构成型。

除加热段外，其他部分均在卷烟机上卷包完成，然后根据需要切割成一定的长度。后续的卷制过程分别通过复合嘴棒机依次复合完成。综合所得到的数据，绘制出REVO烟支的结构、尺寸示意图，如图3-4所示。

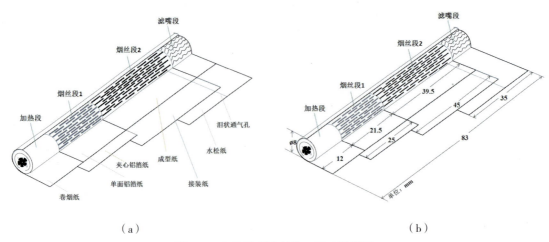

（a）　　　　　　　　　　　　　　　（b）

图3-4 REVO烟支结构、尺寸示意图

3.2.1 加热段

加热段包括五个同轴的部分，从外到内依次为卷烟纸、外层玻璃纤维、坚韧的烟草薄片、内层玻璃纤维、中间的炭棒（图3-5）。外层玻璃纤维部分黏接在包装纸上，炭棒与内层玻璃纤维部分黏接，其余部分独立存在，互不黏接。

玻璃纤维起隔热、固定炭棒的作用，另玻璃纤维散布其中，起填充作用，以保持空间特性。加热段与烟草部分通过聚乙酸乙烯酯黏胶剂黏接。燃料段的内容物与烟草部分及其内容物通过向内卷曲或凹陷的铝箔纸隔开，而该铝箔纸构成了第二部分内层夹心箔纸的一部分。

外层玻璃纤维重35.4 mg，长12 mm，宽19 mm，厚度3.0 mm，压实厚度约0.5 mm，卷包厚度约1.0 mm；内层玻璃纤维重34.4 mg，长12 mm，宽18 mm，厚度3.0 mm，压实厚度约0.5 mm，卷包厚度约1.0 mm。烟草薄片夹在两层玻璃纤维之间，与卷烟纸和炭棒隔开。烟草薄片质地坚韧，呈深褐色、半开口、圆柱形，长12 mm，宽15 mm，厚0.15 mm，重11.9 mg（图3-5），起到增加烟雾香味的作用。

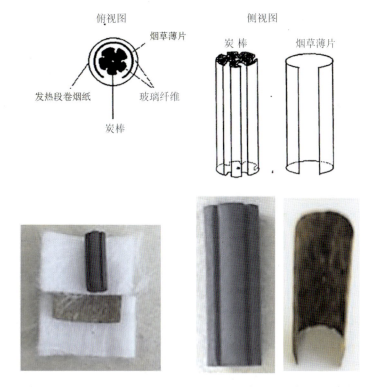

图3-5　REVO卷烟的燃料段俯视图及炭棒、烟草薄片侧视图

炭棒为REVO烟支的燃料，通过点燃炭棒产生热量来加热烟丝。炭棒为实心型，这种结构利于成型加工，但不利于传热。从端面看，炭棒横切面呈五瓣花形，直径4 mm，长约12 mm，重148.8~152.5 mg。从侧面看，炭棒具有多个纵向延伸的外围通道

（图 3-5），该设计的作用在于：炭棒较大的表面积有助于炭棒点燃并维持稳定燃烧，还有助于将炭棒燃烧的热量传送给烟丝段 1。炭棒外围通道尺寸如下（图 3-6）：通道深度约 0.65 mm，通道的宽度约 0.50 mm，相邻通道之间的弧面宽度约 1.85 mm。

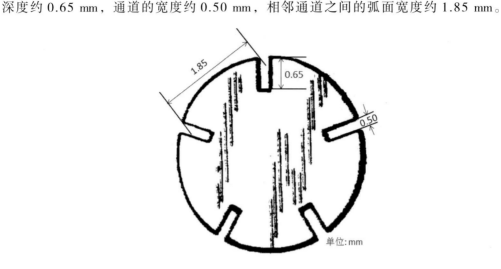

图 3-6　炭棒外围通道尺寸

3.2.2　烟丝段 1

烟丝段 1 长 21.5 mm，重约 305.8 mg。烟丝为造纸法再造烟叶切丝制成，切丝宽度约 1 mm，烟丝长度为 10~30 mm 不等，以 20 mm 左右居多。烟丝填充紧密，成圆柱形聚集，不易散开；色浅，料液用量多，手感潮湿。切丝薄片一面光滑，颜色相对较浅；另一面粗糙，颜色相对较深，可以看到碎烟梗。值得注意的是，该段烟丝均沿着烟支轴向方向呈相对有序排列，与炭棒传热及气流方向一致，热量可以有效地从加热段传递到烟丝段 1，进而传递到烟丝段 2。

该段由两种铝箔纸包裹，首先由单面铝箔纸包裹，铝箔紧挨着烟丝；再由最外层夹心箔纸卷接加热段，夹心铝箔纸为两层纸夹一层铝箔，与里层单面铝箔纸通过黏结剂黏合。铝箔纸一方面可以提高加热段到烟丝段的热传递；另一方面有助于熄灭炭棒焰锥，避免炭棒引燃烟丝。

3.2.3　烟丝段 2

该段由烟草介质和成型纸组成，与发烟段邻接。当烟丝段 1 产生的烟气流经烟草段 2 时，该段中的相关物质被烟气携带逸出，同时使烟气温度降低，实现香气补给和降温的作用。该段长 39.5 mm，重约 396.4 mg，烟丝同为造纸法再造烟叶薄片切丝制成，切丝宽度约 1mm，烟丝长度不等，且有碎烟丝。烟丝无序紧密填充，料液用量少，手感干燥。

3.2.4 滤嘴段

烟支嘴棒为中空丝束，内外直径分别为 4 mm 和 7.5 mm，长 10 mm，重 105.3 mg。滤嘴部分主要起到支撑作用，不被唾沫润湿变形，同时利用空心结构，减少烟雾凝结。在烟丝段和滤嘴段连接处有一排呈泪滴状的通风孔，约相距 2 mm。

3.2.5 烟支的物理参数分析

卷烟或滤棒重量、圆周、吸阻和硬度等是卷烟质量控制的重要指标。按照《卷烟和滤棒物理性能综合测试台检定规程》，通过传统卷烟的卷烟/滤棒物理综合测试台（简称综合测试台）对 REVO 进行了分析与检测并与传统卷烟（国内某品牌）的相关指标进行了对比。

由表 3-1 可以看出，相比于传统卷烟烟支，REVO 炭加热卷烟烟支的总重量更大、吸阻更低、滤嘴通风度更大、硬度更大，这是由炭加热卷烟产品特性决定的。两种口味 REVO 烟支的物理指标具有一致性；另外，REVO 烟支产品生产重复性（精度）与传统卷烟相比稍有差距，但仍在可接受范围。

表 3–1 REVO 烟支的物理参数

类别		REVO（原味）	REVO（薄荷）	传统卷烟（国内某品牌）
重量 /g	平均值	1.3036	1.3076	0.9285
	标准偏差	0.0305	0.0255	0.0216
	最大值	1.3570	1.3790	0.9540
	最小值	1.2340	1.2560	0.8740
圆周 /mm	平均值	23.90	24.06	24.31
	标准偏差	0.12	0.10	0.05
	最大值	24.21	24.25	24.39
	最小值	23.65	23.90	24.21
圆度 /mm	平均值	0.43	0.41	0.41
	标准偏差	0.19	0.19	0.13
	最大值	1.01	1.02	0.81
	最小值	0.20	0.23	0.22
开式吸阻 /Pa	平均值	383	444	1092
	标准偏差	32.5	57.0	41.5
	最大值	448	543	1164
	最小值	307	361	1010

续表

类别		REVO（原味）	REVO（薄荷）	传统卷烟（国内某品牌）
闭式吸阻 /Pa	平均值	575.2	627.5	1199
	标准偏差	52.2	85.6	40.7
	最大值	665	782	1263
	最小值	459	497	1135
滤嘴通风度 /(%)	平均值	29.35	25.78	13.35
	标准偏差	2.20	2.00	1.54
	最大值	34.20	29.70	16.90
	最小值	24.40	21.50	10.70
纸通风度 /(%)	平均值	0.13	0.30	10.90
	标准偏差	0.24	8.39	1.23
	最大值	1.20	1.80	14.10
	最小值	0	0	8.50
总通风度 /(%)	平均值	29.48	26.08	24.25
	标准偏差	2.14	8.10	2.04
	最大值	34.20	29.70	28.60
	最小值	24.40	23.00	20.80
长度 /mm	平均值	83.35	83.21	83.94
	标准偏差	0.22	0.38	0.16
	最大值	83.74	83.80	84.41
	最小值	82.70	82.43	83.65
硬度 /(%)	平均值	90.83	90.57	62.64
	标准偏差	1.68	1.90	1.90
	最大值	93.20	94.50	66.60
	最小值	87.00	87.60	58.30

3.3 材料分析及性能表征

3.3.1 热源炭材料

炭加热卷烟的核心在于热源和传热方式的设计。根据雷诺美国官网上披露的 Eclipse 和 REVO 两款产品的组分信息,以及在热源样品各种理化指标分析的基础上,笔者分析其炭质热源主要由炭、石墨、黏结剂和助燃剂等组成,助燃剂主要是碳酸钾、碳酸钠、碳酸钙等碱金属化合物,其中炭、石墨和助燃剂对炭质热源的燃烧特性有直接关系。

从外观看,炭棒坚硬且密实,表面较光滑,未见明显的孔结构;从炭棒断面的 SEM 图片(图 3-7(a))可发现,所用材料表面形貌并不规整,材料由很多不规则的块状结构简单堆积黏接而成,基本没有孔道结构出现,因此材料的比表面积比较小。从炭棒表面的 SEM 图片(图 3-7(b))看,部分玻璃纤维粘在炭棒表面,这是因为包裹炭棒的玻璃纤维通过黏结剂固定在炭棒表面的原因。

(a)　　　　　　　　　　　　　(b)

图 3-7　REVO 烟支热源材料断面和表面的扫描电镜图

对 Eclipse 卷烟中炭质热源材料的碳、氮、氢元素含量用元素分析仪进行测量,结果显示碳、氮和氢元素的质量分数分别为 84.995%、0.645% 和 1.293%。将样品灰化后用电感耦合等离子体发射光谱仪(ICP-OES)对金属元素进行测试,测试结果表明,Eclipse 卷烟炭材料中含有 Na、K、Ca、Mg、Al、Fe、Mn、Cu、Cr 等金属元素,具体含量如表 3-2 所示。

表 3-2　Eclipse 卷烟炭材料中金属元素组成与含量

元素种类	含量/（%）	元素种类	含量/（%）	元素种类	含量/（mg/kg）
Al	0.034	Ca	0.20	Cu	15.8
K	0.42	Na	0.45	Cr	6.5
Fe	0.015	Mg	0.061	Mn	24.7

国外相关专利报道以纤维素、棉花、纸等为碳前驱体，在 400～1300 ℃下热解，或在 650～1250 ℃二次热解，来获得炭材料，将作为催化剂的超细颗粒与炭材料混合作为热源，可以减少炭材料燃烧形成烟雾中的 CO 含量。分析表 3-2 数据结果可知，除了 Ca、Na 和 K 三种元素，其他金属元素含量很低，这些金属元素可能来自原料本身，不是添加剂。

从 REVO 卷烟样品炭棒轴向上均匀选取 5 个点，径向上选取 2 个点（图 3-8），用 X 射线光电子能谱分析仪（XPS）对所有元素进行分析。不同取样点 REVO 样品的元素含量如表 3-3 所示。

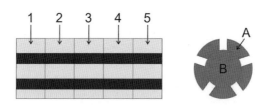

图 3-8　REVO 炭棒 XPS 测试取样示意图

表 3-3　不同取样点 REVO 样品的元素含量

区域	元素百分比/（%）						
	C	O	N	Na	Ca	P	K
1	84.57	12.27	2.48	0.49	—	—	0.18
2	83.26	12.68	2.61	0.49	0.29	0.43	0.22
3	89.81	7.86	1.61	0.34	0.17	—	0.21
4	90.06	7.71	1.27	0.35	0.18	0.20	0.22
5	88.30	9.13	1.59	0.33	0.16	0.23	0.26

续表

区域	元素百分比/（%）						
	C	O	N	Na	Ca	P	K
A	82.39	13.68	2.55	0.53	0.28	0.38	0.20
B	83.96	12.31	2.22	0.54	0.24	0.50	0.23

从上述结果可以发现，整根炭棒各个区域成分相似，其配方不是雷诺美国公司相关专利中描述的梯度分布。XPS测试结果中氧含量较高，主要为羧基氧，可能来源是黏结剂或者是炭材料表面部分氧化；N元素含量约2.05%，其并非来源于硝酸根，可能来源于添加的磷酸二氢铵和炭材料中掺杂的N元素。样品中碳、氧和氮元素的含量分别为86.05%、10.81%和2.05%；助燃剂用钾、钠和钙三种金属元素代表，其含量分别为0.22%、0.44%和0.22%。

图3-9是REVO和CORE卷烟中炭材料的X射线衍射图（XRD），在27°、43°和55°左右出现了明显的衍射峰，说明炭材料中含有石墨，其中27°应归属于石墨结构的（002）特征衍射峰，具体含量未知。石墨具有良好的导热性能且燃烧速率较无定型炭慢，起到了传递热量和延缓燃烧的作用。

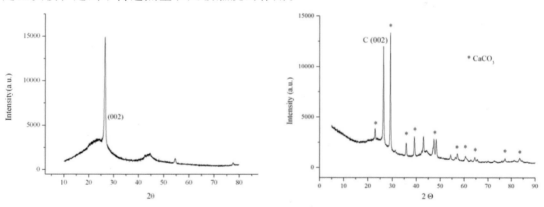

图3-9 REVO（左）和CORE（右）卷烟中炭材料XRD图谱

由于实际过程中很难将石墨与炭完全分离，并且也没有合适的分析方法能检测出石墨的含量，因此用"石墨化度"代替"石墨含量"指标。测定"石墨化度"的方法有XRD法、激光拉曼光谱法、磁阻法和电阻法等，其中XRD法较简便和可靠。该方法利用XRD法测石墨层间距d_{002}与理想石墨层间距（0.3354 nm）的相对差异来表示石墨化度。根据样品的XRD图谱，大致可计算出REVO和CORE炭材料的石墨化度均大于80%。

对样品燃烧温度的指标采用热重分析获得，取10 mg左右的样品粉末，在合成空气气氛中（氧含量21%），以10 ℃/min升温速率将样品加热至850 ℃，获得样品在该过程中的质量损失曲线（TG 曲线），同时对热失重速率曲线微分，获得程序升温过程中的热失重速率曲线（DTG 曲线），如图 3-10 所示。采用外推法，得到样品的燃烧温度。Eclipse、REVO 炭材料的燃烧温度分别为 385 ℃、461 ℃。

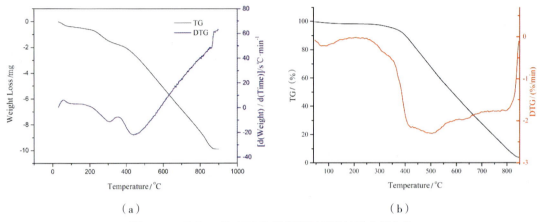

图 3-10 Eclipse 和 REVO 卷烟炭材料的热重分析曲线

3.3.2 隔热保温材料

在雷诺美国炭加热卷烟中，玻璃纤维起隔热、固定炭棒的作用，Eclipse/REVO 采用双层玻璃纤维，纤维平均直径为 8.5 μm，长度为 9500 μm。

1. 形貌及物理参数分析

从图 3-11 可以看出，雷诺美国玻纤样品整体上呈现纵横交错的排列，纤维直径为 8 μm 左右，但是仍然有许多纤维有集束效应，会影响产品的柔软性、导热系数等。这说明进一步提升材料的分散性和减小纤维直径，可有效改善玻纤的性能。

图 3-11 雷诺美国玻纤样品的形貌

表 3-4 的相关数据是玻纤的基础技术指标，可以看出雷诺美国玻纤的单位面积质量和常规产品相比较大，纤维直径低于 8 μm，属于细玻纤范畴，有机物含量低于 10%，属于低胶类产品，表面涂层——羟甲基纤维素钠是一种常见的分散剂成分。

表 3-4 雷诺美国玻纤样品的几个重要参数

项目	单位	测试值
单位面积质量	g/m^2	142.6
厚度	mm	0.48
有机物含量	%	6.51
纤维直径	μm	8
表面涂层材质	—	羟甲基纤维素钠

单位面积质量、有机物含量及纤维直径的数值初步说明了雷诺炭加热卷烟玻纤选用了高碱玻璃料。但是由于样品量和样品体积的限制，其他相关测试如拉伸强度、弯曲硬挺度、导热系数等无法进行测试。

2. 化学成分分析

玻璃纤维主要成分为二氧化硅、氧化铝、氧化钙、氧化硼、氧化镁、氧化钠等，根据玻璃中碱含量的多少，可分为无碱玻璃纤维（氧化钠含量 0%～2%，属铝硼硅酸盐玻璃）、中碱玻璃纤维（氧化钠含量 8%～12%，属含硼或不含硼的钠钙硅酸盐玻璃）和高碱玻璃纤维（氧化钠含量 13% 以上，属钠钙硅酸盐玻璃）。

依据"GB/T 1549—2008 纤维玻璃化学分析方法"对 REVO 卷烟中的玻璃纤维的化学成分进行测试，分析结果如表 3-5 所示。结果发现，玻璃纤维中 SiO_2、CaO、MgO、Al_2O_3、Na_2O、K_2O、B_2O_3 等的含量分别为 72.56%、8.09%、2.36%、3.61%、9.04%、0.46%、3%，SiO_2 含量在 70% 以上。而其他大多数玻纤的二氧化硅含量在 50%～70%。炭加热卷烟中的玻璃纤维需要同时满足良好的透气性（确保炭源易于点燃，炭棒充分燃烧，降低一氧化碳生成量）、稳定的结构完整性（保证抽吸品质一致性，起到稳定炭源夹持作用）和良好的柔软度（更好的包裹效果）等性能。为了同时满足这些要求，玻璃纤维的直径应越细越好。而高碱玻璃纤维的料性最长，最容易拉成更细的玻璃纤维，这可能是雷诺美国当时采用该玻璃料的重要原因。

表 3-5 雷诺美国玻璃纤维样品化学成分分析结果

组成	含量/（%）
SiO_2	72.56
CaO	8.09
MgO	2.36
Al_2O_3	3.61
Na_2O	9.04
K_2O	0.46
B_2O_3	≈ 3

另外，在生产过程中，为了保证玻璃纤维拉丝成型，会在其中添加浸润剂材料。参考"GB/T 9914.2—2013 增强制品试验方法 第 2 部分：玻璃纤维可燃物含量的测定"进行检测，发现 REVO 卷烟的玻璃纤维中的可燃物含量为 6.51%。

3. 生物安全性分析

对 REVO 中的玻璃纤维添加剂进行热裂解产物分析检测，在氮气惰性气氛的 350 ℃管式炉中加热 10 min，分别用二硝基苯肼（DNPH）和活性炭吸附释放物，发现释放物中甲醛含量为 0.086 g/kg，挥发性有机物主要是五甲基苯、2-甲基萘、1-甲基萘、1,2,3,4-四羟基-1,5-二甲基萘、2,7-二甲基萘、1,3-二甲基萘、1,6-二甲基萘、2-乙基联苯、环八硫等。

为了保障不产生可吸入颗粒，对玻璃纤维采用针刺式加工技术，编织成纤维网。Pauly 等人曾发布一项报告称，观察玻璃纤维在烟支热源端、包装纸、水松纸及滤嘴表面等的残留情况，发现 95% 以上的嘴棒被玻璃纤维污染（Eclipse：常规，n= 114/120，95%；温和，n= 118 /120，98%；薄荷醇，n= 120/120，100%）。平均每包炭加热卷烟中玻璃纤维残留数为 7548（SE +/- 3443；范围为 1164 至 26 725 根玻璃纤维/包；n= 7 包），这些玻璃纤维及碎片可能会经滤嘴进入消费者口腔，造成潜在和不必要的健康危害。

3.3.3 烟草材料

REVO 烟支使用的烟草材料分为三种：①加热段烟草薄片；②烟丝段 1 薄片；③烟丝段 2 薄片。

1. 形貌分析

加热段烟草薄片质地坚韧，结合肉眼观察和 SEM 图分析（图 3-12），认为加热段烟草薄片为造纸法再造烟叶制成，从 SEM 图可以看出表面有白色颗粒，推测为在薄片表面喷涂料液。

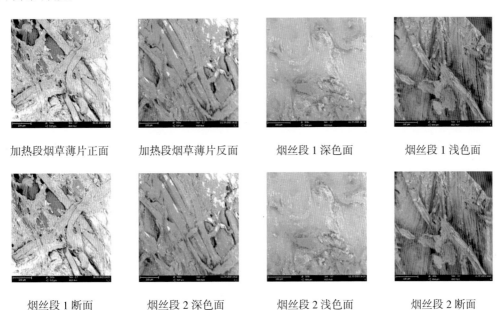

| 加热段烟草薄片正面 | 加热段烟草薄片反面 | 烟丝段 1 深色面 | 烟丝段 1 浅色面 |
| 烟丝段 1 断面 | 烟丝段 2 深色面 | 烟丝段 2 浅色面 | 烟丝段 2 断面 |

图 3-12　烟草材料 SEM 图

肉眼观察烟丝段 1，其烟丝一面为深色，一面为浅色。由 SEM 图观察，烟丝段 1 的烟丝深色面密实，看不到烟草纤维，但是偶尔可以看到烟草纤维的形状；浅色面疏松，可以很清楚地看到烟草纤维。值得注意的是，从断面观察并结合表面形貌，烟丝内部的烟草纤维呈现有序排列。综合以上实验数据分析得出，该段烟丝为造纸法再造烟叶，深色面表面涂布一层料液，使其看起来显得密实，料液可能是烟碱、发烟剂、香味物质等的混合物。烟丝段 1 的烟草材料有序排列，这样设计可能是为了形成传热通道，提高传热速率。

由 SEM 图观察，烟丝段 2 薄片两面颜色相差不大，结构疏松。结合断面观察和表面形貌分析，烟丝内部的烟草纤维呈现无规排列。综合以上实验数据分析得出，该段烟丝为造纸法再造烟叶，料液施加量小。

2. 燃烧特性

利用热重 / 差热分析研究空气氛围下 REVO 卷烟的烟丝段 1 组成成分的热转化行为，并计算主要失重温度段的热焓值，结合热失重数据和组成结构对其分解机理进行初步推断。由图 3-13 和表 3-6 可知，烟丝段 1 的热失重分五个阶段：

① 40.2 ~ 92.4 ℃失重 1.87% 第一失重阶段，可能是烟草材料中的水分和部分料

液挥发引起。

② 92.4 ~ 232.8 ℃失重47.10%为第二失重阶段,是主要失重阶段。该阶段的DTG曲线呈现大而尖锐的峰,201.9 ℃时DTG为0.62 mg/min,DSC曲线上出现小的吸热峰,热焓变化为0.125×10^4 mJ。引起这一现象的原因可能是烟草材料中添加的发烟剂(如丙二醇、丙三醇)和水分及易挥发分香料成分的挥发。

③ 232.8 ~ 271.1 ℃失重7.52%为第三失重阶段。这一阶段,DTG曲线呈现较小的峰,可能是烟草材料中添加的低沸点的香料成分挥发引起。

④ 271.1 ~ 385.8 ℃失重17.47%为第四失重阶段。该阶段的热焓变化为0.187×10^4 mJ,可能是因为碳水化合物分解、高沸点化合物和结合态水蒸馏挥发及纤维素热分解。

⑤ 385.8 ~ 537.8 ℃失重18.09%为第五阶段。该阶段的DSC曲线呈现大而尖锐的放热峰,热焓变化为3.175×10^4 mJ,可能是因为多糖物质和木质素等高分子物质分解,甚至燃烧。

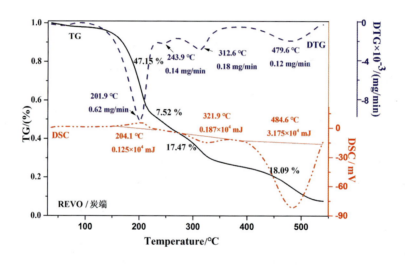

图3-13 REVO卷烟中烟丝段1在10 K/min升温速率下的TG-DTG/DSC曲线

表3-6 REVO烟草材料的热转化特性

台阶或峰	炭端				滤嘴端			
	温度范围/℃	失重/(%)	焓变 ΔH/mJ	热失重速率/(mg·min^{-1})	温度范围/℃	失重/(%)	焓变 ΔH/mJ	热失重速率/(mg·min^{-1})
阶段 I	40.2 ~ 92.4	1.87	—	—	39.5 ~ 123.0	4.26	—	0.03
阶段 II	92.4 ~ 232.8	47.10	$+0.128 \times 10^4$	0.62	123.0 ~ 186.2	4.20	—	—

续表

台阶或峰	炭端				滤嘴端			
	温度范围 /℃	失重 /（%）	焓变 ΔH/mJ	热失重速率 /（mg·min^{-1}）	温度范围 /℃	失重 /（%）	焓变 ΔH/mJ	热失重速率 /（mg·min^{-1}）
阶段 Ⅲ	232.8～271.1	7.52	—	0.14	186.2～262.4	14.81	—	—
阶段 Ⅳ	271.1～385.8	17.47	-0.187×10^4	0.18	262.4～377.9	29.53	-0.470×10^4	0.26
阶段 Ⅴ	385.8～537.8	18.09	-3.175×10^4	0.12	377.9～511.8	31.37	-5.509×10^4	0.23

由图 3-14 和表 3-6 可以看出，烟丝段 2 的烟草材料有 3 个明显的热失重阶段：

① 39.5～123.0 ℃失重 4.26% 为第一失重阶段，可能是水分的挥发引起。

② 123.0～377.9 ℃失重 48.54% 为第二失重阶段。DTG 曲线显示该阶段并不是单一物质的挥发或热解引起的失重，可能由三个小的阶段组成。该阶段 DTG 曲线在 201.9 ℃时热失重速率峰显著低于炭端烟草材料在 201.9 ℃时热失重速率峰。

③ 377.9～511.8 ℃失重 31.37% 为第三失重阶段。该阶段的 DSC 曲线呈现大而尖锐的放热峰，热焓变化为 5.509×10^4 mJ，可能的原因是该阶段多糖物质（多为高分子物质如木质素等）发生热解或剧烈的氧化反应，直至燃烧放热造成失重。

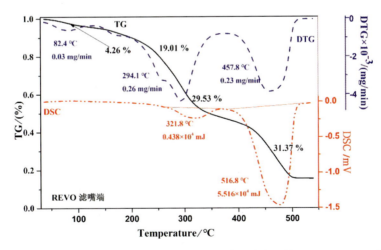

图 3-14　REVO 卷烟中烟丝段 2 在 10 K/min 升温速率下的 TG-DTG/DSC 曲线

3. 化学组成分析

通过溶剂萃取结合 GC-MS 分析的方法，分别测定 REVO 炭加热卷烟两种口味的烟草材料中烟碱、甘油、1,2- 丙二醇、1,3- 丁二醇的含量（其中，1,4- 丁二醇为烟碱、丙二醇和 1,3- 丁二醇的内标，2- 甲基喹啉为烟碱的内标），检测结果见表 3-7。

表 3-7 REVO 卷烟薄片中烟碱、甘油和 1,2- 丙二醇的含量

口味	部位	烟碱 /(mg/g)	甘油 /(mg/g)	1,2- 丙二醇 /(mg/g)
原味	加热段薄片	1.80	19.19	5.63
	烟丝段 1 薄片	5.92	369.57	1.65
	烟丝段 2 薄片	1.08	4.29	0.66
薄荷	加热段薄片	1.82	80.14	5.21
	烟丝段 1 薄片	6.12	381.94	1.67
	烟丝段 2 薄片	1.22	5.04	0.67

可以看出，炭加热卷烟中甘油含量最大，其次是 1,2- 丙二醇，烟碱含量最小。两种口味的卷烟中烟碱、甘油和 1,2- 丙二醇的浓度有所差异，但不明显。对比三种薄片，加热段薄片中 1,2- 丙二醇浓度最大，而烟丝段 1 薄片中烟碱和甘油浓度最大。这是因为，烟丝段 1 薄片接近热源，是产生炭加热卷烟烟气的最重要部分，提供烟气中的烟碱、甘油和 1,2- 丙二醇；另外，高含量的甘油可以减少烟草材料在加热过程中的碳化程度。表 3-8 列出了每支 REVO 卷烟中各薄片所含烟碱、甘油和 1,2- 丙二醇的质量。可以看出，烟丝段 1 薄片的烟碱含量约占整支烟的 80%，丙二醇约占 70%，甘油约占 98%。

表 3-8 REVO 卷烟烟草原料中烟碱、甘油、1,2- 丙二醇的含量

口味	部位	烟碱 /（μg/ 支）	甘油 /（mg/ 支）	1,2- 丙二醇（μg/ 支）
原味	加热段薄片	21.25	0.226	66.47
	烟丝段 1 薄片	1635.55	102.019	456.20
	烟丝段 2 薄片	443.05	1.766	272.10
薄荷	加热段薄片	22.93	1.010	65.64
	烟丝段 1 薄片	1772.38	110.516	482.24
	烟丝段 2 薄片	500.76	2.064	274.86

4. 金属元素分析

依据《YC/T 380—2010 烟草及烟草制品铬、镍、砷、硒、镉、铅的测定 电感耦合等离子体质谱法》，定量测定了 REVO 炭加热卷烟中铬、砷、铬、汞、铅等重金属的含量（表 3-9），与对照的传统卷烟烟草材料相比，具有如下特征：

① REVO 加热卷烟中铬、镍的含量明显高于对照传统卷烟（5~23 倍）；

② REVO 加热卷烟中砷、硒、镉和铅的含量明显低于对照传统卷烟。

表 3-9 重金属含量测定结果

重金属	REVO 原味			REVO 薄荷		
	1	2	3	1	2	3
铬 / (mg/kg)	12.72	2.84	6.80	5.55	3.96	5.56
镍 / (mg/kg)	4.80	0.82	1.37	1.84	1.95	3.61
砷 / (mg/kg)	0.19	0.23	0.10	0.12	0.44	0.06
硒 / (mg/kg)	0.11	0.06	0.12	0.08	0.10	0.11
镉 / (mg/kg)	0.79	0.17	0.92	0.39	0.33	0.89
铅 / (mg/kg)	0.79	0.26	0.57	3.06	0.91	0.28

5. 水分测定

使用 Sartorius MA35（赛多利斯快速水分测定仪 MA35 电子水分测定仪）测定 REVO 炭加热卷烟的水分含量，并与国内某卷烟品牌进行对照，结果如表 3-10 所示。从测试结果可以看出，薄荷味 REVO 卷烟的含水量略高于原味，同时与国内某品牌卷烟的含水率接近。

表 3-10 含水率的测定结果

口味	原味	薄荷味	国内某品牌卷烟
含水率 / (%)	10.27	11.29	11.90

3.3.4 烟用材料

通过对烟支结构的剖析，发现 REVO 烟支共包括 9 种类型的烟用材料，包括加热段卷烟纸、玻璃纤维毡、发烟段铝箔复合纸（2 种）、成型纸、滤棒、接装纸、复合铝箔胶黏剂、普通胶黏剂等。下面对除烟草介质和炭棒外的炭加热卷烟烟支材料进行分析。

1. 卷烟用纸

卷烟纸、成型纸和接装纸是卷烟的重要组成部分。使用 X 射线能谱仪（EDS）对 REVO 烟支使用的卷烟纸、成型纸、接装纸等卷烟用纸进行元素分析，并在显微镜下观察纸张加入 HCl 前后的变化，结果如表 3-11 所示。加热段卷烟纸含有 C、O、Ca 三种元素，据分析，是在纸浆中添加了 $CaCO_3$ 作为填料，定量约 46 g/m²，为常规卷烟纸；烟丝段 2 用成型纸（外）含有 C、O、Si、Ca、Ti 五种元素，据分析，是表面涂布了 SiO_2、TiO_2，以提高卷烟纸的印刷性能（该段印有卷烟商标），定量约 41 g/m²；烟丝段 2 成型纸（内）含有 C、O、Ca 三种元素，定量约 74 g/m²；接装纸含有 C、O、Mg、Si、Ca、Ti 六种元素，其中 Mg 元素来自添加的阻燃剂 $Mg(OH)_2$，这可能与使用高岭土做填充料有关，TGA 和 SEM/EDS 可以证实上述结果，据分析为常规水松纸，定量约 44.6 g/m²。由于黏结剂的附着，所测卷烟用纸定量均较实际较高。对比纸样加入 HCl 前后的形貌可知，纸样使用的纤维均为长、短木浆纤维。

表 3-11 REVO 卷烟用各类纸张的分析

编号	样品名称	定量/(g/m²)	元素分析		显微镜观察		
			元素	百分比/(%)	原纸	加入HCl后	纤维形态
1	加热段卷烟纸	46.1	C O Ca	33.11 40.53 20.37	填料粒径稍大	剩余极少量颗粒大的填料	长、短木浆纤维
2	烟丝段2成型纸（外）	40.99	C O Si Ca Ti	36.62 37.33 00.52 0.38 11.74	有部分填料粒径小	剩余大部分填料	长、短木浆纤维
3	烟丝段2成型纸（内）	74.04	C O Ca	47.67 40.56 4.71	填料粒径稍大	剩余极少量颗粒大的填料	长、短木浆纤维
4	滤嘴段接装纸	44.62	C O Mg Si Ca Ti	33.97 34.76 4.22 6.39 3.71 11.07	有部分填料粒径小	剩余大部分填料	长、短木浆纤维

2. 复合铝箔纸

Eclipse/REVO 采用了两种复合铝箔纸，即单面铝箔纸和夹心铝箔纸。其中，单面铝箔纸为一层纸复合一层铝箔，用于包裹烟草材料，并提高加热段到烟丝段的热传递效果；夹心铝箔纸为两层纸夹一层铝箔（厚度 0.025 mm），用于卷接加热段与发烟段，同时有助于熄灭炭棒焰锥，防止燃料段引燃烟草基质。使用 X 射线能谱仪（EDS）对 REVO 烟支使用的两种复合铝箔纸的纸面进行元素分析，并在显微镜下观察纸张加入 HCl 前后的变化，结果如表 3-12 所示。

表 3-12　REVO 卷烟用复合铝箔纸的分析

编号	样品名称	元素分析		显微镜观察		
		元素	百分比/（%）	原纸	加入 HCl 后	纤维形态
1	夹心铝箔纸（纸面）	C O Ca K	29.15 38.76 25.26 0.30	有黄色胶黏剂，填料粒径稍大	剩余大部分填料，有较大粒径的颗粒疑为胶黏剂成分	长、短木浆纤维
2	单面铝箔纸	—	—	有黄色胶黏剂，填料粒径稍大	剩余大部分填料，有较大粒径的颗粒疑为胶黏剂成分	长、短木浆纤维

表 3-12 列出了纸张所含元素以及元素所占质量百分比。夹心铝箔纸的纸面含有 C、O、Ca、K 四种元素，据分析是添加了 $CaCO_3$、$K_3C_6H_5O_7 \cdot H_2O$（柠檬酸钾）。对比纸样加入 HCl 前后的形貌，发现单面铝箔纸和夹心铝箔纸与 HCl 反应后有大粒径的颗粒，怀疑为铝箔纸复合时使用的胶黏剂；反应后发现还存在填料，判断其为除 $CaCO_3$ 外的其他填料成分，与元素分析的结果相一致。

3.3.5　滤棒材料

对 REVO 的滤棒材料也进行了 TGA 和 SEM 分析，结果如图 3-15 所示。根据 TGA 结果分析可知，REVO 滤棒使用的材料是醋酸纤维素。从 SEM 图可以看出，使用的原材料为 Y 型醋酸纤维丝束。

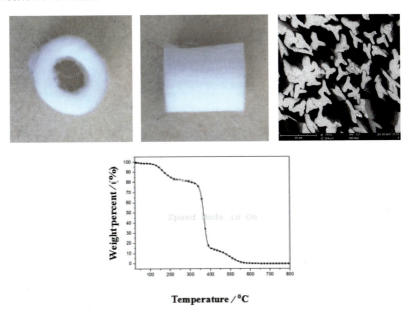

图 3-15　中空滤棒照片、TGA 结果及 SEM 图

3.3.6 胶黏剂

炭加热不燃烧烟草制品中使用的胶黏剂包括卷烟搭口胶黏剂、滤棒搭口胶黏剂、滤棒中线胶黏剂、卷烟接嘴胶黏剂、复合铝箔胶黏剂等。由于样品量的限制,无法对 Eclipse/REVO 产品中所用胶黏剂进行分析检测。据文献报道,Eclipse 卷烟纸、成型纸和接装纸上所用的搭口胶均为聚乙酸乙烯酯(不包括复合铝箔纸)。

特别的是,对复合铝箔纸加入 HCl 前后的显微镜照片进行观察,发现单面铝箔纸和夹心铝箔纸与 HCl 反应后有大粒径的颗粒,怀疑为铝箔纸复合时使用了胶黏剂。复合铝箔纸是铝层与衬纸通过胶黏剂复合而成的,铝箔纸复合胶起黏接作用,由于铝箔纸会在一定程度上受热,即铝箔纸复合胶也会在一定程度上受热,这就要求铝箔纸复合胶在受热条件下仍能保持较好的黏性,以确保铝箔纸的铝层和衬纸在受热条件下不会剥离,保证铝箔纸的使用性能和外观。

3.4 烟气分析

3.4.1 烟雾量

使用自主研发的烟雾测试机对 REVO 炭加热卷烟的烟雾量进行测试,并与国内某品牌传统卷烟进行对比。抽吸条件为抽吸容量 45 mL,抽吸时间 2 s,抽吸间隔时间 30 s,传统卷烟和 REVO 炭加热卷烟的抽吸口数分别设置为 10 口和 20 口,结果如图 3-16 所示。

从图 3-16 中可以看出,第一,传统卷烟的烟雾量从第 3 口开始变得平稳,这主要是由卷烟刚刚点燃不稳定的原因造成的。第二,在烟雾量方面,传统卷烟大于炭加热卷烟,烟雾量也更稳定,这可能是因为炭源的热量会随抽吸口数的增加而降低,同时发烟剂随抽吸口数增加而减少。第三,炭加热卷烟的第四口烟雾量达到最大,随后缓慢降低。第四,两种口味炭加热卷烟的烟雾量释放规律相同,烟雾量大小差异不大。

另外,尝试将 REVO 烟支的通气孔堵住,人工感受烟雾量的变化,结果显示,REVO 烟支的烟雾量明显降低。

总体而言,炭加热卷烟烟雾释放没有传统卷烟稳定,会随抽吸口数增加而变小,但抽吸口数会变多;其次,炭加热卷烟烟雾量相对传统卷烟要小很多;最后,通气孔的设计可有效提高烟雾量。

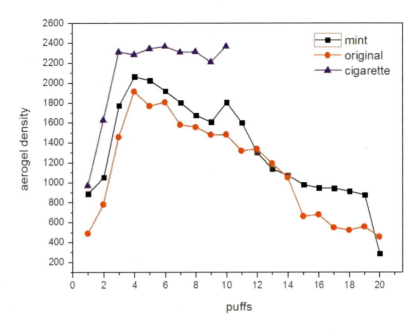

图 3-16 不同卷烟烟雾量对比分析

3.4.2 烟气常规分析

笔者对两种口味的 REVO 炭加热卷烟进行了烟气常规分析。

1. 主流烟气气相中 CO 的含量

从表 3-13 中可以看出,原味 REVO 卷烟主流烟气中 CO 的体积含量为 0.90%,相当于每支卷烟主流烟气中 CO 含量为 7.41 mg;薄荷型 REVO 卷烟中 CO 的体积含量为 0.97%,每支卷烟主流烟气中 CO 含量为 7.98 mg,较传统卷烟烟气中 CO 含量低。

表 3-13 一氧化碳的测定结果

样品	CO 的体积含量 /（%）	CO 的质量含量 /（mg/支）
REVO 炭加热卷烟（原味）	0.90	7.41
REVO 炭加热卷烟（薄荷味）	0.97	7.98
国内某品牌传统卷烟	1.4	11.7

2. 烟碱、甘油和丙二醇的含量

烟碱、甘油和丙二醇为 REVO 炭加热非燃烧型卷烟烟气的重要组成部分。对主流烟气、烟支加热后烟草材料中残留的烟碱、甘油和丙二醇进行了定量研究,并计算出其在烟草材料中的平均迁移率,结果如表 3-14 所示。

表 3-14 REVO 主流烟气中烟碱、甘油、丙二醇的含量

口味	项目	烟碱/（μg/支）	1,2-丙二醇/（μg/支）	甘油/（mg/支）
REVO 原味	烟气	311.61	163.43	4.023
	烟丝段1薄片（加热后）	730.57	166.21	92.600
	烟丝段2薄片（加热后）	1098.40	205.22	3.399
	迁移率（%）	14.84	20.56	3.87
REVO 薄荷	烟气	427.70	173.60	5.950
	烟丝段1薄片（加热后）	767.44	273.28	84.885
	烟丝段2薄片（加热后）	1447.02	383.37	9.899
	迁移率（%）	18.63	21.10	5.24

从表中结果可以看出，REVO 的两种口味炭加热卷烟中丙二醇的迁移率基本没有变化，而烟碱和甘油的迁移率有一定程度的变化，说明 REVO 不同口味的卷烟在配方上有一定的改动。同时，烟碱和丙二醇的迁移率相对甘油较大，可能与甘油的沸点高有关。

3.4.3 烟气逐口分析

REVO 炭加热卷烟与传统卷烟烟气产生的方式不同、抽吸口数不同。为了考察炭加热卷烟抽吸过程中主流烟气的逐口释放特征，测试每口主流烟气中烟碱、甘油、丙二醇的含量，研究烟气逐口释放特征和分布情况。抽吸条件为：抽吸容量 45 mL，抽吸间隔 30 s，持续抽吸时间 2 s，单支卷烟抽吸 18~20 口。

主流烟气中甘油和烟碱的释放量随抽吸口数变化如图 3-17 所示。从图中可以看出，两种口味的 REVO 炭加热卷烟烟气中甘油和烟碱逐口释放量随着抽吸口数增加先升高后降低，但变化趋势不同，甘油逐口释放量变化趋势较大；随着抽吸口数增加，每口烟气中甘油和烟碱含量逐渐升高，当抽吸到第 5 口时，烟气中甘油含量达到最大，当抽吸到第 6 口时，烟气中烟碱含量达到最大，随后随抽吸口数的增加，甘油和烟碱含量逐渐降低。

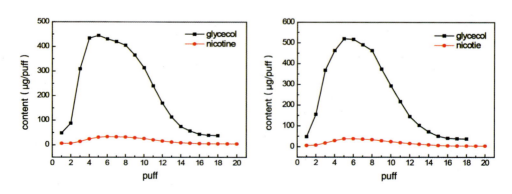

图 3-17 主流烟气中甘油和烟碱的逐口含量释放量分析（左—原味；右—薄荷）

两种口味的炭加热卷烟的逐口烟气中甘油含量和烟碱含量的变化趋势一致，薄荷味卷烟中甘油、烟碱含量略高于混合型卷烟，如图3-18所示。

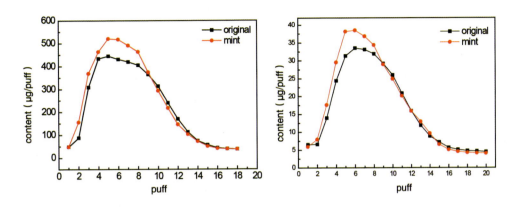

图3-18　主流烟气中甘油（左）和烟碱（右）的逐口含量释放量对比

图3-19为REVO（原味）逐口烟雾量与逐口主流烟气中甘油、烟碱含量的对比图。从图中可以看出，甘油的释放规律与烟雾量一致，并受温度、甘油总施加量的双重影响呈现出先升高后降低的趋势。逐口烟碱含量受温度及烟碱总量影响也呈现出此趋势，由于其含量较低，对烟雾量的贡献较低。

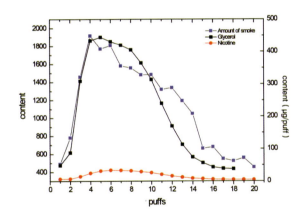

图3-19　逐口烟雾量与甘油、烟碱含量对比图（原味）

3.5　感官体验

炭加热卷烟抽吸状态如图3-20所示，抽吸时，炭棒燃烧呈火红色；不抽吸时（抽吸间隔），炭棒开始阴燃，其温度随着阴燃时间延长而降低，直到下一次抽吸开始。抽吸点燃炭棒时，加热段外包装纸阴燃产生侧流烟气，仅数秒钟；外包装纸燃烧成灰烬，轻轻触碰即可掉落。因铝箔的阻隔，烟丝段1外包装纸仅在高温下变黑。从外观看，整个抽吸过程中，仅加热段及烟丝段1的包装纸发生变化；从加热段到烟丝段2，烟支表面温度逐渐下降。

从烟气感官质量来看，烟气灼热且干燥，缺少明显的烟草香味特征，口腔有较明显的残留感。相比于Eclipse，REVO的口味有很大提升。

 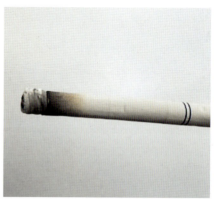

图3-20 烟支在抽吸过程中的外观情况

【参考文献】

[1] 汤建国，韩敬美，陈永宽等. 新型烟草制品[M]. 成都：四川科学技术出版社，2020.

第四章
炭加热卷烟产品设计及开发

引言

基于前述分析可知,炭质热源、烟芯材料、复合铝箔纸及隔热保温材料是组成炭加热卷烟的重要组件。炭加热卷烟使用的各类原辅材料和制造装备都有别于传统卷烟,其中,隔热材料主要采用玻璃纤维毡,烟草物质主要采用经特殊加工的再造烟叶原料,卷接辅材依然是纸和胶,但其物理结构和性能要求均有别于传统烟用材料。雷诺美国现已具备大规模生产制造能力,其 Eclipse/REVO 炭加热卷烟产品已经上市。可通过对 Eclipse/REVO 卷烟结构的分析,判断其制造装备类似于 N 元滤棒复合机。

本章节围绕炭加热卷烟,在充分调研和剖析国外炭加热卷烟专利及产品的基础上,结合该领域的文献资料和笔者多年的研究(包括对雷诺美国等相关技术的分析),综合论述炭加热卷烟的产品设计及开发,主要包括炭质热源配方设计及成型、烟芯材料开发、隔热保温材料开发、烟用材料开发、卷接工艺及加工设备五个方面。

4.1 炭质热源设计与开发

传统卷烟的燃吸过程是一个经典的自我维持燃烧的循环过程,烟气中的香味物质和有害物质均来源于烟草燃烧、热解及初始产物的二次反应等一系列复杂过程,烟气的组成及浓度与燃吸过程中的热量及氧气供应密切相关。而炭加热卷烟是通过热气流加热和辅材导热将热量传递至烟草基质的,从而加热烟草原料,使烟草释放出烟碱和香味物质。

炭质热源为炭加热卷烟提供烟草段加热所需的能量,热源能否持续提供适宜的能量对烟支的制作、烟气组成及抽吸感官品质均有重要影响,因此炭质热源是炭加热卷烟研究、设计的关键核心内容。对于炭加热卷烟中的炭质热源来说,需具备以下特征要求以提升卷烟抽吸品质:

(1)易点燃性。炭加热卷烟研发的目标是使其抽吸和使用过程接近于传统卷烟,具有携带方便、操作便捷的特性,与传统卷烟具有相似的抽吸体验,因此在烟支点燃过程中要求炭质热源易于点燃,点燃后即可进行抽吸。

(2)能量供应的持续性和稳定性。应确保炭加热卷烟的抽吸口数为 8~14 口甚至更多,并且每口抽吸间隔为 20~30 s,这就要求炭质热源在较长时间的抽吸过程中持续稳定地提供能量。

（3）加热温度适宜。根据炭加热卷烟烟支结构设计可知，炭棒燃烧后通过热传递的方式将热量传递至烟草段以对其进行加热，通常要求炭棒燃烧后温度达到500℃以上，以保障烟草段的加热温度达到200～300℃；同时，该温度不宜过高，过高的温度不仅有悖烟支产品减害设计的初衷，也会导致抽吸至口腔中的烟气温度过高，从而影响抽吸体验。因此要求炭质热源在抽吸过程中为发烟段提供适宜的加热温度。

（4）安全性要求。炭质热源燃烧所产生的物质在抽吸过程中混入烟气后进入口腔，这就要求炭质热源在燃烧过程中产生的物质满足相关安全性的要求。

（5）易于生产加工。当前炭加热卷烟所使用的炭棒直径在4 mm左右，需使用特定模具进行生产加工，为有效推进研发定型产品至量产产品的转化，要求炭棒的结构设计易于进行批量生产加工。

（6）燃烧后保持一定的整体性。烟支在抽吸过程中距离抽吸者很近，且烟草段及炭源均处于连续变化阶段，这就要求炭质热源在燃烧后不应变得松散，能够保持一定的形状，避免燃烧残留物对环境及抽吸者造成影响。

通过以上对炭质热源的性能要求分析可知，在炭质热源开发过程中需合理设计炭棒结构、原辅料配方及加工成型工艺，只有这样，才能开发出满足炭加热卷烟性能需求的炭质热源。

4.1.1 结构设计

炭质热源的结构对其燃烧性能有直接影响，热量传输通道、氧气输送量、燃烧速率等均为影响炭质热源加热烟芯材料的关键性能。目前，炭加热卷烟热源的结构设计包括以下三种：第一，内部有若干多角形或多边形的纵向通道的炭质热源，如CN102458165A、CN1039711A、CN1100453A、CN103263084A等均公开了具有不同纵向流道的热源材料；第二，交联多孔结构的炭质热源材料，如CN103233295A和CN103263077A提出了一种使用丝状或片状交联炭质材料的方法，其制备的材料结构疏松，存在间隙，利于热气流通过；第三，炭质热源自身为实心，流道位于炭棒周边，如雷诺美国推出的Eclipse、REVO等卷烟产品。图4-1是上述专利涉及的各种炭热源结构。前两种结构设计具有特殊性，给模具设计带来了很大挑战，同时为确保其具有一定的机械强度，该类设计在加工的过程中会面临诸多困难。因此，实际生产中普遍选择与Eclipse/REVO卷烟相似的热源结构，如图4-1（d）。

炭质热源燃烧性能受炭棒和氧气接触面积的直接影响，增大其比表面积有利于提高炭质热源引燃性、燃烧充分性以及热传递效率。将炭质热源设计成具有纵向贯穿孔或凹槽的柱状，重点考虑凹槽数目对引燃性的影响，最终可获得低引燃、稳定释热的炭质热源。

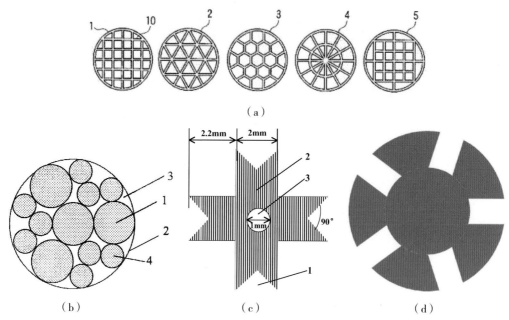

图 4-1 炭加热卷烟热源常见的截面结构

不同端面结构的炭棒与空气接触面积不一样,这使得其燃烧性能也不同。为提高炭质热源的燃烧性能,笔者以增大元件比表面积为目的设计了空心型、凹槽型和螺旋型的炭棒结构;同时,为研究炭棒端面结构对释热性能的影响,使用相同原辅料配方,分别制作出六角空心状、八角空心状、五角实心状及内梅花空心状的炭棒,并对其进行燃烧释热性能测试。测试结果如图 4-2 所示。

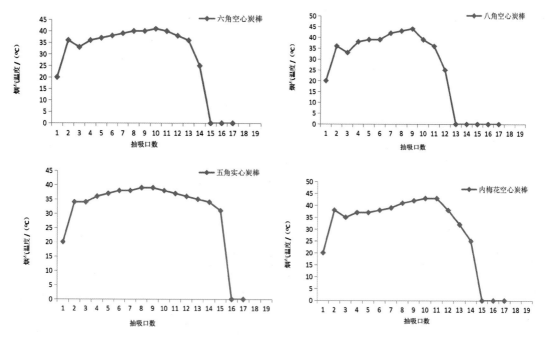

图 4-2 不同结构炭质热源释热性能

由图4-2可知，炭棒端面结构同其释热性密切相关，不同端面结构的炭棒在燃烧温度、抽吸时间等方面均呈现较大差异。其中，沟槽的存在可增加炭棒表面与空气的接触面积，因此沟槽多的炭棒具有易引燃但燃烧持续时间较短的性能。

4.1.2 配方设计

炭加热卷烟属于以炭材料作为加热源的燃料加热型烟草制品，其中，炭材料的燃烧性能和燃烧过程的稳定性将直接影响到烟叶原料加热过程中相关化学成分的释放和烟气组成。炭质热源材料的配方主要包括炭粉、黏结剂以及功能添加剂，对炭质热源的组成进行调节是提高热源性能的最直接手段。

1. 炭材料原料的影响

作为传统供热材料，生物质热解炭具有原料来源广泛、工艺成熟度高等特点。安徽中烟王孝峰等选取数十种常见竹炭和木炭颗粒作为研究对象，采用X射线光电子能谱技术（XPS）、拉曼光谱和热重分析仪等手段，考察上述炭源及Eclipse卷烟热源材料的燃烧特性的差异性，使用Minitab 17统计软件对相关实验数据进行PLS回归分析，并借助逐一剔除法对回归方程进行交叉验证。参照偏最小二乘回归的方法，根据回归方程的标准化回归系数分析固定碳、灰分、水分和挥发分对固定碳时间区间、固定碳热量的影响，如表4-1所示。

表4-1 固定碳燃烧特性指标模型的回归系数

因变量	自变量	非标准化系数	标准化系数
固定碳时间区间	常量	4.958	0.00
	固定碳	0.094	0.425
	灰分	−0.007	−0.010
	水分	−0.172	−0.341
	挥发分	−0.086	−0.326
固定碳热量	常量	7.158	0.000
	固定碳	0.105	0.408
	灰分	−0.091	−0.120
	水分	−0.075	−0.128
	挥发分	−0.114	−0.371

由表 4-1 所列标准化回归系数可以看出，炭粉固定碳含量是影响燃烧时间和热释放量的主要因素，且与之呈正相关；水分和挥发分含量次之，其与灰分含量均与两个因变量呈负相关，其中炭粉灰分含量对固定碳燃烧时间的影响最小，几乎可忽略不计。所测炭粉样品中，木炭 300 目的固定碳含量低，挥发分和水分含量高，其对应的燃烧时间和热释放量最低；石墨粉 150 目的固定碳含量高，水分和挥发分含量低，其对应的燃烧时间和热释放量最高。

结合 12 个样品的拉曼光谱 D 带与 G 带的强度比值数据（I_D/I_G），并利用相同的统计手段分析发现，工业分析数据指标与 I_D/I_G 的值亦呈极显著相关性（$P=0.003$），且固定碳和挥发分含量的影响程度最大，水分和灰分含量次之，其标准化系数分别为 -0.373、0.376、0.114 和 0.061，即随着炭粉中固定碳含量的增大，炭粉的结构缺陷变小；而随着挥发分、水分和灰分含量的增大，炭粉的结构缺陷也变大。研究结果表明，Eclipse 卷烟中炭质热源材料中炭粉结构的规整度较高，主要包含碳、氧、氮等元素，固定碳含量高达 75% 以上，燃烧释热量为 13.5 kJ/g，灰分低于 3%。而市售热解炭在组成、结构及燃烧特性方面差异较大，固定碳和灰分含量可以作为评价炭粉是否适合用作热源材料的主要指标。通过对比 Eclipse 热源可知，适合作为热源材料的炭粉中的固定碳含量至少要达到 75%，灰分含量不可高于 4%，其规整度可参考 Eclipse 中的炭材料，但过高（接近石墨）会导致热源点燃困难，容易熄灭。

2. 两级式热源材料制备过程

国内外学者围绕生物质的热解炭化过程开展了大量研究，结果表明：一方面生物质自身的固有特性是决定热解炭理化特性的重要因素。另一方面，热解炭化设备类型及工艺特点对生物炭产品的组成及性能也具有重要影响。例如，间歇式生产的固定床热解设备构造简单、成本低、出炭率高，但原料堆积疏密程度的差异易造成炉内温度分布均匀性较差，产品品质波动稍大；而移动床热解装置可实现连续生产，热解温度均匀，产品质量相对稳定。

根据不同炭材料燃烧特性的分析结果，需要开发一种运行连续稳定、可调控生物质热解炭表面结构特征的高品质热解炭生产装置及工艺。李斌等设计了一种两段式串联生物质连续热解装置（图 4-3），具体是一种耦合了流化床快速热解和回转炉慢速热解过程的两级串联热解装置，该装置由绞龙进料系统、进气系统、一级流化床热解系统、旋风分离器及二级回转炉热解系统组成，其中流化床热解系统由不锈钢制成，总高 3.1 m，外壁设有电炉丝，并包裹保温棉，设有 4 个 K 型热电偶监测温度。该装置可将生物质热解过程分级处理。

第四章 炭加热卷烟产品设计及开发

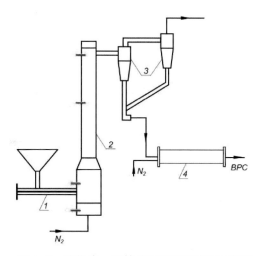

图 4-3 流化床-回转炉两级热解装置示意图
1-绞龙进料系统 2-流化床反应器 3-两级旋风分离器 4-回转炉反应器

梁淼等在该流化床-回转炉两级热解装置上进行了竹粉热解炭化试验，综合运用成分分析、扫描电镜、拉曼光谱及热重分析等手段，研究了流化床热解温度、回转炉温度、热解气氛等工艺参数对竹粉热解炭理化结构及燃烧性能的影响。研究发现，由于回转炉二级热解过程的存在，流化床热解温度在 300～800 ℃ 内制备的竹粉炭元素组成相对稳定，热解炭产品纯净度明显提高（见图 4-4 及表 4-2），碳元素含量在 71.19% 至 78.41% 间波动；随热解温度增加，竹粉炭中挥发分含量降低，灰分呈现增加趋势，固定碳含量相对稳定；扫描电镜分析表明流化床热解温度在 300～500 ℃ 内，竹粉炭具有规则的蜂窝状孔隙结构，同时可保持原料的骨架结构，随热解温度升高，竹粉炭逐渐产生断裂坍塌的现象，700 ℃ 下制备的热解炭具有最大的比表面积和孔容。拉曼光谱及 XPS 分析表明，较高的流化床热解温度能够促进小芳环体系向大的芳环结构聚合转变，有利于脱氢脱羧及芳构化进程；热重分析表明竹粉炭样品热解炭化较为充分，流化床热解温度在 600 ℃ 左右时，所得竹炭的综合燃烧特性较好，可以满足炭加热卷烟热源材料的需求。

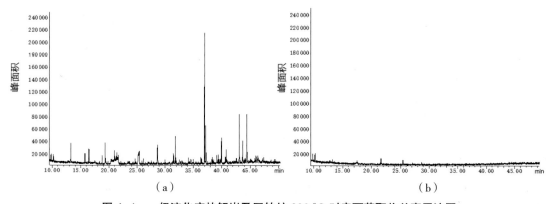

图 4-4 一级流化床热解炭及回转炉 600 ℃ 时表面萃取物总离子流图

153

表 4-2 一级流化床热解炭表面萃取物组成

序号	保留时间 /min	化合物名称	相对百分含量 /（%）
1	13.232	苯酚	3.77
2	15.745	邻甲酚	1.92
3	16.442	4-甲基苯酚	3.40
4	18.763	2,5-二甲基苯酚	1.70
5	19.300	4-乙基苯酚	3.13
6	20.976	2,6-二甲基苯胺	2.66
7	28.624	苊	3.38
8	31.873	芴	5.25
9	37.018	蒽	26.98
10	37.228	9-亚甲基-9H-芴	7.98
11	39.154	1-甲基蒽	1.61
12	39.385	2-甲基菲	1.77
13	40.001	4H-环五菲	6.54
14	40.825	2-甲基萘	2.42
15	43.105	荧蒽	16.04
16	44.412	芘	11.45

3. 无机填料的影响

据已有专利可知，炭质热源主要包含炭粉、黏结剂、碳酸钙以及其他助剂（如助燃剂、催化剂、黏土、导热剂等），其中，碳酸钙可以改善热源材料的加工性以及降低燃烧温度，进而降低 CO 释放量；助燃剂（钾盐、钠盐、氧化性盐）可以提高热源材料的易燃性；催化剂主要是金属氧化物，如氧化铁等，用于降低热源材料燃烧时 CO 的释放量；石墨粉可通过加速热传递来降低燃烧温度，从而减少 CO 释放量。但目前，国外关于炭质热源组成对其燃烧特性影响规律研究的报道鲜少，国内也仅有针对不同炭原料燃烧热解特性的评价。因此，安徽中烟王孝峰等人利用密炼机和压板机制备了不同组成的炭质热源（见表 4-3），并利用同步热分析仪 (STA)、燃烧速率测定装置以及锥形量热仪表征了不同配方炭质热源的燃烧特性。

表 4-3　各炭质热源材料的配方表

样品编号	木炭粉	瓜尔胶	碳酸钙	其他添加剂
S_1	85	15	0	—
S_2	65	15	20	—
S_3	65	15	20（碳酸钙晶须）	—
S_4	65（竹炭粉 150 目）	15	20	—
S_5	65（竹炭粉 500 目）	15	20	—
S_6	61	15	20	4（石墨粉 150 目）
S_7	61	15	20	4（石墨粉 500 目）
S_8	61	15	20	4（硝酸钾）
S_9	61	15	20	4（碳酸钾）
S_{10}	61	15	20	4（碳酸钠）
S_{11}	61	15	20	4（氧化铁 30 nm）
S_{12}	61	15	20	4（蒙脱土）

将碳酸钙加入热源材料后，一方面会降低可燃成分的体积和暴露面积，阻碍传质过程，不利于热源材料的燃烧；另一方面，碳酸钙自身良好的导热性又会加速热量传递过程，促进热源材料燃烧。这两个因素共同作用，使热源材料燃烧过程延迟，但提前达到燃烧终点。如图 4-5 所示，在 625 ℃~760 ℃，失重量和失重速率均明显增加，这正对应于碳酸钙的热分解反应，但与样品 S1 相比，该阶段的吸热量仅增加了 0.2 kJ/g。碳酸钙颗粒和一维碳酸钙晶须虽然都延迟了炭粉燃烧，但碳酸钙晶须的延迟效果要略差于碳酸钙颗粒，说明碳酸钙形貌的差异会对炭质热源材料的燃烧产生一定影响。

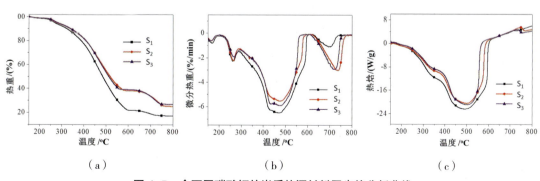

图 4-5　含不同碳酸钙的炭质热源材料同步热分析曲线

利用石墨粉代替4%的木炭粉，所得炭质热源材料的同步热分析结果如图4-6所示。由图可知，与S_2相比，当使用500目的石墨粉时（S_7），炭质热源材料在300 ℃至450 ℃之间燃烧失重略微延迟（图4-6（b）），这可能与结构规整的石墨粉具有较高的热稳定性有关。但是，500目的石墨粉也使炭粉燃烧结束提前，而且最大热失重速率以及最大放热峰值也均有所增加。这或许是由于石墨粉较高的导热性加速了热量传递，从而加快了炭粉的燃烧。当加入150目的石墨粉时（S_6）（图4-6（a）），与含500目石墨粉的S_7显著不同的是，在550 ℃至770 ℃之间，S_6的热稳定性显然更高。通过计算600 ℃下3种样品的残量（S_2为38.07%，S_6为43.17%，S_7为38.97%）可知，500目的石墨粉和木炭粉的燃烧基本同步，但150目的石墨粉在木炭粉燃烧阶段几乎无失重（添加值为4%，实验值为4.1%）。这说明了石墨粉的尺寸越大，其热稳定性越高，在设计炭质热源配方时应予以考虑。

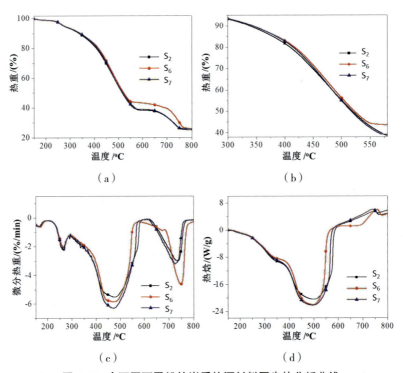

图 4-6 含不同石墨粉的炭质热源材料同步热分析曲线

见图4-7，当用碳酸钠替代4%的木炭粉（S_{10}）时，与S_2相比，在400 ℃之前，炭质热源材料的燃烧略微滞后，但随着温度的升高，炭粉的燃烧却出现了加速的现象，具体为燃烧终止温度升高了31 ℃，失重速率变快，热释放速率也变快。当将助燃剂换成硝酸钾（S_8）或者碳酸钾（S_9）时，与S_2的显著区别是，低温阶段（250～380 ℃）下热失重提前，但高温下（450～590 ℃）燃烧失重出现了明显的滞后现象。而且，含钾盐的炭质热源材料的最大热失重速率和最大热释放速率也均降低。比较钾盐与钠盐对炭质热源燃烧失重过程的影响可以发现，两者的作用相反，钾盐加速热源材料在低温下的失重，但阻碍其在高温下的燃烧失重；钠盐对高温燃烧失重过程起明显加速作用，但对热源材料在低温阶段的失重稍有阻碍。另外，助燃剂所含无机离子会增加炭质热源材料燃烧后的残量。

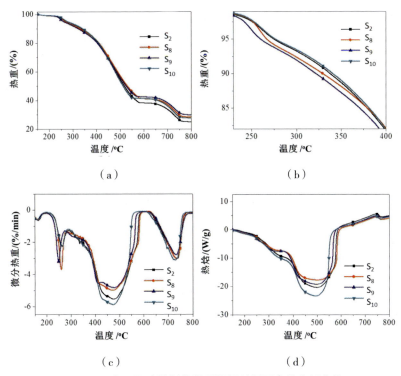

图4-7　含不同助燃剂的炭质热源材料同步热分析曲线

加入纳米氧化铁（S_{11}）或者纳米蒙脱土（S_{12}）对炭质热源材料燃烧过程的影响主要表现在高温阶段，即炭粉在450 ℃以上的燃烧出现了滞后，而且温度越高，滞后越明显（如图4-8所示）。另外，两种纳米材料也均在一定程度上降低了热源材料的最大热失重速率以及最大热释放速率。对于碳酸钙分解的影响，两者表现出较大差异，即纳米氧化铁对其分解无影响，但蒙脱土使得碳酸钙的分解速率变慢，这可能与片层纳米蒙脱土对热传递具有较高阻碍作用有关。

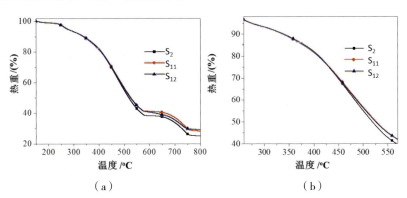

图4-8　含蒙脱土和氧化铁的炭质热源材料同步热分析曲线

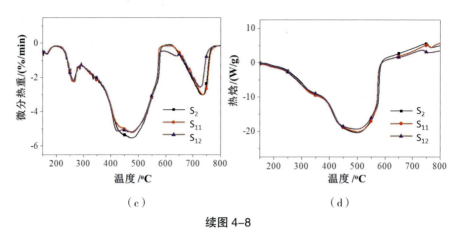

(c)   (d)

续图 4-8

在所制备炭质热源样条的轴向 5 mm 和 55 mm 处分别标线，并用夹具将其竖直固定（自由端朝上），然后置于氧气体积含量为 25% 的氮氧混合气氛中。点燃热源自由端，待其阴燃至 5 mm 的标线时，开始计时（t_0），当燃烧至 50 mm 处时，记下时间 t_1。根据下列算式计算热源燃烧速率 v。

$$v = \frac{50}{t_1 - t_0}$$

从整体上来说，减小炭粉粒径以及加入氧化性助燃剂可加速热源材料的燃烧，碳酸钙、石墨粉、非氧化性的钾钠盐、纳米氧化铁以及蒙脱土的加入均对热源材料的燃烧有减缓效应，其中蒙脱土的减速效应最明显（图 4-9）。

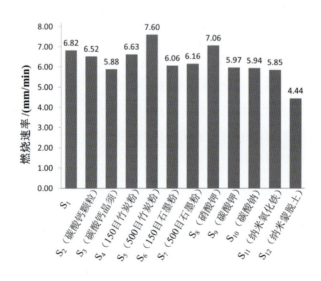

图 4-9   无机填料配方对燃烧速率的影响

4. 黏结剂的影响

由于生物质炭材料水分及挥发分含量降低，纤维结构被破坏，成型后很难维持既定的形状，容易开裂和破碎，因此仅依靠提高加工强度来增强颗粒间的范德华力及其他作用力，会极大地增加炭质热源加工过程中的能量消耗。在压缩成型过程中引入合适的黏结剂能够有效增强成型炭的机械性能，例如 Bazargan 等的研究表明，棕榈壳生物炭成型燃料在无黏结剂时的抗压强度为 40 kN·m^{-2}，引入水和淀粉作为黏结剂能够使其抗压强度超过 800 kN·m^{-2}。Zhai 等以蔗糖蜜和氧化钙作为黏结剂，对食品废弃物水热炭在较低压力下进行压缩，获得了机械强度较高的成型炭燃料。

为在较低的压力下获得质量较高的成型炭燃料，Miao Liang 等以烟梗基炭材料为对象，从机械稳定性及燃烧性角度考察在其成型压缩过程中 K_2CO_3/$CaCO_3$、黄原胶和羧甲基纤维素等黏结剂的影响。

利用 769YP-24B 型压片机制备烟梗炭成型颗粒，制备过程示意图如图 4-10 所示。首先将炭材料粉末与黏结剂及水分充分混合研磨，黏结剂的质量分数分别为 5%、10%、15%，加入水的量为炭材料的 20%，同时以仅加等量水、不加黏结剂的炭材料为对照样品，水分可以作为压缩过程中的润滑剂，将混合后的水热炭样品 0.35 g 填充进模具内，启动压片机，当压杆压力达到 20 MPa 时，保持 20 s，取出模具并抽出下边的钢垫，将成型炭燃料从模具内缓慢顶出，样品命名为 Pellet-X-Y，其中 X 代表黏结剂种类，Y 代表黏结剂用量。

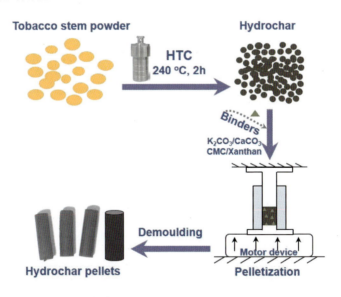

图 4-10　烟梗基炭材料成型燃料制备过程示意图

添加了无机黏结剂（K_2CO_3 和 $CaCO_3$）的成型炭与没有添加黏结剂的成型炭相比，挥发分含量稍低，灰分含量较高，随着黏结剂含量增加，固定碳含量逐渐降低。而有机黏结剂黄原胶（Xanthan gum）成型炭和羧甲基纤维素钠（CMC）成型炭的挥发分含量较高，灰分含量较低，很明显，添加不同种类的黏结剂对成型炭工业分析各组分的变化有影响。有机黏结剂辅助的成型炭的内部水分含量稍高于无添加的，表明由于氢键作用的存在而出现了一定程度的胶结现象，这有利于机械性能的提高。无机黏结剂 K_2CO_3 和 $CaCO_3$ 对水分含量的影响呈现相反的趋势,随着 K 含量的增加,水分不断增加,而随着 Ca 含量的增加,水分不断减少,表明这两种黏结剂在成型过程中起到的作用不同,这一点也可以从后续的机械性能变化看出。从表 4-4 中可以发现,黏结剂辅助的成型炭燃料的热值在 16.11 ~ 17.82 MJ/kg,整体上略低于无黏结剂添加的成型炭(17.69 MJ/kg)。

表 4-4 原始烟梗、炭材料及黏结剂辅助的成型炭的工业分析及高位热值

样品	工业分析 /(%)				HHV/ (MJ/ kg)
	水分	挥发分	固定碳	灰分	
烟梗	6.98 ± 0.12	71.54 ± 0.38	9.06 ± 0.06	12.42 ± 0.32	14.26 ± 0.08
对照样	2.70 ± 0.24	65.18 ± 0.25	21.53 ± 0.35	10.60 ± 0.23	17.69 ± 0.10
Pellet K-5	3.36 ± 0.04	63.66 ± 0.17	21.72 ± 0.11	11.26 ± 0.20	17.52 ± 0.04
Pellet K-10	4.98 ± 0.17	62.36 ± 0.19	20.85 ± 0.18	11.81 ± 0.19	17.00 ± 0.09
Pellet K-15	5.52 ± 0.19	62.05 ± 0.53	20.69 ± 0.28	11.73 ± 0.65	16.90 ± 0.13
Pellet Ca-5	2.68 ± 0.33	62.89 ± 0.41	21.46 ± 0.13	12.97 ± 0.53	17.29 ± 0.07
Pellet Ca-10	2.46 ± 0.11	63.62 ± 0.85	19.37 ± 0.58	14.55 ± 0.18	16.65 ± 0.07
Pellet Ca-15	2.36 ± 0.20	63.41 ± 0.66	17.97 ± 0.56	16.26 ± 0.24	16.11 ± 0.09
Pellet CMC-5	2.97 ± 0.27	65.79 ± 0.64	20.88 ± 0.79	10.35 ± 0.82	17.56 ± 0.21
Pellet CMC-10	3.03 ± 0.28	65.62 ± 0.69	20.95 ± 0.22	10.40 ± 0.41	17.56 ± 0.18
Pellet CMC-15	3.33 ± 0.19	64.71 ± 0.84	22.09 ± 0.81	9.87 ± 0.36	17.82 ± 0.17
Pellet Xanthan-5	3.03 ± 0.46	67.36 ± 0.88	19.95 ± 0.42	9.66 ± 0.33	17.48 ± 0.11
Pellet Xanthan-10	3.22 ± 0.30	66.38 ± 0.92	20.54 ± 0.26	9.86 ± 0.61	17.54 ± 0.14
Pellet Xanthan-15	3.46 ± 0.28	66.66 ± 1.03	20.14 ± 0.46	9.74 ± 0.53	17.44 ± 0.01

机械强度对于成型炭材料来说非常重要,因为低强度的成型炭在运输、储存、卷制过程中不可避免会破裂泄漏。图 4-11 为加入不同含量黏结剂的成型炭的压缩强度变化规律,压缩强度与炭颗粒间相互作用力有关,从图中可知,黏结剂含量对压缩强度的影响随黏结剂的种类不同而不同。

无黏结剂的成型炭压缩强度为 1.48 MPa,成型过程中引入的无机黏结剂 K_2CO_3 和 $CaCO_3$ 粒子会充填或嵌合进炭颗粒之间的间隙内,减小炭颗粒间的距离。一般认为引入无机黏结剂后,这种交叉连锁或黏附作用会增加成型炭内的吸引力,但是在 30 ℃ 及

60%的相对湿度下平衡后，在松弛阶段，K_2CO_3辅助的成型炭颗粒之间的间隙扩大，使得其表面产生裂纹，导致上机测试时其压缩强度降低，例如添加5% K_2CO_3的黏结剂后，压缩强度降低为1.2 MPa，且随着K_2CO_3含量增加，压缩强度继续降低，这种现象可能与K_2CO_3较强的吸湿性有关。吸湿后导致成型炭块的轻微膨胀及部分颗粒间的解离，这种颗粒间距离扩大使得炭颗粒之间的相对运动不受限制，从而破坏了颗粒间的交叉连锁作用和吸引力，最终导致压缩强度降低。

而对于$CaCO_3$辅助的水热成型炭而言，压缩强度随$CaCO_3$用量增加而逐渐升高，当用量为15%时达到了2.41 MPa。这是因为$CaCO_3$对于炭成型有水合硬化作用，增强了相邻颗粒间的相互作用力。另外，尽管$CaCO_3$辅助的成型炭的高位热值略有下降，能呈现较好的机械强度，但是，水热成型炭在燃烧过程中所产生的气体及颗粒排放特性需进一步考察，以更好地评估其作为黏结剂的潜力。

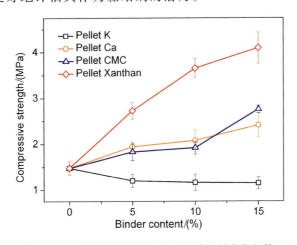

图4-11　烟梗成型炭压缩强度随黏结剂变化规律

有机黏结剂CMC和黄原胶均能够提高成型炭燃料的压缩强度，尤其在添加量较高时效果更明显，这表明有机黏结剂增强了颗粒间的结合力。黄原胶和CMC均属于多糖，具有一定的流动性和黏附特性，它们在炭颗粒压缩成型过程中可发挥类似胶水的作用，在外部压力作用下能够渗透进压缩炭颗粒间的空隙结构内，填补相邻颗粒的空腔，以桥接及黏结的方式将相邻的颗粒粘在一起。同时，颗粒间的间隙减小也会使得颗粒间氢键和范德华力增强。这些因素综合起来增强了成型炭的强度。另外，黄原胶对压缩强度的提升效果优于CMC，例如添加15%的黄原胶后压缩强度为4.09 MPa，这与其较高的分子量和较为复杂的分子结构有关，分子中可暴露更多的连接位点作用于炭颗粒。需要注意的是，尽管有机黏结剂在提高压缩强度上效果明显，但其成本比无机黏结剂高。因此，为进一步降低炭棒成型的综合成本，合理利用工业生产过程中富含有机黏结剂的工业副产品是另一可行途径。

笔者测试了四种黏结剂辅助的成型炭在30 ℃及相对湿度为60%时的水分吸湿性

能，结果如图 4-12 所示，可以看出，无黏结剂的成型炭颗粒的平衡含水率为 6.3%，而引入 K_2CO_3 黏结剂后，由于碱金属元素的强吸水性，增强了成型颗粒的吸湿性，从而导致机械强度降低。随着 K_2CO_3 用量从 5% 增至 15%，含水率从 8.4% 升高到 10.9%。对于 $CaCO_3$ 辅助的成型炭材料，其吸湿性低于无黏结剂的颗粒，当 $CaCO_3$ 用量为 10% 或 15% 时，其平衡含水率降低为 5.5%。这一方面与 $CaCO_3$ 的水合作用有关，与 $Ca(OH)_2$ 在木屑生物炭成型过程中的作用类似；另一方面，$CaCO_3$ 辅助炭颗粒的较高强度也使得颗粒暴露面积减小，减少了吸水表面积。

有机黏结剂辅助的炭颗粒表现出类似的吸湿性能，5% 添加量的黏结剂对平衡吸水性能影响较小，随着黏结剂进一步增加，平衡含水率增加至 7.7%，这可能与黏结剂中较丰富的含氧官能团有关。因此，成型炭的吸湿性会因黏结剂的种类不同而改变。

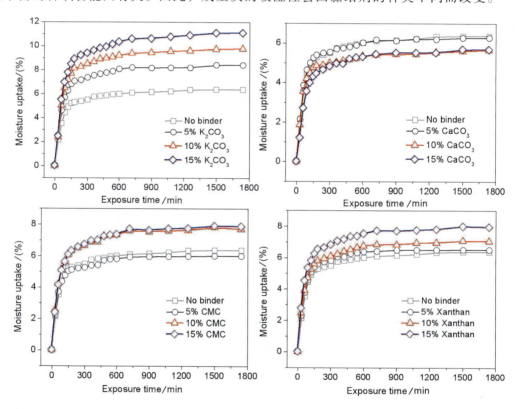

图 4-12　烟梗基成型炭材料吸湿性随黏结剂变化规律

5. 水热炭形貌表征

笔者利用扫描电子显微镜观察了烟梗水热炭化及成型过程中的形貌变化。如图 4-13（a）和（b）所示，原始烟梗呈现出典型的木质素纤维结构，表面相对光滑，炭化处理后纤维素成分部分发生破坏及分解，生成了块状的未分界不规则纤维结构，表面较粗糙（图 4-13（c））。成型压缩过程使得松散的纤维颗粒相互交叉连锁，如图 4-13（d）所示，但不同黏结剂辅助的成型炭颗粒表面微结构未见明显差异，如图 4-13（e）、（h）所示。

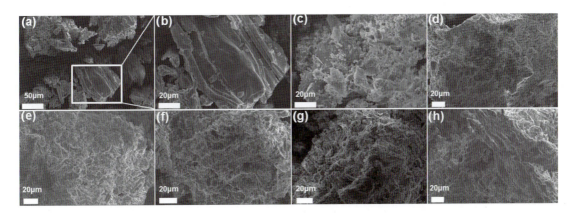

(a) tobacco stem;　(b) partial enlarged image of (a);　(c) char;　(d) char pellet;
(e) Pellet K-10;　(f) Pellet Ca-10;　(g) Pellet CMC-10;　(h) Pellet Xanthan-10

图 4-13　烟梗、烟梗炭材料、成型炭及黏结剂辅助成型炭的 SEM 图

利用红外光谱进一步分析水热及成型过程中物料表面化学结构变化规律，结果如图 4-14 所示。黏结剂辅助的成型炭红外光谱图与水热炭类似，说明水热炭内部颗粒间的作用力主要是物理作用力，如范德华力和机械交叉连锁作用。

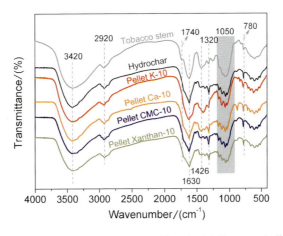

图 4-14　烟梗、水热炭及黏结剂辅助成型炭的 FTIR 光谱图

利用 TA Discovery 热重分析仪对烟梗、烟梗基炭材料及各成型炭样品进行燃烧特性分析，其中水热炭成型燃料需剪切成小块（约 15 mg），载气为空气，升温速率为 20 K/min。采用 TG-DTG 法计算燃烧特征参数，如引燃温度 T_i、燃尽温度 T_b 及最大燃烧失重速率温度 T_m，以综合燃烧特征指数 S 来评价各样品的燃烧特性，$S = (DTG_{max} DTG_{mean})/(T_i^2 T_b)$，其中 DTG_{max} 和 DTG_{mean} 分别代表最大失重速率和平均失重速率。采用 Kissinger-Akahira-Sunose (KAS) 积分模型计算燃烧反应活化能 E。图 4-15 为样品燃烧失重曲线及 DTG 曲线，从微分失重曲线可见两个主要的失重峰，分别代表脱挥发分及其燃烧阶段（Stage A）和焦炭燃烧阶段（Stage B）。根据 TG-DTG 切线法计算的燃烧特征参数及综合燃烧特征指数 S 列于表 4-5。

表 4-5 烟梗、水热炭及黏结剂辅助成型炭的燃烧特征温度及综合燃烧特征指数

Sample	T_i /(°C)	T_m/(°C)		DTG_{max}/(%/min)		T_b/(°C)	DTG_{mean}/(%/min)	S/(10^{-6} min^{-2}·°C^{-3})
		Stage A	Stage B	DTG A	DTG B			
Tobacco stem	215.0	301.5	464.8	6.3	14.6	544.0	3.78	2.19
Char	300.6	338.6	470.6	11.6	7.5	545.9	5.84	1.37
Char pellet	277.4	304.2	394.8	14.9	11.4	523.4	6.13	2.27
Pellet K-5	251.5	279.8	374.8	13.6	6.9	500.4	5.69	2.45
Pellet K-10	237.4	258.9	383.2	15.2	12.7	499.1	5.01	2.71
Pellet K-15	218.2	252.1	383.1	7.3	10.3	500.5	3.95	1.71
Pellet Ca-5	272.1	282.6	366.4	29.1	10.3	514.3	5.81	4.44
Pellet Ca-10	278.5	293.3	384.3	23.9	11.5	515.0	5.70	3.41
Pellet Ca-15	274.3	287.8	370.2	23.8	12.0	515.4	5.39	3.31
Pellet CMC-5	275.9	288.3	380.5	24.8	13.9	501.7	6.42	4.17
Pellet CMC-10	270.3	285.1	364.7	23.5	14.4	498.2	6.46	4.17
Pellet CMC-15	273.0	287.2	387.2	21.0	13.6	496.1	6.49	3.69
Pellet Xanthan-5	270.4	290.6	373.1	19.0	10.6	509.1	6.33	3.23
Pellet Xanthan-10	278.5	300.7	380.8	18.8	10.8	502.1	6.58	3.18
Pellet Xanthan-15	277.3	293.6	377.6	22.8	14.4	511.5	6.25	3.62

注：T_i——起燃温度；T_m——最大燃烧速率对应温度；DTG_{max}——最大失重速率；T_b——燃尽温度；DTG_{mean}——平均失重速率；S——综合燃烧特征指数。

烟梗炭成型过程中加入的 K_2CO_3 对燃烧过程有显著影响，与无黏结剂的成型炭相比，Stage A 和 Stage B 的失重率同时降低，而残余质量增加。随着 K_2CO_3 用量增加，引燃温度 T_i 从 251.5 ℃ 降低至 218.2 ℃，比炭颗粒降低了 29～55 ℃，这种增强的易燃特性与碱金属元素在燃烧过程中的催化作用有关，提高了燃料的氧化活性，增强了脱挥发分级燃烧过程。对于 $CaCO_3$ 辅助的炭成型颗粒，Stage B 的失重率降低而残余质量升高，$CaCO_3$ 黏结剂对燃烧的影响不如 K_2CO_3 剧烈，燃烧特征参数 T_i、T_m 和 T_b 略有降低，综合燃烧特征指数 S 显著升高，这与 Ca 元素的催化作用引起较高的失重速率有关。尤其是当 $CaCO_3$ 含量为 5% 时，S 升高至 $4.44×10^{-6}$ min^{-2}·°C^{-3}，通常认为 S 反映了燃料在燃烧过程中的活性，较高的 S 代表燃料具有优异的燃烧性能。

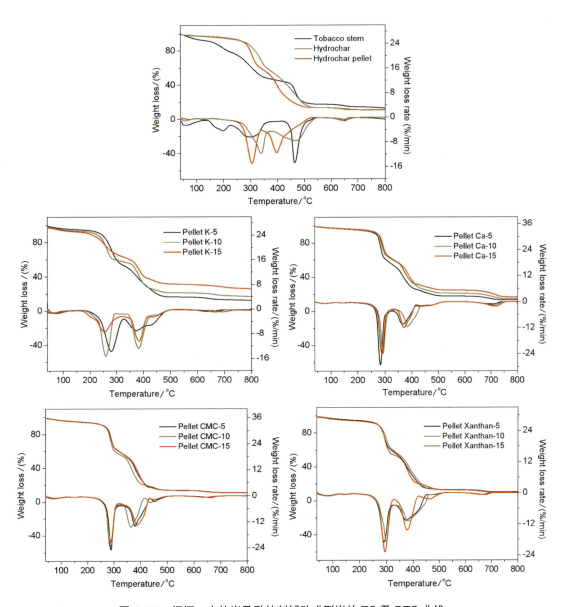

图 4-15 烟梗、水热炭及黏结剂辅助成型炭的 TG 及 DTG 曲线

为进一步评价燃料的燃烧特性，计算了烟梗炭成型颗粒的燃烧动力学参数，结合之前的压缩强度、高位热值（HHV）及黏结剂成本进行综合考虑，统一以加入10%黏结剂的炭颗粒的燃烧动力学行为作为对比。图4-16展示了基于KAS等转化率模型的不同成型炭颗粒的燃烧动力学分析，根据不同转化率曲线的斜率计算反应活化能，反应活化能随转化率的变化趋势如图4-16所示，无黏结剂的水热炭颗粒燃烧时的转化率为5%～95%时，其活化能为53.2～325.3 kJ/mol。反应活化能呈现出先增加后降低的趋势，在转化率为20%时达到最大，这种反应活化能随转化率变化的现象表明了燃烧过程是一个复杂的多步反应。

对于黏结剂辅助的水热炭成型颗粒，可以总结为不同种类的黏结剂对燃烧过程及活化能呈现不同的影响,其中,引入 K_2CO_3、$CaCO_3$ 及 CMC 黏结剂在整个燃烧阶段均能够降低燃烧反应活化能,尤其是 CMC 辅助的烟梗炭成型颗粒,这些数据表明引入这些黏结剂后燃烧反应难度降低。而加入黄原胶黏结剂后成型炭颗粒的活化能变化趋势与其他类似,但整体活化能值在转化率介于 5% 与 50% 之间时高于无黏结剂的炭颗粒,其中转化率为 20% 时,达到最大值 410.7 kJ/mol,对照 DTG 数据可知转化率在 5%～50% 对应着脱挥发分及其燃烧阶段,该阶段较高的活化能值表明成型炭加入黄原胶后挥发分更难以燃烧。众所周知,活化能受多个因素的影响,如不同的反应动力学模型、升温速率、原料粒径结构特征等。因此,黄原胶辅助炭颗粒在该阶段较高的活化能值可能与该炭颗粒致密的结构及较高的机械强度有关。另外,黄原胶较高的分子量及官能团也赋予了它与炭颗粒间较强的作用力,综合导致了燃烧活化能的升高。

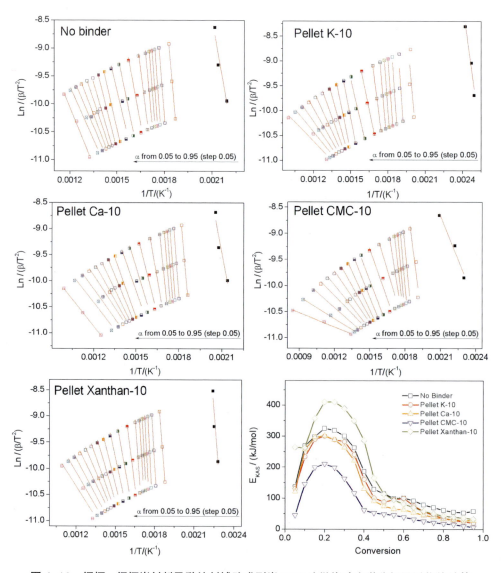

图 4-16　烟梗、烟梗炭材料及黏结剂辅助成型炭 KAS 法燃烧动力学分析及活化能计算

4.1.3 成型工艺

成型加工是将热源配方设计和结构设计转化为实物的过程，成型工艺合理与否关系到生产效率的高低及制成品综合性能的优劣，在炭热源的制备中有着极为重要的作用。在涉及炭加热卷烟用"可燃组合物"的专利中，目前至少有三种形成热源材料的方法：拉带法、挤出法和模压法。在拉带法中，将带状的金属或类金属材料喂入挤压机中，并在其中覆盖一种可挤压的炭质燃料组合物，这样就形成了中部为带材的连续棒，然后将其加以干燥并根据需要切割；挤出法是将湿的混合料由活塞挤出机挤出，通过特定结构的孔板得到所需截面形状的连续挤出物，该挤出物被置于气垫传送机上，经玻璃纤维复合纸包裹后切割、干燥；而模压法是将一定质量的炭粉和填料等比混合，加入一定形状的模具中，经压制成型、脱模、后处理等工艺方法来制备炭供热体的方法。具体图示可参见第二章。

目前炭材料成型的制备方法大致可分为两类：①直接将具有设定形状和尺寸的碳质前驱体炭化，此方法成型简易，产品抗压强度高，但耐磨强度下降较多；②采用黏结剂，通过压制工艺成型，根据应用需要，再对黏结剂进行相应的处理，保证成型炭的整体性能稳定，这种方法可以在低温、低压条件下将粉体混合料挤出得到线材、管材或片材等，后处理简单，而且制得的成型炭强度高。该技术近年来在干电池炭精棒、成型活性炭、生物质复合材料和农药缓释剂的研制开发方面得到了新的应用。

在 20 世纪 80 年代，北京化工大学和国内某些科研机构曾经尝试采用单螺杆挤出机制备成型炭材料，由于种种客观原因，这一工艺路线最终没有取得成功。考虑到锥形双螺杆挤出机具有压缩比大、压力高、混合性能好、排气效果显著、输送能力强、适用于各种物料的正位移输送等独特的优点，同时考虑到锥形双螺杆挤出机由于螺杆直径大，因而结构强度得到改善，且螺槽深度可以加深，从而可以实现超高扭矩挤出，在火药/炸药、陶瓷材料、催化剂载体、炭素材料的成型领域取得了应用突破。基于此，选择采用挤出工艺制备炭质热源，将混捏好的炭混合料经精炼后直接进入机筒，经过挤压排气后塑化挤出成型，不仅实现了连续化生产，而且可以大幅度地提高成型炭材料的质量和产量。炭质热源挤出成型流程见图 4-17。

热解炭材料本身不具有可塑性，必须通过黏结剂/水与热解炭的配方设计，使得热解炭具有可塑性，同时保证成型后的料条有适当的抗拉强度和韧性。在非稳态流动模式下利用锥形流变仪分析颗粒粒径大小、水含量、黏结剂种类及含量、无机填料对物料流变性质的影响的基础上，发现物料具有良好的可塑性、延展性和保水性以及合适的硬度是挤出成型的关键。混合料制备的目的在于把分散的原料在塑化剂、填料和黏结剂的作用下制备成可塑性较强的材料，达到稳定成型的目的。通常物料中固含量越高，颗粒粒径越大，挤出成型越困难。固含量的质量分数较大（60%以上）、颗粒较粗（300目以下）

而黏结剂较少（一般小于4%）时，物料的可塑性较差，挤出成型较困难。为了制得高塑性的物料，可以选择易凝胶化的黏结剂或塑化剂，同时在物料中加入适量亲水性无机填料和石墨粉（5000目），以提高物料的成型能力。但是，由于黏结剂和亲水性填料的引入，干燥时水分的排除会引起应力集中，挤出的胚体容易收缩或者开裂。因此在满足塑性的前提下，这些物质的加入量越少越好。

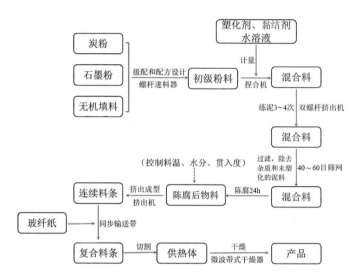

图4-17 炭加热卷烟热源挤出成型流程图

此外，由于料条表面有凹槽，在挤出的过程中，容易受到各种应力的影响而产生变形、扭曲或者有缺陷的料条，将影响成型后炭热源合格率。因此，如何控制挤出料条不变形是挤出工艺要解决的关键问题之一。料条的保形性与物料颗粒紧密堆积的程度、颗粒受力的复杂性和颗粒间黏结强度等因素有关。成型后料条产生变形，实际上是某一局部颗粒群向同一方向滑移所致，如果颗粒间紧密堆积，颗粒产生滑移就需要克服较大阻力，因此，增大挤出压力是提高挤出料条的保形性的重要手段之一。但因为物料中加入了一些高分子黏结剂或塑化剂，过大的压力会导致物料的弹性增强，在出模时，料条易发生扭曲变形，因此，黏结剂要尽量少加或选择高黏度的黏结剂。料条挤出后，进行适当的拉伸，也可以提高料条的保形能力。

目前用于制备热源的原料主要来自商品化的热解炭等，没有形成专门的适用于炭加热卷烟供热源所需的炭质原料及制备工艺。随着研究工作的不断深入，炭加热卷烟热源材料的制备、成型和性能评价等应用技术就显得至关重要。因此，建立适用于炭加热型卷烟供热源的材料生产工艺及质量评价指标将既是炭加热卷烟研发的内在需求，也是全产业链发展和实现炭加热卷烟规模化生产所必须考虑和解决的问题。

4.1.4 燃烧性能测试

阴燃是一种典型的无焰燃烧现象，一般发生在多孔固体燃料内部，是以异相反应为主的表面燃烧过程,作用于燃料表面的热流密度及散热量和可燃物的自身燃烧动力学决定了阴燃的发生。阴燃形成后,通过燃料本身燃烧释放的热量和从反应区释放到周围环境的热量之间的平衡而得以自维持传播。阴燃燃烧机理特别复杂,涉及化学反应动力学、流体力学、多孔介质的传热性质和表面化学反应等许多方面的知识。除了决定阴燃燃烧的热化学参数之外,燃料自身的物理性质(如空隙、组成、渗透性和热物性)以及外部因素(如环境绝热性、气体扩散、浮力作用和点火源的物理状况等),都对阴燃及其传播过程有着非常重要的影响。炭质热源的组成、密度、导热性及其受热后组成和密度的变化,生成气相产物的浮力作用对未燃区域的"预热"过程,阴燃后灰层(残留层)的厚度及空隙度、玻璃纤维(毡)保温性和透气性的变化等均会对炭质热源的燃烧特性产生影响。对于炭加热卷烟而言,热源材料的燃烧过程可以简化为贫氧环境和受限空间下的阴燃过程,常规的热分析法和量热法均不适用于评价炭质热源材料的燃烧特性。

郑州烟草研究院张柯等利用可燃材料热性能检测装置和卷烟气相产物动态检测装置等,建立了炭质热源材料燃烧特征温度、燃烧速率、逐口燃烧热、烟气中 CO 含量等指标的评价方法,并考察了热源配方及结构、玻璃纤维辅材、炭粒径大小和成型压力等因素对上述指标的影响规律。

1. 热源阴燃特性检测方法

热重分析法是最常用的测定可燃材料起燃温度和燃尽温度的检测方法,然而,该方法存在以下缺陷:①测量用样品质量较小(5～20 mg),且要求将样品研磨至粉末状;②测试过程中无法直接观察样品的燃烧情况,起燃(分解)温度仅能从质量变化推测得到;③主要靠辐射或对流加热,并且燃烧热对过程的反馈效果无法体现。因此,对于具有一定体积和大小的热源材料而言,它的起燃温度、燃尽温度和阴燃持续时间等不适宜采用热重分析法进行评价。

差热分析是在程序温度控制下,测量样品与参比物之间的温度差随温度(时间)变化的一种技术。在程序升温过程中,样品发生化学或物理变化而产生热效应,从而引起样品的温度变化,这个温度变化以差示法进行测定。数学式如下:

$$\Delta T = F_1(T) = F_2(t)$$

式中,ΔT 为样品与参比物之间的温度差,T 为温度,t 为时间。借鉴差热分析的基本原理,张柯等设计开发了一种程序温控条件下可燃材料热性能的检测装置,该装置可在样品被传导给热的程序控温条件下,实现平台内部温度和样品内部或表面的温度变化情况的同时检测,进而根据两者的温度差来表征样品在特定条件下的阴燃特性,如起燃温度、燃尽温度和阴燃持续时间等。

可燃材料热性能检测装置包括加热单元、温度控制单元、温度测量单元以及与上述三个单元相连接的数据采集及计算机控制系统,如图 4-18 所示。加热单元包括样品舱及设在舱内的加热平台,在样品舱顶部开设有正对电加热平台的观察测量窗(窗体材料选用蓝宝石),在样品舱两侧开设有进气口和出气口,且在出气口上连接有真空泵;温度测量单元为热电偶或红外温度传感器,温度测量单元通过传输线与数据采集及计算机控制系统相连接。加热平台温度用单质银进行校准。

试验具体操作:取一根热源样品放置于加热平台上,同时将热电偶的测温点放置在样品与加热平台接触的下表面中心点附近,并与样品底部端面直接接触,用以测定炭质热源在加热过程中的温度变化;设置好升温速率、加热起始温度和终止温度、吹扫气氛和气体流速。在程序升温条件下开展试验,可获得加热平台和热源样品下表面的温度变化曲线。

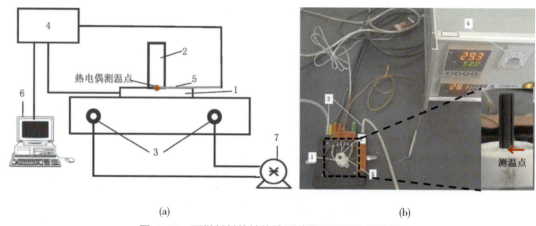

图 4–18 可燃材料热性能检测装置原理图和实物图

1—加热平台; 2—样品; 3—冷却水; 4—温控及数据采集系统;
5—热电偶; 6—电脑; 7—循环水泵

数据处理:根据上述实验过程,得到图 4–19 所示的加热平台温度(即程序升温曲线)和热源样品下表面的温度变化曲线。从图中可以发现,在样品未燃烧之前,其下表面温度与加热平台温度存在一定温差,但变化趋势基本一致;样品被引燃后释放热量,导致下表面温度逐渐升高;当温度对时间变化率曲线达到峰值时,样品剧烈燃烧。

炭质热源的阴燃特性包括热源起燃温度、燃尽温度、表面最高温度、阴燃持续时间和燃烧速率等。将热源样品下表面温度变化曲线进行一阶微分,得到温度对时间变化率曲线;随后在温度对时间变化率曲线第一个峰值处作垂线,与样品下表面温度变化曲线交于一点 A,过 A 点作切线与程序升温曲线交于一点 B,B 点所对应的温度即定义为热源样品的起燃温度;在上述得到的温度对时间的变化率曲线的最小峰值处作垂线,与热源样品下表面温度变化曲线交于一点 C,过 C 点作切线与程序升温曲线交于一点 D,D 点所对应的温度即定义为炭质热源的燃尽温度;燃烧最高温度为炭质热源在燃尽前下表面温度变化曲线达到的最高值,即 E 点对应的温度;炭质热源的燃烧持续时间定义为样品的燃尽温度所对应的时间与其起燃温度所对应时间的差值;燃烧速率定义为样品质量与阴燃持续时间的比值。试验过程中,样品的阴燃过程也可通过红外热像仪进行检测,能更全面地反映热源阴燃过程,两者的结果与趋势基本一致。

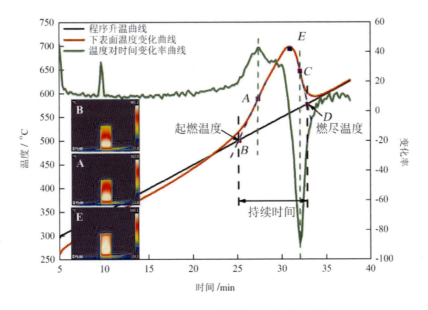

图 4-19 炭质热源阴燃特性的确定方法示意图

以竹炭和石墨为主要炭源,瓜儿豆胶(G)或海藻酸钠(SA)和水为黏结剂,加入碳酸钙、碳酸钾等燃烧助剂,各样品配方以 100 质量份的竹炭粉为基础,加入表 4-6 中相应质量份数的石墨(Gra)、黏结剂、燃烧助剂等组分后经过模具挤出成型,将其自然晾干 48 小时后,放入 100 ℃烘箱中干燥 2 小时,按照试验要求,将其切割打磨成 12 mm 的待测样品,考察各组分对阴燃特性的影响,所有样品的密度为 0.95 ~ 1.03 g/cm³。

表 4-6 炭质热源样品的组成

样品	结构	竹炭	竹炭目数	Gra	G	SA	CaCO₃	K₂CO₃
1	圆 4	100	5000	10	12	0	10	0
2	圆 4	100	5000	10	12	0	0	0
3	圆 4	100	5000	10	10	0	0	0
4	圆 4	100	2000	10	10	0	0	0
5	圆 4	100	5000	10	0	12	0	0
6	圆 4	100	2000	0	12	0	0	2
7	圆 4	100	2000	10	10	0	0	2
8	圆 4	100	2000	10	10	0	0	5
9	圆 4	100	2000	0	10	0	0	2
10	圆 5	100	5000	10	12	0	0	2

续表

样品	结构	竹炭	竹炭目数	Gra	G	SA	CaCO$_3$	K$_2$CO$_3$
11	圆4	100	5000	10	12	0	0	2
12	槽4	100	5000	10	12	0	0	2

比较样品3和4发现，原料竹炭的目数对炭质热源的起燃温度、阴燃持续时间有显著影响，目数由5000减小至2000，起燃温度下降约7%，阴燃持续时间增长约4%。比较样品7和9发现，加入石墨会使炭质热源的起燃温度升高约4%，阴燃持续时间缩短约10%。主要原因是石墨可以加速热传递，引燃前将来自热台的热量传递至上端，导致炭质热源的起燃温度升高；引燃后继续传递热量至上端，因此整个炭质热源的燃烧进程加快，持续时间缩短，测试结果见表4-7。

表4-7 不同碳源炭质热源样品测试结果

样品	目数	G/SA	Gra	Ca/K	起燃温度/℃	燃尽温度/℃	阴燃持续时间/min
3	5000	G10	10	0	499.1(参照)	562.5(参照)	6.28(参照)
4	2000	G10	10	0	464.4(-6.95%)	530.7(-5.65%)	6.54(+4.14%)
9	2000	G10	0	K2	404(参照)	474.3(参照)	7.05(参照)
7	2000	G10	10	K2	421.2(+4.26%)	482.1(+1.64%)	6.34(-10.07%)

碳酸盐对样品阴燃特性的影响如表4-8所示。比较样品1和2发现，加入碳酸钙使炭质热源的起燃温度降低约4%，阴燃持续时间增长约35%；比较样品2和11发现，加入碳酸钾使炭质热源的起燃温度降低约19%，阴燃持续时间增加约33%。因此，加入碳酸钙和碳酸钾都可以有效地降低炭质热源的起燃温度，增加炭质热源的阴燃持续时间。

表4-8 不同碳酸盐含量炭质热源样品测试结果

样品	G/SA	Ca/K	目数	起燃温度/℃	燃尽温度/℃	阴燃持续时间/min
2	G12	0	5000	512.8(参照)	563.2(参照)	5.06(参照)
1	G12	Ca10	5000	494.3(-3.61%)	562.5(-0.12%)	6.81(+34.58%)
11	G12	K2	5000	417.4(-18.6%)	483.6(-14.13%)	6.74(+33.20%)

如表 4-9 所示，比较样品 6 和 9 发现，瓜儿豆胶的含量增加使炭质热源的起燃温度降低约 2%，阴燃持续时间缩短 4%。比较样品 2 和 5 发现，用海藻酸钠替换瓜儿豆胶可以使炭质热源的起燃温度降低约 15%，炭质热源的阴燃持续时间增加约 32%。

表 4-9 不同黏结剂含量/种类炭质热源样品的测试结果

样品	G/SA	Gra	Ca/K	目数	起燃温度/℃	燃尽温度/℃	阴燃持续时间/min
2	G12	10	0	5000	512.8(参照)	563.2(参照)	5.06(参照)
5	SA12	10	0	5000	434.6(-15.24%)	502.6(-10.76%)	6.7(+32.41%)
9	G10	0	K2	2000	404(参照)	474.3(参照)	7.05(参照)
6	G12	0	K2	2000	395.6(-2.07%)	461.2(-2.76%)	6.79(-3.69%)

实验过程中可以观察到，瓜儿豆胶作为黏结剂会造成样品发生膨胀，海藻酸钠则导致热源样品发生收缩。样品孔隙率的增大有利于氧气的扩散，同时会增强辐射换热的能力，即增加燃料的温度，从而加速了阴燃的速率。

2. 玻璃纤维毡对热源阴燃过程的影响

根据 Eclipse/REVO 炭加热卷烟产品结构，炭质热源外面包裹着玻璃纤维毡和铝箔复合纸，主要起到保温、透气和支撑热源的作用。为尽量接近炭质热源实际所处的环境，测试了玻璃纤维和玻璃纤维加铝箔纸包裹的热源样品，如图 4-20 所示。REVO 卷烟中使用的玻璃纤维毡厚度为 0.48 mm，单位面积质量为 142.6 g/m²，纤维直径约 8.7 μm。笔者选择相似的玻纤材料，考察了外部包裹材料对热源阴燃过程的影响。

(a) 炭棒　　　　　　　　(b) 玻纤包裹　　　　　　　(c) 玻纤和铝箔包裹

图 4-20 不同包裹材料的热源样品

包裹材料主要是通过热损失和氧气扩散两方面影响样品的起燃和阴燃传播过程。通常玻璃纤维毡的导热系数约为 0.035 W/(m·K)，玻璃纤维毡包裹后样品具有不散热的侧面边界，热损失小，同时对样品端面氧气扩散的影响较小，因此样品的起燃温度随外围包裹材料的改善呈降低的趋势（见表 4-10）。虽然热损失降低有利于阴燃的传播，但包裹材料会减慢氧气传输速度，主要体现在三方面：①样品表面和内部氧化会消耗大量的氧气；②相较裸露的样品，包裹材料和累积的灰烬层阻碍了氧气的供应；③生成的气体产物与氧气供应的方向相反，向上的浮力流动阻碍了氧气供应，因此氧化反应被削弱，持续阴燃时间增长。据有关文献报道，灰层影响下的阴燃过程呈现出 U 形二维特征，在强迫对流下则表现出阴燃的椭圆结构，将样品闷灭后也发现，样品未燃烧部分呈现圆锥形。以上均说明在有包裹情况下的阴燃传播主要由氧气传输控制。

表 4-10　不同包裹材料对热源样品阴燃特性的影响

编号	样品情况	起燃温度 /℃	燃尽温度 /℃	阴燃持续时间 /min
1	无包裹	562.1	598.9	5.17
2	单层玻纤包裹	515.5(-8.29%)	581.1(-2.97%)	6.48(+25.34%)
3	双层玻纤包裹	490.4(-12.76%)	578.6(-3.39%)	9.00(+74.08%)
4	双层玻纤/铝箔纸包裹	477.0(-15.14%)	572.0(-4.49%)	9.33(+80.46%)

3. 燃烧烟气组分及热源放热量的评价

燃烧热是烟草和烟草制品燃烧特性的重要参数之一，传统卷烟燃烧锥的温度与燃烧释放的热量密切相关，释放的热量又与消耗的氧气质量呈正相关。而炭加热卷烟热源燃烧热对其阴燃过程的传播有重要影响，并且热气流进入烟草段后，烟气的形成和原料的热转化反应进程与气流温度和氧含量又密切相关，所以研究热源燃烧烟气组分及评价热源放热量具有重要意义。

各类燃料燃烧时，消耗氧气并产生二氧化碳、一氧化碳和水等。耗氧燃烧热是指物质与氧气完全燃烧时消耗单位质量氧气所产生的热量，大量有机物及聚合物的耗氧燃烧热均接近 13.1 kJ/g，偏差约 5%。较传统卷烟而言，炭加热卷烟用的卷烟纸材料渗透系数很低，抽吸过程中空气仅能从烟支前段进入烟支，参与热源的燃烧反应，并且燃烧烟气不会经卷烟纸向外扩散。依据该原理，利用卷烟烟气气相组分检测装置，可实现对热源及炭加热卷烟烟气气相成分的逐口在线检测，结合炭质热源的低位热值和元素分析数据，经过化学计量学推导和数学运算，即可得到逐口抽吸过程中消耗的炭热源质量和燃烧放热量。

可调谐二极管激光吸收光谱（TDLAS）技术以可调谐半导体激光作为光源，利用激光高分辨特性，能够有效排除其他物质的吸收干扰，具有抗干扰能力强、灵敏度高、响应速度快和性价比高等优点,是一种用于复杂气体分子浓度检测的有效技术手段。根据现有技术的发展现状,李斌等自主研发了卷烟烟气气相产物动态检测装置和方法(图4-21),并对系统进行标定和建立相应标准曲线。

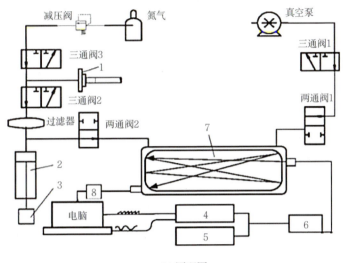

(a) 原理图

(b) CO/CO_2 检测装置

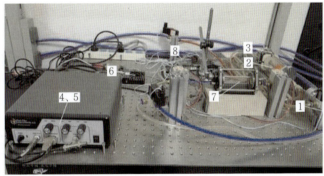

(c) 耗氧量检测装置

图 4-21 卷烟烟气气相成分在线检测装置

1—烟支夹持器; 2—吸烟机元件; 3—电机; 4—激光控制器; 5—温度控制器;
6—激光器; 7—集成式气体吸收池; 8—数据采集器

(1)假设样品中不含氮和硫等元素,使用元素分析仪测定热源材料中碳、氢、氧元素的含量,根据元素分析结果,将热源样品的化学组成表达为 $CH_{2m}O_n$,其中:

$$m = \frac{\frac{\omega_H}{2 \times 1.008}}{\frac{\omega_C}{12.011}} = \frac{5.958\omega_H}{\omega_C} \tag{1}$$

$$n = \frac{\frac{\omega_O}{15.999}}{\frac{\omega_C}{12.011}} = \frac{0.751\omega_O}{\omega_C} \tag{2}$$

使用氧弹量热仪测定热源样品在完全燃烧时的燃烧热值 ΔH_1，单位为 kJ/g，该过程的化学反应式为：

$$z(\mathrm{CH}_{2m}\mathrm{O}_n)(s) + z\left(1 + \frac{m-n}{2}\right)\mathrm{O}_2(g) \rightarrow z\mathrm{CO}_2(g) + mz\mathrm{H}_2\mathrm{O}(l) \tag{3}$$

对于单位质量的样品：

$$z = \frac{1}{12.011 + 2 \times 1.008m + 15.999n} \tag{4}$$

（2）假设入口气体和出口气体的温度、压力相等，体积分别为 V_1 和 V_2，燃烧过程中氮气不发生反应。将大气中一氧化碳、二氧化碳、氧气和水分的体积浓度表示为 $[\mathrm{CO}]_1$、$[\mathrm{CO}_2]_1$、$[\mathrm{O}_2]_1$、$[\mathrm{H}_2\mathrm{O}]_1$。将烟支样品中的烟草原料取出，在 ISO 抽吸模式下使用卷烟烟气气相产物检测装置，将滤嘴端烟气中的一氧化碳、二氧化碳和氧气的体积浓度表示为 $[\mathrm{CO}]_2$、$[\mathrm{CO}_2]_2$、$[\mathrm{O}_2]_2$。

忽略燃烧过程中热源组分的变化，根据质量守恒原理，热源燃烧过程可用下式表示：

$$y(\mathrm{CH}_{2m}\mathrm{O}_n) + (f\mathrm{O}_2 + g\mathrm{N}_2 + h\mathrm{CO}_2 + k\mathrm{H}_2\mathrm{O}) \rightarrow p\mathrm{CO}_2 + r\mathrm{CO} + s\mathrm{H}_2\mathrm{O} + t\mathrm{O}_2 + u\mathrm{N}_2 \tag{5}$$

其中，y、f、g、h、k、p、r、s、t、u 均为相应组分的物质的量，则

$$f = [\mathrm{O}_2]_1 \cdot V_1 \tag{6}$$

$$h = [\mathrm{CO}_2]_1 \cdot V_1 \tag{7}$$

$$p = [\mathrm{CO}_2]_2 \cdot V_2 \tag{8}$$

$$r = [\mathrm{CO}]_2 \cdot V_2 \tag{9}$$

$$t = [\mathrm{O}_2]_2 \cdot V_2 \tag{10}$$

根据反应前后化学元素守恒可知：

碳元素：

$$y + h = p + r \tag{11}$$

氢元素：

$$2my + 2k = 2s \tag{12}$$

氧元素：

$$ny + 2f + 2h + k = 2p + r + s + 2t \tag{13}$$

氮元素：

$$2g = 2u \tag{14}$$

由（6）~（14）联立可解得：

$$y = p + r - h = [\mathrm{CO}_2]_2 \cdot V_2 + [\mathrm{CO}]_2 \cdot V_2 - [\mathrm{CO}_2]_1 \cdot V_1 \tag{15}$$

$$s = my + k \tag{16}$$

$$u = g \tag{17}$$

$$\begin{aligned} t &= \frac{1}{2}\big[(ny+2f+2h+k)-(2p+r+s)\big] \\ &= \frac{1}{2}\big[(ny+2f+2h+k)-(p+y+h+my+k)\big] \\ &= \frac{1}{2}(n-m-1)y+f+\frac{1}{2}h-\frac{1}{2}p \end{aligned} \tag{18}$$

即

$$\begin{aligned}[O_2]_2 \cdot V_2 =& \frac{1}{2}(n-m-1)\big([CO_2]_2 \cdot V_2 + [CO]_2 \cdot V_2 - [CO_2]_1 \cdot V_1\big) \\ &+ [O_2]_1 \cdot V_1 + \frac{1}{2}[CO_2]_1 \cdot V_1 - \frac{1}{2}[CO_2]_2 \cdot V_2 \end{aligned} \tag{19}$$

合并同类项后得：

$$V_2 = \frac{\left[\frac{1}{2}(n-m)-1\right][CO_2]_1 - [O_2]_1}{\left[\frac{1}{2}(n-m)-1\right][CO_2]_2 + \frac{1}{2}(n-m-1)[CO]_2 - [O_2]_2} \cdot V_1 \tag{20}$$

将式（20）带入式（15），便可求解出抽吸过程中逐口消耗的热源材料的量 y：

$$\begin{aligned} y &= \frac{\big([CO_2]_2+[CO]_2\big)\left\{\left[\frac{1}{2}(n-m)-1\right][CO_2]_1-[O_2]_1\right\}}{\left[\frac{1}{2}(n-m)-1\right][CO_2]_2+\frac{1}{2}(n-m-1)[CO]_2-[O_2]_2} \cdot V_1 - [CO_2]_1 \cdot V_1 \\ &= \frac{\left([O_2]_2-\frac{1}{2}[CO]_2\right)[CO_2]_1-\big([CO_2]_2+[CO]_2\big)[O_2]_1}{\left[\frac{1}{2}(n-m)-1\right][CO_2]_2+\frac{1}{2}(n-m-1)[CO]_2-[O_2]_2} \cdot V_1 \end{aligned} \tag{21}$$

若只计逐口抽吸过程中实际发生反应的物质 ΔH_2，其反应方程式为

$$(CH_{2m}O_n)(s)+(f-t)O_2(g) \rightarrow (p-h)CO_2(g)+rCO(g)+(s-k)H_2O(g) \tag{22}$$

引入标准质量生成焓的概念，规定在标准压力和298K条件下，由最稳定的单质合成标准压力下单位质量物质A的反应焓变，叫作物质A的标准质量生成焓，为了与标准摩尔生成焓区分，用符号 $\Delta_f H_w$ 表示，单位为 kJ/g，由此可知标准质量生成焓和标准摩尔生成焓存在如下关系：

$$\Delta_f H_w(A, 相态, 298K) = \frac{\Delta_f H_m(A, 相态, 298K)}{M} \tag{23}$$

则反应热、标准摩尔生成焓与标准质量生成焓之间的关系为

$$\Delta_r H_m(298K) = \sum_B V_B \Delta_f H_m(B, 298K) = \sum_B \Delta m_B \Delta_f H_w(B, 298K) \tag{24}$$

那么，对于式（3），有

$$\Delta_f H_w(CH_{2m}O_n, s, 298K) = z\big[44.009 \times \Delta_f H_w(CO_2, g, 298K) \\ + 18.015m \times \Delta_f H_w(H_2O, l, 298K)\big] - \Delta H_1 \tag{25}$$

代入式（22）可求 ΔH_2，同理可求燃烧完全生成 CO 时的反应热 ΔH_3。

$$y(CH_{2m}O_n)(s) + y\left(\frac{1+m-n}{2}\right)O_2(g) \rightarrow yCO(g) + myH_2O(g) \tag{26}$$

进而可知每消耗 1g 氧气，完全燃烧时对应的放热量

$$q_1 = \frac{-\Delta H_1}{2 \times 15.999 \times z\left(1 + \frac{m-n}{2}\right)} \tag{27}$$

不完全燃烧时的放热量

$$q_1' = \frac{-\Delta H_2}{2 \times 15.999 \times (f-t)} \tag{28}$$

燃烧生成 1g CO_2 的放热量

$$q_2 = \frac{-\Delta H_1}{44.009 \times z} \tag{29}$$

燃烧生成 1g CO 的放热量

$$q_3 = \frac{\Delta H_3}{28.01 \times y} \tag{30}$$

（3）假设大气的湿度为 H，氧气的体积分数为 21%，V_m 为标准摩尔体积，那么入口气体各组分的浓度可表示为

$$H = \frac{p_{水蒸气}}{p_{饱和水蒸气}} \tag{31}$$

$$x[H_2O]_1 = \frac{V_{水蒸气}}{V_{湿空气}} = \frac{n_{水蒸气}}{n_{湿空气}} = \frac{p_{水蒸气}}{p_{大气压}} = \frac{H \cdot p_{水蒸气}}{p_{大气压}} \tag{32}$$

$$[H_2O]_1 = \frac{x[H_2O]_1}{V_m} = \frac{H \cdot p_{水蒸气}}{V_m p_{大气压}} \tag{33}$$

$$[O_2]_1 = \frac{x[O_2]_1}{V_m} = \frac{0.21 \times (1 - x[H_2O]_1)}{V_m} \tag{34}$$

$$[CO_2]_1 = \frac{x[CO_2]_1}{V_m} = \frac{0.0003 \times (1 - x[H_2O]_1)}{V_m} \tag{35}$$

$$[CO]_1 = 0 \tag{36}$$

根据逐口抽吸过程前后氧气、二氧化碳和一氧化碳浓度变化情况，利用式（21）和式（28 ~ 30）即可计算出在特定抽吸模式下的炭质热源逐口的释热量。

4. 炭加热卷烟烟草段温度分布

炭加热卷烟主要是通过气体对流传热的方式来加热烟草物料，从而释放出烟碱和香

味物质，由此看来，经热源进入烟草段的气流状态对炭加热卷烟的烟气释放具有重要影响。温度是表征加热介质能量密度的重要参数之一，因此可采用微细热电偶与红外测温技术表征炭加热卷烟内部气相温度来反映热源的供热能力。

以炭加热卷烟的试验样品为例，分析炭加热卷烟内部的温度场分布情况。图4-22为手工卷制的卷烟样品的图片和温度分布检测示意图。裸露的玻璃纤维毡长度约为6 mm，试样内部烟草材料长度为12 mm，填充密度为0.55 g/cm³，水分含量为12.93%，甘油含量为10.03%，丙二醇含量为1.99%。以图4-22中的样品为试验烟支，在加拿大深度抽吸与方波抽吸模式（抽吸容量55 mL，抽吸时间2 s，间隔30 s，方波脉冲比1∶9）条件下，采用微细热电偶组测量烟支内部中心轴向（$Y=0$ mm）与直径1/4处轴向（$Y=1.8$ mm）的温度变化，分析试验样品内烟草段的温度变化规律。每根热电偶间隔2 mm，第一根热电偶在热源后1 mm处。

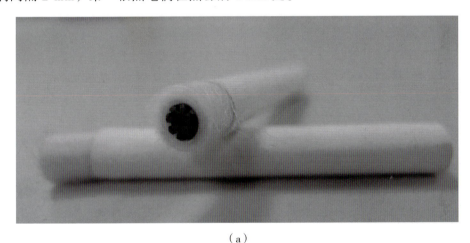

图4-22　烟支样品的实物图和热电偶检测位置示意图

从图4-23（a）中可以发现，中心沿轴向的温度变化可以分为三个阶段：上升阶段、稳定阶段和下降阶段。烟草段内第一根热电偶处的温度基本在第5口时达到峰值

（850 ℃左右），并保持到第 9 口，然后温度开始下降。随着轴向距离的增加，升温速率逐渐减小，导致上升阶段对应的抽吸口数逐渐增多，而稳定阶段逐渐减少，这与热气流运动方向一致。从图中可以发现，前 9 mm 的中心位置处的最高温度都高于 400 ℃。当 $Y=1.8$ mm 时，从整体上看，温度曲线仍呈现为三个阶段，虽然 1 mm 和 3 mm 处的最高温度低于中心位置，但是各位置基本都在第 5 口抽吸时达到较高的温度，稳定阶段对应的口数明显增多，并且第 6 根热电偶（即 9 mm 处）的最高气相温度可达 360 ℃左右。

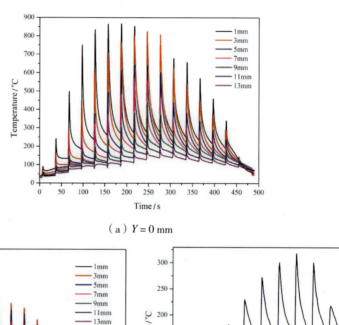

(a) $Y = 0$ mm

(b) $Y = 1.8$ mm

(c) $Y = 3.7$ mm

图 4-23　加拿大深度抽吸模式下炭加热卷烟样品内部不同位置温度随时间变化规律

图 4-24 是将烟草基质去掉后，烟支不同位置的气流温度。对比图 4-23 和图 4-24 可以发现，在抽吸前几口时，烟草段各测量点的温度低于相同位置的热气流的温度，这可能是由烟草材料吸热导致的；接下来的抽吸过程中，烟草段各检测点的温度高于相同位置的热气流的温度，尤其在 1 ~ 9 mm 处表现更为明显。假设烟丝填充引起的吸阻和流场的变化不会影响热源燃烧状态和释热量的改变，那么可能是烟草在抽吸过程中发生

了缓慢的氧化反应，反应放热导致温度上升。

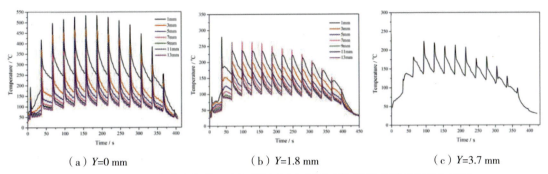

（a）$Y=0$ mm　　　　　　（b）$Y=1.8$ mm　　　　　　（c）$Y=3.7$ mm

图 4-24　无烟草填充条件下卷烟样品内部不同位置气流温度随时间变化规律

选取第 5 口得到的温度数据，采用克里格插值法进行插值计算，并绘制相应的温度分布图，如图 4-25 所示，0 s 为抽吸开始时刻，2.0 s 为抽吸结束时刻，2.5 s 代表抽吸间隔的静燃过程。热气流温度基本呈锥形分布，抽吸开始时，热气流进入烟草段，温度较高区域主要集中在轴向中心线附近；0.5 s 时，加热效应逐渐凸显，较高温度区域逐渐向四周扩展；1.0 s 时，气体流量达到最高点，烟芯材料与热气流中的氧气反应放热的加热效应逐渐凸显，温度最高的区域向两侧扩大，面积达到最大；1.5 s 时，气体流量开始下降，传热和反应造成的热效应被削弱，温度最高区域逐渐被分成两块；2.5 s 时，烟草段整体上开始冷却，此时导热成为主要传热方式，高温区域分布在靠近热源区域。

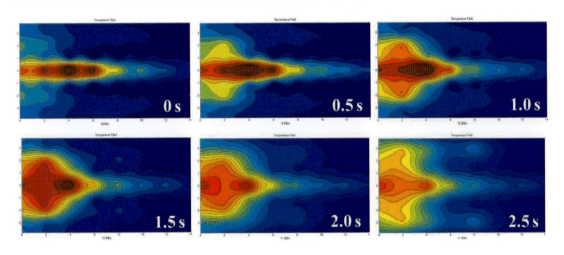

图 4-25　抽吸第 5 口时样品烟草段的温度分布图

方波抽吸模式下，第 2 和第 3 根热电偶测量的温度变化趋势基本与马萨诸塞模式下的试验结果相似，其他位置处测得的数据偏小，这可能也与测量误差和样品的稳定性有关，如图 4-26 所示。因此，可以认为抽吸容量一定的情况下，抽吸曲线对卷烟样品内部的温度分布规律没有明显影响。

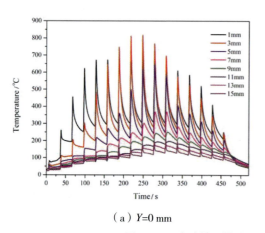
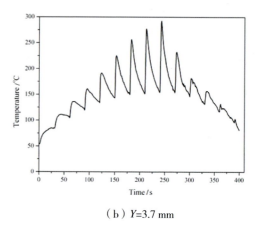

(a) $Y=0$ mm　　　　　　　　(b) $Y=3.7$ mm

图 4-26　方波抽吸模式下烟草段温度随时间变化规律

4.2　烟芯材料设计与开发

烟芯材料作为产生可抽吸烟气的核心部分，直接影响炭加热卷烟的感官品质。炭加热卷烟不同于普通卷烟，其烟芯材料经高温燃烧的炭棒加热，在非燃烧状态下释放可抽吸烟气。因此现有燃吸式卷烟烟芯材料无法有效适配炭加热卷烟，需要重新开发适用于炭加热卷烟的烟芯材料。

笔者广泛调研国内外炭加热卷烟烟芯材料专利技术，在此基础上提炼炭加热卷烟烟芯材料设计需求，主要以经典造纸法再造烟叶制备工艺（"Eclipse"烟草制品干馏段烟芯材料采用该工艺）为例，从烟芯材料配方设计、烟芯材料制备工艺方面进行阐述和技术展示。

4.2.1　烟芯材料设计需求分析

1. 市售代表性产品烟芯材料

雷诺美国作为炭加热卷烟产品研发的先行者，一直致力于推动炭加热卷烟产品量产及市场化销售工作。从 20 世纪 80 年代的 Primer，到 90 年代的 Eclipse，再到现在的 REVO，雷诺公司在研发道路上从未止步。其中，REVO 为其最新一代市售产品，在一定意义上代表了雷诺美国乃至烟草行业炭加热卷烟领域的技术发展方向。

REVO 烟草段为两段式结构设计，烟丝含水率为 10%～12%。其中烟丝段 1 的烟丝为造纸法再造烟叶切丝制成，为了利于气溶胶递送，烟丝均沿着烟支轴向有序排列，整体上，手感潮湿，具有较高的料液负载率。经检测，该部分的甘油及1,2-丙二醇等雾化剂含量大于35%，烟碱含量超过5%，明显高于常规燃吸型卷烟，表明该段烟芯材料为REVO烟气的主要来源。

烟丝段2同为造纸法再造烟叶切丝制成，手感干燥，吸阻较低，且该段烟丝呈无规则排列。经检测，该部分甘油及1,2-丙二醇等雾化剂含量小于1%，烟碱含量小于1.5%，烟碱含量明显低于常规燃吸型卷烟。结合加热卷烟抽吸需求和烟气形成机理可知，烟丝段2不是气溶胶产生主体，该段的主要作用是为烟气气溶胶降温。

基于上述分析，以REVO为代表的市售加热卷烟烟芯材料设计技术主要有以下几点：

（1）烟芯材料除了具有产生气溶胶的核心功能外，可被赋予其他功能，如气溶胶降温。

（2）烟芯材料主体部分（产生气溶胶）需外加较多料液，主要是雾化剂、烟碱及香气物质。其中，雾化剂方面，考虑到炭质热源燃烧温度、烟芯材料不燃烧状态及烟雾量需求，雾化剂含量应明显高于电加热卷烟。

（3）烟芯材料非主体部分（具有不同于产生气溶胶核心功能的其他功能属性）可根据具体功能需求开展功能化设计，如气溶胶降温等。

2. 炭加热卷烟烟芯材料专利技术

专利是窥探炭加热卷烟烟芯材料技术发展的另一个有效途径。本书摘取了国内外烟草企业炭加热烟芯材料相关代表性专利进行解读，为炭加热卷烟烟芯材料设计提供技术参考与借鉴。

1）国际烟草企业炭加热卷烟烟芯材料代表专利

（1）雷诺美国炭加热卷烟烟芯材料专利解读。

除了其代表性产品REVO和Eclipse类产品采用的再造烟叶形态，雷诺美国在中国申请的专利"分段式抽吸制品"（CN102946747A），对其炭加热卷烟及其他类型烟芯材料的技术特征进行保护，具体涉及技术特征如下：

①气雾生成段（烟芯材料段）包含气雾形成材料，具有一定长度且设置在所述生热段与所述嘴端之间，但与生热段和嘴端在物理上分开。其中所述气雾生成段包括大致圆柱形的单体基材。

②单体基材主要包括烟草、丙三醇、水和黏结剂，所述黏结剂包括质量分数为70%~80%的水、1%~5%的磷酸氢二铵以及20%~30%的烟草。

③该单体基材有别于常规再造烟叶，可包括挤压材料或由挤压材料构成。

为了进一步说明发烟芯材的技术特征，该专利实施例中对烟芯材料的具体实现形式进行了示例性说明，挤压基材形成十个外部槽和 0.032 in（1 in=25.4 mm）的中心孔，且包括以下组分，如表 4-11 所示。

表 4-11 挤压型烟芯材料组分示例

组分	质量 /mg	质量分数 /（%）
烤烟烟片	50	14.4
白肋烟草	30	8.6
土耳其烟草	20	5.8
碳酸钙	100	28.8
丙三醇	80	23.1
CMC（黏结剂）	12	3.5
水	55	15.9

（2）菲莫国际炭加热卷烟烟芯材料专利解读。

菲莫国际在中国申请的专利"基于蒸馏的发烟制品"（CN101778578A），对其炭加热卷烟及其他类型烟芯材料的技术特征进行保护，具体涉及技术特征如下：

①气雾生成段（烟芯材料段）为均质烟草材料棒，如再造烟叶、涂敷的烟草薄片、挤出烟草或其混合物，其中负载甘油等雾化剂、香料、黏结剂或其混合物。

②烟芯材料可包括一种或多种在工作温度下挥发的香料浸渍或以其他形式加载的惰性载体材料。惰性材料可以是任何合适的在基于蒸馏的发烟制品的工作温度下基本上热稳定的已知材料，包括但不限于多孔陶瓷材料以及天然存在的或合成的聚合物材料，如纤维素和化学改性纤维素。例如，烟芯材料可包括烟碱或烟草基材料，比如被涂敷到或涂覆到惰性辅材或支撑体上的从烟草获得的提取物或烟草基糊状物。

（3）英美烟草炭加热卷烟烟芯材料专利解读。

英美烟草在中国申请的专利"卷烟制品用的气悬体发生剂、气悬体发生燃料以及卷烟制品"（CN1820665A），对其炭加热卷烟烟芯材料的技术特征进行保护，该专利涉及的烟芯材料不同于再造烟叶形态，以有机和无机填充材料负载香味剂，经黏合制备而成，具体涉及技术特征如下：

①烟芯材料包含有机填充材料、雾化剂、香味剂、有机黏结剂、膨胀介质和不燃性无机填充材料，其中雾化剂含量 5%～30%，优选约 20%。

②不燃性无机填充材料是下列材料中的一种或多种：珍珠岩、蛭石、硅藻土、胶态二氧化硅、白垩、氧化镁、硫酸镁、碳酸镁，或其他低密度不燃性无机填充材料。有机

填充材料包括有机酸的无机盐或多糖材料。雾化剂包括多元醇类、酯类，或者高沸点烃类，优选甘油、丙二醇、三甘醇、柠檬酸三乙酯或甘油二乙酸酯。

（4）日本烟草炭加热卷烟烟芯材料专利解读。

日本烟草在中国申请的专利"烟制品"（CN1607911A），对其炭加热卷烟的烟芯材料技术特征进行保护，该专利涉及的烟芯材料采用粒状物形态，具体涉及的技术特征如下：

①烟芯材料为多个粒状物，以干燥质量为基准，香味散发部按照干燥质量标准（即不含水分时的比重）分别包含"实质"上非多孔无机填充材料的质量分数为65%~93%、黏结剂为1%~3%以及香味物质为6%~32%。

②香味物质，包含受热生成气溶胶的物质（醇类、糖类、水）或仅产生香味的物质（薄荷醇、咖啡因、天然提取物）、烟草、烟草提取物或它们的混合物等。其中，醇类优选甘油或丙二醇及它们的混合物。

为便于理解，摘选该专利代表性实施例，简介如下：①组分：碳酸钙，质量分数为80%；甲基羟乙基纤维素，质量分数为1%；甘油（香味物质），质量分数为19%。②形状：球状。③代表粒径（d）：1.5 mm。使用该烟芯材料，香气递送稳定性相比采用再造烟叶型烟芯材料制备的对照样明显更好（图4-27）。

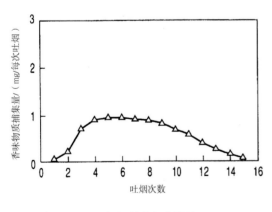
（a）粒装烟芯材料

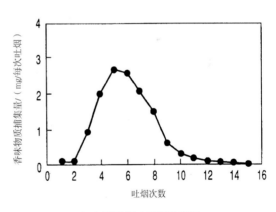
（b）再造烟叶型烟芯材料

图4-27 香气物质逐口递送分析

2）国内烟草行业炭加热卷烟烟芯材料代表专利

湖北中烟、云南中烟、郑州烟草研究院等国内多家单位先后开展了炭加热卷烟产品研发工作，并在烟芯材料方面形成了一些特色技术，本书以湖北中烟专利技术为例进行解读。湖北中烟申请的专利"一种碳加热低温卷烟复合填充丝及其制备方法"（CN104824833A），公开了一种碳加热低温卷烟复合填充丝及其制备方法，具体技术如下：

（1）烟芯材料添加料液按质量份数比计，由1份的1,2-丙二醇、10份的甘油、0.4

份的琼脂或 0.064 份的结冷胶或 0.08 份的 Phytage 植物凝胶或 0.2 份的 Agargellan、0.004 份的苯甲酸钠、4 份的烟草提取物、0.01 份的烟用香精香料和 10 份的纯水组成。

（2）复合填充烟芯材料制备方法：

① 按上述原料的质量份数称取 1,2-丙二醇、甘油、固化剂、苯甲酸钠、烟草提取物、烟用香精香料和水。

② 将水加热，向热水中加入固化剂，加热至 85～95 ℃并搅拌成匀浆状态；再向匀浆中依次加入烟用香精香料、烟草提取物、苯甲酸钠、甘油、1,2-丙二醇，得到混合物。

③ 将制备得到的混合物涂布到铝箔纸的同一侧上，重复 1～4 次；然后在 100～120 ℃温度下烘干 10～25 min；切丝，得到复合填充丝。

该复合填充丝相比传统炭加热低温卷烟烟芯材料而言，传热更快，发雾量更大，受热更均匀，烟气释放效果、感官质量较好，烟支外观正常。

3. 炭加热卷烟烟芯材料设计需求分析

基于上文对炭加热卷烟烟芯材料产品及相关专利的剖析，将经典的炭加热卷烟产品烟芯材料设计需求简要归纳为如下几点：

（1）烟芯材料的核心功能为加热而非在燃烧状态下提供可抽吸气溶胶，通常包含适量或较高比例的雾化剂，如甘油、丙二醇等。

（2）烟芯材料及其负载的香气和烟碱等重组材料，形态多样，如再造烟叶状、以无机材料为骨架的颗粒状等。烟芯材料的开发主要立足于消费者对烟草制品的需求，烟草提取物或烟草原料均为其重要组成部分。

（3）通过调控雾化剂含量以及原料材质、形态等技术手段，使烟芯材料在炭质热源加热下保持受热非燃烧状态。

（4）烟芯材料需关注烟气有效物质负载量及其递送稳定性。

4.2.2　烟芯材料开发示例

在上文提炼的炭加热卷烟烟芯材料设计需求的基础上，以经典造纸法再造烟叶制备工艺（"Eclipse"烟草制品干馏段烟芯材料制备采用该工艺）为例，从烟芯材料配方设计、烟芯材料制备工艺方面进行阐述和技术展示。

1. 造纸法再造烟叶制备工艺介绍

造纸法再造烟叶是利用造纸工艺，结合提取分离技术，使用烟叶碎片、烟梗等原料重组生产出来的"工业化烟叶"。独特的生产工艺流程（图 4-28），赋予造纸法再造烟叶独特的理化特性和烟气特性，能够满足卷烟质量提升、风格塑造、降焦减害等多方面的需求。造纸法再造烟叶基本保持烟叶原纤维形态，烟叶组织均匀、成丝率高、填充值高、吸食性好、燃烧性好，保持了自然烟叶的有效成分。造纸法再造烟叶抗水性强，因此具有添加高含量发烟剂的潜能。

鉴于我国烟草行业具有成熟的造纸法再造烟叶生产加工平台，且生产的造纸法再造烟叶发烟剂添加量高。因此本书以造纸法再造烟叶为基材，进行炭加热卷烟烟芯材料开发的示例性讲解。

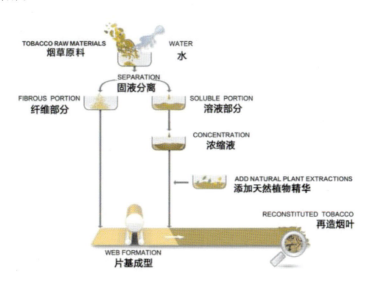

图 4-28 造纸法再造烟叶生产工艺流程

2. 配方开发

原料的选择是决定再造烟叶品质的关键。对于造纸法再造烟叶的生产来说，原料的成分决定了提取液的主体成分，而提取液经浓缩后所得到的浓缩液是涂布液的最主要成分，所以原料在很大程度上决定了造纸法再造烟叶的化学成分、内在抽吸质量及风格特征。因此，对炭加热卷烟专用再造烟叶的原料配方组成进行研究，探索原料配方对炭加热卷烟专用再造烟叶的感官质量及风格特征的影响具有重要意义。

1）原料筛选

为保障炭加热卷烟烟芯材料的感官质量和风格特征，为再造烟叶型芯材构建良好的品质基础，筛选品质较好的烟草原料进行原料配方试验。

（1）碎片型产品原料配方试验。

为了开发具有烤烟风格的再造烟叶型芯材原料配方，采用以清香风格为主的优质烟草原料，通过降低烟梗比例及提高碎片比例等方式提高产品品质。我们通过改变烟梗、碎片、烟灰和烟末的质量分数，配置了一系列原料配方，原料类型及配方比例详见表4-12至表4-15。

表 4-12　产品原料配方 01（烟梗 50%，烟末 10%）

序号	原料类别	烟草原料名称	配方比例
1	烟梗（50%）	玉溪某品种烟草短梗	13.50%
2		大理某品种烟草中部复烤长梗	7.00%
3		大理某品种烟草复烤短梗	5.00%
4		某品种烟草复烤长梗	4.00%
5		保山某品种烟草中部复烤长梗	9.00%
6		楚雄某品种烟草中部长梗	3.00%
7		玉溪制丝梗签	7.00%
8		普洱某品种烟草中部长梗	1.50%
9	碎片（20.5%）	玉溪某品种烟草上等烤烟芝麻片	4.00%
10		玉溪制丝芝麻片	6.00%
11		大理某品种烟草下等烤烟芝麻片	3.00%
12		大理某品种烟草上等烤烟芝麻片	2.00%
13		德宏州某品种烟草烟丝	2.50%
14		大理卷烟厂分级碎片	3.00%
15	烟灰/棒（19.5%）	玉溪卷包烟灰	9.50%
16		红河制丝烟灰棒	10.00%
17	烟末（10%）	大理制丝烟末	1.00%
18		玉溪复烤烟末	9.00%
合计			100%

表 4-13　产品原料配方 02（烟梗 45%，烟末 14%）

序号	原料类别	烟草原料名称	配方比例
1	烟梗（45%）	玉溪某品种烟草短梗	15.0%
2		玉溪某品种烟草中部长梗	3.0%
3		大理某品种烟草上部复烤长梗	6.0%
4		福建三明长梗	5.0%
5		曲靖上部复烤长梗	4.0%
6		保山某品种烟草中部复烤长梗	12.0%

续表

序号	原料类别	烟草原料名称	配方比例
7	碎片（25%）	玉溪某品种烟草上等烤烟芝麻片	5.5%
8		玉溪中等烤烟芝麻片	6.5%
9		大理某品种烟草上等烤烟芝麻片	5.3%
10		大理某品种烟草上等烤烟芝麻片	4.0%
11		红河上等烤烟芝麻片	0.5%
12		云南文山中等烤烟芝麻片	1.0%
13		曲靖上等烤烟芝麻片	1.2%
14		德宏州某品种烟草烟丝	1.0%
15	烟灰/棒（16%）	玉溪卷包烟灰	6.0%
16		大理制丝烟灰棒	10.0%
17	烟末（14%）	玉溪制丝烟末	8.0%
18		大理分级烟末	4.0%
19		曲靖复烤烟末	2.0%
合计			100.0%

表 4-14　产品原料配方 03（烟梗 40%，烟末 20%）

序号	原料类别	烟草原料名称	配方比例
1	烟梗（40%）	有机烟短梗	0.3%
2		玉溪短梗	15.0%
3		大理复烤短梗	8.0%
6		曲靖上部上等长梗	7.0%
7		保山某品种烟草复烤短梗	5.0%
9		昆明复烤短梗	4.2%
10		微波玉溪某品种烟草膨梗	0.5%

续表

序号	原料类别	烟草原料名称	配方比例
11	碎片（35%）	玉溪某品种烟草上等烤烟芝麻片	11.0%
13		玉溪制丝芝麻片	7.0%
14		玉溪某品种烟草中等烤烟芝麻片	2.0%
11		大理某品种烟草上等烤烟芝麻片	11.0%
18		保山某品种烟草复烤碎片	2.0%
19		文山试机片烟	2.0%
20	烟灰（5%）	玉溪制丝烟灰	5.0%
21	烟末（20%）	玉溪制丝烟末	7.5%
23		大理制丝烟末	7.5%
24		玉溪复烤烟末	5.0%
合计			100.0%

表4-15 产品原料配方04（烟梗45%，烟末22%）

序号	原料类别	烟草原料名称	配方比例
1	烟梗（45%）	玉溪短梗	7.00%
2		红河短梗	5.00%
3		昆明复烤短梗	8.00%
4		保山某品种烟草复烤短梗	10.00%
5		大理某品种烟草中部复烤长梗	7.00%
6		昆明某品种烟草长梗	8.00%
7	碎片（25%）	玉溪某品种烟草上等烤烟芝麻片	3.00%
8		大理某品种烟草上等烤烟芝麻片	9.00%
9		曲靖上等烤烟芝麻片	4.00%
10		玉溪中等烤烟芝麻片	4.00%
12		红河上部复烤碎片	5.00%

续表

序号	原料类别	烟草原料名称	配方比例
13	烟末（22%）	昆明制丝烟末	7.00%
14		大理分级烟末	3.00%
15		玉溪复烤烟末	5.00%
16		保山复烤烟末	4.00%
17		曲靖卷包烟末	3.00%
18	烟灰/棒（8%）	昆明制丝烟灰棒	4.00%
19		大理卷包烟灰棒	4.00%
合计			100%

按照造纸法再造烟叶生产工艺流程制备样品，将以上4个配方的烟草原料进行提取浓缩，得到烟草浓缩液；将剩余的固渣进行打浆抄造，得到定量为 $55 \pm 1.5 \ g/m^2$ 的片基；按涂布液配方，使用经提取浓缩得到的4个配方浓缩液配制涂布液，涂布在片基上制备成基础样品；将涂布后样品置于100 ℃烘箱内烘烤至水分含量约11.5%，然后将样品取出，放入自封袋密封保存。涂布液配方如表4-16所示。

表4-16 涂布液配方

序号	物料名称	清香型产品原料配方				备注
		1	2	3	4	
1	浓缩液	80.0%	80.0%	80.0%	80.0%	$\rho=1.2000 \pm 0.0003$（g/mL）
2	甘油	30.0%	30.0%	30.0%	30.0%	—

注：浓缩液浓度稳定性通过密度表征，密度波动范围见备注列。

将样品切丝后制备成炭加热卷烟样品，并进行感官质量评价。感官质量评价结果表明：烟梗和烟末含量分别为40%和20%的产品原料配方（03烤烟）风格明显，发烟量足，香气质较好，可满足抽吸口数。后续，将采用该配方（定义为配方a）进行添加剂开发试验工作。

（2）产品原料配方试验。

烟草原料中烟叶原料致香成分及烟碱较烟梗原料含量高，为提高芯材香气量、改善香气质、增强抽吸时的生理满足感，采用片烟、碎片进行原料配方试验。配方比例及原料类型详见表4-17和表4-18。

表 4-17 叶组产品原料配方 01（全片烟）

序号	烟草原料具体品名	配方比例/（%）
1	烤烟 / 辽宁 / 某品种烟草 /XLF-2/FW/P/	14.5
2	烤烟 / 贵州铜仁 / 某品种烟草 /C4F/FW/P/	25.0
3	烤烟 / 湖南株洲 / 某品种烟草 /C4F/FW/P/	11.0
4	烤烟 / 湖南邵阳 / 某品种烟草 /C4F/FW/P/	7.0
5	烤烟 / 贵州遵义 / 某品种烟草 /C4F/FW/P/	5.5
6	烤烟 / 云南红河 / 某品种烟草 / 红河 C/FW/P/	11.0
7	烤烟 / 云南红河 / 某品种烟草 /KXF-3-2/FW/P/	7.5
8	烤烟 / 云南昆明 / 某品种烟草 /XZH/FW/P/	11.0
9	烤烟 / 曲靖罗平 / 某品种烟草 /C3L/FW/P/	7.5
合计		100

表 4-18 叶组产品原料配方 02（全碎片）

序号	烟草原料具体名称	配方比例/（%）
1	玉溪制丝芝麻片	12.00
2	玉溪分级碎片	5.00
3	玉溪中等烤烟芝麻片	5.00
4	玉溪江川烟片Ⅱ	7.00
5	大理某品种烟草中等烤烟芝麻片	2.50
8	楚雄某品种烟草复烤碎片	0.50
9	保山复烤碎片	2.00
10	红河复烤碎片	2.00
11	文山试剂片烟	2.00
12	德宏州晒黄烟丝	2.00
13	石林分级碎片	1.00
14	玉溪某品种烟草特色模块 01/k/sp/A/TY201-202	5.00
15	烤烟通用模块 01/K/SP/B/TY304-231	20.00
16	烤烟通用模块 02/K/SP/B/TY231-201	15.00
17	云南某规格烟片Ⅳ	7.00

续表

序号	烟草原料具体名称	配方比例/(%)
18	云南某品种烟草特色模块01/K/SP/A/TY201-202-304	12.00
合计		100

烟草原料经提取浓缩后得到烟草浓缩液，剩余固渣经打浆抄造后得到定量为 50 ± 1.5 g/m² 的片基，按涂布液配方配制涂布液进行涂布制样，将涂布后样品置于100 ℃烘箱内烘烤至水分含量约11.5%，之后将样品取出，放入自封袋密封保存。

以清香型产品原料配方02叶组为对照，将样品切丝后制备成炭加热卷烟样品，并进行感官质量评价。感官质量评价结果表明：全片烟原料配方制作的样品发烟量足，香气量足，丰富性较好，基础品质较好；全碎片样品香气量及丰富性较全片烟样品稍差。样品感官质量为全片烟优于全碎片。

2）芯材添加剂配方开发

在原料配方研究的基础上，开发适合炭加热卷烟的专用型再造烟叶添加剂配方。使用上文优选的原料配方a，按添加剂配方配制不同的涂布液，涂布片基制备样品；将涂布后样品置于100 ℃烘箱内烘烤至水分含量约11.5%，然后将样品取出，放入自封袋密封保存。添加剂配方见表4-19。

表4-19 添加剂配方设计

	序号	浓缩液/(%)	甘油/(%)	丙二醇/(%)	香料/(%)
配方1	A	60.00	26.00	9.00	—
	B	60.00	30.00	10.00	—
	C	60.00	34.00	11.00	—
配方2	A	50.00	34.00	3.00	10.00
	B	60.00	34.00	11.00	—
配方3	A	80.00	30.00	—	—
	B	70.00	30.00	—	—
	C	60.00	35.00	—	—
	D	80.00	35.00	—	—
	E	80.00	30.00	5.00	—
	F	80.00	40.00	—	—

注：各物料（浓缩液、雾化剂、助剂等）扣除水分后的干物质及片基总量按照100%配比进行设计；浓缩液含有水分，表格中的百分比是基于其含水重量的实际标注，片基和物料含水情况导致表格配比总和不等于100%。

将样品切丝后制备成炭加热卷烟样品,并进行感官质量评价,结果表明:①发烟剂用量越高,产生的烟雾量越多。②发烟剂中甘油比例越高,产生的烟雾量越多,且烟气柔和细腻程度提升;发烟剂中丙二醇用量越高,产生的烟雾量越少,且烟气柔和细腻程度下降。推荐炭加热型再造烟叶发烟剂以甘油为主,发烟剂用量范围为30%~40%。

3)原味型香料配方开发

采用含有表4-20中不同香料提取物的添加剂配方配制的涂布液,用于对空白片基进行涂布,将涂布后样品置于100℃烘箱内烘烤至水分含量约11.5%,加工成再造烟叶样品。将该样品切丝后制备成炭加热卷烟,并进行感官质量评价,评价结果表明:10#样品烟雾量足,香气质较好,杂气较轻,感官质量较好,但发烟量、满足感稍有不足。

为了进一步提升发烟量及满足感,增加烟草本香,进一步开展配方优化工作。在原有原料配方a的基础上,增加发烟剂及高烟碱烟草原料,改变原料配方占比,优化后烟草原料配方及涂布液配方分别见表4-21和表4-22。

表4-20 炭加热卷烟芯材香料配方表

序号	原料名称	不同配方添加比例/(%)									
		1#	2#	8#	9#	10#	11#	12#	13#	14#	18#
1	浓缩液	80.00	80.00	80.00	80.00	80.00	80.00	80.00	80.00	80.00	80.00
2	甘油	35.00	35.00	35.00	35.00	35.00	35.00	35.00	35.00	35.00	35.00
3	转化糖	0.80	0.80	0.80	0.80	0.80	0.80	0.80	0.80	0.80	0.80
4	巴西烟草精油	0.03	0.03	0.03	0.03	0.03	0.03	0.03	0.06	0.15	0.03
5	烟草精油	0.02	0.02	0.02	0.02	0.02	0.02	0.02	0.04	0.12	0.02
6	红枣精油	0.02	0.02	0.02	0.02	0.02	0.04	0.04	0.04	0.10	0.02
7	玫瑰精油	0.02	—	—	—	—	—	—	—	—	—
8	枫槭提取物	0.10	0.10	0.10	0.10	0.10	0.10	0.05	0.05	0.05	0.10
9	梅子提取物	0.10	0.05	0.05	0.05	0.05	0.05	0.05	0.05	0.08	0.05
10	烟草提取物	—	—	—	—	—	—	0.05	0.05	0.10	—
11	津烟提取物	—	—	—	—	—	—	0.05	0.05	0.15	—
12	兰花香精	—	—	—	—	1.00	1.00	—	—	—	1.00

注:各物料(浓缩液、雾化剂、助剂等)扣除水分后的干物质及片基总量按照100%配比进行设计;浓缩液含有水分,表格中的百分比是基于其含水重量的实际标注,片基和物料含水情况导致表格配比总和不等于100%。

表4-21 优化后原料配方

序号	类别	烟草原料具体名称	配方比例/（%）
1	碎片（43.40%）	玉溪制丝芝麻片	2.40
2		玉溪中等烤烟芝麻片	10.00
3		通用模块	11.00
4		红塔通用模块-1	10.00
5		玉溪江川片烟	5.00
6		昆德玉片烟	5.00
7	烟灰/棒 (32.40%)	玉溪制丝1烟灰	4.00
8		玉溪卷包烟灰	12.00
9		红河制丝烟灰棒	10.00
10		大理卷包烟灰棒	6.40
11	烟末（24.20%）	玉溪制丝烟末	10.00
13		玉溪卷包烟末	4.00
14		玉溪复烤烟末	7.20
15		大理分级烟末	3.00
合计			100

表4-22 优化后涂布液配方表

序号	物料名称	不同配方添加比例/（%）		
		21#	22#	26#
1	浓缩液	80.00	80.00	80.00
2	甘油	40.00	40.00	40.00
3	转化糖	0.800	0.800	0.800
4	烟草精油A	0.030	0.030	0.030
5	烟草精油	0.020	0.020	0.020
6	红枣精油	0.020	0.020	0.020
7	枫槭提取物	—	—	—

续表

序号	物料名称	不同配方添加比例 / (%)		
		21#	22#	26#
8	梅子提取物	0.100	0.100	0.100
9	兰花香精	0.050	0.050	0.050
10	烟草精油 B	1.00	1.00	1.000
11	云烟提取物	—	5.0	5.0
12	烟草提取物	—	—	15.00

注：各物料（浓缩液、雾化剂、助剂等）扣除水分后的干物质及片基总量按照100%配比进行设计；浓缩液含有水分，表格中的百分比是基于其含水重量的实际标注，片基和物料含水情况导致表格配比总和不等于100%。配方22#和26#在21#号设定涂布料配方基础上额外添加。

将采用不同涂布液加工的再造烟叶样品切丝后制备成炭加热卷烟样品，并进行感官质量评价。感官质量评价结果表明：采用高烟碱烟草原料制备浓缩液样品及添加5%云烟提取物的22#再造烟叶产品的烟雾量能满足需求，且烟香丰富性有提升，样品感官质量较10#样品更优。

在22#样品的基础上，采用高烟碱烟草浓缩液和品质较云烟提取物更好的烟草提取物，并额外添加15%配方比例，制备炭加热卷烟样品并进行感官质量评价，该样品烟香丰富程度、生理强度均优于22#样品。

3. 烟芯材料工艺试验

烟芯材料的制备工艺条件，如溶剂提取、烘烤温度、填料添加方式、纤维用量等，对炭加热卷烟的感官质量具有重要的影响。在配方开发的基础上，本节进一步探索烘烤温度对再造烟叶物质释放及感官质量的影响，并考察了填料添加及木浆纤维用量对再造烟叶抗张强度的影响，为提升炭加热卷烟烟芯材料感官质量及耐加工性能提供了参考，同时为生产工艺参数设定提供技术支持。

1）烘烤温区工艺试验

为保持或提高炭加热卷烟专用再造烟叶品质，使用固定烟芯材料配方及涂布液配方（浓缩液80%、甘油15%、丙二醇5%），分别在烘烤温区的烘烤温度（70 ℃、80 ℃、90 ℃、100 ℃、110 ℃、120 ℃）条件下制备了一系列样品，开展烘烤温度对芯材发烟量及感官质量的影响规律研究。

将样品切丝后制备成炭加热卷烟样品，并进行感官质量评价。感官质量评价结果表明：①随着烘烤温度的增加，炭加热卷烟样品烟雾量逐渐减少，说明发烟剂在高温烘烤条件下有一定损失；②烘烤温度较低的样品产生的烟雾量较足，但抽吸时香气量及丰富性稍欠；③根据炭加热卷烟样品感官质量及烟雾量，结合现有生产工艺，确定炭加热卷烟专用再造烟叶烘烤温度为100℃。

2）木浆用量对片基纵向抗张强度的影响

木浆纤维具有纤维长、强度高、柔韧性好等特点，因此，造纸法制备再造烟叶过程中通常添加一定比例的木浆纤维以改善片基的物理性能和抄造性能。为提高再造烟叶的耐加工性，使其抗张强度达到1.2 kN/m以上，满足聚拢成芯工艺需求，对不同木浆用量对片基纵向抗张强度的影响规律进行研究，结果如图4-29所示。

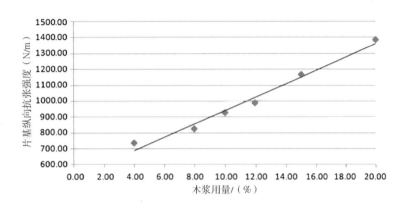

图4-29　木浆用量对片基纵向抗张强度关系图

从图4-29中可以看出，木浆用量与纵向抗张强度呈现良好的线性关系，随着木浆用量的增加，片基的纵向抗张强度也随之增加，木浆用量超过16%后，片基的纵向抗张强度可超过1.2 kN/m，木浆用量为20%时片基纵向抗张强度达到1.38 kN/m。

3）打浆度对片基纵向抗张强度的影响

打浆度对浆料纤维长度分布、宽度分布及帚化率均有影响，从而影响再造烟叶片基的物理性能。我们通过开展不同打浆度对片基纤维结构及抗张强度的影响试验，探索打浆度对片基力学性能的影响。不同打浆度再造烟叶片基的纤维结构形态结果如图4-30所示。

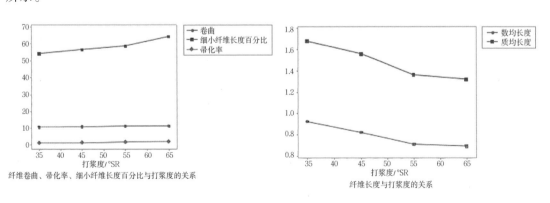

图4-30　打浆度对片基纤维形态的影响

随着打浆度提高，浆料中的细小纤维长度百分比增大，而平均长度降低。将不同打浆度条件下的浆料抄造成定量为 $55 \pm 1 \ g/m^2$ 的片基并测定片基的纵向抗张强度，结果见图4-31。从图中可以看出，随着打浆度的增加，片基纵向抗张强度先缓慢降低，后升高；当打浆度为65 °SR 时，片基纵向抗张强度最高，为0.93 kN/m。

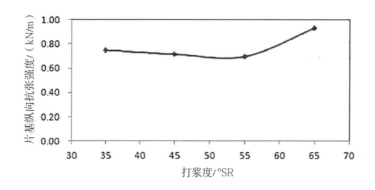

图 4-31　打浆度对片基纵向抗张强度影响关系

4）填料对片基抗张强度的影响

为了提高基片灰分含量，在生产中通常要添加一定比例的填料，从而改善基片物理性能，如吸液性能、外观性能等，并且改善基片的抽吸品质。

采用木浆添加量为20%的片基进行涂布制样，其中1#样品涂布液不加填料，2#样品涂布液中添加5%填料，制备的样品在22℃/60%RH条件下平衡48 h后测定其纵向抗张强度，结果见表4-23。

表 4-23　填料对再造烟叶抗张强度的影响

序号	样品名称	片基纵向抗张强度/（kN/m）	涂布样纵向抗张强度/（kN/m）
1	20% 木浆	1.38	0.96
2	20% 木浆 +5% 填料	1.38	1.18

从表4-23中可以看出，涂布后样品纵向抗张强度相较于片基有轻微的下降，增加填料的涂布样比原有样品的抗张强度高了23%，说明适当增加填料可提高再造烟叶的耐加工性能。

5）烟灰用量对片基纵向抗张强度的影响

烟梗中含有大量的薄壁细胞、导管、表皮细胞等非纤维细胞，而碎片和烟末几乎全部由非纤维细胞组成，因此考虑增大木浆用量，同时减少烟灰用量。配方中的木浆总用量为20%。物料经提取浓缩、打浆抄造、涂布后制样。考察涂布及木浆替换前后再造烟叶样品纵向抗张强度的变化趋势，结果见表4-24。

表 4-24 木浆替换烟灰对再造烟叶抗张强度的影响

木浆替换烟灰比例 /(%)	片基纵向抗张强度 /(kN/m)	片基横向抗张强度 /(kN/m)	涂布样纵向抗张强度 /(kN/m)
6.0	1.43	0.98	1.30
12.0	1.46	1.01	1.33

从表 4-24 中数据可以看出，涂布后样品纵向抗张强度相较于片基有轻微的下降，木浆替换烟灰比例在 6% 时涂布样的纵向抗张强度可达到 1.3 kN/m，能满足聚拢成芯工艺需求，且炭加热卷烟专用再造烟叶不发生燃烧产生烟气，提高木浆用量对抽吸品质影响较小。

6）助剂添加对片基纵向抗张强度的影响

助剂也是烟芯材料的一部分，对片基的性能具有一定影响。我们在再造烟叶片基中添加了羟甲基纤维素（CMC）作为黏结剂，通过改变 CMC 含量，考察其添加量对浆料 Zeta 电位的影响规律，结果见表 4-25。

表 4-25 CMC 添加量对浆料 Zeta 电位的影响

序号	CMC 用量 /(%)	测定浆料浓度 /(%)	Zeta 电位 /mV	电导率 /(ms/cm)	流动电势 /mV
1	0	2.0	−22.70	0.737	−0.730
2	0.20	2.0	−27.80	0.741	−0.803
3	0.40	2.0	−29.60	0.745	−0.919
4	0.60	2.0	−30.70	0.761	−0.962
5	0.80	2.0	−32.20	0.744	−1.009

从表 4-25 中的数据可以看出，在同一打浆度下，随着 CMC 用量的增加，浆料负电位逐渐升高。当 CMC 添加量达到 0.80% 时，浆料负电位最高，为 −32.20 mV。取叶组 1000 g，采用 KRK 盘磨将其精磨为打浆度为 55°SR 的浆料样品，并配制浓度为 0.5% 的 CMC 溶液，分别制备出 CMC 添加量为 0%、0.2%、0.4%、0.6%、0.8% 的浆料样品；将浆料抄造成片，测定其横向和纵向的抗张强度。不同 CMC 添加量对片基抗张强度影响的检测结果见表 4-26 和表 4-27。

表 4-26 CMC 添加量对片基横向抗张强度的影响

序号	CMC 用量 /(%)	横向抗张强度 /(kN/m)	拉伸长度 /mm	拉伸率 /(%)
1	0.0	0.836	1.058	1.057
2	0.2	1.052	1.335	1.334
3	0.4	1.017	1.004	1.001

续表

序号	CMC用量/（%）	横向抗张强度/(kN/m)	拉伸长度/mm	拉伸率/(%)
4	0.6	1.153	1.564	1.564
5	0.8	0.940	1.094	1.094

表 4-27 CMC 添加量对片基纵向抗张强度的影响

序号	CMC用量/（%）	纵向抗张强度/(kN/m)	拉伸长度/mm	拉伸率/(%)
1	0.0	1.027	0.936	0.935
2	0.2	1.192	1.901	1.897
3	0.4	1.255	1.926	1.926
4	0.6	1.280	1.781	1.780
5	0.8	1.299	1.574	1.573

从表 4-26 中的数据可以看出，随着 CMC 添加量增加，片基的横向抗张强度呈现先升后降、再升再降的特点，且变化规律和拉伸率相同。当 CMC 添加量为 0.6% 时，片基的横向抗张强度和拉伸率达到最大，分别为 1.1528 kN/m 和 1.564%。而从表 4-27 中发现，随着 CMC 添加量的提升，片基的纵向抗张强度不断增加。当 CMC 的添加量为 0.8% 时，片基的纵向抗张强度达到最大，为 1.299 kN/m。纵向的拉伸率随着打浆度的增加，呈现出先增加后降低的趋势。当 CMC 的添加量为 0.4% 时，纵向拉伸率为 1.926%。另外，在浆料中刚加入 CMC 时，片基纵向拉伸率有明显增加，增加幅度超过一倍。结合拉伸率和抗张强度数据，CMC 用量为 0.4% 时效果最佳。

4. 中试生产试验及感官质量评价

1）中试生产试验配方

在前期试验的基础上，设计了中试生产的原料配方及涂布液配方，使用此配方，进行小批量中试制备。配方表分别见表 4-28 及表 4-29。

表 4-28 中试生产原料配方

序号	原料类别	烟草原料名称	配方比例/（%）
1	烟梗（45%）	玉溪短梗	15.0
2		玉溪某品种烟草中部长梗	3.0
3		大理某品种烟草上部复烤长梗	6.0
4		福建三明长梗	5.0
5		曲靖上部复烤长梗	4.0
6		保山某品种烟草中部复烤长梗	12.0

续表

序号	原料类别	烟草原料名称	配方比例/（%）
7	碎片（25%）	玉溪某品种烟草上等烤烟芝麻片	5.5
8		玉溪中等烤烟芝麻片	6.5
9		大理某品种烟草上等烤烟芝麻片	5.3
10		大理某品种烟草上等烤烟芝麻片	4.0
11		红河上等烤烟芝麻片	0.5
12		云南文山中等烤烟芝麻片	1.0
13		曲靖上等烤烟芝麻片	1.2
14		德宏州某品种烟草烟丝	1.0
15	烟灰/棒（16%）	玉溪卷包烟灰	6.0
16		大理制丝烟灰棒	10.0
17	烟末（14%）	玉溪制丝烟末	8.0
18		大理分级烟末	4.0
19		曲靖复烤烟末	2.0
合计			100.0

表4-29 中试生产涂布液配方

序号	物料名称	配方比例/（%）	备注
1	浓缩液	51.00	$\rho=1.2000\pm0.0002$（g/mL）
2	甘油	30.00	—
3	丙二醇	6.00	—
4	烟草浸膏A	0.50	—
5	烟草浸膏B	0.20	—
6	烟草浸膏C	4.00	—
7	烟草精油A	0.30	—
8	烟草精油B	0.30	—

注：浓缩液含有水分，故表格中的百分比是基于其含水重量的实际标注；各物料扣除水分后的干物质重量和片基按照100%设计；浓缩液浓度稳定性通过密度表征，密度波动范围见备注列。

2）产品感官质量评价结果

感官质量评价结果表明，中试品香气量足，烟香较好，发烟量足，抽吸时劲头感较好。相较于实验室小样的香气量，烟香丰富性、协调性、发烟量及生理满足感均有所提升。

3）常规化学指标检测结果

对中试制备的样品进行常规化学成分检测，中试样品常规七项化学指标中总糖平均含量为6.52%，还原糖平均含量为5.46%，总氮平均含量为1.29%，硝酸盐平均含量为0.28%，钾离子平均含量为1.38%，氯离子平均含量为0.43%，总植物碱平均含量为1.63%，较常规产品含量高0.63%左右，说明抽吸时的生理满足感与产品中的总植物碱含量有一定关系。本次中试样品常规化学值检测结果偏差较小，说明中试生产过程较为稳定。

4）中试品物理指标检测结果

对中试制备的样品进行物理指标检测，包括含水率、厚度、抗张强度（纵向/横向）、填充值和HWS等指标，检测分析结果见表4-30。

表4-30 中试品物理指标检测结果

样品编号	含水率/(%)	原始定量/(g/m²)	厚度/mm	抗张强度/(kN/m) 纵向	抗张强度/(kN/m) 横向	填充值/(cm³/g)	HWS/(%)
1	10.8	115.5	0.13	0.120	0.045	3.16	51.27
2	10.4	118.5	0.13	0.110	0.041	3.09	50.35
3	8.5	113.5	0.14	0.133	0.039	3.14	51.69
4	10.6	116.9	0.14	0.116	0.041	3.12	50.84
5	10.8	125.4	0.14	0.128	0.033	3.16	51.52
6	9.9	—	—	—	—	—	50.24
7	10.9	—	—	—	—	—	50.45
最大值	10.8	125.4	0.14	0.13	0.05	3.16	51.69
最小值	8.5	113.5	0.13	0.11	0.03	3.09	50.24
平均值	10.3	118.0	0.14	0.12	0.04	3.13	50.91

本次中试样品平均含水率为10.3%，平均原始定量为118.0 g/m²，平均厚度为0.14 mm，平均纵向抗张强度为0.12 kN/m，平均横向抗张强度为0.04 kN/m，平均填充值为3.13 cm³/g，平均热水可溶物为50.91%。

4.3 隔热保温材料设计与开发

隔热保温材料是炭加热卷烟加热段的重要组件。根据前期调研，目前多采用玻璃纤维作为隔热保温材料。玻璃纤维的优点是耐热性好，不可燃，300 ℃左右的环境对强度没有影响，可用作绝热材料和防火屏蔽材料；有优良的电绝缘性，是高级的电绝缘材料；抗腐蚀性好，一般只被浓碱、氢氟酸和浓磷酸腐蚀；机械强度高，抗拉强度在标准状态下为 6.3 ~ 6.9 g/d，在湿润状态下为 5.4 ~ 5.8 g/d。其缺点是性脆，耐磨性较差。

本书从炭加热卷烟专利技术和竞品分析入手，确定炭加热卷烟用隔热保温材料的关键性能需求和技术指标，通过整体方案设计，聚焦关键技术问题，重点围绕玻璃纤维的配方和工艺两方面开展适用于炭加热卷烟的高性能隔热保温玻璃纤维材料开发。

4.3.1 关键性能需求分析

1. 隔热保温材料专利技术

在 2.3.1 章节中，笔者从炭质热源固定方式的角度对隔热保温材料进行了论述。本章节从隔热保温材料设计角度对相关专利技术进行分析。

1）雷诺美国

雷诺美国炭加热卷烟隔热技术发展路线如图 4-32 所示。雷诺美国使用的绝热材料多采用玻璃纤维及其复合产品，其目的主要是减少热源的热量损失，同时不影响空气的扩散进气，从而使隔热保温材料不影响热源的燃烧。但从近年来的相关专利看，雷诺美国也开始尝试将碳纤维、阻燃有机纤维、多孔金属、多孔陶瓷等多种材料用于炭加热卷烟。

图 4-32 雷诺美国炭加热卷烟隔热技术发展路线

以 1985 年的专利申请号为 CN90103438.x、CN91109831.3 等的同时期相关专利为代表，这些专利中提及的绝热材料包括玻璃、矿石、有机聚合物等制作的单独或混合而成的有机、无机纤维材料，其他如珍珠岩、玻璃等非纤维绝热材料也可以使用。之所以优选纤维状绝热材料，主要是因为其具有弹性，可以模拟一般香烟的手感。此外，绝热部件可以保存燃料元件燃烧产生的热量，使其能够有效传导到烟雾发生器。由于绝热部件与点燃的燃料元件直接接触，当它被加热到一定程度时，也会向烟雾发生器传热。

雷诺美国优选采用玻璃纤维作为绝热层。初期选用了纽约州特洛伊市曼宁纸品公司的两种牌号的玻璃纤维产品。一般绝热层至少要裹住部分燃料元件，对于卷烟的其他部分可随意包裹，使得卷烟达到 7～8 mm 的最佳直径。绝热层的厚度为 0.5～2.5 mm，最佳为 1～2 mm。最好选用具有低软化点的玻璃纤维材料，软化点最好低于 650 ℃，使得绝热材料在使用中发生熔融。

当绝热材料是纤维制品时，由于纤维材料的透气性良好，为了控制燃烧速率，需要防止空气流过。制品的口端可以采用一个高密度醋酸纤维制成的环作为气流的拦阻机构，该环直接与纤维绝热层邻接，在口端用胶水加以密封，以便阻止空气流过纤维屑。

在随后的 CN86105536 和 CN87105240 等专利中，雷诺美国又对隔热技术做了部分改进，优选的无机纤维采用欧文斯科宁公司生产的 6432 和 6437 等牌号的玻璃纤维产品，其软化点在 640 ℃ 左右。在加工无机纤维时，采用 PVA（聚乙烯醇）黏结剂处理无机纤维，保持其结构的牢固性。在使用之前，将黏结剂在空气中加热到大约 650 ℃，大约保持 15 min，以保证在点燃烟制品时，黏结剂没有刺鼻气味。此外，可以将大约 3% 质量比的果胶加到纤维中，增加其机械强度，且没有刺鼻气味；或者，可以用松散装填或者紧密装填的烟草全部地或部分地取代隔热材料。

在 1991 年的专利 CN91105363 中，雷诺美国提出了一种新的隔热包裹纸，由至少一层纤维状隔热材料和至少一层含烟草的材料组成。优选采用四层结构，分别是第一玻璃纤维层、第一含烟草的薄片层、第二玻璃纤维层、第二含烟草的薄片层。通过采用这种烟草和玻璃纤维复合包裹纸，改进了主流味道和侧流香味。这种复合包裹纸可以用玻璃纤维织物和烟草纸叠合而成，也可以采用湿法成网或气流成网工艺制成一个通用件。

在 2010 年之后的 CN201080038270、CN201180031721、CN201280055319 等专利中，雷诺美国对炭加热卷烟绝热材料研发过程中积累的经验做了全面总结。其采用的绝热材料包括的范围更广，各种有机纤维、无机纤维、天然纤维乃至发泡金属、陶瓷等都可以使用或者混用。此外，如果使用有机纤维等，需要在纤维中添加阻燃材料和添加剂，包括二氧化硅、碳、陶瓷、金属纤维或颗粒，乃至硼酸或各种有机磷酸盐化合物。

使用的绝热材料需要具有足够的氧气扩散能力，以便在使用时间内保持炭质热源处于点燃状态。因而，优选具有多孔结构的绝热材料。相比无纺材料，机织或针织的纤维垫或管可很好地控制空气沿绝热层均匀流动，可以提供更规则且更连贯的空气空隙，并且可控制孔隙率，在纤维间留出足够的空隙，使氧气能够扩散到热源中。对于无孔隙率的无纺织物，可通过各种方式对绝热材料进行穿孔来增加孔隙率。

绝热材料可稍微延伸到热源的一端或两端的外面。同时，在生热段和气溶胶发生段之间还有一个缓冲区，可降低部分气溶胶发生段烤焦或发生其他热降解的可能性。缓冲区可设置为中空的形式，或者填充不可燃材料，例如金属材料、有机材料、无机材料、陶瓷材料或聚合物材料，或者它们的任意组合。这些材料优选以纤维形式加入，可以是机织或无纺材料，但最好是透气的。除纤维或者替代纤维材料之外，缓冲区可包含发泡金属、陶瓷或陶瓷金属（陶瓷－金属复合材料）等整体材料。为改善烟支消费过程中的香气质，也可在缓冲材料的纤维或发泡整体材料中加入调整口味或气味的组分。

缓冲和绝热材料各自可包含纺织、编织或混织的非玻璃材料、发泡金属材料、发泡陶瓷材料、发泡陶瓷金属复合材料，以及它们的任意组合。绝热材料与缓冲材料可以相同，也可以不同。

2）菲莫国际

菲利普莫里斯生产公司（菲莫国际）的加热卷烟技术主要集中在电加热领域，但是其在炭加热卷烟领域也做了不少研究工作，申请了一些相关专利。菲莫国际的炭加热卷烟专利通常不采用玻璃纤维产品，其卷烟制品的结构设计比较复杂。菲莫国际在一篇科技文献中披露了其在 2014 年已经测试了一款代号为 CHTP 的炭加热型烟草制品。菲莫国际炭加热不燃烧型卷烟隔热技术发展路线如图 4-33 所示。

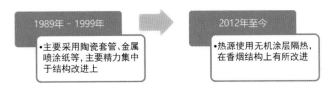

图 4-33　菲莫国际炭加热卷烟隔热技术发展路线

菲莫国际在炭加热卷烟的研发思路上与雷诺美国不同。菲莫国际基本不使用玻璃纤维等无机纤维产品，主要是为了避免玻璃纤维等脱落后对人体造成危害。菲莫国际的相关专利使用的隔热材料主要起到隔热的作用，并且几乎可以完全阻隔空气的进入。为了使热源顺利燃烧，菲莫国际把技术关键放在改进热源结构和成分以改善燃烧效果上，其 2012 年之后的专利表明，菲莫国际使用的炭质热源基本都使用黏土或者玻璃作为隔热涂层。

3）日本烟草

日本烟草的炭加热卷烟也未见有商业化推广，其炭加热不燃烧型卷烟隔热技术发展路线如图 4-34 所示。

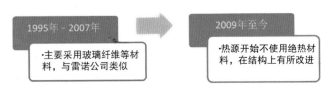

图 4-34　日本烟草公司炭加热卷烟隔热技术发展路线

日本烟草炭加热卷烟开始采取的技术路线与雷诺美国类似，均使用玻璃纤维等材料作为热源的隔热材料，但是从其2009年之后的专利看，日本烟草公司开始尝试独立的技术路线，开发出了不使用绝热材料的热源，主要通过改进结构来改善燃烧性能。

专利CN02826243中提及，其最外层的筒状体使用隔热材料卷绕，使手持香烟时不会产生障碍；专利CN200580036614中指出，其热源棒包括将可燃性燃料成型成棒状的挤出成型品，包裹该挤出成型品的是隔热卷筒纸（由玻璃纤维构成），该隔热卷筒纸使用果胶作为结合剂，使用水作为溶剂，溶解的果胶具有将挤出成型品和隔热卷筒纸进行黏接的作用；专利CN200580046024、CN200780013028提出了一种非燃烧型吸烟物品用碳质热源组件，通过添加$CaCO_3$减少CO的排放，同时使用玻璃棉等玻璃纤维制品作为耐热部件；从专利CN200980159916、CN201380018384可以看出，日本烟草公司使用的热源不再使用绝热材料，主要依靠自身结构改善产品性能。

4）小结

目前炭加热卷烟产品尚未在商业上取得突破性的进展，炭加热卷烟隔热技术相关专利申请量目前保持平稳增加。今后一段时期，随着国内对相关技术研究投入的加大，国内企业和个人关于炭加热卷烟及其隔热技术专利占比将不断提高。随着研究的深入，绝热材料方面的最新研究成果如纳米材料、气凝胶材料技术等预计将在炭加热卷烟领域有所展现。

从目前的专利来看，国外烟草公司在炭加热卷烟相关技术上投入最多，雷诺美国、菲莫国际、日本烟草这三大烟草公司在炭加热卷烟的隔热技术上都发展出了自己独有的路线。三大公司的技术路线均有一定的优点，但也有难以克服的缺点，炭加热卷烟技术仍需进一步发展。

三大烟草公司技术路线的优缺点如表4-31所示。目前可以看到，国内烟草行业关于炭加热卷烟尤其是隔热技术的相关专利数量还不是太多。国内烟草公司发展炭加热卷烟，一方面要从材料研发方面着手，结合近年来新材料（如碳纤维等）的发展趋势，热源应选择合适的绝热材料；另一方面，要深入改进烟支结构尤其是炭质热源的结构，研究更先进的生产工艺，降低生产成本。

表4-31 三大烟草公司炭加热不燃烧型卷烟隔热技术相关专利的优缺点

公司	技术路线	优点	缺点
雷诺美国	以玻璃纤维材料为主，也逐步引入新型材料	结构较为简单，成本较低，生产方便	燃烧效果不好，进气量难以控制
菲莫国际	以结构改进为主，隔热主要使用无机涂层	进气量容易控制	卷烟结构复杂，燃烧较为困难，成本昂贵，工艺难度大
日本烟草	初期模仿雷诺美国，后期开始采用新型热源	进气量容易控制	热源结构复杂，成本昂贵

2. 性能需求分析

玻璃纤维是一种性能优异的无机非金属材料，种类繁多。它是以玻璃球或废旧玻璃为原料，经高温熔制、拉丝、络纱、织布等工艺制造而成的，其单丝直径为几微米到二十几微米，相当于一根头发丝的 1/20～1/5，每束纤维原丝都由数百根甚至上千根单丝组成。玻璃纤维的主要成分为二氧化硅、氧化铝、氧化钙、氧化硼、氧化镁、氧化钠等，根据玻璃中碱含量的多少，可分为无碱玻璃纤维（氧化钠含量 0%～2%，属铝硼硅酸盐玻璃）、中碱玻璃纤维（氧化钠含量 8%～12%，属含硼或不含硼的钠钙硅酸盐玻璃）和高碱玻璃纤维（氧化钠含量 13% 以上，属钠钙硅酸盐玻璃）。上述无碱玻璃纤维并不是真的无碱，只是碱金属含量低于 2%，一般应用于复合材料上的主要是无碱玻璃纤维和中碱玻璃纤维。

炭加热卷烟用玻璃纤维（毡）与炭质热源直接接触，包裹于炭质热源的外周，起保温隔热作用。从获得的 REVO 炭加热卷烟可以看出，其玻纤要求耐瞬时高温 > 800℃，高温下无异味，在卷烟正常抽吸时玻纤受热，无有害物质释放，疏松透气，柔韧可弯曲，具有一定的拉伸强度以满足工业化生产的需要。因此适用于炭加热卷烟的玻纤基材应包括以下几个方面的关键性能。

（1）耐温性。所开发的玻纤材料一方面要能够耐受瞬时的 800℃ 的高温，以确保玻纤在炭棒点火温度下不会发生收缩，具有很好的热稳定性；另一方面在抽吸过程中，玻纤能够持良好的结构性能，不会熔融，不会发生热分解。

（2）透气性。所开发的玻纤材料应疏松透气，且经挤压之后仍有良好的透气效果，空气可透过包裹于炭棒外围的玻璃纤维对内部炭棒供氧，以保证炭棒可持续、充分地阴燃。

（3）力学性能。所开发的玻纤材料应有一定的柔韧性，以保证包裹在炭棒外壁时仍然可以保持圆形。玻璃纤维需要具备一定的拉伸断裂强度，以便于加工，且在包裹过程中不会因断裂而产生碎末，避免玻璃纤维碎末掉落或吸入体内。玻璃纤维材料本质上是无机玻璃的一种形态，脆性大是基础特性，如何通过成分调整来获得更具柔韧性的玻璃纤维材料将是今后研究的一个重点。

（4）安全性。在玻纤材料的生产过程中需要添加多种矿物材料，其中可能含有氟、砷等有害物质，这需要在配方调整过程中避免。同时在生产过程中，为了保证拉丝成型，会添加浸润剂材料，选用的浸润剂材料在燃烧条件下不应释放有害物质，以及影响卷烟烟气品质的物质。

3. 市场产品筛选

根据产品开发需求，对市面上的隔热材料进行了调研，包括碳纤维棉、玻璃纤维棉、石墨纤维棉等。作为炭加热卷烟的隔热材料，其适用性需测试耐温性能、抗张强度、有机挥发物量。表4-32为不同种类隔热材料的性能对比。从表中数据可以看出，玻璃纤维导热系数较低，卷包测试后受高温会稍有变形，耐高温性能稍差；石墨纤维导热系数相对稍高，耐温性能优异，但抗张强度稍差；碳纤维导热系数最低，但是耐高温和强度指标都达不到要求。

表4-32 市场产品性能对比

材料	导热系数 /(W/(m·K))	线密度 /(kg/m)	适用温度 /℃	燃烧性
玻璃纤维棉	0.049	≤20	400	不燃
石墨纤维棉	0.085	≤14	800	不燃
碳纤维棉	0.032	≤12	300	微燃

对以上材料的有机挥发物量和抗张强度进行检测，结果分别见表4-33和表4-34。

表4-33 烘烤挥发物数据

材料	烘烤温度 /℃	烤前重量 /g	烤后重量 /g
玻璃纤维棉	300	100	99.14
石墨纤维棉	300	100	99.99
碳纤维棉	300	100	97.74

结果表明，玻璃纤维含有一定量的黏结剂，应优选安全性较佳的植物胶制作；而石墨纤维几乎不含有机挥发物，具有可靠的安全性；碳纤维有机挥发物较多，耐温性较差，不适宜作为炭加热卷烟的隔热材料。

表4-34 抗张测试数据

材料	抗张力 /N	抗张强度 /(kN/m)	伸长率 /(%)	备注
玻璃纤维条	19.168	1.278	0.495	达到上机要求
玻璃纤维毡	0.788	0.053	1.039	需要改进
石墨纤维毡	5.743	0.383	0.803	需要改进
碳纤维毡	7.217	0.458	0.921	需要改进

由材料强度数据看出，定制的玻璃纤维条强度较好，批量生产时原料可保障且可控，其余材料的强度均不能满足加工需求。

4.3.2 隔热保温材料开发示例

根据上文对炭加热卷烟隔热保温材料设计需求的分析可知，玻纤毡是目前使用最多的材料，具有透气度好、保温性好的特点。现以经典玻纤毡制造工艺为例，从玻璃纤维配方设计、制备工艺和性能测试等方面进行阐述，具体技术路线如图 4-35 所示。

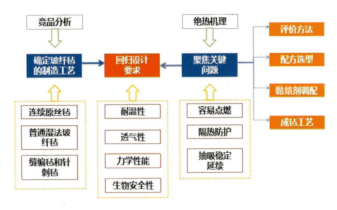

图 4-35 炭加热卷烟玻纤毡开发路线

1. 玻璃纤维毡制备工艺介绍

玻璃纤维毡的制备工艺技术主要有四种：离心喷吹技术、火焰喷吹技术、气流成网技术和湿法成毡技术。

1）离心喷吹技术

离心喷吹技术是国际上常用的制造玻璃纤维毡的一项比较先进的技术。我国玻璃纤维自进入工业化生产以来，使用最多的就是此类生产工艺。由于离心喷吹工艺主要采用的是离心法甩丝技术，对于纤维的料性（纤维成丝的难易程度，料性越长，纤维越容易成丝）等有一定限制，而高性能配方的玻璃纤维普遍偏短，因此要生产出符合要求的长丝纤维用离心法并不合适。另外，在收集纤维的过程中需要喷胶，成丝过程因为产量较大，易产生渣球等缺陷。

2）火焰喷吹技术

火焰喷吹技术是将玻璃球或玻璃块等原料投入电窑炉或天然气窑炉中进行熔化，形成均质的玻璃液，具有一定黏度的玻璃液在自身重力作用下下经漏板流出，在拉丝器的作用下，形成直径为 150～250 μm 的一次纤维；在火焰喷口的高温气流作用下，一次纤维进行二次拉丝，形成直径为 0.3～8.0 μm 的玻璃纤维；二次玻璃纤维在负压风机产生的高速气流的牵引作用下，经导棉筒进入集棉室，在成网帘上形成玻璃纤维网，在固化炉中高温对流热风的作用下形成玻璃纤维毡。

火焰喷吹技术因为采用二次加工工艺，渣球含量低，纤维成丝对料性要求不高，通过控制气流，可以生产出长径比较高的玻璃纤维毡，非常适合用于生产炭加热卷烟所需的玻璃纤维毡原料。

3）气流成网技术和湿法成毡技术

气流成网技术和湿法成毡技术主要用于对火焰喷吹或连续拉丝的玻璃纤维进行后续处理或是二次处理，适用于制备容重较大的纤维制品或毡体。由于厚度和隔热效果的特殊要求（需要增加热对流），采用一次成型的玻璃纤维毡并不合适。

连续原丝毡一般作为复合材料行业的导流材料使用。主要生产工艺是将玻璃纤维无捻粗纱切割成50 mm长，将其随机但均匀地铺陈在网带上，随后施以乳液黏结剂或撒上粉末黏结剂，经加热固化后黏结成短切原丝毡。这种毡采用的纤维直径较粗，成品克重普遍偏大，厚度薄，柔韧性一般，隔热效果差，但透气性较好。连续原丝毡采用的纤维以无捻粗纱及短切纤维为主，纤维粗硬挺直，最后成毡主要靠黏结剂固定，柔韧性较差，且成毡后厚度很难调节，因此该工艺不适合用于生产炭加热卷烟用玻璃纤维毡。

玻璃纤维缝编毡和针刺毡是由按一定方向排列的无捻粗纱或方格布作为基层材料（也可以没有基层材料），再复合一层均匀平铺的玻璃纤维原丝，再用有机纤维缝编或针刺而成。这类毡强度很高，透气性差，克重非常高。缝编毡和针刺毡也是以无捻粗纱作为主要生产原料的，为了获得良好的强度，生产工艺非常复杂，但是该材料的透气性问题无法得到解决，因此也不适合用于生产炭加热卷烟用玻璃纤维毡。

普通湿法玻纤毡是由玻璃纤维原丝短切成的股纱，由造纸法随机均匀分布成连续玻璃纤维纸片，用乳剂黏结而成。这种材料厚度一般很薄，有机物含量高，克重很低。湿法玻纤毡的生产工艺是采用火焰喷吹或离心法获得生产所需的原棉，然后采取类似造纸的工艺进行生产。因为该生产工艺类似造纸生产工艺，所以产品的克重低，厚度薄，含胶量相对较高，产品的柔韧性和透气性达不到要求。但是通过改变配方设计，改进原棉成分，使得生产出来的原棉更加细长，柔韧性更好；然后改进浆料工艺，使得长纤维可以充分打散成浆且不断纤；最后改进铺料工艺，采用多层叠加的方式，充分利用长纤维交联性好的优势，提高竖向（厚度方向）强度和弹性，应该可以做出适用于炭加热卷烟的玻璃纤维毡制品。

2. 配方设计

配方选型直接影响到玻纤的耐温性、力学性能和安全性等关键指标，需要根据要求对配方进行优化改进，确保生产出的玻璃纤维细长柔软。通过调配合适的黏结剂，在降低黏结剂的用量的同时，获得力学性能更好的玻纤，同时减少有毒有害物质释放。

1）配方组分

根据炭加热卷烟对玻纤基材的要求，从三种玻纤成分中挑选出最佳性能的玻纤成分，以连续拉丝成型的方式，从纤维强度、弹性模量、耐温性等角度考察玻纤性能，并优化玻纤成分，以实现材料使用过程中减少乃至无有害物质释放。

玻璃的黏度是玻璃纤维拉丝成型工艺中最为重要的指标，是影响玻璃纤维直径和柔韧性的重要因素，贯穿于纤维化的整个过程。玻璃的熔融、澄清和均化都与黏度有关，黏度还决定纤维从液态丝根变成纤维的牵引过程。

通常情况下，Al_2O_3和碱金属含量越高，料性越长，纤维越细越长，碱土金属含量越高，料性越短，纤维越粗越短。因此中碱和高碱系列的玻璃配方更容易拉出较细较长的玻璃纤维。在炭加热卷烟的研究中，同样需要考察玻璃纤维的生物可溶性。通常认为材料的生物可溶性指数——$(SiO_2+Al_2O_3)/(B_2O_3+R_2O+RO) \leq 2.30$，材料便拥有良好的生物可溶性（$R_2O$表示碱金属氧化物，$RO$表示碱土金属氧化物）。根据黏度和生物可溶性的原则，选择三种玻璃纤维配方，具体成分如表4-35所示。

表4-35 三种玻璃纤维配方

组成	无碱/（%）	中碱/（%）	高强/（%）
SiO_2	48~55	60~68	50~53
CaO	13~20	9~10	20~25
MgO	3~5	3.7~4.7	0~1
Al_2O_3	15~18	6.1~7.1	9~12
Na_2O	0~1	11~12	—
K_2O	0~1	<0.5	—
B_2O_3	0~4	—	4~8

无碱和中碱配方属于较为常见的玻璃纤维配方，高强纤维属于南京玻璃纤维研究院独有的产品型号。从料性上来看，中碱＞无碱＞高强；从生物相容性来看，高强＞无碱＞中碱。为了获得良好的生物相容性，选用高强系列较为适宜，但应结合各种纤维的强度、模量、耐温性等做综合考虑。高强玻璃纤维具有很好的力学性能，其单丝强度可以达到普通玻璃纤维的1.5倍以上（表4-36）。

表4-36 不同玻纤的新生态单丝强度

纤维类别	新生态单丝强度/MPa
无碱	3140
中碱	2620
高强	4020

在炭加热卷烟中，需要玻纤制品起到良好的热阻隔作用。物质的热导率值是晶格和电子所引起的热传导的总和。玻璃结构无序，自由电子少，所以玻璃的热导率小，热阻大，相对于金属材料，玻璃的导热能力较低。此外，玻璃纤维制品的孔隙率一般较大，使得玻璃纤维制品往往具有良好的隔热性能。

除了热导率外，热稳定性也是必须考虑的要点。雷诺美国炭加热卷烟之所以选用玻璃纤维，主要是考虑到其具有良好的耐热性能和遇热不产生有害气体等特点。玻璃纤维的软化温度可达 550～750 ℃，而尼龙仅为 232～250 ℃，醋酸纤维为 204～230 ℃。在所有玻璃纤维类制品中，热稳定性最佳的是高硅氧纤维、石英纤维和玄武岩纤维，均可耐受 1000 ℃ 以上的高温，但是高硅氧纤维和石英纤维都有脆性大的问题，制成毡状材料后可能会带来包裹不圆的情况，所以不做考虑。玄武岩纤维因为主要采用火山岩原料，存在放射性物质及有害元素如砷、铅等的安全风险，因此也不做考虑。各种配方的玻璃纤维在不同温度下的强度变化情况如图 4-36 所示。

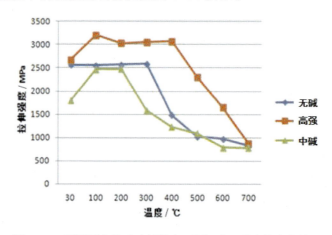

图 4-36　不同配方的玻璃纤维在不同温度下强度的变化情况

从图 4-36 中可以看出，随着温度升高，与国外样品相对接近的中碱玻璃纤维拉伸强度下降最快，高强玻璃纤维在高温下稳定性更好。但是在玻璃纤维已经卷曲成型的情况下，在高温条件（500 ℃）下，各种玻璃纤维依然可以保持 1000 MPa 左右的拉伸强度，该强度足以保证在烟支燃烧过程中需要的支撑力，即使在 800 ℃ 的瞬时高温下，玻璃纤维依然会保持一定强度，在正常燃烧的 400～500 ℃ 下，选用的各种玻璃纤维的耐温性都可以达到使用要求。

2）黏结剂的优化

除依靠玻璃纤维的自交联外，引入化学黏结剂是促进玻璃纤维毡加固成型的有效手段，因此选用合适的化学黏结剂是解决问题的关键。黏结剂主要分为天然黏结剂和合成黏结剂。天然黏结剂的组成比较简单，多为单组分，优点是价格低廉、无毒或低毒、加工简便，但存在不耐潮、强度低等缺点。合成黏结剂成分复杂，除了基础材料外，还需要添加助剂来改善性能，满足其他性能的需要。

目前，玻璃纤维毡常用黏结剂有酚醛树脂和纯丙乳液，而烟草行业广泛应用醋丙乳液。其中，酚醛树脂来源广泛，生产工艺简单，耐热性好，阻燃效果佳，结构强度好，同时有着良好的化学稳定性和耐腐蚀性；醋丙乳液的玻璃化转变温度不高，柔软性好，生物安全性良好；纯丙乳液（即丙烯酸乳液）是一种常见的玻璃纤维用黏结剂，强度好，稳定性佳，但普通纯丙乳液的柔软性要逊色于醋丙乳液。通过试验测试，将纯丙乳液作为黏结剂，并添加适配的助剂来改善玻纤的迁移效应及柔韧性，最终制备的玻璃纤维的性能指标已比较接近雷诺美国 REVO 炭加热卷烟用玻璃纤维毡的水平。

3. 工艺研究

成毡工艺的参数优化，可以使得纤维纵横向的分布比例及排布更为合理，同时更有利于黏结剂均匀分布，避免黏结剂发生迁移效应。一般玻璃纤维制品的研发工艺流程如图 4-37 所示。

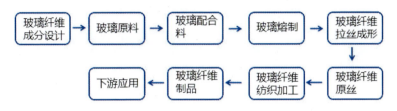

图 4-37　玻璃纤维制品研发工艺流程

要想获得纵横交错的纤维结构，成毡工艺需要考虑纤维的长径比情况。通常情况下，湿法工艺的纤维长径比在 500～1500，但是基于炭加热卷烟用玻璃纤维的特殊要求，我们需要获得一种长径比结构更高的材料。

为了达到良好的隔热效果、透气性能和机械性能，需要有良好的玻璃纤维结构。从隔热机理和纤维强度来看，纤维越细，强度和隔热效果越佳。但是对于透气性能的影响，仍然需要通过实验来验证。同时，纤维长度对于整个结构的影响目前未有相关报道，但是由于要包裹于 4~5 mm 炭棒表面，这对结构的要求是非常高的，因此有必要对此进行研究。

1) 纤维直径对毡结构和性能的影响

采用火焰喷吹工艺获得两种直径不同的玻璃纤维棉，各称取 5 g，在抄片机上进行抄片处理，获得两种不同小样，如图 4-38 所示。

由于两种玻璃纤维的质量是相同的，并且采用同一种工艺生产，可以认为纤维平均长度也是相同的，只是纤维直径有所不同。从图 4-38 可以看出，随着玻璃纤维直径的降低，纤维根数急剧增加，纤维直径减小使单根纤维所占空间减小，从而影响到玻璃纤维毡的透气度。透气度反映了气体通过玻璃纤维毡受到的阻力大小，以在规定的样品面积和实验压降下，气流垂直通过试样的速率表示。当气流通过玻璃纤维毡时，气体分子与玻璃纤维之间发生碰撞，发生碰撞的气体分子动量损失、流速降低，单位时间内透过玻璃纤维毡的气流量会减小，从而在宏观上表现出透气度降低。所以，纤维直径过小，阻力也会相应升高，因此，纤维直径分布存在一个梯度是比较好的，最低直径在 3～4 μm，平均直径在 6～8 μm。

图 4-38　两种不同直径的玻璃纤维抄片（左边直径为 8 μm，右边直径为 4 μm）

2）纤维长度对毡结构和性能的影响

采用离心喷吹工艺和火焰喷吹工艺获得纤维直径为 8 μm 的玻璃纤维毡，各称取 5 g，在抄片机上进行抄片处理，获得两种不同的小样。两种玻璃纤维的质量是相同的，纤维直径也相同，但采用不同工艺生产，可以认为其长度有所不同。通过测试产品的拉伸断裂强力，可以看出，更长的纤维拥有更高的强度，见表 4-37。这主要是因为纤维越长，纤维之间的交联作用越好。

表 4-37　不同长度的玻璃纤维拉伸断裂强力的对比

项目	离心喷吹法	火焰喷吹法
拉伸断裂强力/（N/50 mm）	10.21	12.78

可以看出，在合适的纤维直径下，我们要选择长径比更优的材料。玻纤毡的强度由纤维相互间的结合力、纤维自身的强度、纤维分布和排列的均一性等因素共同决定。综合考虑透气性能和机械性能，如果纤维过细，即使长径比相同，因为长度较短，玻纤毡的强度也会低于稍粗的纤维。如果纤维过粗，在相同的长径比下，纤维太长，难于分散，纤维会产生较多团聚，导致局部气体通道不畅，进而导致整个玻璃纤维毡透气性能降低。所以纤维直径为 8 μm，长径比为 $0.5 \sim 1.0 \times 10^4$ 较适合。

4. 性能测试

根据上述针对配方和工艺开发的研究，以纯丙乳液为黏结剂试制产品的全项测试指标见表 4-38。从各项测试结果可知，其性能指标已达到炭加热卷烟用玻璃纤维毡的要求。

表 4-38 纯丙改性乳液玻璃纤维毡全项测试指标

项目		单位	依据标准	测试值
加工指标				
厚度		mm	JC/T 170-2012	0.805
单位面积质量		g/m^2	GB/T 9914.3-2013	173.6
紧度		kg/m^3	—	215.7
有机物含量		%	GB/T 9914.2-2013	2.48
纤维直径		mm	GB/T 7690.5-2013	7.5
长径比		—	—	5120
力学指标				
拉伸断裂强力	纵向	N/50mm	GB/T 6006.2-2013	18.2
	横向			8.30
层间剥离强度		N/m	—	10.56
柔韧性		—	—	无分层,无棱角
弯曲硬挺度	纵向	mN·m	GB/T 7689.4-2013	0.52
	横向			0.38
绝热和耐热指标				
加热永久线变化		%	GB/T 17911-2018	-0.2
导热系数(25℃)		W/(m·K)	GB/T 10295-2008	0.030
透气率(压差127Pa)		m/s	GB/T 5453-1997	3.75
800℃瞬时收缩		%	—	未收缩
生物安全性				
350℃加热释放物质	苯	mg/kg	—	—
	甲苯	mg/kg	—	—
	苯乙烯	mg/kg	—	—

4.4 炭加热卷烟烟用材料设计要求

烟用材料是卷烟产品不可缺少的重要组成部分，在新产品开发、产品结构调整、降焦减害等过程中起着重要的作用，还直接影响卷烟产品的质量、生产成本，以及消费者对卷烟产品的满意度。因此，烟用材料在卷烟产品中起着举足轻重的作用。

炭加热卷烟由炭质热源、烟草材料、烟用材料三大部分组成。其中，烟用材料除了需要具备隔热保温等特殊性能外，还具有辅助烟支成型的重要作用，这也是炭加热卷烟最接近卷烟外观及抽吸方式的重要因素之一。由于炭加热卷烟烟草制品的特殊性，将炭加热卷烟烟用材料规定为除炭质热源、烟草材料之外的烟支中使用的材料。对炭加热卷烟产品进行剖析得知，除了传统卷烟所涉及的卷烟纸、接装纸、滤棒成型纸、滤棒、烟用胶黏剂等，炭加热卷烟烟用材料还包括新型的隔热保温材料、复合铝箔纸。烟用材料的性能直接影响烟支结构设计、成型加工、抽吸品质以及安全性。

4.4.1 炭加热卷烟与传统卷烟烟用材料使用条件对比分析

炭加热卷烟虽然外观与传统卷烟相似，但其内部结构、使用方式与传统卷烟大相径庭。因此，炭加热卷烟烟用材料的使用条件也与传统卷烟不同，本节对炭加热卷烟材料与传统卷烟材料进行对比分析。

1. 卷烟用纸及滤棒

1）热源成型纸

热源成型纸起包裹定型的作用。炭加热卷烟通常用卷烟纸位于燃料段外围，直接与点火器接触，与传统卷烟一致，在燃烧环境条件下使用。通过对现有产品所用的热源成型纸进行分析可知，其使用性能要求与传统卷烟用卷烟纸一致。

2）卷烟纸

炭加热卷烟用卷烟纸是指降温段成型纸和滤棒成型纸，主要起包裹定型的作用，均在接近常温的环境下使用。通过对现有产品所用成型纸进行分析可知，其为常规高克重成型纸，因此，其使用性能要求与传统卷烟用成型纸在组成上基本一致。

3）接装纸

炭加热卷烟用接装纸在接近常温的环境下使用，直接与消费者口腔接触，在安全卫生方面应着重关注其无机元素、菌落等卫生安全指标。通过对现有产品所用接装纸进行分析可知,其为常规接装纸,因此,其使用性能要求与传统卷烟用接装纸一致。

4）滤棒

炭加热卷烟用滤棒在接近常温的环境下使用,与传统卷烟用滤棒使用条件一致。

2. 隔热保温材料

在炭加热卷烟中,隔热保温材料使用的是玻璃纤维,也是一种较重要的材料。玻璃纤维（毡）包裹于炭棒的外围,与炭质热源直接接触,起固定炭棒、保温隔热的作用。而传统卷烟中不使用玻璃纤维,甚至禁用。在炭加热卷烟研发过程中使用隔热保温材料作为包裹热源的材料,应不局限于玻璃纤维。具体论述详见4.3章节。

3. 复合铝箔纸

传统卷烟中,复合铝箔纸一般作为卷烟软盒或硬盒的内衬纸使用。而在炭加热卷烟中,复合铝箔纸作为功能材料发挥着重要的作用。不论是单面铝箔纸还是夹心铝箔纸,均在高温环境下使用,与传统卷烟中的复合铝箔纸的使用条件不同。

4. 胶黏剂

炭加热卷烟中使用了两类胶黏剂：一种是传统卷烟使用的烟用胶黏剂,主要用作搭口胶,比如卷烟纸搭口胶、降温段搭口胶、滤棒搭口胶、接嘴胶等。其中,卷烟纸搭口胶在燃烧环境下使用,其他胶黏剂在高温（不燃烧）环境下使用,而传统卷烟用卷烟纸搭口胶在燃烧环境下使用。炭加热卷烟用搭口胶的使用环境条件比传统卷烟用搭口胶要求低。另一种是复合铝箔胶黏剂（即铝箔纸复合胶）,是用于复合铝箔纸的胶黏剂。传统卷烟用搭口胶可应用在需要燃烧的卷烟纸上,炭加热卷烟用复合铝箔纸在高温不燃烧条件下使用。虽然复合铝箔纸受热温度低于传统卷烟用卷烟纸的燃烧温度,但是,传统卷烟用卷烟纸受热时间较短,而炭加热卷烟用复合铝箔纸会持续受热,且炭加热卷烟用复合铝箔纸的结构和性能与传统卷烟的卷烟纸存在差异,所以在设计时应考虑其在大面积使用、燃烧、高温、低温和常温条件下对烟气味道的影响。

4.4.2 炭加热卷烟烟用材料的性能要求

因炭加热卷烟结构与传统卷烟大不相同,部分常规烟用材料的使用部位、条件及作用发生了变化,且新增了其他新型材料。结合上述分析,将涉及的烟用材料按照用途进行分类,并确定材料的名称,如表4-39所示。

表 4-39 炭加热卷烟烟用材料分类及用途

结构	建议名称	涉及烟用材料及用途	使用条件
热源段	热源成型纸	用于包裹热源段（炭棒＋隔热保温材料）的用纸。因参与燃烧，目前均使用卷烟纸	参与燃烧
	隔热保温材料	包裹炭棒，起隔热保温作用	加热不燃烧
发烟段	复合铝箔纸	用于包裹烟芯材料复合用衬纸，以及热源段与发烟段的接装	加热不燃烧
降温段	滤棒成型纸	用于滤棒成型的用纸，除了其他功能型滤棒，还可能使用到烟丝棒	同传统卷烟
滤嘴段	滤棒	同传统卷烟	同传统卷烟
	滤棒成型纸	同传统卷烟	同传统卷烟
成型	在成型过程中，还会用到胶黏剂，包括烟用胶黏剂、复合铝箔胶黏剂等		

基于对现有相关法律法规及标准的调研以及产品和辅材剖析，我们根据炭加热不燃烧烟草制品的四段式结构开展了烟用材料性能要求研究，接下来分别对每一种材料的性能指标进行详细论述。

1. 热源成型纸性能指标

炭加热卷烟用热源成型纸用于包裹热源段（炭棒＋隔热保温材料）及成型热源段。因参与燃烧，其性能指标与卷烟纸相似，但按照"GB/T 18771 烟草术语"中对卷烟纸的定义，已不适合叫作卷烟纸，因此命名为热源成型纸。这就要求，热源成型纸须满足卷烟纸的相关性能指标要求：具有一定的燃烧速率，能够快速燃烧，保证第一口烟的抽吸体验；没有异味，点燃抽吸时无明显异味；具有一定的纵向抗张强度，保证在成型过程中不出现"断纸"的现象；其他卷烟纸相关性能要求，如透气度、定量、灰分、交货水分、白度、荧光白度、不透明度、尘埃度等。总结所需考虑的指标如下：

（1）结构尺寸：定量、宽度等。

（2）物理性能：纵向能量吸收、抗张强度等力学性能；含水率、透气度、燃烧速率等。

（3）外观指标：白度、荧光白度、不透明度、尘埃度。

（4）化学组成：纤维成分、所使用的黏结剂、高温裂解成分。

2. 隔热保温材料性能指标

隔热保温材料是炭加热不燃烧烟草制品的重要组件，炭加热卷烟用隔热保温材料与炭质热源直接接触，包裹于炭质热源的外周，起保温隔热作用。这就要求，隔热保温材料在具有一定的结构尺寸后,含水率需控制在一定范围,不会对炭棒阴燃效果造成严重影响,也不会对隔热保温材料的强度造成严重影响;具有足够的拉伸断裂强度,便于加工,且在包裹过程中不会断裂而产生碎末,避免隔热保温材料碎末掉落或吸入体内;具有一定的透气度,空气可透过包裹于炭棒外围的隔热保温材料对内部炭棒供氧,以保证炭棒持续、充分地阴燃;具有很好的热稳定性,在炭棒点火温度和阴燃温度下,隔热保温材料不发生熔融、不发生热分解、不与炭质热源发生反应、不产生对人体健康或环境造成不良影响的物质,也不会产生影响卷烟烟气品质的物质。根据前期调研,目前行业内基本采用玻璃纤维(毡)作为耐高温材料。总结所需考虑的指标如下:

(1)结构尺寸:单根纤维的直径,玻璃纤维毡的厚度、单位面积质量等。
(2)物理性能:拉伸强度、抗张强度等力学性能;含水率、透气度等。
(3)热性能:导热系数、绝热性能、耐温性、高温变形情况。
(4)安全性:玻璃纤维毡在常/高温下是否含有有害成分及有害成分释放量等指标。

3. 复合铝箔纸性能指标

炭加热卷烟上应用的铝箔纸包括单面铝箔纸(即一面为铝层,一面为衬纸)和夹心铝箔纸(即铝层位于中心,铝层正反两面为衬纸)。铝箔纸部分包裹于炭加热卷烟炭棒点燃端的外围,部分包裹于烟草物质外围,主要起传递热量、阻止相关成分流失及包裹成型的作用。这就要求炭加热卷烟用复合铝箔纸具有良好的热传导性,以保证炭棒阴燃产生的热量能通过铝箔纸很好地传递到烟草物质处,对烟草物质进行加热;由于铝箔纸是由铝层和衬纸黏结复合而成的,因此炭加热卷烟用复合铝箔纸需要具有较好的高温抗剥离性,以保证在传递热量(受热)时,不会出现铝箔纸的铝层和衬纸分离的情况,从而影响铝箔纸的性能和外观;由于炭加热卷烟用铝箔纸会受热,因此复合铝箔纸应具有较好的热稳定性,在传递热量(受热)过程中,不会发生热熔融、热分解,不产生影响卷烟烟气品质及对人体健康或环境造成不良影响的物质;为了有效地阻止炭加热卷烟中的雾化剂(甘油和丙二醇)和挥发分(小分子物质)的流失,复合铝箔纸需要具有一定的阻隔性;炭加热卷烟中的复合铝箔纸还起到包裹成型的作用,所以还需具有一定的抗张强度,满足加工特性需求;铝箔纸的铝层与烟草介质直接接触,根据国家相关法律法规、标准规范对食品中的铝含量的严格规定,需要做迁移测试。总结选用复合铝箔纸所需考虑的指标如下:

(1)结构尺寸:厚度、定量等。
(2)物理性能:拉伸强度、抗张强度等力学性能,阻隔性能。
(3)热性能:导热系数、热封强度、绝热性能、耐温性、高温剥离性。
(4)安全性:铝迁移。

4. 复合铝箔胶黏剂性能指标

铝箔纸在炭加热卷烟上包裹于烟草物质的外围，主要起传递热量、阻隔相关物质散失和包裹成型的作用。为了保证铝箔纸的使用性能，即铝箔纸在受热时，不会出现剥离现象（即铝层和衬纸分离），要求在铝层和衬纸之间起黏接作用的复合胶在高温条件下仍然具有良好的黏接性能；此外，复合胶应具有较好的耐热性和热稳定性，在持续高温条件下，不会出现严重的流延现象；复合胶自身以及复合胶与铝箔或衬纸间不能发生理化反应，以防止产生影响卷烟烟气品质、对人体健康或环境造成不良影响的物质。

在炭棒最高阴燃温度下，对采用传统卷烟搭口胶（乳胶、热熔胶等）作为复合胶的铝箔纸进行高温抗剥离性测试：

（1）铝层与衬纸未剥离，则可用传统卷烟搭口胶作为炭加热卷烟用铝箔纸复合胶，可直接采用传统卷烟搭口胶现行标准。

（2）铝层与衬纸剥离，则需开发全新的炭加热卷烟用铝箔纸复合胶，建立新的炭加热卷烟用铝箔纸复合胶标准。

实验表明，采用白乳胶作为复合胶所制作的复合铝箔纸，会导致烟气酸感明显，影响产品感官质量。因此，白乳胶不适合作为复合胶。采用热熔胶作为复合胶所制作的复合铝箔纸，热熔胶高温熔化导致铝层与衬纸剥离，也无法满足使用需求，因此热熔胶也不适合作为复合胶。总结选取复合铝箔胶所需考虑的指标如下：

（1）物理性能：黏度、组成成分。

（2）热性能：抗剥离性、热稳定性。

（3）生物安全性：挥发性有机物。

5. 炭加热卷烟用胶黏剂性能指标

通过对现有胶黏剂法律法规以及标准规范的调研，结合炭加热不燃烧烟草制品对胶黏剂的性能需求，筛选出对炭加热卷烟用胶黏剂具有重要影响的指标：

（1）物理性能：黏度、pH值。

（2）热性能：热稳定性、高温黏结性。

（3）安全性：挥发性及半挥发性成分、重金属含量、热裂解产物。

6. 其他加热卷烟用材料性能指标

1）接装纸

炭加热不燃烧烟草制品使用的接装纸与传统卷烟无较大区别，因此采用传统卷烟接装纸的相关性能指标，即可满足炭加热卷烟产品接装纸的需求。

具体包括以下指标：定量、全幅定量差、厚度、纵向抗张强度、纵向伸长率、亮度、白度、不透明度、交货水分、吸水性、色差、褪色、平滑度、尘埃度，以及须特殊关注的热稳定性。

2）滤棒成型纸

炭加热不燃烧烟草制品使用的滤棒成型纸与传统卷烟无较大区别，因此采用传统卷烟滤棒成型纸的相关性能指标，即可满足炭加热卷烟产品滤棒成型纸的需求。

具体包括以下指标：定量、纵向抗张能量吸收、宽度、透气度、透气度变异系数、白度、荧光白度、交货水分、灰分、渗漏性、卫生要求等。

3）滤棒

炭加热不燃烧烟草制品使用的滤棒与传统卷烟无较大区别，因此采用传统卷烟滤棒的相关性能指标，即可满足炭加热卷烟产品滤棒的需求。

具体包括以下指标：长度、圆周、压降、硬度、含水率、圆度、外观、滤棒通风以及热塌陷性等。

4）烟用胶黏剂

炭加热不燃烧烟草制品使用的烟用胶黏剂与传统卷烟无较大区别，因此可采用传统烟用胶黏剂的相关性能指标，即可满足炭加热卷烟产品烟用胶黏剂的需求。

具体包括以下指标：

（1）烟用热熔胶：固体含量、软化点、熔融黏度、热稳定性、重金属（以Pb计）、砷（以As计）、外观。

（2）高速卷烟胶：黏度、pH值、蒸发剩余物、粒度、残存单体、稀释稳定性、最低成膜温度、重金属（以Pb计）、砷（以As计）、外观。

（3）水基胶：挥发性与半挥发性成分。

4.5 炭加热卷烟卷接工艺及加工设备

4.5.1 关键技术需求分析

1. 工艺技术及加工设备专利技术

在2.3.7小节中，笔者对炭加热卷烟的工业化生产方法的专利脉络进行了论述。本章节中，对相关专利的具体技术内容进行分析。

雷诺美国在专利CN88101084A中提供了适用于大批量生产制作和组合这些组件的方法。这些方法包括制作一烟雾发生组件，该组件有烟雾发生套筒，套筒中包括一燃料元件和一烟雾发生材料；另有一套管或外套件，可用来容纳烟雾发生套筒，即将烟雾发生套筒插入套管中组成烟雾发生组件。套管或外套件最好包含有绝热材料段和含烟草段。该烟雾发生组件既可与一次性卷烟滤嘴结合使用,也可以和嘴棒组件形成一个整体。

在该专利的实施例中提供了一种制造方法:先将一系列交错排列的某材料的杆件和绝热材料的环形件沿轴向对准并装配好,在这些杆件或环形件的外面包上一公用的封套,形成杆件或环形件交错的整体构件,再将此整体构件分割成若干个外套组件,每只组件包括一段杆,其两头是一环形件或套管。另外,可以如前所述,先做出外套组件和烟雾发生套筒,再分割外套组件成若干外套件,外套件包括一与套管连接的杆件。在外套件的杆段打出一个孔,再将烟雾发生套筒插入外套件中,使燃料元件位于环形件或外套部分之中,烟雾发生套筒则位于杆上的孔之中。

前面介绍的炭加热卷烟的成型工艺,首先需要单独形成含碳的燃料单元,然后将形成的燃料单元以正确的方向插入香烟结构中。将这种燃料单元插进卷烟制品中的过程通常较为复杂,它要求将排好方向的燃料单元送进加工装置中,利用装置将其与烟雾发生组件组合起来,一般是将燃料单元插进一含有烟雾发生纸基的中空金属管中。组合好的组件也需要被定向,然后送到另一装置中与卷烟结构的其余部分组合。这种加工方式存在生产效率低、燃料元件易破损脱落和烟支一致性差的问题。

雷诺美国在CN1059265A专利中说明了玻璃纤维/烟草薄片/玻璃纤维复合绝热层制备方法,并对所用辅材提出了技术指标。外包燃料元件的是烟草/玻璃纤维隔热包裹纸,最好由至少四层组成,从燃料元件的周向起依次为第一玻璃纤维层、第一含烟草薄片、第二玻璃纤维层和第二含烟草薄片。使用时,组合在炭加热卷烟烟支中以四个围绕燃料元件的同心环的形式出现。最佳的同心烟草/玻璃纤维隔热套可以采用US 4893637中描述的装置制造,或者将烟草和玻璃纤维通过湿法成网或气流成网工艺合并成一通用件。当烟草包含在混合物内时,最好用气流成网工艺,因为用湿法成网工艺可能会造成烟草的香味成分消失。整体式的烟草/玻璃纤维织物的形成能够控制周向空气流进入燃料元件。

雷诺美国在CN1077360A专利中详细阐述了玻璃纤维包裹炭棒的技术要求及工艺制备方法,提供了一种连续形成燃料部件的方法。根据该发明,形成燃料部件的方法是:连续地将一组合物挤压形成预定的形状,用一层材料包围该连续挤出的组合物以便形成一包裹的杆或复合部件(最好将燃料单元与该材料层黏结在一起),并将形成的复合部件切成预定的长度以组装成烟制品。该专利对包裹材料做了进一步要求,要求包裹材料最好由可压缩的弹性材料构成,通过与燃料单元间的黏结解决燃料部件的脱落问题。该专利中提到用连续型螺杆挤压机加工燃料单元,一方面可利用挤压机的实际产出率去控制用材料层包围挤出的燃料单元的机器的速度,另一方面在挤出机和包裹装置之间设置一延滞回路,以达到稳定输送给包裹装置的挤出物供给率。最后利用KDF-2滤棒成型机,用卷烟纸或其他合适的纸包裹该部件，并将其切断成燃料部件基棒。图 2-14 是该发明制造炭加热卷烟燃料部件的装置的一个较佳的实施例示意图。

在制造烟草/玻璃纤维复合材料层包裹燃料元件的方法中，也可以在两个相同的玻璃纤维材料的条带之间设置一条再造烟草薄片，从而形成一复合条带，随后将该复合条带包绕到一个连续挤压而成的炭质燃料棒上，也可以用烟草的纸包裹件再加以包绕。专利CN1208691A提供了一种用来形成用于烟草制品的燃料元件生产的复合条带的设备，该设备支承着两个玻璃纤维垫组成的卷筒，每个卷筒被纵切为宽度约38 mm的10个条带。玻璃纤维条带交替地从两个卷筒中拉出，并且自动地拼接在一起，从而提供一个可连续供给的玻璃纤维条带。条带退绕装置可使卷筒横向位移，以便让退绕的条带与通过设备的条带的供给路径对准。该设备可保证在整个工艺过程连续进行的同时更换卷筒。

图 4-39 是该加工设备的示意图，主要包括六个主要部件：①挤出机（12），用于挤压出炭质燃料棒；②双卷筒退绕装置（14），用于退绕由玻璃纤维垫材料制成的狭条；③拼接设备（16），用于半自动地拼接来自双卷筒退绕器的交替玻璃纤维垫条带；④带储存器（18），用于在拼接作业过程中储存条带；⑤复合条带制造机（20）；⑥用于形成炭燃料组件的KDF滤棒成型机。

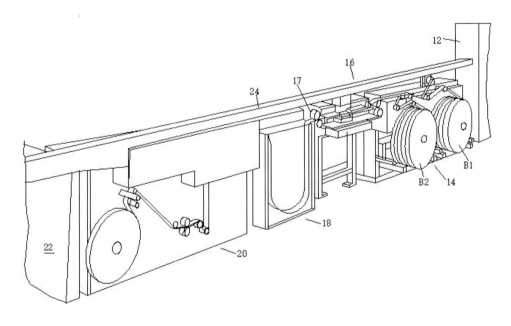

图 4-39　用于制造炭燃料组件的设备示意图

2. 工艺设备需求分析

雷诺美国公司的 Eclipse 和 REVO 是目前炭加热卷烟的代表品牌，卷烟由炭质热源段、发烟段、冷却段和滤棒段四部分组成，通过分析烟丝形态、搭口形式、搭口位置等，可以看出其加工工艺路线是分别加工热源段、发烟段、冷却段和滤棒段，再依序经三次复合后加工成最终的烟支。按照 Eclipse 的烟支结构，炭加热卷烟与传统卷烟最大的区别是烟支前端炭质热源段和玻璃纤维毡及铝箔复合纸的应用。玻璃纤维毡主要是将炭质燃料段卷制成型，而铝箔纸用来包裹烟草基质材料，将烟草薄片卷制成型，按规格切割成为发烟段。

通过对相关专利和 Eclipse 卷烟加工工艺的分析，并结合国内现有成熟卷烟加工技术和装备现状可知，炭加热卷烟关键的工艺设备主要包括螺杆挤出机、滤棒成型机、卷烟机、改进的滤嘴接装机及连接、供料等辅助设备。

1）螺杆挤出机

在涉及炭加热卷烟用"可燃组合物"专利中，目前至少有三种形成供热体的方法：拉带法、复合挤出法和模压法。其中挤出法是将湿的混合料由活塞挤出机挤出，通过特定结构的孔板得到所需截面形状的连续挤出物，并将其置于气垫传送机上，经玻璃纤维复合纸包裹后，经切割、干燥等工序成型。

20 世纪 80 年代，北京化工大学和国内某些科研机构曾尝试采用单螺杆挤出机成型炭材料，由于种种客观原因，这一工艺路线最终没有取得成功。锥形双螺杆挤出机是在啮合式平行异向旋转双螺杆挤出机的基础上发展起来的一种机型，兼具平行异向双螺杆挤出机的优点，如注入强制输送、物料停留时间分布窄、适于粉料加工，还具有压缩比大、压力高、混合性能好、排气效果显著、输送能力强、适用于各种物料的正位移输送等独特的优点；同时考虑到锥形双螺杆挤出机螺杆根部直径大，强度得到改善，螺槽深度可以加深，从而具有高产、超高扭矩挤出的特点，已在火（炸）药、陶瓷材料、催化剂载体、碳素材料的成型领域取得了应用突破。

上海新型烟草制品研究院用一台双螺杆挤出机作为主要设备来进行炭棒成型试验，并设计了连接装置、供料装置与 KDF2 滤棒成型机对接，同时实现了炭棒成型与玻璃纤维毡包裹成型试验；通过优化设备及加工参数，解决了挤出机出料速率与输送装置、成型机车速的匹配和不同规格辅材包裹成型等问题，成功完成了炭加热卷烟热源段的制备。炭棒成型装置及炭质热源基棒样品如图 4-40 所示。

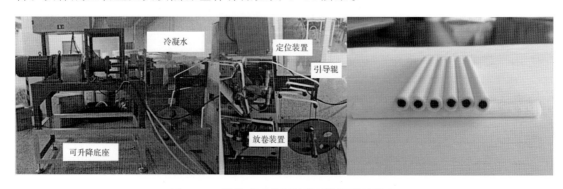

图 4-40 炭棒成型装置及炭质热源基棒样品

第四章 炭加热卷烟产品设计及开发

云南中烟也研制了一套型号为 DFLTCR-020 的实验室用炭棒成型机,该成型机采用了先进的模块化设计,主要由炭棒挤出、复合卷制成型及同步切割三大模块组成,采用伺服控制技术,可实现炭棒及四种复合材料(包含外部卷烟纸)的柔性化生产。炭棒挤出模块是将按配方配比并充分混合均匀的物料放入挤出成型机的进料斗内,在挤出机的高压力作用下,物料经过成型模具形成连续的棒状,可通过定制不同的模具实现不同截面形状的炭棒;刚挤出的炭棒还处于湿润和柔软状态下,通过气力输送装置将炭棒送到复合卷制成型模块的入口,在气力输送装置上设有 U 形检测环,可检测炭棒挤出模块和复合卷制成型模块的速度差,并及时调整相关装置,使两个模块的速度保持同步,气力输送装置可有效降低在输送过程中对炭棒的损伤,同时对炭棒进行初步的干燥。

2)发烟段加工设备

参考香烟的卷制工艺及装置,对 YJ17 卷烟机(含供料成条机和烟条成型机)进行改进设计,使其能完成用铝箔纸卷制含高比例雾化剂薄片烟丝的成型,生产发烟段基棒。卷烟纸改进设计包括:①设计平劈刀,取消烟支紧头;②增加吸丝带清洁装置;③基础长度齿轮;④更换喇叭嘴平衡块;⑤取消重量检测,增加手动调整装置;⑥调整喇叭嘴行程,调整刀盘角度,调整磨刀装置。

3)冷却段、滤棒段加工设备

冷却段、滤棒段由现有滤棒成型机即可完成。冷却段、滤棒段成型后,利用分切装置,将其切割成符合炭加热卷烟要求的基棒长度。

4)各功能段搓接复合设备

炭加热卷烟各段的搓接复合采用多段基棒的轮式复合工艺,以 YJ27 滤嘴接装机为主体,重新设计一套独立的发烟段下料和冷却段进烟装置,与原有滤棒接装机对接改进设计,增加部分电器传感器,完成新增主传动电机、滤棒切割电机与原有系统的融合,完善/改进原有控制系统,同时按照炭棒段长度设计要求,重新对接装机上原有的尺寸规格零件进行替换,最终实现各段的轮式多元复合。

4.5.2 炭加热卷烟结构及卷烟工艺示例

在上文提炼的炭加热卷烟需求分析的基础上,为了验证热源的使用性能,以炭棒为基础,在外层依次包裹内阻燃保温透气层、烟草薄片、外阻燃隔热透气层及普通卷烟纸。炭棒被点燃后,其燃烧产生的热量加热烟草原料,以释放含有烟碱及香味物质成分的烟气,抽吸过程中要求热源保持稳定燃烧状态,以保障烟气释放的持续性和稳定性。

上海新型烟草制品研究院联合多家中烟公司以传统卷烟机(ZJ17)和成型机(YL21)等设备为技术平台,按照自主设计的炭加热卷烟工艺流程开展设备的改造和开发,完成了整线生产装备的配置,并成功开发一款炭加热产品。图 4-41 以透视图的形式展示了整个炭加热卷烟的各个部分及装配后外观。

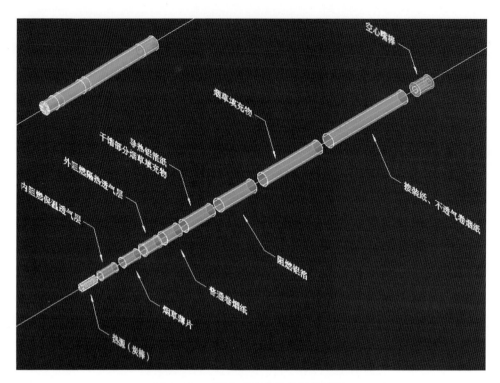

图 4-41 "炭加热卷烟"结构装配图

1. 卷接工艺设计

从 REVO 的结构剖析可以明确，炭加热卷烟由热源段、雾化段、冷却段和滤嘴四部分组成，其中热源段需要采用新的专用设备及工艺进行卷制，而整个烟支在现有设备条件下无法直接生产，现有卷烟设备 PROTOS70 只能进行两段产品的复合，因此需要设计新的装置进行生产，最好能够借用现有设备装置进行烟丝部分的生产。因此卷烟设备的总体设计思路为"分段卷制＋多段复合"。分段卷制利用现有的设备卷制后分切实现。多段复合则需要考虑新的复合装置。

1）搓接方案构想

炭加热烟支整体分为四段，将四段在卷烟机上组合起来，可以有多种组合方案。

第一种是先利用现有设备卷接冷却段和滤嘴，根据需要利用切烟机切除多余烟丝段，制成滤嘴短烟，再将热源段、雾化段及滤嘴短烟一次进行搓接，卷接方案如图 4-42 所示。

第二种是将热源段和雾化段单独卷接，将热源段视为普通烟丝部分，将雾化段视为常规卷烟的滤嘴部分，通过搓接形成一体的热源雾化段，同时，利用现有设备卷接冷却段和滤嘴，根据需要利用切烟机切除多余烟丝段，制成滤嘴短烟，再通过另外的一次搓接，将热源雾化段和滤嘴短烟进行连接，卷接方案如图 4-43 所示。

第三种是 REVO 工艺，先将热源段和雾化段卷接，接下来一体的热源雾化段和冷却段搓接，最后与滤嘴搓接成型，卷接方案如图 4-44 所示。

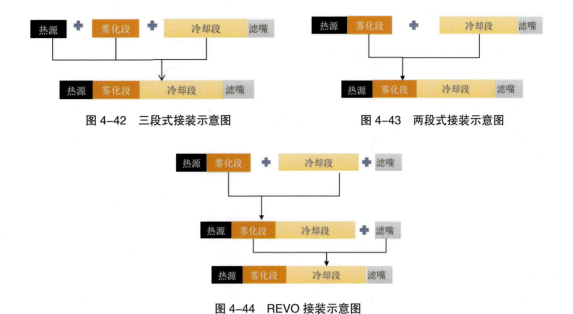

图 4-42 三段式接装示意图　　图 4-43 两段式接装示意图

图 4-44 REVO 接装示意图

2）搓接方案选择

新型烟草的开发面临许多专利的限制，采用与 REVO 相同的卷接模式可能存在专利侵权风险，因此考虑针对两段式和三段式搓接方案进行比较。

从三段式炭加热卷烟加工工序（图 4-45）和二段式炭加热卷烟加工工序（图 4-46）的流程来看，三段式加工经过 8 道工序卷制出最终产品，而二段式加工需要经过 10 道工序，相比较两个方案，二段式加工多出 2 道工序和 1 台设备。

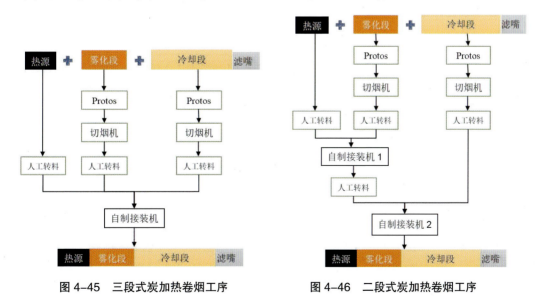

图 4-45 三段式炭加热卷烟工序　　图 4-46 二段式炭加热卷烟工序

采用三段式搓接（图 4-45），在烟支各部分对正时，热源段位于烟支端部，位移量最大。但由于热源段长度只有 12 mm，长度过短，可能造成吸附热源的吸风孔漏风，导致热源段位置变动或接装不良。二段式搓接（图 4-46）则容易解决这个问题。三段式搓接的优点是工艺链较短,相比 REVO 和二段式搓接,可以减少一个接装设备。但相较于二段式搓接,新增了一个料斗,接装设备更加复杂,设计难度有所提高,加工周期有所延长。

在烟支外形方面,三段式搓接由一层铝箔纸包裹热源段、雾化段及冷却烟支段,外观如图 4-47 所示;二段式搓接则在包裹热源段、雾化段之后,还需要再包裹一层,其中至少一层覆盖到热源段和雾化段的包裹用纸包含铝箔。

图 4-47　三段式炭加热卷烟搓接用纸部位和烟支示意图

二段式搓接方式下,最外层包裹纸在热源端不宜长于内层包裹纸,若外层长于内层,外层和热源段外表面会有架空层,卷接时多出部分容易出现搓接不平整问题,而与内层长度相同,对工艺要求很高,且很难做到完全重叠。因此这种搓接方式下,外层包裹纸在热源端短于内层在工艺上是比较合适的,最终会形成图 4-48 中最右的外观,烟支上分布 5 节,并且热源端会形成密集套接的 3 层,烟支外观不如三段式搓接那么简洁。

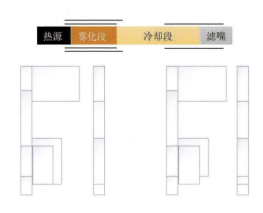

图 4-48　二段式炭加热卷烟搓接用纸部位和烟支示意图

基于以上考虑,拟采用热源段、雾化段、冷却烟支段(含滤嘴)三段一次搓接成型方案制作炭加热卷烟,卷接工艺如图 4-49 所示。所需材料规格(以 12+22+40+10 结构为例)及设备研制如下:

①炭棒段:设计改进一台 KDF2+ 挤出机 + 出料缓存装置。

炭棒规格:12 mm × 6=72 mm。

②雾化段：改进 1 台独立的卷烟机生产发烟段基棒 132 mm。

发烟段的生产采用 YJ17（Ve70+Se70）改制。

生产规格：22 mm×6=132 mm。

③三元组合：改进 1 台 YJ27（MAX70）接装机完成三元组合，即"炭棒+发烟段+（冷却段+滤棒）"。

组合机由 YJ27（MAX70）接装机改造。

生产规格：总长 84 mm［12 mm+22 mm+（40 mm+10 mm）］。

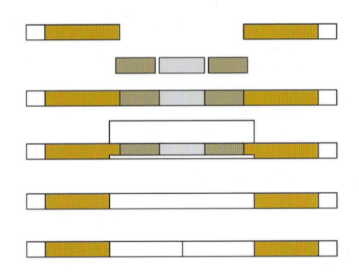

图 4-49　炭加热卷烟卷接工艺图

与该产品相似的国外产品及区别：

炭加热卷烟主要有雷诺美国出品的 Eclipse、REVO、Core，其整体也是分为四段，依次为热源段、雾化段、冷却段及滤嘴。

本方案烟支与雷诺美国烟支的不同之处在于搓接方式。雷诺美国烟支采用逐段搓接的方式，依次将热源段、雾化段、冷却段及滤嘴用三个搓接设备搓接成型。本章节中介绍的方案，烟支采用三段搓接形式，先将冷却段及滤嘴段在改造过的卷接机上一次成型，然后卷接雾化段，最后将热源、雾化段及冷却烟支（含滤嘴）通过另外一台设备搓接成型。

2. 烟支结构及预定参数

图 4-50 为推荐的炭加热卷烟烟支结构设计示例。

图 4-50　"炭加热卷烟"结构图

整体烟支要求如表 4-40 所示。

表 4-40 炭加热卷烟整体要求示例

项目	标准	外观要求
长度	[（12+22+40+10）± 0.5] mm	1. 卷烟表面应洁净，无皱纹，无破损。 2. 三段式搓接粘贴不齐不应大于 0.5 mm；三段式搓接搭接热源段（5 ± 0.5）mm，搭接冷却烟支段（5 ± 0.5）mm。 3. 卷烟搭口应匀贴牢固整齐，不应翘边；滤嘴不应脱落。
三段式搓接圆周	（24.5 ± 0.3）mm	

【参考文献】

[1] 日本烟草产业株式会社. 具备碳质热源的非燃烧型吸烟物品：200980159916.9 [P]. 2012-05-16.

[2] 菲利普莫里斯生产公司. 碳质热源：89104936.3 [P]. 1992-10-14.

[3] 菲利普莫里斯生产公司. 制造含有金属氧化物的碳质热源的改进方法：94106205.8[P]. 2001-01-17.

[4] 红云红河烟草（集团）有限责任公司. 一种改善碳加热卷烟烟气口感的碳质热源：201310195725.6 [P]. 2013-08-28.

[5] 湖北中烟工业有限责任公司，武汉市黄鹤楼科技园有限公司. 利用钙盐制备烟用丝状碳质热源材料的方法：201310144798.2 [P]. 2014-11-26.

[6] 安徽中烟工业有限责任公司. 一种十字架状碳质热源：201520729454.2 [P]. 2015-12-30.

[7] 安徽中烟工业有限责任公司. 一种束状碳质热源：201520414824.3 [P]. 2015-10-07.

[8] 王惠文. 偏最小二乘回归方法及其应用 [M]. 北京：国防工业出版社，1999.

[9] LIN Y, WEI Y, SHENG K. Effect of pyrolysis conditions on the characteristics of biochar produced from a tobacco stem [J]. Waste Management & Research, 2016, 34(8)：793-801.

[10] OEZCIMEN D, ERSOY-MERICBOYU A. Characterization of biochar and bio-oil samples obtained from carbonization of various biomass materials [J]. Renewable Energy, 2010, 35(6)：1319-1324.

[11] 许细薇，蒋恩臣，李治宇，等. 毛竹热解炭化演化过程的研究 [J]. 可再生能源，2018，36(12)：6.

[12] 石海波，孙姣，陈文义，等. 生物质热解炭化反应设备研究进展 [J]. 化工进展，2012，31(10)：2130-2136+2166.

[13] 贾吉秀，姚宗路，赵立欣，等. 连续式生物质炭化设备的研究 [J]. 现代化工，2015，35(10)：134-138.

[14] 中国烟草总公司郑州烟草研究院. 一种两段式串联生物质连续热解炭化装置：201920816104.8 [P]. 2020-02-04.

[15] 梁淼，张明建，鲁端峰，等. 热解温度对竹粉炭理化结构及燃烧性能的影响 [J]. 化工进展，2020，39(01)：278-286.

[16] KOIDE A, KATAYAMA K, TAKEUCHI M. Carbonaceous heat source composition for non-combustion smoking article: EP05819460 [P]. 2015-07-29.

[17] NYSTROM W S, LANZEL L C, LANZILLOTTI H V, et al. Carbon heat source: US5076296[P]. 1991-12-31.

[18] BENSALEM, AZZEDINE, DEEVI, et al. Method for making a carbonaceous heat source containing metal oxide: EP0627174 [P]. 1999-09-01.

[19] REZA H M, BRUCE L D, CHARYULU D S, et al. Chemical heat source comprising metal nitride, metal oxide

and carbon: EP19900312906 [P]. 1994-12-15.

[20] DEEVI C S, KELLOGG D S, HAJALIGOL M R, et al. Catalytic conversion of carbon monoxide from carbonaceous heat sources: EP91306478.8 [P]. 1992-03-11.

[21] 湖北中烟工业有限责任公司，武汉市黄鹤楼科技园有限公司. 利用酸制备烟用丝状碳质热源材料的方法：20130144798.2 [P]. 2014-11-26.

[22] 杨继，赵伟，杨柳，等. "Eclipse" 卷烟的热重/差热分析 [J]. 化学研究与应用，2015，27(05)：560-565.

[23] 赵敏，蔡佳校，张柯，等. 3 种炭供热体材料的燃烧特性及反应动力学分析 [J]. 烟草科技，2016，49(8)：76-82.

[24] 王菁，蔡佳校，张柯，等. 不同组成纤维素热解炭的燃烧行为分析 [J]. 烟草科技，2017，50(7)：76-81.

[25] 王孝峰，邵名伟，周顺，等. 配方组成对碳质热源材料燃烧特性的影响 [J]. 烟草科技，2018，51(01)：707-708.

[26] KANNAN S, GARIEPY Y, RAGHAVAN G. Conventional Hydrothermal Carbonization of Shrimp Waste [J]. Energy & Fuels, 2018, 32(3): 3532-3542.

[27] LIU F Y, YU R D, JI X D, et al. Hydrothermal carbonization of holocellulose into hydrochar: Structural, chemical characteristics, and combustion behavior [J]. Bioresource Technology, 2018, 263: 508-516.

[28] LEE S M, ANN B J, CHOI D H, et al. Effects of densification variables on the durability of wood pellets fabricated with Larix kaempferi C. and Liriodendron tulipifera L. sawdust [J]. Biomass & Bioenergy, 2013, 48: 1-9.

[29] BAZARGAN A, ROUGH S L, MCKAY G. Compaction of palm kernel shell biochars for application as solid fuel [J]. Biomass and Bioenergy, 2014, 70: 489-497.

[30] ZHAI Y B, WANG T F, ZHU Y P, et al. Production of fuel pellets via hydrothermal carbonization of food waste using molasses as a binder [J]. Waste Manage, 2018, 77: 1851-1894.

[31] LIANG M, LU W, LEI P, et al. Physical and combustion properties of binder-assisted hydrochar pellets from hydrothermal carbonization of tobacco stem [J]. Waste and Biomass Valorization, 2020, 11: 6369-6382.

[32] PENG J H, BI H T, LIM C J, et al. Study on density, hardness, and moisture uptake of torrefied wood pellets [J]. Energ Fuel, 2013, 27(2): 967-974.

[33] ZAINI I N, NOVIANTI S, NURDIAWATI A, et al. Investigation of the physical characteristics of washed hydrochar pellets made from empty fruit bunch [J]. Fuel Process Technol, 2017, 160: 109-120.

[34] SI Y, HU J, WANG X, et al. Effect of carboxymethyl cCellulose binder on the quality of biomass pellets [J]. Energ Fuel, 2016, 30(7): 5799-5808.

[35] KALIYAN N, MOREY R V. Natural binders and solid bridge type binding mechanisms in briquettes and pellets made from corn stover and switchgrass [J]. Bioresource Technol, 2010, 101(3): 1082-1890.

[36] KALIYAN N, MOREY R V. Factors affecting strength and durability of densified biomass products [J]. Biomass and Bioenergy, 2009, 33(3): 337-359.

[37] KONG L, TIAN S, LI Z, et al. Conversion of recycled sawdust into high HHV and low NOx emission bio-char pellets using lignin and calcium hydroxide blended binders [J]. Renew Energ, 2013, 60: 559-565.

[38] HU Q, SHAO J, YANG H, et al. Effects of binders on the properties of bio-char pellets [J]. Applied Energy, 2015, 157: 508-516.

[39] CHEN X F, MA X Q, PENG X W, et al. Conversion of sweet potato waste to solid fuel via hydrothermal carbonization [J]. Bioresource Technol, 2018, 249: 900-907.

[40] ISLAM M A, KABIR G, ASIF M, et al. Combustion kinetics of hydrochar produced from hydrothermal carbonisation of Karanj (Pongamia pinnata) fruit hulls via thermogravimetric analysis [J]. Bioresource

Technology, 2015, 194: 14–20.

[41] ZHANG R, LEI K, YE B Q, et al. Effects of alkali and alkaline earth metal species on the combustion characteristics of single particles from pine sawdust and bituminous coal [J]. Bioresource Technol, 2018, 268: 278–285.

[42] R.J. 雷诺兹烟草公司. 吸烟制品的组合燃料元件：93117863.0 [P]. 1994–06–08.

[43] R.J. 雷诺兹烟草公司. 烟制品的部件及其制造方法：93103139.7 [P]. 2000–05–17.

[44] 中国烟草总公司郑州烟草研究院. 一种加热非燃烧烟草炭质供热材料成型加工工艺：201510793023.7 [P]. 2017–05–24.

[45] DRYSDALE D. An introduction to fire dynamics [M]. John Wiley & Sons, 2011.

[46] OHLEMILLER T J. Modeling of smoldering combustion propagation [J]. Progress in Energy and Combustion Science, 1985, 11(4): 277–310.

[47] 中国烟草总公司郑州烟草研究院，上海烟草集团有限责任公司. 一种程序温控条件下可燃材料热性能的检测装置：201510799015.3 [P]. 2018–03–09.

[48] 中国烟草总公司郑州烟草研究院，上海烟草集团有限责任公司. 一种炭加热型卷烟供热体引燃温度、燃尽温度和燃烧持续时间的检测方法：201611010071.5 [P]. 2019–01–22.

[49] 中国烟草总公司郑州烟草研究院，中国科学院合肥物质科学研究院. 一种卷烟烟气气相物动态检测方法：201610998097.9 [P]. 2019–12–27.

[50] 中国烟草总公司郑州烟草研究院，中国科学院合肥物质科学研究院. 一种卷烟燃吸过程中耗氧量检测装置：201721224975.8 [P]. 2018–04–13.

[51] 刘振海. 热分析与量热仪及其应用 [M]. 北京：化学工业出版社，2011.

[52] 贾宝山. 填充床内阴燃传播的数值模拟及阴燃着火 – 熄火、向明火转捩特性分析 [D]. 大连：大连理工大学，2007.

[53] 杨玖玲. 泥炭阴燃及阴燃气体生成规律的实验与机理研究 [D]. 合肥：中国科学技术大学，2017.

[54] ROSTAMI A, MURTHY J, HAJALIGOL M. Modeling of a smoldering cigarette [J]. Journal of Analytical and Applied Pyrolysis, 2003, 66(1): 281–301.

[55] PUTZEYS O M, FERNANDEZ-PELLO A C, REIN G, et al. The piloted transition to flaming in smoldering fire retarded and non-fire retarded polyurethane foam [J]. Fire and Materials, 2008, 32(8): 485–499.

[56] 周顺，宁敏，王孝峰，等. 基于氧消耗原理和可控等值比法实时分析烟草燃烧热释放 [J]. 中国烟草学报，2015，(3)：20–24.

[57] HUGGETT C. Estimation of rate of heat release by means of oxygen consumption measurements [J]. Fire and Materials, 1980, 4(2): 61–65.

[58] 刘民昌. 卷烟燃吸过程温度分布的检测与表征 [D]. 郑州：中国烟草总公司郑州烟草研究院，2012.

[59] R.J. 雷诺兹烟草公司. 分段式抽吸制品：201180031721.3 [P]. 2013–02–27.

[60] 菲利普莫里斯生产公司. 基于蒸馏的发烟制品：200880102333.8 [P]. 2010–07–14.

[61] 英美烟草（投资）有限公司. 卷烟制品的燃料、卷烟制品用的气悬体发生剂及气悬体发生燃料以及卷烟制品：03143497.5 [P]. 2007–08–15.

[62] 日本烟草产业株式会社. 烟制品：02826243.3 [P]. 2005–04–20.

[63] 湖北中烟工业有限责任公司. 一种碳加热低温卷烟复合填充丝及其制备方法：201510115261.2 [P]. 2015–08–12.

[64] R.J. 雷诺兹烟草公司. 碳燃料元件及制备碳燃料元件的方法：90103438.X [P]. 1991–05–22.

[65] R.J. 雷诺兹烟草公司. 吸烟制品：91109831.3 [P]. 1994–06–15.

[66] R.J.雷诺兹烟草公司.烟制品－人造香烟：86105536 [P]. 1992-07-29.

[67] R.J.雷诺兹烟草公司.处理供烟具使用的基体材料的方法和用此方法制造的产品：87105240.7[P]. 1991-07-31.

[68] R.J.雷诺兹烟草公司.具有烟草/玻璃纤维燃料包裹纸的香烟：91105363.8[P]. 1995-11-22.

[69] R.J.雷诺兹烟草公司.带绝热垫的分段吸烟制品：201080038270.1 [P]. 2012-05-30.

[70] R.J.雷诺兹烟草公司.带有基质腔的分段吸烟制品：201280055319.3 [P]. 2017-08-29.

[71] LUDICKE F, HAZIZA C, WEITUNAT R, et al. Evaluation of biomarkers of exposure in smokers switching to a carbon-heated tobacco product: a controlled, randomized, open-label 5-day exposure study [J]. Nicotine & Tobacco Research, 2016, 18(7): 1606-1613.

[72] 日本烟草产业株式会社.用于制造热源棒的制造机器及其制造方法：200580036614.4[P]. 2009-09-16.

[73] 日本烟草产业株式会社.非燃烧型吸烟物品用碳质热源组合物：200580046024.X [P]. 2010-12-15.

[74] 日本烟草产业株式会社.非燃烧型吸烟物品用碳质热源组成物和非燃烧型吸烟物品：200780013028.7 [P]. 2011-06-29.

[75] 日本烟草产业株式会社.碳热源和香味抽吸具：201380018384.3 [P]. 2017-06-20.

[76] R.J.雷诺兹烟草公司.制造吸烟制品的方法和在该制品中使用的各组件：88101084[P]. 1988-09-28.

[77] HANCOCK L H, STIGALL J A, WILKINSON D R. Apparatus and methods for making components of a smoking article: US4893637 [P]. 1990-01-16.

[78] R.J.雷诺兹烟草公司.复合条带的成形设备和方法：98109677.8 [P].2001-11-28.

[79] 日本烟草产业株式会社.碳质热源头的制造装置：200480034945.X [P]. 2009-02-04.

[80] 李翔.干电池用炭精棒双螺杆挤压机的开发研制和螺杆几何造型的研究 [D]. 北京：北京化工大学，2000.

[81] 安徽中烟工业有限责任公司.炭加热不燃烧烟草制品关键技术研究与产品开发 [R]. 上海：2020.

[82] R.J.雷诺兹烟草公司.吸烟制品：85106876.6[P]. 1986-09-03.

[83] R.J.雷诺兹烟草公司.吸烟制品：91109831.3[P]. 1992-05-27.

[84] R.J.雷诺兹烟草公司.烟雾释放制品：88100383[P]. 1988-08-03.

[85] 菲利普莫里斯生产公司.香烟制品：89104935.5[P]. 1990-02-21.

[86] R.J.雷诺兹烟草公司.带改进的卷烟纸的吸烟制品：91105535.5[P]. 1992-03-11.

[87] R.J.雷诺兹烟草公司.烟制品的部件及其制造方法：93103139.7[P]. 1993-10-20.

[88] R.J.雷诺兹烟草公司.具有改进烟嘴件的吸烟制品：88106280.4[P]. 1992-03-18.

[89] 菲利普莫里斯生产公司.碳质热源：89104936.3[P]. 1990-02-21.

[90] 菲利普莫里斯生产公司.烟具热源：89108978[P]. 1990-06-27.

[91] 菲利普莫里斯生产公司.用于吸烟制品的复合热源：201280056053.4[P]. 2014-07-16.

[92] 菲利普莫里斯生产公司.具有改进的黏结剂的可燃热源：201380040899.3[P]. 2015-04-15.

[93] 菲利普莫里斯生产公司.绝热热源：201380046055.X[P]. 2015-05-06.

[94] 菲利普莫里斯生产公司.多层可燃烧热源：201380016398.1[P].2014-12-14.

[95] 菲利普莫里斯生产公司.制造含有金属氧化物的碳质热源的改进方法：94106205.8[P]. 1995-03-22.

[96] 菲利普莫里斯生产公司.用于生产柱形热源的工艺：200880124170.3[P].2010-12-08.

[97] 英美烟草(投资)有限公司.模拟烟制品及其燃料元件：02821025.5[P]. 2005-02-02.

[98] 英美烟草(投资)有限公司.卷烟制品的燃料、卷烟制品用的气悬体发生剂及气悬体发生燃料以及卷烟制品：031433497.5[P]. 2004-06-30.

[99] 英美烟草(投资)有限公司.吸烟制品：201380005402.4[P]. 2014-09-24.

[100] 日本烟草产业株式会社. 碳质热源头的制造装置：200480034945.X[P]. 2006-12-27.
[101] 日本烟草产业株式会社. 非燃烧型吸烟物品用碳质热源组合物：200580046024.X[P]. 2008-01-02.
[102] 日本烟草产业株式会社. 非燃烧型吸烟物品用碳质热源组成物和非燃烧型吸烟物品：200780013028.7[P]. 2009-04-29.
[103] REYNOLDS TOBACCO CO. Apparatus and methods for making components of a smoking article: US19870097240A[P]. 1987-09-15.
[104] 汤建国，韩敬美，陈永宽等. 新型烟草制品 [M]. 成都：四川科学技术出版社，2020.
[105] 炭加热不燃烧烟草制品关键技术研究与产品开发 [R]. 上海：2022.

第五章
炭加热卷烟毒理学评价研究

引言

2009年，美国众议院通过一项法案，赋予FDA对烟草制品进行全面管控，包括对烟草制品的成分和卷烟营销策略进行更为严格的限制。这项法案名为《家庭吸烟预防与烟草控制法案》（*Family Smoking Prevention and Tobacco Control Act*，FSPTCA），其中提出了"MRTP（modified risk tobacco product，风险弱化烟草制品）"的概念，MRTP指的是与市场上的现有产品（如卷烟）相比，对使用者和整体人群的风险较低的烟草制品。美国医学研究院(IOM)制定了《MRTP研究的科学标准》，为包括炭加热卷烟在内的新型烟草制品的风险评估提供科学指导。

炭加热卷烟作为一种候选MRTP产品，其安全性一直备受关注。人们对炭加热卷烟和燃烧型卷烟进行了大量的毒理学比较研究。研究人员使用体外毒理学试验和啮齿动物的综合毒理学试验研究，对炭加热卷烟和其他主要的燃烧型卷烟（肯塔基1R4F、1R5F参比卷烟或市售卷烟）的烟气潜在生物活性进行了比较。为全面表征烟气粒相物、气相物以及特定相成分的潜在影响，研究人员对炭加热卷烟的烟气冷凝物，以及整个主流烟气都进行了大量的毒理学研究。

在对炭加热卷烟的毒理学评价研究中，雷诺美国作为最早开发炭加热卷烟的公司，对其原型产品Eclipse的安全性进行了大量的研究。早在2000年，雷诺美国就邀请Bernard M.Wagner博士组建了一个由分析化学、遗传毒理学、药理学、吸入毒理学、致癌作用、兽类和人类病理学、临床肺病和临床心脏病学等领域的专家组成的"Eclipse专家组"，对Eclipse的安全性进行了全面评估。专家组评估了所有相关的化学、动物和人类数据，最终认为，抽吸不燃烧型的炭加热卷烟(Eclipse)与燃烧型卷烟相比，安全风险更低。

近年来，随着多组学分析方法的发展，研究人员在传统毒理学分析的基础上，还使用了基因表达谱、蛋白谱等多组学手段，结合生物信息学分析方法对炭加热卷烟开展了系统毒理学研究。

本章将从体外毒理学研究、动物实验、人体相关研究和系统毒理学研究四个方面，对炭加热卷烟的毒理学评价研究进行探讨。

5.1 体外毒理学研究

多年来,研究人员进行了多种体外试验来评估卷烟烟气的毒性。这些体外毒理学试验充分表明,卷烟烟气可以对各种类型的细胞产生影响,导致细胞活力和增殖的改变,诱导DNA损伤,改变细胞行为,并改变基因表达和蛋白质合成。

5.1.1 细胞毒性

通过细胞死亡来对烟草制品的毒性进行评估,是一种常见的体外毒理学评估方法。细胞毒性试验能够简单地表征一个或多个细胞培养系统中材料的毒性,并且可以用来确定该受试物在其他试验中不会导致细胞过多死亡的最大剂量。

据报道,Eclipse卷烟与参比卷烟或其他市售卷烟相比,在不同细胞类型中产生较少或不产生细胞毒性。但在另一项研究中,Eclipse卷烟在FTC抽吸模式下产生的全烟气,虽然在CHO细胞中比1R4F卷烟显示出更低的细胞毒性,却比1R5F卷烟(一种超清淡参比卷烟)的细胞毒性更高。

为了表征Eclipse与极低释放量/超低"焦油"(vULT)燃烧型卷烟之间的差异,雷诺美国对来自Eclipse和三种vULT的主流卷烟(Now 83 Box、Merit Ultima 和 Carlton Soft Pack),以及一种超低焦油(ULT)卷烟(Marlboro Ultra Lights)的烟气冷凝物(CSC)的遗传毒性和细胞毒性进行了比较。就细胞毒性而言,在四种抽吸模式下,无论使用何种方案,Eclipse CSC的细胞毒性均低于其他四种燃烧型卷烟($P<0.05$)(图5-1)。

科罗拉多州立大学的Waldren等人和雷诺美国共同研究了由肯塔基1R4F参比卷烟和炭加热卷烟(Eclipse)制备的CSC对人-仓鼠AL杂交细胞的诱导杀伤能力。研究发现,Eclipse的CSC比参比卷烟的CSC的细胞毒性要低得多。在60mg CSC/ml培养基中,Eclipse卷烟的CSC的细胞存活率约为70%,而1R4F参比卷烟的CSC的细胞存活率为1%(图5-2)。可观察到Eclipse CSC对这些哺乳动物细胞的细胞毒性降低,与之前发表的观察结果一致,即转用Eclipse 2个月的人类吸烟者的肺白细胞计数下降30%,支气管炎指数下降40%。

除了使用CSC外,Fields等人通过中性红试验评估全烟气暴露下燃烧型卷烟(3R4F)和加热卷烟(Eclipse)之间细胞毒性的差异。全烟气暴露可以同时评估烟草烟气的粒相和气相在体外显示出的细胞毒性。研究者使用的 VITROCELL VC10 系统提供全烟气，用可重现的 IC50 值观察到与暴露相关的体外细胞毒性变化。比较分析表明，Eclipse 卷烟与 3R4F 卷烟相比，其细胞毒性显著降低（$P < 0.001$）。

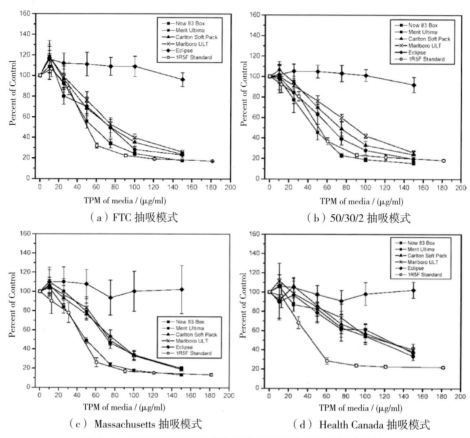

图 5-1　四种抽吸模式下产生的卷烟烟气冷凝物的细胞毒性

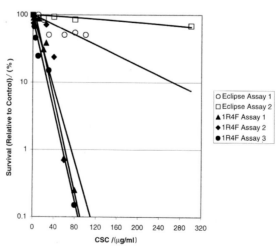

图 5-2　AL 细胞暴露于溶剂对照 (DMSO) 或来自燃烧型卷烟 (1R4F) 或加热卷烟 (Eclipse) 的不同批次 CSC 16 小时的存活曲线

5.1.2 细胞周期控制

细胞周期通过一系列的检查点受到严格调控，这些检查点可以确保细胞做好进入下一阶段的准备，例如关键细胞功能、有丝分裂、细胞复制以及 DNA 损伤的检测和修复。细胞周期控制的丧失和随之产生的不受控制的细胞复制是癌症的标志。对细胞周期检查点产生不利影响的化学损伤会降低 DNA 的修复水平，从而影响细胞活力，并产生 DNA 损伤。细胞周期检测可以提供有关细胞周期各个阶段内细胞数量的信息和各检查点的功能。

燃烧型卷烟会产生复杂的化学混合物，包括诱变剂和致癌物质。加热型卷烟产生的烟气中诱变剂和致癌物的含量都显著减少。化学诱导的氧化应激、DNA 损伤和炎症可能会改变细胞周期调节，并且是致癌过程中的重要生物学事件。Fields 等人比较了燃烧型卷烟和加热卷烟的烟气冷凝物（CSC）对 NHBE 细胞中基因表达的影响，研究人员进一步使用了定量 RT/PCR 技术和流式细胞术评估了 CSC 对细胞周期的影响。与来自 Eclipse 卷烟的 CSC 相比，来自 1R4F 卷烟的 CSC 会导致响应 DNA 损伤 (GADD45) 和参与细胞周期调节 (p21，WAF1/CIP1) 的基因 mRNA 水平显著增加（图 5-3）。此外，在 1R4F 的 CSC 中，与氧化应激和炎症相关的环氧合酶 -2(COX-2) 和白细胞介素 8(IL-8) 的基因表达，与 Eclipse 相比有显著增加（图 5-4）。

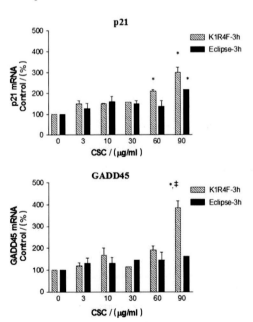

图 5-3　1R4F 和 Eclipse 卷烟烟气冷凝物 (CSC) 对 NHBE 细胞中 p21 和 GADD45 mRNA 的影响

注：将细胞连续暴露于 3 μg/ml、10 μg/ml、30 μg/ml、60 μg/ml、90 μg/ml TPM，或二甲基亚砜 (DMSO，0.9%) 的生长培养基中 3 小时，然后测定相关基因 mRNA 的表达量。星号 (*) 表示在 $P<0.05$ 时与溶剂对照相比具有统计显著性，符号 (‡) 表示在 $P<0.05$ 时 1R4F 和 Eclipse 之间的统计显著性。

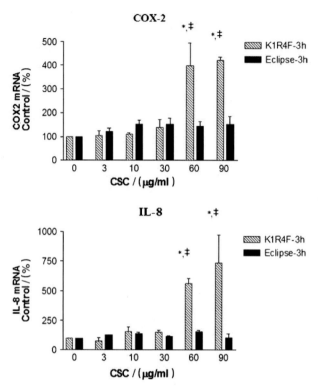

图 5-4　1R4F 和 Eclipse 卷烟烟气冷凝物 (CSC) 对 NHBE 细胞中 COX-2 和 IL-8 mRNA 的影响

注：将细胞连续暴露于 3 μg/ml、10 μg/ml、30 μg/ml、60 μg/ml、90 μg/ml TPM 或 DMSO (0.9%) 的生长培养基中 3 小时。然后除去暴露介质，将细胞收集到 TRIzol 中，进行第一链 cDNA 合成、实时定量 PCR 和百分比。星号 (*) 表示在 $P < 0.05$ 时与溶剂对照相比具有统计显著性，符号 (‡) 表示在 $P < 0.05$ 时 1R4F 和 Eclipse 之间的统计显著性。

此外，1R4F 暴露使得细胞培养基中的 IL-8 蛋白分泌量增加，而 Eclipse 经处理后分泌的 IL-8 蛋白较少（图 5-5）。

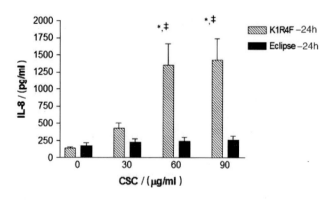

图 5-5　1R4F 和 Eclipse 卷烟烟气冷凝物 (CSC) 对 IL-8 分泌到 NHBE 细胞培养基中的影响

注：将细胞连续暴露于 30 μg/ml、60 μg/ml、90 μg/ml TPM 或 DMSO (0.9%) 的生长培养基中 24 小时，收集暴露介质并储存在 $-80\ ^\circ\mathrm{C}$ 的环境中。星号 (*) 表示在 $P<0.05$ 时与溶剂对照相比具有统计显著性，符号 (‡) 表示在 $P<0.05$ 时 1R4F 和 Eclipse 之间的统计显著性。

上述基因表达的差异对细胞周期的调节产生了影响，研究结果显示，暴露于1R4F CSC的细胞比暴露于Eclipse CSC的细胞表现出更显著的S期和G2期积累（图5-6）。这些数据表明，炭加热型Eclipse卷烟的烟气在正常人支气管上皮细胞中参与DNA损伤、氧化应激、炎症反应和细胞周期调节的关键基因的表达在统计学上显著降低。

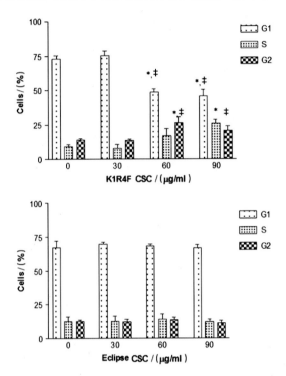

图 5-6　1R4F 和 Eclipse 卷烟烟气冷凝物 (CSC) 对 NHBE 细胞周期的影响

注：将细胞连续暴露于 30 μg/ml、60 μg/ml、90 μg/ml TPM 或 DMSO (0.9%) 的生长培养基中 24 小时。对用碘化丙啶染色的样品进行流式细胞术分析。星号 (*) 表示在 $P<0.05$ 时与溶剂对照相比有统计学意义，符号 (‡) 表示在 $P<0.05$ 时 1R4F 和 Eclipse 之间的统计显著性。

5.1.3　染色体畸变（CA）试验

染色体畸变（CA）试验是一种常用的细胞遗传学检测方法，可进行 CA 检测的类型，包括染色体断裂、缺口、无着丝粒片段、着丝粒环和双着丝粒（两条独立染色体之间的交换）。这些类型的损伤对细胞来说是致命的。DNA 双链断裂是 CA 形成过程中的主要损伤，通常伴随其他类型的染色体损伤和 DNA 修复或合成错误。

不同类型的传统卷烟通常会诱导细胞产生 CA，产生 CA 的效力可能存在差异。然而，有报道称 Eclipse 卷烟不会在 CHO 细胞中诱导 CA。来自 Eclipse 各种原型产品的烟气冷凝物在染色体畸变试验的所有条件下都产生了阴性结果（图 5-7、图 5-8）。相比之下，来自 1R4F 和 1R5F 的烟气冷凝物在所有测试条件下（有和没有代谢激活）都引发了 CA 的产生。

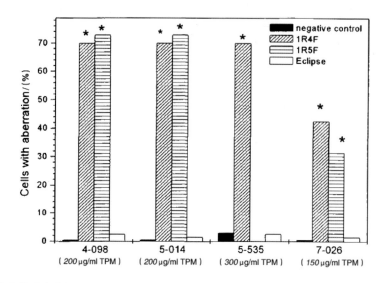

图 5-7　染色体畸变分析：1R4F 和 1R5F 参比卷烟和各种没有 S9 代谢激活的 Eclipse 原型产品

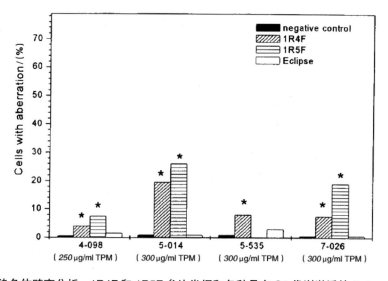

图 5-8　染色体畸变分析：1R4F 和 1R5F 参比卷烟和各种具有 S9 代谢激活的 Eclipse 原型产品

5.1.4　姐妹染色单体交换（SCE）试验

姐妹染色单体交换（SCE）是在染色体复制过程中，两个姐妹染色单体之间在相同位置发生同源片段的易位。由于交换是对等的，所以染色体的形成没有改变，这种遗传毒性本身不被视为突变。SCE 在细胞周期的 S 期形成，可以被紫外线和大量遗传毒性化学物质诱导，尤其是 S 期依赖性断裂素，其形成的分子机制目前尚不清楚。

Latt 在 1973 年，Perry 和 Wolff 在 1974 年，分别描述了 SCE 分析技术。姐妹染色单体交换试验已被广泛用于研究化学品对 DNA 的影响。雷诺美国 2000 年召集的 Eclipse 专家组所提供的数据表明，来自 Eclipse 原型的烟气冷凝物在姐妹染色单体交换试验中产生了阴性或轻微阳性反应（表 5-1 和表 5-2）。相比之下，来自参比卷烟

1R4F 和 1R5F 的烟气冷凝物在有和没有代谢激活的所有测试条件下,均能诱导姐妹染色体交换。

表 5-1　Eclipse 烟气冷凝物 –SCE 分析总结(有和没有 S9 激活的斜率值)

Eclipse 原型	不添加 S9 活化酶			添加 S9 活化酶		
	1R4F	1R5F	Eclipse	1R4F	1R5F	Eclipse
4-098	0.021[a]	0.023[a]	0.003	0.005[a]	0.004[a]	0.001
5-014	0.035[a]	0.033[a]	0.002	0.004[a]	0.004[a]	-0.001
5-535	0.033[a]	未测定	0.005	0.004[a]	未测定	0.001
7-026	0.021[a]	0.02[a]	0.004[a]	0.003[a]	0.003[a]	-0.001
7-088	0.028[a]	0.028[a]	0.006[a]	0.003[a]	0.003[a]	0.001

注:斜率值,衡量每单位烟气浓度增加的 SCE 数量。
a——阳性反应,统计学上显著大于 0 ($P \leq 0.05$)。

表 5-2　Eclipse 烟气冷凝物 –SCE 分析总结(特定剂量下有和没有 S9 激活的反应)

Eclipse 原型	不添加 S9 活化酶				添加 S9 活化酶			
	阴性对照	1R4F 50μg[a]	1R5F 50μg[a]	Eclipse 50μg[a]	阴性对照	1R4F 250μg[a]	1R5F 250μg[a]	Eclipse 250μg[a]
4-098	7.6	17.4	16.8	9.8	6.6	15.9	12.3	8.2
5-014	7.6	20.5	18.8	9.3	7.5	15.2	14.5	6.8
5-535	7.4	15.8	未测定	10.4	8.5	300 μg[b] 时 16.6	未测定	300 μg[b] 时 9.4
7-026	8.1	18.1	20.7	11.2	9.7	14.2	15.9	9.3
7-088	9.0	16.4	17.4	9.8	9.7	17.2	14.2	9.9

注:差异是由热源、滤嘴、调味剂和烟草混合物造成的。
a——μg TPM(总粒相物)/mL 培养基。
b——以 300 μg 而不是 250 μg 进行评估。

5.1.5　Ames 致突变试验

检测致突变性最常用的方法是 Ames 试验,也称鼠伤寒沙门氏菌组氨酸回复突变试验。Ames 试验的目的是检测可能导致基因突变的化学物质。Ames 试验是基于诱导而检测 DNA 碱基突变、缺失和插入的。这些突变、缺失和插入可能是引发许多人类遗传疾病的原因。

雷诺美国的 Bombick 等人,在鼠伤寒沙门氏菌菌株 TA98、TA100、TA1535、TA1537 和 TA1538 中,测试了 Eclipse 原型炭加热卷烟、代表低焦油卷烟的 1R4F 以及代表超低焦油卷烟的 1R5F 的 CSC,在存在和不存在大鼠肝 S9 激活条件下的诱变性。

研究结果显示，1R4F 和 1R5F 的 CSC 在鼠伤寒沙门氏菌菌株 TA98、TA100、TA1538 和 TA1537 的 Ames 测定中呈阳性，TA1535 呈阴性，而炭加热卷烟的 CSC 在所有五个菌株中均为阴性。与来自 1R4F 和 1R5F 参比卷烟的烟气冷凝物相比，来自炭加热卷烟的烟气冷凝物的致突变性显著降低。

同样，雷诺美国的 Foy 等人对 Eclipse 和三种 vULT 的主流卷烟（Now 83 Box、Merit Ultima 和 Carlton Soft Pack），以及一种超低焦油 (ULT) 卷烟 (Marlboro Ultra Lights) 的烟气冷凝物 (CSC) 的遗传毒性进行了比较。该研究共设置了四种抽吸模式：① FTC——35mL，每 60 秒抽吸一次，持续 2 秒 (35/60/2)；② 50/30/2，通风孔全开；③ Massachusetts——45/30/2，50% 通风口封闭；④ 加拿大——55/30/2，100% 通风孔封闭。Ames 试验结果显示，在每毫克总粒相物 (TPM) 的回复突变数的结果中，所有抽吸模式下，Eclipse CSC 的致突变性都低于四种燃烧型卷烟的 CSC($P<0.05$)（表 5-3）。当以每支卷烟的回复突变为基础计算致突变性时，Eclipse CSC 的致突变性低于 Merit Ultima、Carlton Soft Pack 和 Marlboro Ultra Lights 的致突变性（$P<0.05$）（表 5-4）。

表 5-3　各种抽吸模式下各卷烟 CSC 的致突变性（表示为回复突变 /mg TPM）

烟支样品	FTC(35/60/2, 0% 通风孔封闭)	50/30(50/30/2, 0% 通风孔封闭)	Massachusetts(45/30/2, 50% 通风孔封闭)	Canadian(55/30/2, 100% 通风孔封闭)
Now 83 Box	1649	1960	2142	733
Merit Ultima	1999	1979	1588	743
Carlton Soft Pack	2129	2035	1793	822
Marlboro ULT	1799	1519	1233	709
Eclipse	92[a]	103[a]	88[a]	92[a]

注：a——在所有抽吸模式中，统计上显著低于其他 CSC 样品（$P<0.05$）。

表 5-4　各种抽吸模式下各卷烟的致突变性（表示为回复突变 / 支烟）

烟支样品	FTC(35/60/2, 0% 通风孔封闭)	50/30(50/30/2, 0% 通风孔封闭)	Massachusetts(45/30/2, 50% 通风孔封闭)	Canadian(55/30/2, 100% 通风孔封闭)
Now 83 Box	198	1117	5184	19 080
Merit Ultima	1739	6392	11 497	20 388
Carlton Soft Pack	3492	12 617	18 952	25 942
Marlboro ULT	12 755	29 195	27 003	28 807
Eclipse	587[a, b]	3496[a, b]	3058[a, c]	6587[a, c]

注：a——在统计上显著低于 Merit Ultima、Carlton Soft Pack 和 Marlboro ULT（$P<0.05$）。
　　b——在统计上显著高于 Now 83 Box（$P<0.05$）。
　　c——在统计上显著低于 Now 83 Box（$P<0.05$）。

Eclipse 专家组总结了各种 Eclipse 原型产品和肯塔基参比卷烟在 TA98 菌株中的 Ames 检测结果。如果受试物用最高测试浓度处理的平板中回复突变数未达到溶剂对照的两倍，则在 Ames 试验中判定为阴性。从表 5-5 的结果可以看出，虽然各种 Eclipse 原型产品在 Ames 试验中的回复突变数有微小的差异，但是和肯塔基参比卷烟的试验结果比较，则具有统计上的差异，来自 Eclipse 原型产品的烟气冷凝物总体呈现出相对较弱的致突变性。

表 5-5 肯塔基参比卷烟和各种 Eclipse 原型的 TA98 菌株 Ames 检测结果总结

原型产品	试验日期	溶剂背景	Eclipse 250μg TPM[b]	Eclipse 回复突变/mg TPM[b]	1R4F[c] 回复突变/mg TPM[b]	1R5F[d] 回复突变/mg TPM[b]
Eclipse 4-098	11/8/94	24[e]	36[e]	阴性[f]	924[g]	1227[g]
Eclipse 5-014	4/4/95	28	33	阴性[f]	1267	1652
Eclipse 5-535	9/13/95	24	35	阴性[f]	1200	未测试
Eclipse 7-026	4/15/97	30	51	阴性[f]	1408	1754
Eclipse 7-067（由 Eclipse 7-026 改造）	6/8/97	22	64	161[g]	1589	未测试
Eclipse 7-067（由 Eclipse 7-026 改造）	6/18/97	19	53	129	1340	未测试
Eclipse 7-067（由 Eclipse 7-026 改造）	6/25/97	25	61	233	1770	未测试
Eclipse 7-088	12/17/97	21	55	127	1146	1464

注：a——原型差异是由热源、滤嘴、调味剂和烟草混合物造成的。
b——TPM，总粒相物。
c——1R4F，肯塔基 1R4F 参比卷烟。
d——lR5F，肯塔基 1R5F 参比卷烟。
e——每板平均回复突变数（$n = 3$）。
f——当每板 250μg TPM 的回复突变数未达到背景板（即溶剂对照）中观察到的回复突变数的两倍时，结果为阴性。
g——根据 CSC 0～250μg TPM 的回复突变数计算得出的斜率值。

5.1.6 大鼠肝细胞程序外 DNA 合成（UDS）

程序外 DNA 合成简称 UDS，是指发生在 DNA 正常复制合成期（S 期）以外的合成。当外源诱变剂导致 DNA 损伤时，就会发生在 S 期以外的 DNA 修复合成。根据这一原理，人们发展出了通过检测 UDS 来判断受试物是否具有遗传毒性的方法。该方法通常使用大鼠肝细胞来进行测试，在培养液中加入放射性标记的 3H-TdR(3H-胸腺嘧啶核苷)，如果 DNA 受到损伤，将会发生 DNA 修复。3H-TdR 就会掺入新合成的 DNA 中。使用定量放射自显影颗粒计数，就可以测得 3H-TdR 掺入的量，从而估计 DNA 的受损程度。

Doolittle 等人对两种加热卷烟（TEST 和 TEST-薄荷）和三种燃烧型卷烟（1R4F、市售超低焦油品牌(ULT) 和市售超低焦油薄荷品牌(ULT-薄荷)）的主流卷烟烟气冷凝物(CSC) 进行了体外 UDS 测试。结果显示，来自 1R4F、ULT 和 ULT-薄荷卷烟的 CSC 在诱导培养的大鼠肝细胞 DNA 修复方面呈弱阳性，而 TEST 和 TEST-薄荷的 CSC 在测试的所有浓度下均为阴性，未显示 NG 或百分比 ≥ 5NG（见表 5-6）。

表 5-6 大鼠肝细胞程序外 DNA 合成

测试的卷烟产品 (μg/mL)	试验 1		试验 2	
	NG[a]	% ≥ 5 NG[b]	NG	% ≥ 5 NG
1R4F 参比卷烟 (12.6 mg TPM/支烟)				
0	−12.4	2	−13.0	2
25	−8.3	9	−10.0	1
50	−5.4	10	−10.6	4
75	−2.8	16	−8.7	1
100	−1.9	21	−8.4	3
125	−1.0	22	−6.1	15
150	+2.1	36	−8.2	7
市售超低焦油卷烟 (1.6 mg TPM/支烟)				
0	−12.4	2	−13.0	2
25	−9.3	4	−9.4	2
50	−4.9	9	−6.2	6
75	−1.4	20	−4.9	9
100	−3.5	8	−6.1	11
125	−2.8	7	−7.1	4
150	−2.8	13	−4.6	6
市售超低焦油薄荷卷烟 (1.2 mg TPM/支烟)				
0	−12.4	2	−13.0	2
25	−3.5	11	−9.9	1
50	−5.7	7	−8.4	4

续表

测试的卷烟产品（μg/mL）	试验1		试验2	
	NG[a]	% ≥ 5 NG[b]	NG	% ≥ 5 NG
75	-3.0	14	-8.3	8
100	-3.0	14	-6.6	1
125	毒性		毒性	
150	毒性		毒性	
TEST (9.2 mg TPM/支烟)				
0	-12.4	2	-13.0	2
25	-11.4	3	-14.9	3
50	-11.3	3	-14.8	0
75	-8.3	2	-13.3	0
100	-9.7	4	-12.0	1
125	-11.2	3	-13.1	1
150	-9.1	3	-17.6	1
TEST-薄荷 (9.5 mg TPM/支烟)				
0	-12.4	2	-13.0	2
25	-7.7	2	-12.7	0
50	-7.9	3	-13.1	0
75	-10.5	0	-13.7	1
100	-8.7	3	-11.4	0
125	-11.7	2	-11.3	2
150	-9.5	3	-10.1	2
阳性对照(2-乙酰氨基芴)				
0	-12.4	2	-13.0	2
3	34.0	98	18.4	86

注：a——数值表示对90个细胞评分得到的每个细胞核的平均NG（净银粒数，即细胞核银粒数减去细胞质银粒数）。负数表示细胞质中的银粒比细胞核中的银粒多。
b——含有五个以上净核银粒数的细胞群（对90个细胞评分）的百分比。

5.1.7 CHO/HGPRT 基因突变试验

CHO/HGPRT基因突变试验是使用中国仓鼠卵巢细胞（CHO）来检测化学物质诱导

的基因突变的一种体外遗传毒性试验。该试验将细胞在不含次黄嘌呤的培养基中进行培养，细胞对 6- 硫鸟嘌呤（6-TG）的毒性作用敏感，在次黄嘌呤鸟嘌呤磷酸核糖转移酶（HGPRT）的催化下产生核苷 -5'- 单磷酸（NMP），NMP 掺入 DNA 中导致细胞死亡。因此，细胞在含有 6-TG 的选择性培养基中不能生存。在诱变剂作用下，控制 HGPRT 的基因会发生突变，不能再产生 HGPRT，从而使突变细胞对 6-TG 具有抗性作用。这些突变细胞在含有 6-TG 的选择性培养液中能继续生长，根据突变集落形成数计算突变率，以判定受试物的致突变性。如果突变集落数量出现可重复的、浓度相关的增加，并且用一种或多种浓度的测试物突变率至少是溶剂对照平均值的 3 倍，则认为该化学物质具有致突变性。

Doolittle 等人对 1R4F、ULT 和 ULT- 薄荷样品进行了细胞毒性极限测试，并在这些浓度下使用 CHO/HGPRT 基因突变试验评估了加热卷烟 TEST 和 TEST- 薄荷样品。研究结果显示（见表 5-7、表 5-8），无论有无代谢激活，所有 5 个测试样品 CSC 均无致突变性（硫鸟嘌呤抗性突变细胞的平均频率增加 3 倍或更多）。来自 1R4F、ULT 和 ULT- 薄荷卷烟的 CSC 在 CHO/HGPRT 试验中具有细胞毒性，而 TEST 和 TEST- 薄荷 CSC 在任一条件下都没有细胞毒性。根据这些结果，Doolittle 等人认为加热卷烟 TEST 和 TEST- 薄荷的主流 CSC 既没有遗传毒性，也没有细胞毒性。

表 5-7 未使用 S9 代谢激活的 CHO/HGPRT 诱变

卷烟 (cig/mL)	试验 1		试验 2	
	CE[a] /(%)	MF[b]	CE /(%)	MF
1R4F 参比卷烟				
0.000	96 ± 9	14 ± 8	75 ± 13	30 ± 10
0.001	nt	nt	73	36
0.002	nt	nt	86	35
0.004	nt	nt	62	33
0.006	nt	nt	43	48
0.008	20	7	32	52
0.10	3	nd	nt	nt
0.12	0	nd	nt	nt
市售超低焦油薄荷卷烟				
0.000	96 ± 9	14 ± 8	75 ± 13	30 ± 10
0.001	nt	nt	81	31
0.002	nt	nt	77	21

续表

卷烟 (cig/mL)	试验1		试验2	
	CE[a] /(%)	MF[b]	CE /(%)	MF
0.004	nt	nt	67	45
0.006	nt	nt	51	37
0.008	11	5	40	34
0.10	0	nd	nt	nt
0.12	0	nd	nt	nt
市售超低焦油卷烟				
0.000	44 ± 5	8 ± 2	115 ± 10	50 ± 14
0.002	nt	nt	94	50
0.004	nt	nt	90	56
0.006	nt	nt	51	38
0.008	11	9	27	21
0.010	2	nd	4	nd
0.012	0	nd	4	nd
TEST				
0.000	44 ± 5	8 ± 2	115 ± 10	50 ± 14
0.006	nt	nt	100	43
0.008	57	13	68	25e
0.010	62	10	86	36
0.012	53	8	102	47
TEST−薄荷				
0.000	44 ± 5	8 ± 2	115 ± 10	50 ± 14
0.006	nt	nt	93	51
0.008	43	11	80	64
0.010	47	4	75	29
0.012	41	10	73	44
阳性对照—甲磺酸乙酯 (μg/mL)				
0	44 ± 5	8 ± 2	115 ± 10	50 ± 14
200	26	313*	58	231*

注：a——化学处理后立即测定500个细胞的克隆形成率。数值代表重复培养物的平均克隆形成率，溶剂对照值除外，代表三次重复培养物的平均值±SD。
b——每百万活细胞的突变频率。数值代表重复培养物的平均值，溶剂对照值除外，溶剂对照值代表三次培养物±SD的平均值。
c——由于技术问题，其中一种培养物被丢弃。
*——突变频率至少是在同时溶剂对照中观察到的三倍。

表5-8 使用S9代谢激活的CHO/HGPRT诱变

卷烟 (cig/mL)	试验1		试验2	
	CE^a/(%)	MF^b	CE/(%)	MF
1R4F 参比卷烟				
0.000	67^c	42±21	71±9	31^c
0.006	nt	nt	31	52
0.008	36^c	72	26	27
0.010	14^c	30^c	7	8^c
0.012	6^c	48	4	nd
市售超低焦油薄荷卷烟				
0.000	67^c	42±21	71±9	31^c
0.006	nt	nt	35	na
0.008	26	29	21	26
0.010	11	68^c	10	12
0.012	7	60	4	nd
市售超低焦油卷烟				
0.000	61±5	22±12	100^d	28±7
0.006	nt	nt	84	52
0.008	33	32	71	41
0.010	18	24^c	65	31
0.012	9	na	52	27^c
TEST				
0.000	61±5	22±12	100^d	28±7
0.006	nt	nt	94	23
0.008	64	44	90	22

续表

卷烟 (cig/mL)	试验 1		试验 2	
	CE[a]/(%)	MF[b]	CE /(%)	MF
0.010	71	25	103	41
0.012	77	20	92	53
TEST-薄荷				
0.000	61 ± 5	22 ± 12	100d	28 ± 7
0.006	nt	nt	103	32
0.008	70	20	97	33
0.010	67	14	108	18
0.012	67	30	99	39
阳性对照—3-甲基胆蒽 (μg/mL)				
0	61 ± 5	22 ± 12	100d	28 ± 7
5	69	68*	92	165*

注：a——化学处理后立即测定 500 个细胞的克隆形成率。数值代表重复培养物的平均克隆形成率，溶剂对照值除外，代表三次重复培养物的平均值 ±SD。
b——每百万活细胞的突变频率。数值代表重复培养物的平均值，溶剂对照值除外，溶剂对照值代表三次培养物 ±SD 的平均值。
c——由于技术问题，其中一种培养物被丢弃。
d——由于技术问题，该系列的克隆形成率测定板被丢弃。相对于溶剂对照，计算表达期间生长两天后的细胞密度，以表明细胞毒性。
*——突变频率至少是在同时溶剂对照中观察到的三倍。

5.2 动物实验

5.2.1 烟气冷凝物皮肤涂抹试验

烟气冷凝物皮肤涂抹试验是一种研究卷烟烟气致瘤性的常用体内试验。该试验通常将受试物涂抹在小鼠剃光的背部来进行测试。首先使用单一的已知诱变剂（如 7,12-二甲基苯并[a]蒽（DMBA）），使皮肤细胞形成不可逆的遗传损伤，即起始阶段。这一阶段产生了控制生长、分化的基因缺陷细胞。这些缺陷本身不会诱导肿瘤形成，需要在第二阶段（即促进阶段）用受试物反复涂抹，诱导细胞持续增生，并开始分化形成可见的癌前肿瘤——乳头状瘤。在第三阶段，即发展阶段，乳头状瘤通过积累额外的遗传损伤，转化为恶性鳞状细胞癌。

Meckley 等人使用 SENCAR 小鼠皮肤肿瘤诱发试验，来比较 Eclipse 与 1R4F 的卷烟烟气冷凝物（CSC）的致瘤性。研究人员首先对雌性 SENCAR 小鼠施用 7,12-二甲基苯并[a]蒽（DMBA），然后用 Eclipse 和 1R4F 的 CSC 进行诱发。在皮肤上施用 10 mg、20 mg 或 40 mg Eclipse 或 1R4F CSC，每周 3 次，持续 29 周未观察到体重、存活率或其他亚慢性毒性指标的改变。

在所有 1R4F CSC 和高剂量 Eclipse CSC 的作用下，患肿瘤的小鼠数量和显微镜确认的皮肤肿瘤总数均显著增加（表 5-9）。然而，与 1R4F 相比，低、中和高剂量的 Eclipse CSC 处理的组中，患肿瘤的小鼠数量分别减少了 83%、93% 和 67%，皮肤肿瘤总数分别减少了 91%、94% 和 87%。基于这些结果，研究人员认为 Eclipse CSC 比 1R4F CSC 对皮肤肿瘤的诱发潜力显著降低。

表 5-9 显微镜下确认的肿瘤

实验组	患肿瘤小鼠数量	肿瘤总数
组 1(丙酮/丙酮)	0/40	0
组 2(丙酮/参比卷烟 40 mg)	9/40	16
组 3(丙酮/测试卷烟 40 mg)	0/40	0
组 4(DMBA/丙酮)	0/40	0
组 5(DMBA/参比卷烟 10 mg)	6/40[a]	11[a]
组 6(DMBA/参比卷烟 20 mg)	28/40[a,b]	184[a,b]
组 7(DMBA/参比卷烟 40 mg)	36/40[a,b]	244[a,b,c]
组 8(DMBA/测试卷烟 10 mg)	1/40	1[d]
组 9(DMBA/测试卷烟 20 mg)	2/40[d]	11[a,b,d]
组 10(DMBA/测试卷烟 40 mg)	12/40[a,b,c,d]	31[a,b,c,d]

注：a——显著高于第 4 组（DMBA/丙酮）。
b——显著高于相同 CSC 的低剂量。
c——显著高于相同 CSC 的中间剂量。
d——显著低于参比卷烟 CSC 的相应剂量。

Brown 等人使用烟气冷凝物皮肤涂抹试验研究了在炭加热卷烟 Eclipse 和肯塔基参比卷烟 1R4F 主流烟气冷凝物暴露下小鼠的肺、心脏和皮肤组织中产生的 DNA 加合物。

研究人员使用来自 Eclipse 或 1R4F 卷烟的 CSC，每周在 SENCAR 小鼠的皮肤上涂抹 3 次，持续了 30 周，然后使用 32P 后标记法分析肺、心脏和皮肤组织中的 DNA 加合物，在用 1R4F CSC 处理的小鼠的肺、心脏和皮肤组织的 DNA 中观察到了不同时间和剂量依赖性的对角放射区域（diagonal radioactive zones，DRZ）。1R4F 参比卷烟 CSC 处理的小鼠的肺、心脏和皮肤 DNA 的相对加合物标签（relative adduct labeling，RAL）值比溶剂对照（丙酮）显著增高（$P<0.05$）。在用 Eclipse CSC 或溶剂对照处理的小鼠 DNA 中，在任何剂量下均未观察到相应的 DRZ。

5.2.2 烟气吸入暴露研究

Brown 等人采用小鼠烟气仅鼻（nose-only）吸入实验比较了一种炭加热测试卷烟（TOB-HT）和 1R4F 参比卷烟烟气遗传毒性的差异。研究人员将雄性 B6C3/F1 小鼠连续 4 周、每周 5 天、每天 1 小时暴露于主流烟气中。与对照组（假暴露）相比，暴露于 TOB-HT 或 1R4F 卷烟的动物的骨髓和外周血嗜多染红细胞 (PCE) 中的微核形成没有显著差异。在暴露于 1R4F 卷烟烟气的小鼠的肺和心脏组织中都观察到了具有统计学意义 ($P<0.05$) 的浓度依赖性 DNA 加合物的形成。但暴露于 TOB-HT 卷烟的小鼠，无论是其肺中还是心脏组织中的 DNA 加合物浓度都没有显著增加（$P<0.05$）（图 5-9）。因此，研究者认为 TOB-HT 卷烟的主流烟气对小鼠的遗传毒性低于 1R4F。

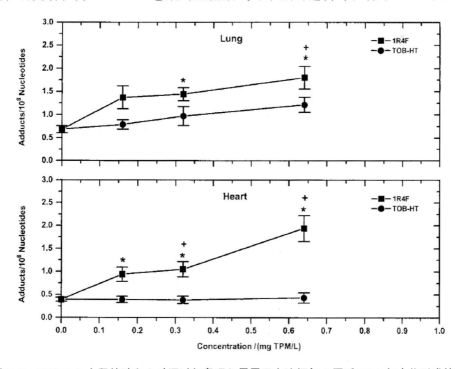

图 5-9 B6C3/F1 小鼠的肺和心脏通过仅鼻吸入暴露于主流烟气 4 周后 DNA 加合物形成的剂量反应

注：每个数据点代表测试的 5 只动物的平均值 ±S.E.。*——在统计上与假对照不同；+——与相应的 TOB-HT 组有统计学差异。

Ayres 等人采用 90 天大鼠烟气仅鼻吸入实验进行了亚慢性毒性研究，该研究比较了加热卷烟 (Eclipse) 与 1R4F 参比卷烟的主流烟气在潜在生物活性上的差异。烟气暴露时间为每天 1 小时，每周 5 天，持续 13 周，测试浓度分别为每升空气 0 mg、0.16 mg、0.32 mg 和 0.64 mg 的湿总粒相物 (WTPM)。

对烟气暴露后的大鼠进行体积描记法研究显示，在所有浓度的 1R4F 烟气暴露组中，大鼠呼吸频率都有所下降，但只有在高浓度的 Eclipse 烟气暴露组中，呼吸频率才会下降。与暴露于同等浓度的 1R4F 烟气中的大鼠相比，暴露于 Eclipse 烟气中的大鼠在低浓度和中浓度下吸入了更多的烟气。碳氧血红蛋白和血清烟碱与一氧化碳和烟碱的暴露浓度直接相关。烟气暴露的大鼠体重略低，而在临床体征、临床化学检测、血液学或尸检时的大体变化方面没有观察到烟气对大鼠产生影响。在器官重量方面看到的唯一与烟气暴露有关的影响是 Eclipse 高浓度暴露组中雌性大鼠的心脏重量增加，这是由于 Eclipse 烟气暴露组使用的烟气 CO 较高。较高的 CO 是由于 Eclipse 烟气的稀释度较低，以保持 WTPM 浓度与 1R4F 烟气的浓度相等，而不是由于 Eclipse 卷烟的 CO 产量较高。在暴露于 1R4F 或 Eclipse 烟气后，观察到大鼠鼻上皮增生和腹侧喉鳞状变性。暴露在 Eclipse 烟气中的大鼠的变化程度较小。在 Eclipse 和 1R4F 烟气暴露组中，肺部巨噬细胞的增加程度相似。在暴露于 1R4F 烟气中的大鼠的肺部检测到棕色或金色的巨噬细胞，暴露于 Eclipse 烟气中的大鼠则没有。每组大鼠继续在没有烟气暴露的条件下维持了 13 周。在烟气暴露结束时观察到的大多数变化已经消失，而那些仍然存在的变化正在向正常方向发展。对这些结果的评估表明，在可比的暴露浓度下，Eclipse 烟气的总体生物活性低于 1R4F 烟气。

Coggins 等人使用炭加热卷烟和燃烧型的参比卷烟，进行了 B6C3F 小鼠仅鼻吸入实验。研究人员将实验小鼠每天在烟气中暴露 1 小时，持续 14 天。然后通过改良的 Ames 试验评估小鼠尿液的致突变性，并在骨髓细胞中评估了 Clastogenesis（姐妹染色单体交换、染色体畸变和微核）。实验结果显示，暴露于参比卷烟的烟气中，实验小鼠的呼吸率会显著降低，暴露于加热卷烟的烟气中则不会。研究者还发现，与先前在暴露于参比卷烟烟气中的大鼠身上观察到的组织病理学变化相比，暴露于加热测试卷烟烟气中的动物的组织病理变化更少。接触烟气（参比卷烟和加热卷烟）的动物的尿液致突变性和染色体断裂试验与对照无差异，但在微核试验中，暴露于高浓度参比卷烟烟气中的动物的微核数量比对照显著增加。

Szostak 等人研究了候选改良风险烟草产品 (cMRTP)、炭加热烟草产品 (CHTP) 和烟草加热系统 (THS) 的气溶胶与主流卷烟烟气对 ApoE-/- 小鼠心血管系统的影响。研究者将雌性 ApoE-/- 小鼠暴露于来自 THS 和 CHTP 的气溶胶，以及来自 3R4F 参比卷烟的烟气中长达 6 个月，通过超声心动图、组织病理学、免疫组织化学和转录组学分析研究心血管效应。研究结果显示，持续接触 cMRTP 气溶胶不会影响动脉粥样硬化发展、心脏功能、左心室结构和心血管转录组。暴露于 3R4F 烟气会引发动脉粥样硬化发展，降低收缩期射血分数和缩短分数，导致心脏左心室肥大，并引发心室和胸主动脉转录组的显著失调。基于上述结果，研究人员认为，暴露于 cMRTP 气溶胶不会产生大多数与卷烟烟气暴露相关的功能、结构和分子效应。戒烟或改用 CHTP 气溶胶可帮助 ApoE-/- 小鼠改善由 3R4F 所引起的不良效应。

5.3 人体相关研究

5.3.1 人体暴露研究

除了戒烟，对于那些会继续吸烟的人来说，用危害较小的替代品代替卷烟可以减少吸烟的危害。人体暴露研究显示，相比燃烧型卷烟，加热不燃烧烟草可以减少或消除卷烟烟气中有害和潜在有害成分的形成，从而降低有害成分的人体暴露水平。

2016 年，Lüdicke 等人比较研究了转吸炭加热烟草制品 (CHTP)、继续抽吸燃烧型卷烟（CC）以及戒烟 (SA)5 天的成年吸烟者体内卷烟烟气中选定的有害和潜在有害成分 (HPHC) 的暴露水平。

研究人员在 112 名从 CC 转换为 CHTP 的男性和女性高加索吸烟者的 24 小时尿液和血液样本中，测量了 HPHC 的生物标志物。结果显示，转吸 CHTP 或戒烟将使测量的所有暴露生物标志物显著下降。碳氧血红蛋白在 CHTP 和 SA 组分别下降 43% 和 55%。与基线相比，第 5 天诱变物质的尿排泄在 CHTP 和 SA 组分别减少 89% 和 87%，而在 CC 组中，未观察到显著变化（图 5-10）。

基于上述结果，研究者认为，在受控条件下改用 CHTP 的吸烟者能够降低烟草烟气中 HPHC 的暴露水平，其效果类似于在戒烟中所观察到的情况。

2020 年，Tran 等人比较了使用炭加热卷烟和继续抽吸燃烧型卷烟的受试者体内的生物标志物，包括烟碱、含致突变成分的尿排泄物和细胞色素 P450 酶（CYP1A2）的活性。研究结果显示，使用 CHTP 的个体与继续吸传统卷烟的个体，体内烟碱暴露水平相似。但与继续吸传统卷烟相比，改吸 CHTP 导致所有其他尿液中的生物标志物、碳氧血红蛋白、尿致突变成分和 CYP1A2 活性都显著降低（图 5-11）。

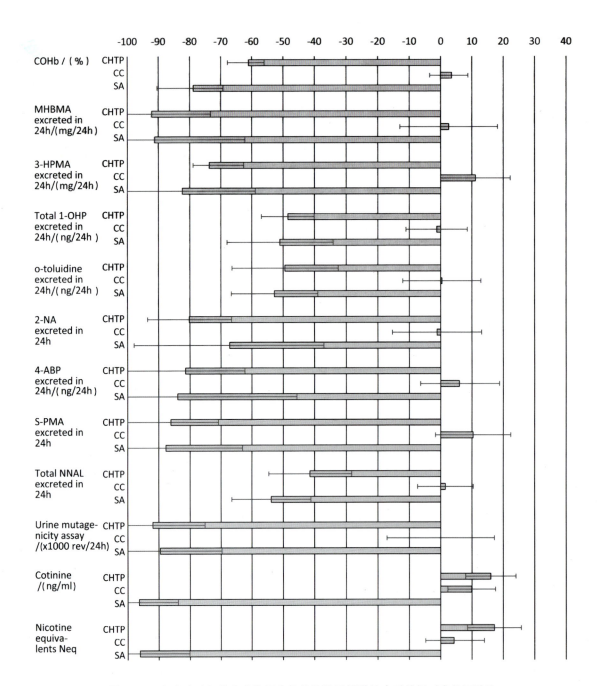

图5-10 每个实验组体内生物标志物从基线到暴露结束时的相对变化百分比

注：CC—可燃卷烟；SA—戒烟；CHTP—炭加热烟草制品；COHb—碳氧血红蛋白；MHBMA—单羟基丁烯硫醇酸；HPMA—羟丙基硫脲酸；OHP—羟基芘及其葡萄糖醛酸和硫酸盐结合物；ABP—氨基联苯；S-PMA—S-苯基硫基酸；NNAL—4-(甲基亚硝基氨基)-1-(3-吡啶基)-1-丁醇。

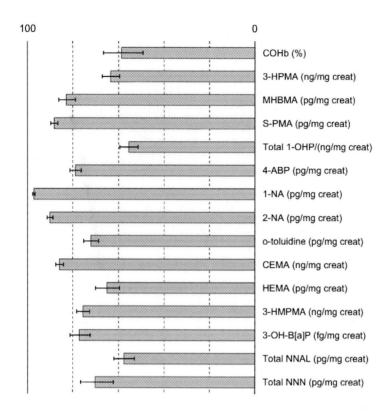

图 5-11 相对于燃烧型卷烟，CHTP 在第 5 天有害和潜在有害成分暴露的生物标志物水平降低百分比
注：数值是几何最小二乘平均比和 95% 置信区间。

5.3.2 呼吸系统相关研究

吸烟对呼吸系统会产生影响，Stewart 等人评估了 10 名年龄在 21～50 岁的健康吸烟者，查看改用 Eclipse 后是否会使其肺上皮通透性、气道炎症和血液白细胞活化相对正常化。研究者对受试者改用 Eclipse 2 周和 4 周后的症状，如肺功能、气道炎症、锝 99m 标记的二乙烯三胺五乙酸（DTPA）的肺清除率和血白细胞活性氧的活化及产生等指标进行了测定，将使用 Eclipse 之前和之后的值，与健康且从不吸烟者（18～53 岁）的值进行比较。研究显示，与改用 Eclipse 之前的基线值相比，使用 Eclipse 2 周后，肺通透性半衰期从 33±3 分钟，增加到 43±6 分钟（$P=0.017$），4 周后则增加到 44±7 分钟（$P=0.10$）。碳氧血红蛋白水平在 4 周时从 5%±2% 增加到 7%±2%（$P<0.01$）。

该研究发现，与吸普通品牌卷烟相比，抽吸 Eclipse 后，自然杀伤细胞百分比、单核细胞细胞间黏附分子 1 表达、T 细胞 CD45RO 表达均有显著改善。然而，其他表面标志物的表达，特别是单核细胞上的 CD23 表达则更加异常。

研究人员发现，随着 Eclipse 的使用，吸烟者的中性粒细胞和单核细胞产生的活性氧物质会进一步增加，而对肺功能、诱导痰中的细胞或呼出的一氧化氮没有显著影响。改用 Eclipse 可减少某些吸烟者的肺泡上皮损伤，但可能会增加碳氧血红蛋白水平和氧化应激。

研究人员还发起了一项研究，旨在确定不想戒烟的无症状重度吸烟者在改用 Eclipse 后下呼吸道炎症是否有所改善，12 名每天至少抽 40 支烟、无症状且身体健康的吸烟者在使用 Eclipse 2 个月之前和之后接受了支气管镜检查、支气管肺泡灌洗和支气管内活检。

该研究还对 8 名非吸烟者进行了评估，与非吸烟者相比，吸烟者可见炎症增加，炎症细胞恢复增加，杯状细胞百分比增加。在改用 Eclipse 后，所有这些参数都有显著降低，尽管仍没有恢复到正常范围；烟碱水平与使用 Eclipse 之前基本相同，但呼出的一氧化碳（CO）水平呈强烈上升趋势。

5.3.3 尿液致突变性研究

雷诺美国公司 2002 年的一项研究中根据焦油和烟碱含量将卷烟分为三个焦油类别。研究的目的是确定超低焦油（ULT）、全风味低焦油（FFLT）和全风味（FF）卷烟的吸食者在转吸加热型 Eclipse 卷烟后的尿液致突变性。67 名吸烟者保持特定饮食并随意消费他们常用品牌的卷烟，再改用 Eclipse，然后又改回常用品牌。每周收集 24 小时尿样，在 XAD-2 树脂上浓缩，并使用经 S9 代谢激活的 TA98 菌株和 YG1024 菌株进行 Ames 致突变试验。

在使用更敏感的 YG1024 菌株测量时，ULT 的平均尿液致突变性比 FFLT 普通品牌吸烟者低 47%（$P < 0.05$）。与较高焦油的类别相比，在 ULT 吸烟者中观察到的更敏感菌株 YG1024 中致突变性的减少，表明诱变剂的暴露可能减少。ULT 组中常用品牌唾液可替宁显著低于 FF 组和 FFLT 组（$P < 0.05$）。与普通品牌相比，在使用 Eclipse 时，吸烟者组的唾液可替宁没有显著差异。

改用 Eclipse 后，研究者观察到，之前抽 ULT 卷烟的组，使用 TA98 菌株测试尿致突变性降低 70.1% ± 6.4%，使用 YG1024 菌株测试尿致突变性降低 70.9% ± 6.2%；之前抽 FFLT 卷烟的组，使用 TA98 菌株测试尿致突变性降低 77.1% ± 2.4%，使用 YG1024 菌株测试尿致突变性降低 73.6% ± 2.0%；之前抽 FF 卷烟的组，使用 TA98 菌株测试尿致突变性降低 76.1% ± 3.5%，使用 YG1024 菌株测试尿致突变性降低 71.4% ± 4.0%。所有组别改用 Eclipse 后，吸烟者的尿液致突变性都显著降低（$P<0.05$）。研究者认为，抽吸 Eclipse 时尿液致突变性的降低，为 Eclipse 与当时市场上的卷烟相比可能具有更低的癌症风险提供了证据支持。

5.4 系统毒理学研究

5.4.1 体外系统毒理学研究

系统毒理学是通过分析有害物质不同暴露（方式、剂量、时间等）后基因表达谱、蛋白质表达谱和毒物代谢谱的改变，结合传统毒理学的研究资料，利用生物信息学和计算毒理学技术，系统研究外源化学物和环境应激因素与生物系统（在细胞、组织、器官和生物体整体水平上）的交互作用。

Iskandar等使用人体小气道和鼻上皮模型，遵循系统毒理学方法，首次在体外对潜在的炭加热卷烟（CHTP1.2）气溶胶的生物学影响进行了全面评估。该研究包括针对小气道模型的2组实验重复/阶段和鼻上皮模型的3组实验重复/阶段（图5-12）。每个实验重复/阶段包括针对3R4F烟气和CHTP1.2气溶胶的3个独立暴露实验。实验过程中，使用两台吸烟机分别抽吸3R4F和CHTP1.2，再连接到Vitrocell 24/48暴露系统；在暴露期间，烟气或气溶胶经稀释/分配模块后，通过端口喷射器分配到培养基础模块中；组织模型被放置在培养基础模块中，并在其顶端进行烟气或气溶胶中的暴露。通过上述暴露装置将小气道和鼻腔培养物暴露于CHTP1.2气溶胶或3R4F烟气28分钟，然后基于一系列终点对其生物学影响进行评估，包括形态学、细胞毒性、促炎介质特征、细胞色素P450 1A1/1B1活性、整体mRNA和miRNA变化和蛋白质组特征。

图5-13展示了对于不同终点和暴露后时间点，CHTP1.2气溶胶与3R4F烟气相比所观察到的影响相对减少（相对于3R4F烟气诱导效应的百分比）。当两种效应相反时，观察到的超过100%的减少被截断为100%。在每种检测终点，各种信号的相对减少被显示在图中。从沉积在暴露室中的羰基化合物数量、全局mRNA变化，到基因标记和生物网络的扰动，以及后面的功能测定结果（包括CYP1A1/1B1的活性和分泌介质的浓度）可以看出，CHTP1.2气溶胶与3R4F烟气相比有非常明显的诱导效应减少。Iskandar等人认为，尽管该研究未提供CHTP1.2对人类的潜在危害和风险降低的直接证据，但使用复杂的器官型体外培养系统将组学数据整合到体外毒理学评估中，通过系统毒理学方法说明了与3R4F烟气相比，CHTP1.2气溶胶的毒性作用可能降低。

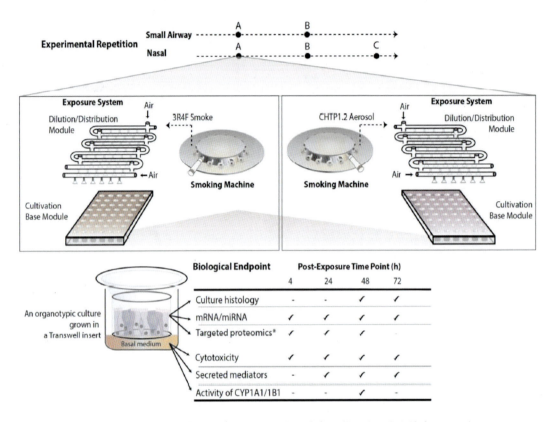

图 5-12　小气道和鼻上皮模型的系统毒理学实验程序和终点

注：图中显示了针对 3R4F 烟气和 CHTP1.2 气溶胶暴露进行的实验重复。每个实验重复/阶段（A、B、C）包括针对 3R4F 烟气的三个独立暴露实验和针对 CHTP1.2 气溶胶的三个独立暴露实验。两台吸烟机，每台都连接到 Vitrocell 24/48 暴露系统，分别用于 3R4F 烟气（左）和 CHTP1.2 气溶胶（右）。

吸入体内的烟气或气溶胶除了会直接作用于肺部和鼻腔外，也会直接作用于口腔。Zanetti 等人使用系统毒理学方法研究了加热卷烟（CHTP1.2）和燃烧卷烟（3R4F）的烟气对口腔黏膜的影响。研究人员使用 CHTP1.2 气溶胶和 3R4F 参比卷烟的烟气，对口腔和牙龈上皮的培养物分别进行急性（28 分钟）或重复（28 分钟/天，持续 3 天）暴露。研究表明，与暴露于 3R4F 烟气相比，培养物暴露于 CHTP1.2 气溶胶后没有表现出细胞毒性，并且病理生理学改变、毒理学标记蛋白和炎症介质都有所减少。mRNA 和 miRNA 的表达分析表明，miRNA 在 3R4F 烟气诱导的几种烟气与疾病相关生物学过程中发挥调节作用，但 CHTP1.2 气溶胶并没有引起基因表达和 miRNA 的变化。基于这些结果，Zanetti 等人认为，潜在的 MRTP 产品可以降低烟草使用对生物系统的影响。

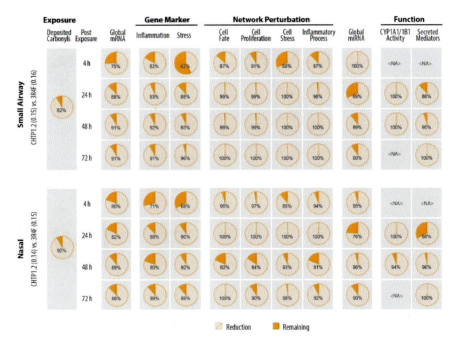

图 5-13 与 3R4F 烟气相比，暴露于类似烟碱浓度 CHTP1.2 气溶胶的小气道和鼻上皮细胞中各种影响的降低效果

5.4.2 体内系统毒理学研究

关于加热卷烟的气溶胶的系统毒理学研究，研究人员除了使用培养物模型进行体外系统毒理学研究外，还使用动物的吸入试验进行了体内系统毒理学研究。

Philips 等人采用系统毒理学方法，通过大鼠 90 天仅鼻吸入试验来研究炭加热烟草产品（CHTP1.2）气溶胶的吸入毒性，并与 3R4F 参比卷烟的主流烟气进行了比较。与 3R4F 烟气相比，在测试环境中烟碱浓度相等或两倍的情况下，吸入 CHTP1.2 气溶胶可显著降低有害成分的暴露，并减少呼吸道刺激、全身效应和病理效应。暴露 CHTP1.2 气溶胶的大鼠鼻上皮变化不如 3R4F 烟气暴露组明显，并且可以恢复。与 3R4F 组中观察到的中等程度相比，CHTP1.2 组的大鼠肺部炎症最小。研究者测定了无细胞支气管肺泡灌洗液（BALF）中的炎症介质，如图 5-14 所示，与假处理的对照相比，主要在 3R4F 烟气暴露大鼠中观察到促炎作用。在暴露于 CHTP1.2 气溶胶的雄性大鼠中，仅在 MMP-9（23 μg/L 浓度组）、MIP-1β（50 μg/L 浓度组）和 IFN-β（50 μg/L 浓度组）中观察到促炎作用显著高于假处理对照组。暴露于 CHTP1.2 气溶胶的雌性大鼠的唯一变化是 PAI-1(23 μg/L 浓度组)值比假处理的高了 2.09 倍，其他指标相对于假处理对照未观察到显著影响。

Titz 等人开展了一项 90 天大鼠吸入试验的系统毒理学研究，以评估 CHTP1.2 气溶胶与燃烧型卷烟烟气相比对实验大鼠的影响。该研究结合了经典毒理学终点和分子毒理学终点，与 3R4F 参考卷烟烟气相比，CHTP1.2 气溶胶对呼吸道的影响明显降低（图

5-15）。

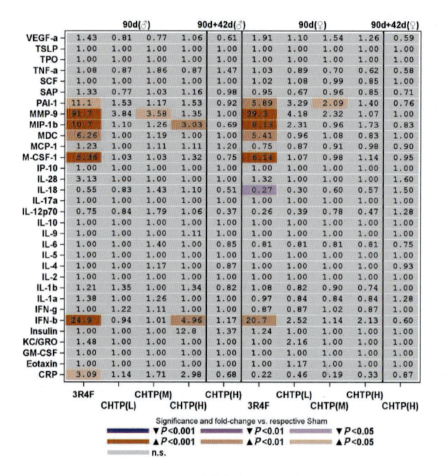

图 5-14　BALF 中的多种分析物分布热图

注：图中的数字代表相对于假暴露大鼠的倍数增加，显著性用颜色深浅表示。

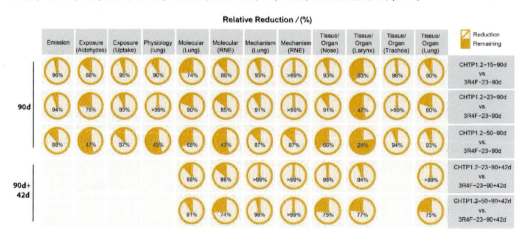

图 5-15　CHTP1.2 与 3R4F 相比，在呼吸系统中的暴露和影响减少

注：针对不同终点类别（列），在不同的浓度和时间点（行），CHTP1.2 气溶胶与 3R4F 烟气相比，
　　影响相对减少。

该研究观察到，在相当的烟碱浓度下，与暴露于 3R4F 烟气相比，暴露于 CHTP 1.2 气溶胶与肺、鼻和气管的分子和组织器官效应降低 80%～100% 相关。喉部表现出更敏感的反应，与 3R4F 烟气相比，CHTP1.2 的组织病理学效应降低了 47%。即使在两倍的浓度下（50 μg 烟碱/L），CHTP1.2 气溶胶对呼吸系统的影响仍远低于 3R4F 烟气（23 μg 烟碱/L）所观察到的影响。在加倍的 CHTP1.2 浓度下，喉部的敏感反应仍有 24% 的降低。

研究者在暴露结束后 42 天观察到，相比暴露于 3R4F 烟气，暴露于 CHTP1.2 气溶胶产生的影响减少更为明显，这反映了 CHTP1.2 产生的效应更短暂，且具有可逆性。该研究认为，系统毒理学分析补充并证实了经典毒理学终点的结果，并进一步表明 CHTP1.2 可能降低呼吸系统健康风险。

【参考文献】

[1] IOM. Scientific Standards for Studies on Modified Risk Tobacco Products[M]. Washington D.C.: National Academies Press, 2012.

[2] ECLIPSE E P. A Safer Cigarette? A Comparative Study. A Consensus Report[J]. Inhalation toxicology, 2000, 12(5): 1-58.

[3] MCKARNS S C, BOMBICK D W, MORTON M J, et al. Gap junction intercellular communication and cytotoxicity in normal human cells after exposure to smoke condensates from cigarettes that burn or primarily heat tobacco[J]. Toxicology in vitro, 2000, 14(1): 41-51.

[4] BOMBICK B R, MURLI H, AVALOS J T, et al. Chemical and biological studies of a new cigarette that primarily heats tobacco. Part 2. In vitro toxicology of mainstream smoke condensate[J]. Food and chemical toxicology, 1998, 36(3): 183-190.

[5] FOY J W D, BOMBICK B R, BOMBICK D W, et al. A comparison of in vitro toxicities of cigarette smoke condensate from Eclipse cigarettes and four commercially available ultra low-"tar" cigarettes[J]. Food and chemical toxicology, 2004, 42(2): 237-243.

[6] BOMBICK D W, AYRES P H, PUTNAM K, et al. Chemical and biological studies of a new cigarette that primarily heats tobacco. Part 3. In vitro toxicity of whole smoke[J]. Food and chemical toxicology, 1998, 36(3): 191-197.

[7] ROEMER E, STABBERT R, RUSTEMEIER K, et al. Chemical composition, cytotoxicity and mutagenicity of smoke from US commercial and reference cigarettes smoked under two sets of machine smoking conditions[J]. Toxicology, 2004, 195(1): 31-52.

[8] BOMBICK B R, AVALOS J T, NELSON P R, et al. Comparative studies of the mutagenicity of environmental tobacco smoke from cigarettes that burn or primarily heat tobacco[J]. Environmental and molecular mutagenesis, 1998, 31(2): 169-175.

[9] WALDREN C A, VANNAIS D B, KNOWLTON M S, et al. The role of glutathione in the toxicity of smoke condensates from cigarettes that burn or heat tobacco[J]. Free radical biology & medicine, 2001, 30(12): 1400-1406.

[10] FIELDS W, FOWLER K, HARGREAVES V, et al. Development, qualification, validation and application of the neutral red uptake assay in Chinese Hamster Ovary (CHO) cells using a VITROCELL® VC10® smoke exposure

system[J]. Toxicology in vitro, 2017, 40: 144 – 152.

[11] JOHNSON M D, SCHILZ J, DJORDJEVIC M V, et al. Evaluation of in vitro assays for assessing the toxicity of cigarette smoke and smokeless tobacco[J]. Cancer epidemiology, biomarkers & prevention, 2009, 18(12): 3263 – 3304.

[12] FIELDS W R, LEONARD R M, ODOM P S, et al. Gene expression in normal human bronchial epithelial (NHBE) cells following in vitro exposure to cigarette smoke condensate[J]. Toxicological sciences, 2005, 86(1): 84 – 91.

[13] DEMARINI D M, GUDI R, SZKUDLINSKA A, et al. Genotoxicity of 10 cigarette smoke condensates in four test systems: comparisons between assays and condensates[J]. Mutation research, 2008, 650(1): 15 – 29.

[14] BEAN C L, ARMSTRONG M J, GALLOWAY S M. Effect of sampling time on chromosome aberration yield for 7 chemicals in Chinese hamster ovary cells[J]. Mutation Research/Fundamental and Molecular Mechanisms of Mutagenesis, 1992, 265(1): 31 – 44.

[15] GALLOWAY S M, ARMSTRONG M J, REUBEN C, et al. Chromosome aberrations and sister chromatid exchanges in chinese hamster ovary cells: Evaluations of 108 chemicals[J]. Environmental and Molecular Mutagenesis, 1987, 10(S10): 1 – 35.

[16] GARCIA-SAGREDO J M. Fifty years of cytogenetics: a parallel view of the evolution of cytogenetics and genotoxicology[J]. Biochimica et biophysica acta, 2008, 1779(6–7): 363 – 375.

[17] LATT S A. Microfluorometric detection of deoxyribonucleic acid replication in human metaphase chromosomes[J]. Proceedings of the National Academy of Sciences, 1973, 70(12).

[18] PERRY P, WOLFF S. New Giemsa method for the differential staining of sister chromatids[J]. Nature, 1974, 251(5471): 156 – 158.

[19] GALLOWAY S M, BLOOM A D, Resnick M, et al. Development of a standard protocol for in vitro cytogenetic testing with Chinese hamster ovary cells: comparison of results for 22 compounds in two laboratories[J]. Environmental mutagenesis, 1985, 7(1): 1 – 51.

[20] MARON D M, AMES B N. Revised methods for the Salmonella mutagenicity test[J]. Mutation research, 1983, 113(3–4): 173 – 215.

[21] MORTELMANS K, ZEIGER E. The Ames Salmonella/microsome mutagenicity assay[J]. Mutation research, 2000, 455(1–2): 29 – 60.

[22] WILLIAMS G M. Detection of chemical carcinogens by unscheduled DNA synthesis in rat liver primary cell cultures[J]. Cancer research, 1977, 37(6): 1845 – 1851.

[23] MITCHELL A D, MIRSALIS J C. Unscheduled DNA Synthesis as an Indicator of Genotoxic Exposure[M]. Single-Cell Mutation Monitoring Systems. Springer, Boston, MA, 1984: 165 – 216.

[24] DOOLITTLE D J, LEE C K, IVETT J L, et al. Comparative studies on the genotoxic activity of mainstream smoke condensate from cigarettes which burn or only heat tobacco[J]. Environmental and molecular mutagenesis, 1990, 15(2): 93 – 105.

[25] LI A P, SHIMIZU R W. A modified agar assay for the quantitation of mutation at the hypoxanthine guanine phosphoribosyl transferase gene locus in Chinese hamster ovary cells[J]. Mutation research, 1983, 111(3): 365 – 370.

[26] DOOLITTLE D J, LEE C K, IVETT J L, et al. Genetic toxicology studies comparing the activity of sidestream smoke from cigarettes which burn or only heat tobacco[J]. Mutation research, 1990, 240(2): 59 – 72.

[27] BERENBLUM I. The Cocarcinogenic Action of Croton Resin[J]. Cancer Research, 1941, 1(1): 44 – 48.

[28] KOPP-SCHNEIDER A, PORTIER C J. Carcinoma formation in NMRI mouse skin painting studies is a process

suggesting greater than two stages[J]. Carcinogenesis, 1995, 16(1): 53–59.

[29] ROEMER E, OTTMUELLER T H, URBAN H-J, et al. SKH-1 mouse skin painting: A short-term assay to evaluate the tumorigenic activity of cigarette smoke condensate[J]. Toxicology Letters, 2010, 192(2): 155–161.

[30] MECKLEY D R, HAYES J R, VAN KAMPEN K R, et al. Comparative study of smoke condensates from 1R4F cigarettes that burn tobacco versus ECLIPSE cigarettes that primarily heat tobacco in the SENCAR mouse dermal tumor promotion assay[J]. Food and chemical toxicology, 2004, 42(5): 851–863.

[31] BROWN B, KOLESAR J, LINDBERG K, et al. Comparative studies of DNA adduct formation in mice following dermal application of smoke condensates from cigarettes that burn or primarily heat tobacco[J]. Mutation research, 1998, 414(1-3): 21–30.

[32] BROWN B G, LEE C K, BOMBICK B R, et al. Comparative study of DNA adduct formation in mice following inhalation of smoke from cigarettes that burn or primarily heat tobacco[J]. Environmental and molecular mutagenesis, 1997, 29(3): 303–311.

[33] AYRES P H, HAYES J R, HIGUCHI M A, et al. Subchronic inhalation by rats of mainstream smoke from a cigarette that primarily heats tobacco compared to a cigarette that burns tobacco[J]. Inhalation toxicology, 2001, 13(2): 149–186.

[34] COGGINS C R E, DOOLITTLE D J, LEE C K, et al. Histopathology, Urine Mutacenicity, and Bone Marrow Cytocenetics of Mice Exposed Nose-Only to Smoke from Cigarettes that Burn or Heat Tobacco[J]. Inhalation toxicology, 1990, 2(4): 407–431.

[35] SZOSTAK J, TITZ B, SCHLAGE W K, et al. Structural, functional, and molecular impact on the cardiovascular system in ApoE-/- mice exposed to aerosol from candidate modified risk tobacco products, Carbon Heated Tobacco Product 1.2 and Tobacco Heating System 2.2, compared with cigarette smoke[J]. Chemico-biological interactions, 2020, 315: 108887.

[36] LÜDICKE F, HAZIZA C, WEITKUNAT R, et al. Evaluation of Biomarkers of Exposure in Smokers Switching to a Carbon-Heated Tobacco Product: A Controlled, Randomized, Open-Label 5-Day Exposure Study[J]. Nicotine & tobacco research, 2016, 18(7): 1606–1613.

[37] TRAN C T, BOSILKOVSKA M, LA BOURDONNAYE G de, et al. Reduced levels of biomarkers of exposure in smokers switching to the Carbon-Heated Tobacco Product 1.0: a controlled, randomized, open-label 5-day exposure trial[J]. Scientific reports, 2020, 10(1): 19227.

[38] STEWART J C, HYDE R W, BOSCIA J, et al. Changes in markers of epithelial permeability and inflammation in chronic smokers switching to a nonburning tobacco device (Eclipse)[J]. Nicotine & tobacco research, 2006, 8(6): 773–783.

[39] RENNARD S I, UMINO T, MILLATMAL T, et al. Evaluation of subclinical respiratory tract inflammation in heavy smokers who switch to a cigarette-like nicotine delivery device that primarily heats tobacco[J]. Nicotine & tobacco research, 2002, 4(4): 467–476.

[40] BOWMAN D L, SMITH C J, BOMBICK B R, et al. Relationship between FTC 'tar' and urine mutagenicity in smokers of tobacco-burning or Eclipse cigarettes[J]. Mutation research, 2002, 521(1-2): 137–149.

[41] ISKANDAR A R, MARTIN F, LEROY P, et al. Comparative biological impacts of an aerosol from carbon-heated tobacco and smoke from cigarettes on human respiratory epithelial cultures: A systems toxicology assessment[J]. Food and chemical toxicology, 2018, 115: 109–126.

[42] ZANETTI F, SEWER A, SCOTTI E, et al. Assessment of the impact of aerosol from a potential modified risk tobacco product compared with cigarette smoke on human organotypic oral epithelial cultures under different

exposure regimens[J]. Food and chemical toxicology, 2018, 115: 148–169.

[43] PHILLIPS B W, SCHLAGE W K, TITZ B, et al. A 90-day OECD TG 413 rat inhalation study with systems toxicology endpoints demonstrates reduced exposure effects of the aerosol from the carbon heated tobacco product version 1.2 (CHTP1.2) compared with cigarette smoke. I. Inhalation exposure, clinical pathology and histopathology[J]. Food and chemical toxicology, 2018, 116(Pt B): 388–413.

[44] TITZ B, KOGEL U, MARTIN F, et al. A 90-day OECD TG 413 rat inhalation study with systems toxicology endpoints demonstrates reduced exposure effects of the aerosol from the carbon heated tobacco product version 1.2 (CHTP1.2) compared with cigarette smoke. II. Systems toxicology assessment[J]. Food and chemical toxicology, 2018, 115: 284–301.

第六章

市场监管

引言

　　随着加热卷烟技术的发展，消费者对加热卷烟产品的接受程度也逐渐提高，这推动了加热卷烟产品市场规模逐年增加。虽然炭加热卷烟目前没有正式上市，此前仅在几个国家试销，但是作为加热卷烟产品家族中重要的一类产品，且经历了帝国烟草、雷诺美国、菲莫国际、英美烟草、日本烟草等国外大型烟草企业近三四十年的技术研发，炭加热卷烟产品技术日益完善。同时，因为电加热卷烟产品成功商业化，很多国家也越来越重视加热卷烟产品。为了保障消费者的健康和安全，维护市场的稳定，许多国家和地区建立了更加严格的烟草管制法规，对本国或本区域的加热卷烟进行管控，从没有规定到完全禁止，不同国家和地区有关加热卷烟的法规各不相同，或按烟草制品，或按消费品，或按医疗产品，或按其他类产品对加热卷烟进行管制。同时，许多国家和组织也开始建立标准，对加热卷烟的质量和安全进行监管。然而，由于炭加热卷烟没有正式上市，很多法规标准并没有对其做出详尽的规定，部分国家没有对加热卷烟进一步细分来进行管理，目前仍旧有许多国家在立法层面上对炭加热卷烟的监管处于空白。

　　本章系统地收集、整理了截至2021年7月，世界主要国家、地区以及世界卫生组织（WHO）和其他组织在加热卷烟监管方面的政策法规和标准的主要内容。

6.1　欧盟

6.1.1　欧盟简介

欧洲联盟简称欧盟（EU），总部设在比利时首都布鲁塞尔（Brussel），是由欧洲共同体发展而来的，创始成员国有6个，目前拥有德国、法国、意大利、比利时等27个成员国，常设机构主要有理事会、欧盟委员会、欧洲议会、欧洲法院等机构，其中理事会拥有欧盟的绝大部分立法权。

6.1.2　欧盟法律体系简介

所谓欧盟法，是以建立欧盟、规制欧盟各国的国际条约为核心而建立起来的，包括欧盟自己为实施条约而制定的各项条例、指令、决定和判例以及欧盟各国的相关国内法，旨在调整欧盟各国对内和对外关系的国际法和国内法规范的总称，是一个将国际条约的内容逐渐发展成为国内法规范的法律体系。以立法模式为划分标准，欧盟法律体系包括以下三个层面：

首先，欧盟法体系包括成立欧盟及其前身欧共体的国际条约以及后续修改的一系列条约。在这个层面上，欧盟成立所依据的国际条约以及对其修改的条约的性质是国际法。它由作为欧盟及其前身欧洲共同体成员的各缔约国制定，由各缔约国按条约规定的程序批准生效。与具有普遍约束力的国内法不同，它只对缔约国产生特定法律约束力，产生所缔结条约约定事项的国家责任，具有国际法的所有特性。

其次，欧盟法包括欧洲议会、理事会等欧盟主要机构根据基本条约，以解释条约和执行条约的方式制定，具有国内法属性的条例、指令、决定等法规及欧洲法院的判例。欧盟立法机构颁布的法规主要有以下几种：①条例，它具有普遍意义，各个组成部分都具有约束力，可以直接适用于所有成员国；②指令，它所规定的应达到何种结果的要求，对任何接受指令的成员国都具有约束力，但应采取何种形式或方法，由有关成员国决定；③决定，它仅对所下达的有关对象具有拘束力。上述三种形式的法规，是欧盟法的重要渊源。就调整的领域而言，这部分法规是对各成员国国内公权力行使的规制，涉及关税同盟、货币政策、环境保护、竞争规则、商业政策等诸多领域；就内容而言，最能反映欧洲联盟一体化的发展与变化。因此，从某种意义上讲，这一部分法规是欧盟法最主要的渊源。它的效力高于各成员国的国内立法，但要在构建欧盟的各项国际条约的框架内做出，其解释依据来源于国际条约。欧洲法院的判例也是欧盟法的重要来源。根据《欧洲联盟条约》建立的欧洲法院的任务是通过争端的解决来保证条约所规定的义务得以履行，进而维护欧盟法制的统一。它行使欧盟的全部司法职权，同时有权对条约条款进行解释，并有权确定部分法规的有效性。在司法实践中，欧洲法院审理了大量的案件，其中一些判决提出了一系列对整个联盟具有指导意义的原则和规则，成为各个成员国行动的准则。

这个层面的欧盟法大多是对社会生活各领域进行管理、管制的公法性规范，既有受国际条约制约的一面，也有自上而下制定法律约束各缔约国，成为各缔约国国内最高法的一面。这一层面的欧盟法具有国内法的所有特性，它是国家主权对内的表现，是调整一国国内社会关系的法律规范，在该国范围内具有普遍约束力，是一国对内行使主权的产物。国家主权对内是自上而下的最高权力，因此，以国家意志形式表现出来的国内法是自上而下的，有上位法和下位法之分。欧盟这个层面的法律完全符合国内法的特征：①从法律的制定机关来看，作为欧盟主要机构的欧洲议会、理事会具有一国立法机关的属性和功能，可以依据基础条约所赋予的解释和执行条约的权限直接制定法律，而欧洲各国的法律与之抵触则无效，是上位法；②从调整对象来看，这些规则调整各成员国国内的经济、人权、环境、犯罪等社会关系，而不是调整国家间的政治、外交关系，它与国内法一样依靠军队、警察、法院等国家暴力机关来强制实施；③从法律效力来看，它们可以对成员国和成员国的国民直接适用，而无须经过成员国国内立法程序予以转化或纳入适用，在欧盟范围内的任何人和机构都必须遵守，具有普遍的约束力。

最后，欧盟法包括各成员国的国内法。这类法律既包括成员国的公法，如外贸管制法、刑法、诉讼法、警察法，也包括各成员国国内的私法，如民法、商法。各国制定的法律是国内法，这部分法律的性质是没有争议的，但它们也要受欧盟法的第二个层面的法律的制约。本来欧盟各国的国内法都是独立的，但成员国在加入欧盟条约时做出了自我约束的承诺，让渡本国的立法权，承诺本国国内法的效力低于欧盟制定的条例、指令，不得与之冲突。因而欧盟各国的国内法尤其是国内公法的制定、修改、废止要受到欧盟制定的条例、指令的制约；同时，由于私法的适用都要受到公法的制约，因此欧盟各国的私法也要受到欧盟制定的条例、指令的制约。这也是将欧盟各国的国内法归入欧盟法的原因所在。但各国文化、风俗存在差异，私法（尤其是有关婚姻、家庭方面的法律规范）大体上还会保留原来的面貌。随着欧洲一体化进程的加快，一旦欧盟成为真正的国家，原欧盟成员国的国内公法将完全被欧盟制定的、内容规定类似于美国联邦法的条例、指令所取代。

6.1.3　欧盟烟草制品指令（TPD）

1. 欧盟烟草制品指令变更背景

2001年6月5日，欧盟制定和实施了首部烟草制品指令，即欧盟烟草制品指令（2001/37/EC）。随着科学技术的发展和人们对烟草制品认识的深入，旧的欧盟烟草制品指令（2001/37/EC）的一些条款已经过时，出现了空白和漏洞，其不足也越来越明显。同时，烟草制品市场和技术的发展以及新型烟草制品（主要是电子烟）的迅速发展，使得旧的欧盟烟草制品指令（2001/37/EC）已不能满足欧盟成员国在烟草制品销售和贸易等方面的需要。正是在这样的背景下，在充分考虑科学证据、市场发展和国际趋势等因素的基础上，2012年12月19日，欧盟委员会采纳了关于修订欧盟烟草制品指令（2001/37/EC）的提案，2013年6月21日，欧盟理事会同意修订烟草法规，随后按照普通立法程序，考虑到欧盟运行条约和欧盟委员会的建议，以及立法草案发送到各国议会后欧洲经济和社会委员会的意见，新欧盟烟草制品指令（2014/40/EU）于2014年5月19日生效，同时统一各成员国有关烟草及其相关产品生产、描述和销售13年的欧盟烟草制品指令（2001/37/EC）废止。

2. 欧盟烟草制品指令变更意义

欧盟烟草制品指令（以下简称指令）的更新保证了其与烟草市场、科学研究和国际发展的同步，因而解决了各成员国在生产、包装、展示和销售等方面的分歧；新指令对烟草及相关制品设定了更严厉的法规。从公共健康的角度而言，新指令旨在降低烟草及相关制品的吸引力，尤其是对青少年的吸引力，确保欧洲公民能获得高水平的健康保护；新的措施涵盖标识、成分、跟踪与追溯、电子烟、加热卷烟、跨境销售和抽吸的草本制品等内容，将促进烟草及相关制品在欧盟境内市场的平稳运作；新指令要求欧盟境内所有新型烟草制品（此处指加热卷烟）均采取相同的监管方式，这可以确保新型烟草制品的质量安全，保障消费者的健康和权益。

3. 欧盟烟草制品指令变更内容

与旧的指令相比，新指令有许多重大的变化，从传统卷烟来说：

（1）严格管制烟草制品成分。新指令特别对烟草制品成分做出了较为详细的规定，明确禁止带"特征香味"（除烟草香气之外的一种清晰明显的气味或口味，由一种添加剂或多种添加剂造成，包括但不限于水果、香料、香草、酒、糖、薄荷和香精等）的烟草制品投放市场；禁止含有某些添加剂的烟草制品投入市场（禁止的添加剂详见新指令第7节第6条）。新指令同时提出，成员国应在现有科学证据的基础上，禁止向市场投放含有大量添加剂的烟草制品。在某一添加剂或一定量的添加剂造成烟草制品的毒性和成瘾性上升的情况下，欧盟委员会应授权采取行动，对那些添加剂设定最高限量。

（2）全面强化烟草制品包装警示。新指令分别对抽吸型烟草制品、无烟气烟草制品的包装警示和广告信息做了详细规定，这些规定使欧盟层面的相关规定顺应了国际发展趋势，更加符合《世界卫生组织烟草控制框架公约》及其实施指南的要求。新指令规定，抽吸型烟草制品单位烟包和任何外包装上都应印有图文结合的组合型健康警示，且该健康警示应覆盖单位烟包或任意外包装前后表面65%的面积；去掉焦油、烟碱及一氧化碳标识，改为"烟草烟雾含70多种致癌物质"。此外，新指令对烟草制品的产品描述也提出了新的要求，规定在这些产品的外包装或贴标上，不得有误导信息、添加剂信息、暗示信息和优惠信息，烟草制品包装不得类似于食品或化妆品，产品单包的外观应为长方体，每包卷烟不得少于20支等。

（3）建立独立的测量实验室。新指令提出卷烟焦油、烟碱和一氧化碳的释放量应分别参照ISO 4378标准、ISO 10315标准和ISO 8454标准检测，同时焦油、烟碱和一氧化碳的准确度必须符合ISO 8243标准的规定。新指令特别强调，焦油、烟碱和一氧化碳的检测应用成员国主管部门批准或监控的实验室进行验证，而不能由烟草公司直接或间接拥有的实验室进行验证。新指令认为除焦油、烟碱和一氧化碳外的其他成分的测量，目前国际上还没有通用的测量标准和测试方法，应鼓励在国际层面不断努力推动此类测试方法和标准的研究和发展，但应避免烟草行业对测量方法和结果的干扰和影响。

（4）建立产品识别和跟踪追溯系统。有相当数量的非法产品，不符合旧的烟草制品管制指令（2001/37/EC）的规定要求而被投放市场，且有迹象表明，其销售量可能会增加。这些非法产品破坏了产品的自由流通和烟草控制立法提供的保护。此外，《烟草控制框架公约》（FCTC）要求欧盟打击非法烟草制品，包括非法进口到欧盟的产品，并作为一个全面的联盟烟草控制政策的一部分。因此新欧盟烟草制品指令（2014/40/EU）在吸纳《烟草控制框架公约》和《消除烟草制品非法贸易议定书》有关内容的基础上，明确提出建立产品识别及跟踪追溯系统的要求，规定在欧盟境内生产或在欧盟境外生产但投放于欧盟成员国的单位烟包烟草制品应有唯一标识符和方位标志。该标识可以更好地记录它们的运输情况，实现产品在整个欧盟的跟踪和追溯，以及更好地检测和执行其对本指令的依从性。

（5）新型烟草制品和电子烟。除传统烟草之外，新指令首次把新型烟草制品和电子烟纳入法律监管范围，但值得注意的是，新指令并未将电子烟列入新型烟草制品，而是对电子烟与新型烟草制品分别做了规定。其中，炭加热卷烟被归类为新型烟草制品。

（6）其他方面。新指令在报告责任、远程销售、合作交流等方面也做出了一系列新的规定，从立法层面全面强化了欧盟的烟草控制措施。同时，成员国政府当局和欧盟委员会在证明产品安全性方面将有所作为，各国政府当局将监控市场并收集关于电子烟导致烟碱成瘾等方面的证据，特别是针对年轻人和不吸烟者等群体。可以预见，新指令的生效实施，不仅对欧盟及其成员国有着重大影响，而且对世界范围内的烟草控制工作都将产生较为深远的影响。

4. 欧盟烟草制品指令中"关于新型烟草制品的通告"

新欧盟烟草制品指令（2014/40/EU）定义"新型烟草制品"为同时满足以下两个条件的烟草制品：

①不属于传统卷烟、手卷烟、烟斗烟草、水烟、雪茄、小雪茄、嚼烟、鼻烟和口用烟草制品范畴；

②在2014年5月19日之后投放市场。

按照该定义，加热卷烟在欧盟法律法规体系中被认定为新型烟草制品。

同时，在新指令第十九节"关于新型烟草制品的通告"中的规定如下：

（1）成员国应要求新型烟草制品的制造商和进口商向他们想要将此类产品投放市场的相关成员国的主管部门提交通告。通告应以电子版形式在产品投入市场之前6个月提交。它应该附带对该新型烟草制品的详细描述和使用说明，以及遵照条款第五节要求的成分和释放物信息。制造商和进口商向主管部门提交的关于新型烟草制品的通告还应包含以下信息：①可获得的关于新型烟草制品毒性、致瘾性和吸引力的科学研究，尤其是涉及其成分和释放物的；②可获得的关于不同消费者群体喜好的研究、总结报告和市场调查，包括年轻人和吸烟者；③其他可获得的相关信息，包括产品的风险/益处分析，其对戒烟的预期效果，对消费者开始使用烟草制品的预期效果以及预期的消费者认知。

（2）各成员国应要求新型烟草制品制造商和进口商向主管部门提交和更新任何新

研究、调查的信息，以及第一条①②③中所提及的其他信息。成员国可要求新型烟草制品制造商或进口商进行额外的测试或提交额外的信息。成员国应按本条款要求收集所有相关信息，并提供给委员会使用。

（3）成员国可以引入新型烟草制品的批准系统，可向制造商和进口商收取一定比例的费用用于该批准工作。

（4）投放市场的新型烟草制品应遵守本指令的要求。本指令的哪些规定适用于新型烟草制品，取决于该产品是否属于新型烟草制品定义范畴或者属于抽吸烟草制品的定义范畴。

从新欧盟烟草制品指令（2014/40/EU）第十九节的要求看，欧盟对加热卷烟等新型烟草制品的管制相对宽松，仅对上市前的通告做了要求，相对于传统卷烟来说较常规。未来，欧盟成员国可能会按照本国的实际情况，在新欧盟烟草制品指令的基础上，进一步针对加热卷烟制定适用于本国的法规。

5. 小结

欧盟是加热卷烟的重要销售地区，其在烟草控制方面处于世界领先行列。随着新的欧盟烟草制品指令（2014/40/EU）的制定和实施，欧盟地区烟草法律环境日趋严峻，对加热卷烟消费市场和生产企业产生了重要影响，欧盟加热卷烟市场的竞争必将进一步加剧，这对中国加热卷烟在境外市场的拓展提出了新的挑战。为更好地迎接挑战，完成中国加热卷烟品牌的快速发展和扩张，需采取积极措施进行探索，以适应新欧盟烟草制品指令的要求，具体措施如加强法律法规研究和分析工作、抓紧自身企业产品的合规性审查、整合自身境外资源等。

6.2 美国

6.2.1 FDA与《联邦食品、药品和化妆品法案》简介

2016年5月5日，美国食品药品监督管理局在线公布了《最终规定》，其全称为《Deeming Tobacco Products To Be Subject to the Federal Food, Drug, and Cosmetic Act, as Amended by the Family Smoking Prevention and Tobacco Control Act; Restrictions on the Sale and Distribution of Tobacco Products and Required Warning Statements for Tobacco Products; Final Rule》。通过《最终规定》，美国食品药品监

督管理局将对"烟草制品"的监管权扩展到所有符合《联邦食品、药品和化妆品法案》中"烟草制品"定义的产品,其中加热卷烟产品也包括在内。该规定于2016年8月8日生效。

美国食品药品监督管理局(Food and Drug Administration,FDA)是美国政府在健康与人类服务部(DHHS)下属的公共卫生部(PHS)中设立的执行机构之一,是由美国国会即联邦政府授权,专门从事食品与药品管理的最高执法机关,也是一个由医生、律师、微生物学家、药理学家、化学家和统计学家等专业人士组成的致力于保护、促进和提高国民健康的政府卫生管制的监控机构。它是最早以保护消费者为主要职能的联邦机构之一。

FDA主要负责食品、药品(包括兽药)、医疗器械、食品添加剂、化妆品、动物食品及药品、酒精含量低于7%的葡萄酒饮料以及电子产品的监督检验;产品在使用或消费过程中产生的离子、非离子辐射影响人类健康和安全项目的测试、检验和出证。

《联邦食品、药品和化妆品法案》(常缩写为FFDCA、FDCA或FD&C)是美国国会在1938年通过的一系列法案的总称,赋予FDA监督监管食品安全、药品及化妆品的权力。该法案通过后又历经多次修改。2009年6月22日,美国《家庭吸烟预防和烟草控制法案》(以下简称《烟草控制法》)授权FDA管理烟草制品,FDA根据授权可以制定烟草制品管理的相关规定。随后FDA对《联邦食品、药品和化妆品法案》进行了修订,并增设第九章"烟草制品",自此烟草制品被纳入FDA的监管范围。

6.2.2 美国法律体系简介

美国法来源于英国法,又根据美国政治、经济和文化特点做了较多的改变。美国建国初期就制定了成文的联邦宪法,但联邦和各州都自成法律体系。联邦除在国防、外交和州际商业等方面外,无统一的立法权;刑事和民商事方面的立法权基本上属于各州。值得注意的是,《联邦食品、药品和化妆品法》属于联邦法律,是适用于美国各州和地区的法律。

6.2.3 《最终规定》简介

1. 背景与目的

美国食品药品监督管理局(FDA)将电子烟划为药物递送装置,规定进口至美国并在境内销售的电子烟要受《联邦食品、药品和化妆品法案》(FD&C)的监管。该类别划分受到了来自法院的质疑,在2010年1月被美国联邦地方法院法官Richard J. Leon以"该装置应按烟草制品而不是按药物或医疗产品来监管"为由予以否决。

2010年3月,美国哥伦比亚特区的上诉法院保留等待上诉的禁令,这期间FDA坚持认为其有权按照以前监管烟碱替代治疗品如烟碱口香糖或贴片的方式来监管电子烟。2010年12月7日，上诉法院以3比0的投票结果否决了FDA关于电子烟的规定，判决FDA只能按烟草制品来监管电子烟，这样就不能阻碍产品的进口。法官判决这类装置只有以治疗为目的上市时才能受药物法规管制——电子烟生产商已成功证明其产品针对的是吸烟者而不是想要戒烟的人。2011年1月24日，哥伦比亚特区联邦巡回上诉法庭拒绝评论法院全体法官共同审理的决议，阻止了FDA按医疗器械对电子烟进行监管。

根据2009年6月22日美国总统奥巴马签署的《家庭吸烟预防与烟草控制法案》，FDA于2014年4月24日提出了烟草制品的新法规《建议法规（Proposed rule）》，向社会公众征求意见，建议对《家庭吸烟预防与烟草控制法案》进行修订，认定满足"烟草制品"法定定义的制品（包括电子烟）应受FD&C管制。法规要求披露烟油使用的成分及其安全性证据，以及对用于蒸发和递送烟液的装置进行监管。在综合考虑公众意见和调查报告的基础上，对建议稿进行修改和完善，最终在2016年5月5日，美国食品药品管理局（FDA）在线公布了《最终规定》。通过《最终规定》，FDA将对"烟草制品"的监管权扩展到所有符合《联邦食品、药品和化妆品法案》中"烟草制品"定义的产品。

《最终规定》的颁布旨在实现两个目的：①认定符合法律规定的"烟草制品"定义的产品，新认定烟草制品的配件除外，并纳入FD&C法案的烟草监管范围；②针对新烟草制品建立适于保护公众健康的限定规则。

最后，从可执行性上来说，《最终规定》更倾向于确立基础性和原则性规定，而非具体细则，这为FDA日后进一步细化监管规定埋下了伏笔。

2. 变更内容

（1）FDA对烟草制品的监管权限。

首先，基于《联邦食品、药品和化妆品法案》中对"烟草制品"的原则性定义和其对FDA的明确授权，《最终规定》拓展了FDA对烟草制品的监管范围，所有符合《联邦食品、药品和化妆品法案》中"烟草制品"法律定义的产品都纳入FDA的监管权限，接受FDA的监管。即FDA的监管权限从之前的卷烟、卷烟烟草、手卷烟烟草、无烟烟草等，扩大至卷烟、卷烟烟草、手卷烟烟草、无烟烟草、电子烟、蒸汽烟、电子烟斗、可溶性烟草产品、电子雪茄、水烟、烟碱凝胶等。将之前没有纳入FDA烟草监管范围的电子烟、蒸汽烟、电子烟斗、可溶性烟草产品、电子雪茄、水烟、烟碱凝胶等烟草制品（以下简称新认定的烟草制品）纳入了FDA的监管范围。同时，从监管目标来说，《最终规定》既涵盖了目前已经出现的烟草制品，也包括了未来可能出现的烟草制品。

（2）烟草制品的部件、零件及附件。

该规定中，FDA不强调部件（component）与零件（part）的区别。FDA的烟草制品监管权涵盖零件和部件，但不包括附件（accessory）。

FDA对"部件或零件"的定义如下："用于或合理预期用于以下目的的任何软件和材料组件：①改变或影响烟草制品的性能、组成、成分或特性；②用于人类消费的烟草制品"。

"附件"是指任何预计或合理预期用于或者伴随人们消费烟草制品而使用的任何产品。其不含烟草，且不由烟草制成或不来源于烟草，并符合下述特征之一：①预计会或推测可能不会影响或改变烟草制品的性能、组成、内在成分或特性。②预计或合理预期会影响或维持烟草制品的性能、组成、内在成分或特性，但仅控制水分和/或产品的储存温度；或仅提供一个外部热源来启动而不是维持烟草制品的燃烧。

因为新认定烟草制品的附件与部件或零件不同，对公共健康几乎没有直接影响，因此FDA对这些附件不行使烟草制品监管权。

（3）对雪茄的管制。

《最终规定》中，没有区分高级雪茄（premium cigar）和一般雪茄，而是将所有类型的雪茄都纳入FDA的烟草制品监管范围，认定其适用《联邦食品、药品和化妆品法案》第九章的规定。在建议稿中，FDA曾提出两个选项：一是将所有类型的雪茄都纳入FDA烟草制品监管范围，二是将高级雪茄不纳入FDA烟草制品监管范围。最终采用了第一个选项。

（4）烟草制品销售和经销限制。

《联邦食品、药品和化妆品法案》第906 (d)(1)条授权FDA对烟草制品的销售和分销做出相关限制规定。FDA已经确认《最终规定》附加限制规定，如：

a. 不能免费分发样品；

b. 规定消费者的最小年龄和身份限制，防止销售给未成年人；

c. 禁止在自动售卖机上销售，除非置于未成年人接触不到的设施中；

d. 生产制造商、包装商或经销商在其发布的或导致发布的所有广告和其他印刷品中应发布一个简短声明，包含烟草产品的使用、相关警告、注意事项、副作用和禁忌症等，否则烟草产品将被认为是虚假标记(FD&C法案第903(a)(8)(B)条)。

e. 除非得到许可，否则任何标签、标识和广告中不能含有"淡味""低""柔和"或类似描述。

（5）烟草制品健康警告声明要求。

《最终规定》第1143条明确规定了警告声明的最低要求，规定了关于烟碱成瘾性相关的警告声明、雪茄所需的警告声明、警告声明的语言要求以及不可清除或永久性的警告声明等，并明确规定了警告语的文字、面积、字体、大小、清晰度要求等，具体内容参见原文。

（6）美国食品药品监督管理局对加热卷烟的监管权限。

基于《联邦食品、药品和化妆品法案》中对"烟草制品"的原则性定义和对美国食品药品监督管理局的明确授权，《最终规定》拓展了美国食品药品监督管理局对烟草制品的监管范围，所有符合《联邦食品、药品和化妆品法案》中"烟草制品"法律定义的产品都纳入美国食品药品监督管理局的监管范围，接受美国食品药品监督管理局的监管。从监管目标来说，《最终规定》既涵盖了目前已经出现的烟草制品，又包括了未来可能出现的烟草制品(novel and future products)。因此，从这个意义上来说，加热卷烟被纳入了美国食品药品监督管理局的烟草监管范围，并适用于新认定产品。由此，FDA建立了新认定烟草制品入市申请以及特定部件和零件获得许可的合规政策。

6.2.4　《最终规定》中关于加热卷烟的规定

1. 新认定烟草制品入市途径

《最终规定》提案指出，符合FD&C法案第910（a）（1）条定义而被新认定为"新型烟草制品"的产品制造商需要通过以下三条途径之一获得产品入市批准：实质等同（SE）、实质等同豁免（exemption from SE）或入市产品申请（PMTA）。FD&C法案不限制制造商使用何种途径去寻求新产品入市批准。因此制造商可以选择三个途径中的任何一个提交申请。

根据FD&C法案第910条的规定，制造商销售风险弱化烟草制品必须获得FDA批准。此规定适用于FD&C法案涵盖的所有烟草制品，然而在2007年2月15日（将之称为"豁免日期"）前已在美国市场上出售的产品不属于新型烟草制品，因此不需要取得入市批准。而豁免日期后入市或者改良的产品则可能需要通过上述三种途径之一来获得入市许可。

2. 实质等同

"实质等同"是一个安全评价中的科学概念，它同其他评价方法有着本质的区别，除了为安全评价提供标准外，"实质等同"还为监管提供了思路。

FD&C法案第910（a）（3）条明确定义了SE，在相关部分，FD&C法案提供了"实质上等同"或"实质等同"术语。根据规定，认为实质等同烟草制品与在售烟草制品具有相同特性，与在售烟草制品具有不同特性，应提交包括秘书处认定需要的临床数据等信息，来表明该产品不会引发其他公共卫生问题，故不需要PMTA。FD&C法案第910（a）（3）（B）条规定，术语"特征"是指一个烟草制品材料、组成成分、设计、组成加热源或其他特点。产品必须与已售产品具有相同特征——根据FD&C法案第910（a）（3）（A）（i）条判决为是实质等同；如果新产品有不同特征，FDA必须根据FD&C法案第910（a）（3）（A）（ii）条裁定新产品不会引发其他公众健康问题。

3. 实质等同豁免

如果产品仅有微小变化,变化仅涉及依据FD&C法案已售烟草制品中使用的一个添加剂,则其可以免除SE报告要求。

4. 入市产品申请

制造商不能通过"实质等同"和"实质等同豁免"进行产品上市申请时,要向FDA提交PMTA。

在某些情况下,如果已有关于产品影响公众健康的证据,那么即使不对产品进行任何新的临床或非临床研究,申请人也可能获得PMTA入市授权。然而,如果关于产品对公众健康潜在影响的科学研究较少或者根本没有,则新的非临床和临床研究对市场授权来说可能是必需的。

制造商提交PMTA时需要提供产品信息,包含组成成分、添加剂、特性、制造、加工过程、标签和健康风险等(FD&C法案第910(b)条)。FD&C法案第910(c)(4)条规定,PMTA数据和信息必须足以显示新烟草制品上市"有益于保护公众健康"。FD&C法案第910(c)(2)条及910(c)(4)条则要求FDA同时考虑消费者与非消费者的风险和利益,并明确要求FDA考虑该产品入市对现有烟草制品消费者戒烟和非烟草制品消费者开始使用的可能影响。依据FD&C法案第910(c)(4)条,一个产品是否有利于保护公众健康将以具体案例的形式来评价,并考虑烟碱传送产品的风险序列。FD&C法案指示FDA应根据良好的对照调查结果考虑上市烟草制品是否有利于保护公众健康,其中可以适当包括一个或多个临床调查研究。然而,FD&C法案第910(c)(5)条,同样允许FDA基于有效科学证据而不是对照研究进行授权,只要FDA发现其他有效证据足以评估烟草制品。

5. 其他要求

除了受法律管制的烟草制品要通过三种途径(上市产品申请、实质等同报告、实质等同豁免请求)获得销售授权外,《烟草控制法案》及其执行的管制政策将对在《最终规定》有效期之前新认定的产品自动执行以下规定,即加热卷烟应满足以下规定要求:

(1)掺假货及贴错标签的规定(FD&C法案902节和903节);

(2)组成成分清单及HPHC报告要求(FD&C法案904节和915节);

(3)注册及产品清单要求(FD&C法案905节);

(4)禁止使用"清淡"、"低"及"淡味"等描述及其他非官方授权的减害声明(FD&C法案911节);

(5)禁止免费发放新认定的产品(21CFR1140.16(d))。

同时,在条例制定提案通告(NPRM)中,美国食品药品监督管理局注意到某些规定将自动适用于新认定产品,并且提出可应用于烟草制品的附加限制。美国食品药品监督管理局也指出，在最终规定生效后，美国食品药品监督管理局有权发布适用于新认定产品的附加规定，包括符合 FD&C 法案的产品标准。

《最终规定》是 FDA 自 2009 年获得法律授权，取得烟草制品管理权限以来发布的重要监管规定。虽然它包括对各种烟草制品的监管，但就当前烟草行业发展形势来说，它对加热卷烟领域产生的影响最为深远。首先，《最终规定》明确加热卷烟需要通过上市申请（PMTA）、取得 FDA 的授权才能上市，上市申请可能需要高额的费用，导致生产经营成本的增加。同时，对加热卷烟按照"新认定烟草制品"进行监管，每上市一项产品，都要向 FDA 提交上市申请并通过审批，可能会严重影响加热卷烟更新换代的速度。另外，FDA 目前虽未对新认定烟草制品中的香精发布禁令，但考虑到传统卷烟中禁止添加香精，且 FDA 在对公众意见的评论中提及后续可能制定相关禁令。所以，后续一旦对加热卷烟中的香精发布禁令，则加热卷烟的口味将趋向单一，产品的多样化将大打折扣。其次，《最终规定》生效以后，加热卷烟的广告和宣传将受到严格限制，销售商和生产商不得免费发放样品，并通过年龄限制避免未成年人接触加热卷烟，可以有效降低加热卷烟对未成年人的不利影响。最后，《最终规定》通过收集加热卷烟产品的成分清单、测试报告、生产场所位置和数量信息以及公共健康影响报告等系列监管措施和计划，避免加热卷烟产品出现质量问题，降低了公共健康危害，这明显在维护消费者公共健康和保证加热卷烟产品质量方面带来了积极影响，并为全社会带来收益。

6.3 英国

6.3.1 概述

近年来，英国政府出台了一系列法规，以阻止年轻人吸烟，鼓励现有吸烟者戒烟，并保护其他人免受卷烟烟雾的有害影响。法规内容包括限制广告、设立无烟场所、引入显著的健康警告图形、限制销售卷烟和电子烟、禁止在有儿童的车内吸烟以及引入标准化包装等。

为了加强烟草控制，英国政府于 2016 年出台了《烟草及相关产品法规》（*The Tobacco and Related Products Regulations* 2016，TRPR），对烟草和电子烟进行了介绍和监管。而《烟草产品标准化包装条例 2015》（*The Standardised Packaging of Tobacco Products Regulations* 2015，SPoT）则引入了传统卷烟和手卷烟的标准化包装。

根据 TRPR 和 SPoT，英国卫生部和社会保健部（DHSC）必须在条例生效后五年内完成对立法的审查。这被称为实施后审查（PIR）。此前，作为审查的一部分，2021年初英国卫生和社会保健部在英国卫生部官方网站上进行公众咨询。除了公众咨询外，DHSC 还审查国际和国内的研究和统计数据，这些研究和统计数据是关于立法实施至今所产生的影响。TRPR 和 SPoT 立法适用于全英国，DHSC 正在与权力下放的政府协商，以确保这反映了英国在其应对措施中的立场。英国现在已经脱离欧盟。政府对 TRPR 进行了必要的立法修正，该修正于 2021 年 1 月 1 日生效，因此严格的烟草控制措施将继续适用于英国，而对于投放北爱尔兰市场的产品，烟草产品指令（TPD）将继续适用于 TRPR 中实施的产品。英国不再需要遵守欧盟的烟草产品指令，将来有机会考虑进一步的监管变革，帮助人们戒烟并解决烟草带来的危害。但任何变革都应基于有力的证据，并符合公共卫生的利益。

英国是《世界卫生组织烟草控制框架公约》（WHO FCTC）的缔约国，因此，英国有义务保护公共卫生政策的制定不受烟草业既得利益的影响。为了履行这一义务，英国也要求所有参与调研的人员披露他们是否与烟草业有任何直接或间接的联系，或是否从烟草业获得资金。

6.3.2　TRPR

TRPR 吸纳了欧盟烟草制品指令（2014/40/EU）的大部分规定，如：①继续并在某些领域加强对烟草产品成分释放量的报告；②增加由警示文字和图片组成的健康警告的面积，以覆盖产品包装正面和背面的 65% 的面积（以前是正面 30%，背面 40%），然而不是所有的烟草制品都要求有图片警告，比如无烟气烟草制品、新型烟草制品和个别雪茄等；③禁止误导性描述，如烟草和电子烟标签上的"天然"和"有机"；④禁止在烟草制品中添加薄荷醇等香料；⑤就新烟草产品投放市场提供事先通知；⑥管制电子烟和相关产品如烟弹（上市通知、不良事件监测、产品标准、标签和广告）；⑦管制草本卷烟（上市通知和标签）等。

针对新型烟草制品，TRPR 提出了通知要求，以及将要在英国市场上推出的新烟草产品的标准。TRPR 定义新型烟草制品为"不是香烟、手卷烟、烟斗烟、水管烟、雪茄、意大利雪茄、咀嚼烟、鼻烟或口腔用烟草并且是 2014 年 5 月 19 日后由生产商首次供应"，这类新型烟草产品包括电加热卷烟、炭加热卷烟等新产品。

TRPR 中涉及新型烟草制品的法律法规条文主要是第 4 章 22 节、23 节和 24 节的内容。具体如下所示。

1. 新型烟草制品的通知

（1）销售或打算销售新型烟草制品的生产商必须根据本法规通知政府有关部门。

（2）通知必须附有以下有关产品的信息：

①产品的详细说明。

②产品使用说明书。

③成分信息,即产品所有成分的清单、数量、使用原因、状态、分类、燃烧和非燃烧状态下的毒理学数据、成瘾性等。

④释放物信息,主要指特定测试条件下测量的焦油、烟碱、一氧化碳、其他释放物。

⑤关于产品毒性、成瘾性和吸引力的现有研究,特别是关于其成分和排放物的研究。

⑥关于消费者群体(包括年轻人和当前吸烟者)对产品偏好的任何可用研究、执行摘要或市场研究。

⑦与产品有关的任何其他可用信息,包括:

a. 产品的风险和收益;

b. 该产品对停止烟草消费的预期效果;

c. 产品对开始烟草消费的预期影响;

d. 消费者和潜在消费者对产品的预期感知。

(3)第(2)①款要求的详细说明必须包括但不限于以下内容:

①产品的成分;

②产生任何释放物或气溶胶形成机制;

③消费者吸收烟碱的方式。

2. 关于新型烟草制品的进一步信息

新型烟草制品的生产商必须:

(1)进行政府相关职能部门合理要求中的额外研究或测试;

(2)在政府相关职能部门合理要求的截止日期前,向政府相关职能部门报告此类研究或测试的结果;

(3)向政府相关职能部门提交关于第22(2)(e)至(g)条所述事项的任何新的或更新的信息,这些信息在生产商通知新产品后可供生产商使用,并且必须在5月20日或之前提交新的或更新的信息。

相比于欧盟2014/40/EU指令,英国的TRPR对新型烟草制品的要求更加详尽。TRPR对产品成分、排放和产品进入市场流程相关的要求进行了规定,要求必须在产品上市前6个月向有关部门发出通知并获得批准。由于目前并没有针对炭加热烟草制品的特别规定,因此均由卫生事务大臣根据个案决定是否对某炭加热烟草制品的上市放行。当然,为了上市,每家烟草制造商或进口商都必须在英国当地注册公司,在烟草制品上市前,制造商或进口商必须向官方机构提交新产品上市的通知,还应附上相关产品的研究信息。此外,企业还应向相关部门提交拟投放市场的产品的成分清单,产品应获得CE认证标志等。相关生产商应按照要求,持续对产品排放、成分、毒性和消费者偏好等方面进行监测跟踪，并在其中某一项产生显著变化时，及时通知卫生事务大臣。

6.3.3 SPoT

《烟草产品标准化包装条例 2015》（SPoT）的一些要求也是 TPD 的一部分，要求香烟和手卷烟草的所有外部和内部包装使用指定的标准颜色，并且只允许使用标准字体的指定文本（如品牌和变体名称）。

SPoT 的规定不影响烟草产品的其他标签要求，如健康警告和财政标志，或认证标志和安全特征等。该条例只允许特定形状或类型的包装，并规定了每个包装中烟草或香烟的最低数量。具体要求如下：

（1）卷烟和手卷烟的包装和标签要求。卷烟包装必须具有长方体形状，以确保组合健康警告的可见性。不允许使用细长包装和其他不规则形状的包装。烟草包装上不允许出现宣传和/或误导性特征或元素。在烟草包装上不允许提及吸烟对生活的好处、产品的味道或调味、特别优惠、某一产品比另一产品危害小，或注明具有改善的生物降解性或其他环境优势。

（2）包装尺寸要求。引进最小包装尺寸为 20 支装和最小包装重量为 30 g 的手卷烟。这样做的目的是增加包装成本，使这些产品更昂贵，降低其对消费者的吸引力，从而阻止收入较低的年轻群体购买这些卷烟产品。

（3）卷烟外观要求。卷烟的烟身颜色只能是带有哑光饰面的白色，香烟末端周围的任何纸，如果不是设计用来点燃的，可以模仿软木塞的颜色进行着色。可以在卷烟上打印文字，以识别卷烟的品牌和变体名称，但必须满足某些条件。

大部分情况下，相比普通烟草制品而言，英国对新型烟草制品的监管规定要宽松一些。例如，目前不要求新型烟草制品采取"平装包装"。因此 SPoT 目前仅针对传统意义上的烟草制品。

6.3.4 英国标准

1. BSI 简介

英国标准协会（British Standard Institution，BSI）是英国的一个非官方学术团体，成立于 1901 年。2002 年，英国政府授权 BSI 负责国家标准的制定、出版和销售。政府各部门不制定标准，一律采用 BSI 制定的 BS 标准。

目前 BSI 制定的标准主要有三种形式：

（1）英国标准（British Standard，BS）：这类标准均按照 BS 标准中的程序制定，通过以下工作流程编制而成。①委员会起草标准；②相关人士审议并提出意见；③经委员会中多数人员同意通过标准。英国标准可完全由 BSI 委员会在英国国内制定，但在大多数情况下采用国际标准，如 BS ISO、BS IEC、BS CEN 等。

（2）公共可用规范（Publicly Available Specifications，PAS）：这是一种咨询性文件，其发展过程和文件格式基于英国标准的模型。任何组织或团体若希望将关于某一特定主题的最佳实践发布为标准化文件，经 BSI 认可后，可作为 PAS 发布。PAS 和 BS 标准的主要区别在于通过表决的投票方式，BS 标准在技术方面须经过所有委员会成员的一致同意；而 PAS 可征求任何有兴趣的第三方意见，且这些意见并不一定被采纳，使得 PAS 能快速开发和发布。PAS 发布两年之后，如果 BSI 和相关组织都认为该 PAS 规范行之有效，则可以使其成为正式的 BS。

（3）定制标准（Published Document，PD）：BSI 为企业提供的服务，针对企业所需的规范、过程、实施规则等制定的规范化文件。这些定制标准包括标准形式的文件，但不具有英国标准的地位。

2. PAS 8850：2020

加热卷烟在英国发展迅速，为了满足工业上的迫切需要，同时出于为消费者提供产品安全和产品质量信息的原因，2020 年 7 月，英国标准协会发布了加热卷烟相关产品公共可用规范《PAS 8850：2020 非燃烧烟草产品、加热烟草产品和电子烟加热装置规范》（以下简称《规范》或 PAS）。

《规范》由菲莫国际(PMI)发起，同时英美烟草(BAT)、Cerulean 公司、Inter Regulatory 公司、日本烟草国际（JTI）、伦敦大学学院(UCL)等共同参与制定，并得到了英国标准协会的支持，最后由英国标准协会制定和出版，于 2020 年 7 月 31 日生效。

为了使加热烟草制品(HTP)的生产商和分销商能够向公众提供质量保证，并控制产品生产过程中的材料消耗和释放物。《规范》要求生产商协助分销商对其产品进行评估，并进一步说明加热烟草产品与卷烟等可燃烟草产品的区别。《规范》认为安全和质量规范是必要的，它为生产者提供最低期望，并向监管机构和公众保证不同批次产品的安全和质量，并且采用书面证据进行证明。产品性能规范也是必要的，以便监管机构和公众获得测试方法和明确的验收标准，将加热烟草产品与卷烟等可燃产品区分开来。下面就《规范》的主要内容做简要介绍。

1）范围

PAS 规定了加热烟草产品和烟草加热装置的性能要求，涵盖了以下内容：①烟草；②制造加热烟草制品所使用的添加剂和材料；③电子元件是否符合相关安全标准；④产品的可追溯性；⑤加热烟草产品稳定性；⑥烟草属性的化学分析；⑦加热的烟草产品释放物及其一致性，以验证没有燃烧，并使加热的烟草产品能够与香烟等可燃性烟草产品区分开来。

PAS 建立了区分加热烟草产品和可燃烟草产品的定量标准，但这并不意味着与吸烟相比，加热烟草产品的风险有所降低。PAS 的主要使用者是加热烟草产品和烟草加热装置的制造商。其他组织也可以从此 PAS 中受益，例如贸易协会、监管执行机构、地方理事会或进口商。

PAS 不包括：①在 PAS 54115 范围内的非烟草口味电子烟产品；②炭加热烟草产品；③其他类型的加热烟草产品（无电加热装置）和水烟，如 shisha 和 nargil。

尽管 PAS 的应用范围并没有包含炭加热卷烟，但是从该规范的内容来看，其可以为未来炭加热烟草制品的标准规范提供方向。

同时，PAS 没有提供评估加热烟草产品的健康风险或潜在的降低健康风险的方法。

2）规范性参考文献

PAS 引用了以下标准出版物：

BS EN 60335-1 《家用和类似用途电器的安全 第 1 部分：一般要求》；

BS EN 60950-1 《信息技术设备的安全 第 1 部分：一般要求》；

BS EN 62133 《含碱性或其他非酸性电解质的二级电池和蓄电池 便携式密封二次电池和由它们制成的便携式电池的安全要求》；

BS EN 62321 《电工产品中某些物质的测定》；

BS EN 62368-1 《音频 / 视频、信息和通信技术设备 第 1 部分：安全要求》；

BS EN IEC 61558-1 《电力变压器、电源装置及类似设备的安全 第 1 部分：一般要求和测试》；

BS EN IEC 61558-2 《电力变压器、电源、电抗器及其组合的安全性》；

BS EN IEC 61000-3-2 《电磁兼容性 (EMC) 第 3-2 部分：极限 - 谐波电流发射的极限 (设备输入电流每相 ≤ 16A)》；

BS EN IEC 61000-3-3 《电磁兼容性 (EMC) 第 3-3 部分：极限 - 公共低压供电系统中电压变化、电压波动和闪烁的极限，适用于额定电流 ≤ 16A 的设备且不受条件连接的限制》；

BS EN IEC 63000 《评估电气和电子产品与限制有害物质有关的技术文件》；

BS EN ISO/IEC 17025 《测试和校准实验室能力的一般要求》；

BS ISO 20768 《蒸汽产品 - 常规分析吸烟机：定义和标准条件》；

BS ISO 20778 《香烟 - 常规分析吸烟机 - 强烈吸烟状态的定义和标准》；

ISO 3402 《烟草和烟草产品 - 用于调节和测试的环境》；

CISPR14-1 《电磁兼容性 - 家用电器、电动工具和类似设备的要求 第 1 部分：排放》；

CISPR14-2 《电磁兼容性 - 家用电器、电动工具和类似设备的电磁兼容要求 第 2 部分：免疫 - 产品系列标准》。

3）术语和定义

为了使读者更好地理解加热烟草制品和相关内容，PAS定义了很多术语，主要内容如下：

（1）气溶胶捕集质量（aerosol collected mass，ACM）：用称重法测量的气溶胶捕集质量。

（2）批次（batch）：一次生产的质量一致的成品或半成品的数量，由制造商规定。

（3）致癌物（carcinogens）：根据欧盟第1272/2008号条例的规定，对致癌物质进行统一分类。

（4）燃烧（combustion）：放热的化学氧化过程，以足够快的速度产生热量，通常有光。（注：该定义符合美国消防协会的标准。）

（5）消费品包装（consumer packaging）：用于销售的加热烟草产品的包装。

（6）电气附件（electrical accessories）：具有特定电气功能的辅助装置，可连接到烟草加热装置或从烟草加热装置上取下。（如交流电源、墙壁适配器等外部电源）

（7）释放物（emissions）：当加热烟草产品按预期消费时释放到气溶胶中的物质。

（8）香料（flavouring）：加热烟草的组分，具有气味和/或味道。

（9）食品级（food-grade）：符合直接添加到食品中的标准。

（10）加热烟草（heated tobacco）：烟草，含或不含加热烟草成分，用作加热烟草产品的一部分。

（11）加热烟草气溶胶（heated tobacco aerosol）：在用烟草加热装置加热烟草的过程中产生的含有烟碱和其他成分的气溶胶，加热的烟草是不燃烧的。

（12）加热烟草成分（heated tobacco ingredient）：在加热烟草生产制造过程中添加到烟草中的化学物质或天然提取物。

（13）加热烟草产品（heated tobacco product）：在烟草加热装置一次或多次的使用过程中被消耗的加热烟草和非烟草材料的特定组合。

（14）诱变剂（mutagens）：根据欧盟第1272/2008号条例的规定，对诱变剂物质进行统一分类。

（15）非烟草材料（non-tobacco material）：用于制造加热烟草产品的材料，不包括烟草和加热烟草，包括但不限于结构元件，如包装纸或其他封装、结构或过滤材料。

（16）供应商（provider）：加热烟草产品、烟草加热装置或烟草加热系统的制造商、进口商或分销商。

（17）生殖毒物（reproductive toxicants）：根据欧盟第1272/2008号条例的规定，对生殖毒性物质进行统一分类。

（18）呼吸系统致敏剂（respiratory sensitizers）：根据欧盟第1272/2008号条例

的规定，对呼吸道致敏剂物质进行统一分类。

（19）呼吸道毒物（respiratory toxicants）：根据欧盟第 1272/2008 号条例的规定，对特定靶器官毒物（重复接触）- 吸入分类的物质进行统一分类。

（20）保质期（shelf-life）：加热烟草产品的建议储存时间，以最佳使用日期或有效期来表示。（注：大多数烟草产品本身是稳定的，因此没有不适合消费的保质期。从这个意义上说，"最佳使用日期"是产品质量保持最佳的一个时间段指标。然而，超过最佳使用日期的产品仍然适合消费）

（21）最佳使用日期(best-used-before date，BUBD)：根据制造商的标准，加热烟草产品的质量保持最佳状态的日期。

（22）有效期（expiry date）：加热烟草产品在按照制造商规定的条件储存时，加热后的烟草产品不再保留其特定特性和质量特征，从而使其变得不安全或不适合消费的日期。

（23）烟草（tobacco）：烟草属植物的一部分，用于制造加热烟草，包括加工后的烟草（如再造烟草）。

（24）烟草加热（tobacco heating）：通过任意传热方式向烟草传热，使烟草在加热而不燃烧的状态下产生气溶胶。

（25）烟草加热装置（tobacco heating device）：提供直接或间接加热"加热烟草产品"而不点燃"加热烟草"所需的热源的电气装置（间接加热意味着任何非接触形式的热量传递，如通过热气溶胶加热烟草）。

（26）烟草加热系统（tobacco heating system）：基于供应商提供给消费者的信息，加热烟草产品和烟草加热装置一起使用的特定组合。

（27）毒理学风险评估(toxicological risk assessment，TRA)：对使用加热烟草产品和烟草加热装置给消费者带来的风险进行评估的过程，随后由在相关国家机构注册的有经验的毒理学家进行审查，毒理学家对 TRA 结果负责（相关机构包括欧洲毒理学会 (EUROTOX)、英国毒理学会 (BTS) 和美国毒理学委员会 (ABT)）。

（28）水活度（water activity）：在相同条件下，加热烟草中的水的蒸汽压力与蒸馏水的蒸汽压力之比（水活度是一个无量纲的量）。

4）质量安全规范

（1）首先规定了烟草、加热烟草成分和非烟草材料的要求，以及加热烟草产品保质期的管理。

a. 烟草中作物保护剂 (CPA) 的含量不得超过 CORESTA 指南第 1 号中规定的指导残留物水平。

b. 加热烟草成分。

释放到加热烟草气溶胶中的加热烟草成分，无论是天然的还是人造的，除了从烟草中提取的香料外，都应是食品级的。加热烟草成分不应含有致癌物、生殖毒物、诱变剂、呼吸敏化剂和呼吸毒物。

应在毒理学风险评估中确定用于释放到加热烟草气溶胶中的所有加热烟草成分，如果确定存在毒理学问题，则应将其从制造过程中移除。毒理学风险评估应参考相关可用文献，以排除吸入时具有确定毒性的物质（如双乙酰和2,3-戊二酮）和加热烟草气溶胶的相关毒性试验。

加热烟草成分的来源（合成或天然提取物）、纯度和特性应根据每批配料的随附文件中的分析证书或合格证书进行验证，或基于加热烟草成分供应商的一般合格证书，以及供应商对加热烟草成分直接供应商的常规审核进行验证。

c. 非烟草材料。

应评估非烟草材料，以确保转移到加热烟草气溶胶中的任何物质符合上述要求。为此，应对与加热烟草产品或加热烟草气溶胶接触的所有非烟草材料进行毒理学风险评估，以证明在烟草加热系统预期使用条件下使用每种材料不存在毒理学问题。

d. 加热烟草的重量。

如果制造商选择标识每个消费包装的加热烟草重量，制造商应证明其声明的重量是产品的准确表示。质量小于100 g时，应保留两位有效数字。

e. 库存材料及保质期。

应进行适当的稳定性研究，如制造商质量管理体系、毒理学风险评估和消费者相关终点规定等，以确定加热烟草产品的货架期。

应在相关气候条件下，对具有代表性的加热烟草产品配置进行稳定性验证研究，至少延长至保质期，至少应根据ISO 3402确定温度和湿度。

将投放市场的加热烟草产品应至少具有延长其预期市场期间的稳定性数据。在这种情况下，如果正在进行的稳定性研究中发现了可能使加热烟草产品消费者面临额外风险的毒理学问题，则应根据产品销售国家适用的一般产品安全法规确定并实施纠正措施（除非进行微生物测试，否则水活度可用作评估产品微生物生长潜力的指标）。

如果预测或测量水活度超过0.7，则应使用微生物终点的输入进行额外的毒理学风险评估，特别是加热烟草中的黄曲霉素（AFLA）和赭曲霉毒素（OT）水平。该风险评估的结果应确定加热烟草产品是否需要特殊的储存条件及有效日期（不能排除微生物活性对消费者造成的潜在额外风险），或仅限于最佳使用前日期（微生物活性不会给消费者带来额外的风险；据报道，在水活度值低于0.7的情况下，在烤烟中霉菌发展的风险可忽略不计；如果规定了有效期或特殊储存条件，则应在消费者包装上显示）。

（2）烟草加热装置。

a. 烟草加热装置材料。

对直接接触加热烟草或烟草雾化剂的烟嘴和部件所用的烟草加热装置材料进行毒理学评估,以验证气雾剂中没有转移任何毒理学关注水平的物质。特别是,适合食物接触的材料应优先用于烟嘴。

烟草加热装置应具有可追溯性,以便在随后的测试中发现问题时,可以有效地识别受影响的产品,并根据产品销售国适用的一般产品安全法实施纠正措施。

b. 电气符合性要求。

烟草加热装置被视为家用电器,因此应满足电气安全、电磁兼容性、无线技术和限制使用有害物质的要求。

烟草加热系统应符合 BS EN 60335-1 的规定。

电子烟草加热装置的二次电池应符合 BS EN 62133 或 BS EN 62133-1 或 BS EN 62133-2 的规定。如果使用其他类型的电池,则应符合当时适用的相关国家或国际标准。所有电池应符合联合国关于危险货物运输的建议(UN 38.3 或同等地方标准)。

烟草加热装置应符合电磁兼容标准 CISPR 14-1 中有关排放的适用要求和 CISPR 14-2 中有关设备抗扰度的适用要求(或等效的当地标准,视情况而定)。

当提供外部电源时,充电组件(带扩展底座和烟草加热系统的交流电源适配器)也应符合 BS EN IEC 61000-3-2 和 BS EN IEC 61000-3-3 的要求。

电子烟草加热设备使用的材料应符合当地或统一标准的要求,如 BS EN IEC 63000(技术文件要求)和 BS EN 62321 系列的相关部分(某些危险物质的测定)。

电气附件要求:烟草加热装置的所有电气附件应符合 BS EN 60950-1 或 BS EN 62368-1 的要求(或适用同等的地方标准)。除符合上述要求外,外部电源应符合 BS EN IEC 61558-1 和 BS EN IEC 61558-2 的相关要求。

技术档案:制造商应为电子烟草加热装置的每种型号或变种生产保持一份技术档案。该技术档案至少应包含以下信息:①制造商的联系方式;②产品的综合描述;③产品规格;④产品开发信息;⑤组件列表;⑥制造过程的描述;⑦使用说明。技术档案应至少保存 10 年。

(3)性能规范——烟草加热系统。

加热烟草制品性能规范可以用来区别加热烟草制品和卷烟等可燃烟草制品。在 PAS 中,提供了定量标准来区分加热烟草气溶胶中 CO、NO 和 NO_x 的浓度,这些浓度是在烟草未燃烧的情况下产生的,而不是烟草燃烧产生的卷烟烟气中的浓度。提供额外的分析物用于测量可以进一步加强这种区分。性能规范不用于评估消费者暴露或相对健康风险。

性能规范中的数值是根据卷烟和加热烟草产品的现有科学文献中的数据建立的。

由于没有专门用于加热烟草气溶胶的分析方法，因此 PAS 提供了关于 CO、NO 和 NOx 测量的信息附件。在所有情况下，可使用适用于卷烟烟气评估的 ISO 标准或测试设施，或者在 BS EN ISO/IEC 17025 认证范围内的其他验证方法来执行评估。

a. 加热烟草制品的不燃烧。

为了验证加热烟草没有燃烧，应测量加热烟草气溶胶中的一氧化碳和氮氧化物的含量，该含量不得超过表 6-1 规定的水平，这个水平应视为最大值。在单点取样的情况下，置信区间可在其周围波动。但是，加热烟草系统的平均释放量不得超过表 6-1 中规定的水平（应测量环境空白数据并用于计算）。

表 6-1　加热烟草气溶胶的最大释放水平

分析物	最大释放水平	置信区间
一氧化碳（CO）	$0.3\ mg/100\ cm^3$	25%
氮氧化物（NO）	$4.0\ \mu g/100\ cm^3$	25%
氮氧化物（NOx）	$5.0\ \mu g/100\ cm^3$	25%

b. 加热烟草气溶胶中的其他分析物。

众所周知，与卷烟烟气相比，不燃烧使得加热烟草气溶胶中的一系列化学物质大量减少，因此，要加强加热烟草制品与可燃烟草制品的区分。为了加强加热烟草制品与可燃烟草制品的区分，应测量乙醛、丙烯醛、甲醛、NNK、NNN、苯并[a]芘、1，3-丁二烯和苯的含量，并以 $ng/100\ cm^3$ 或 $\mu g/100\ cm^3$ 为单位进行表示（分析物的选择基于 ISO 标准方法对卷烟烟气分析的可适用性）。

此外，表征加热烟草气溶胶（气溶胶捕集质量（ACM）和烟碱）基本分析物也应以 $mg/100\ cm^3$ 为单位。

c. 气溶胶生成条件。

应根据 BS ISO 20778 的相关规定使用烟草加热系统产生气溶胶，除非在抽吸过程中加热烟草系统产生气溶胶的开始取决于流速或压降，在这种情况下，应遵循 BS ISO 20768 的相关规定。对于设备，应按照制造商提供的说明做好测试准备，并按照制造商提供的说明进行充电和使用。

如果产品具有灵活的使用条件（如可变功率、外部供气），则应在全范围条件下进行试验。

在一系列相关产品的使用条件下，加热烟草系统不得超过最大排放水平。因此，应验证表 6-1 对其他分析物的要求，并且应在至少一个更强烈的抽吸状态下测量其他分析物，抽吸容量更大和/或制造商规定的抽吸持续时间更长。

在烟草加热装置运行结束或气溶胶生成耗尽之前，对排放物进行评估。几种不同的参数可用于确定产品产生气溶胶的终点，包括（但不限于）产品的预定义总质量损失、每个收集段的确定质量损失占初始收集段质量损失的百分比、无可见气溶胶生成或每支烟指定 ACM 或收集到的 ACM。

（4）制造业。

a. 概要。

加热烟草制品和烟草加热装置的制造应遵守相应的质量管理体系 (QMS)（生产设施最好通过 BS EN ISO9001 认证）。

制造过程应清晰明确、可控、文件化，并定期进行内部审核。应对制造过程中的主要步骤进行毒理学风险评估，以证明生产工艺不存在与毒理学相关的问题（制造过程中的毒理学风险评估应确定交叉污染的可能性，例如来自机械的重金属、支持微生物活性的生产过程）。

产品规范、测试协议和批量放行或监控的验收标准，以及任何额外的产品测试要求，应根据制造商规定的时间表进行定义、控制、记录和审核。

b. 来料检验。

烟草加热系统任何部分的制造商应确保从供应商处获得的每批材料或零件符合其各自的要求和规范。这应通过从供应商处收到合格证书，并结合供应商的常规审核，或通过制造商对来料批次进行的测试来实现（材料检验应采用基于风险的方法，包括材料的风险、供应商的风险、最终产品不合格的风险和收到货物后的检测概率。应对收到的所有材料进行基本检查，以确保在运输过程中材料没有损坏或变质）。

c. 成品合格评定。

制造商应采用基于风险的产品一致性方法来确定批量一致性试验的频率和范围，以确保烟草加热系统保持在 PAS 的要求范围内。

除非实施批量放行程序以验证批量一致性，否则制造商或进口商应确保在成品监控过程中观察到的任何导致批量不合格产品趋势之前，有必要的程序对其进行评估和处理。生产企业或者进口商应当收回不合格的成品批次。

d. 可追溯性。

供应商应确保每批加热烟草产品和烟草加热装置的可追溯性。

每批成品应有一个唯一的标识号，同样适用于半成品和原料。供应商应确保每批原料的可追溯性，即批次半成品或原料的信息的可用性，即是否有关于生产一批成品或半成品的半成品或起始材料的信息，反过来说，一批半成品或原材料消耗到哪个批次的半成品或成品中。

加热烟草产品、烟草加热装置或其任何组合的所有包装应带有足够的标识，供应商可通过该标识明确识别唯一的制造批号、制造时间和制造设施。

e. 产品相关的消费者投诉。

供应商应确保对消费者咨询和投诉进行分类、登记、处理和汇总报告的流程到位。

每个制造商应建立数据库系统，记录与使用加热烟草产品和烟草加热装置有关的客户投诉，包括采取的任何调查和纠正措施（投诉处理程序应遵循 BS ISO 10002 标准）。

5）附件

PAS 一共包含了 A、B、C、D 四个附录。附录 A 是规范性附录，附录 B、C、D 是资料性附录。

附录 A 主要规范了加热烟草成分和非烟草材料的毒理学风险评估。毒理学风险评估包括汇编天然组分的毒理学概况，以及后续经由认证的毒理学专家进行审查。天然组分的毒理学概况则包含组分认证（含化合物名称、手性信息、CAS 号、注册号以及可以用的化学、毒理学和监管情况等信息）、理化性质、监管情况（允许使用量或可接受摄入量、预期用途、毒理学风险评估报告等）、危害评估（如毒理学危害概述等）、暴露评估（预期的暴露剂量等）和风险评估等。

附录 B 主要规范了加热卷烟样品的取样程序、检测质量标准、样品制备和调节。检测质量标准应完全使用 BS EN ISO/IEC 17025 范围内的测试方法。样品调节条件则为：样品在未开封情况下，温度为 (22 ± 1)℃，测试前放置不少于 48 小时，但不超过 10 天。而在实验室中测试和测量加热烟草气溶胶气相中一氧化碳含量时，调节条件是温度为 (22 ± 2)℃，相对湿度为 (60 ± 5)%。

附录 C 规定了加热烟草气溶胶气相中一氧化碳测定方法，该方法主要是使用校准过的非色散红外仪测量收集到的加热烟草气溶胶，并计算每 100 立方厘米加热烟草气溶胶中的一氧化碳含量。该方法与传统卷烟测试方法类似，主要是吸烟机和烟支调节条件及抽吸条件等略有不同。

附录 D 则规定了加热烟草气溶胶气相氮氧化物的测定方法，该方法的主要原理是使用常规分析用吸烟机收集加热卷烟气溶胶的气相部分，并用氮氧化物校准过的化学发光 NO 测量仪测量 NO 和 NOx，最后计算每 100 立方厘米加热烟草气溶胶中的氮氧化物的含量。该方法与传统卷烟测试方法类似，主要是吸烟机和烟支调节条件及抽吸条件等略有不同。

6.3.5　其他

2019 年 5 月 20 日，英国政府提出了对《烟草制品（产品说明）令》（2003/1471 号）进行修订的提案，意在指令中增加加热烟草产品的术语及定义，以将加热烟草归属于烟草产品进行监管。在修订提案中，将加热卷烟定义为由烟草或含有烟草的混合物（包含再造烟叶）组成的产品，在加热不燃烧条件下产生含有香味物质的气溶胶，不属于卷烟、雪茄烟、手卷烟、嚼烟和其他抽吸卷烟。此外，此前在欧盟烟草制品指令中，规定了加热卷烟按重量分类，并按重量进行计算关税和消费税。

6.4 哈萨克斯坦

哈萨克斯坦的法律环境相当宽松，目前哈萨克斯坦政府没有出台专门针对加热卷烟产品的法律法规。按照当前政策，在市场推广/广告/声明方面，各经销商和零售商可通过电视、网络、社交网站等进行相关产品宣传。在产品进出口方面，哈萨克斯坦政府也没有专门针对加热卷烟进出口的税率规定，该类产品征税办法与其他商品相同，同时政府没有对该类产品执行相应的消费税。在生产与销售方面，零售商无须特别申请该类产品的销售资质，但通常有社会责任感的零售商不会将该类产品销售给18岁以下的未成年人。在产品包装方面，哈萨克斯坦政府没有在实施或讨论专门针对加热卷烟产品包装的相关法律规定。在市场准入方面，对于想要进入当地市场的国际公司来说，该公司必须提供合法文件。

2019年，哈萨克斯坦相关职能部门提交了一项关于加热烟草制品的标准提案。该提案中对加热烟草制品术语、定义、质量安全要求、气溶胶释放和收集、制造要求、标签要求均进行了规定。同时对单位体积内气溶胶中有害和潜在有害成分（一氧化碳、氮氧化物、甲醛、丙烯醛、烟草特有亚硝胺等）的释放量进行了限定。

6.5 韩国

目前，韩国有关加热卷烟的规定与传统烟草相同。在市场推广/广告/声明方面，韩国允许加热卷烟品牌在零售商店内发布广告，且最多可在杂志以及国际航线上发布

10次广告。但另一方面,禁止任何类型的促销礼品和赠品。在产品进/出口方面,对于从海外进口和销售的加热卷烟,需要提交与海外制造商的销售合同并注册此类产品的价格。在生产和销售方面,在韩国建立加热卷烟生产基地适用常规烟草生产相关法规,同时韩国要求每个加热卷烟产品零售商店或其他烟草产品零售商店至少间隔 50 m。在产品包装方面,韩国法律要求所有警告标志和信息必须在新型烟草产品包装上显著位置显示,并须符合该国关于警示尺寸和大小的规定。在知识产权方面,关于产品设计和商标,当地制造商通常遵循韩国的标准知识产权注册程序。在进出口关税方面,进口商负责支付加热卷烟产品成本 8% 的关税。

6.6 加拿大

加拿大卫生部批准颁布的有关烟草制品法规主要有《烟草制品条例》《烟草和烟草制品法》《烟草制品标签条例》《烟草制品信息条例》《烟草和蒸汽产品法》等。2019年以前,加拿大没有出台专门针对加热卷烟产品的法律法规,因此加热卷烟产品处于按照传统卷烟监管的状态,在加拿大的温哥华、多伦多、渥太华等多个地区均有加热卷烟销售。2019年11月9日,新的《烟草制品条例(平装法案)》和《烟草和蒸汽产品法》开始执行,并涵盖了加热烟草制品。政府认为,实施新的《烟草制品条例(平装法案)》有利于保护青少年和其他人免受烟草制品的诱惑和依赖,防止公众在使用烟草制品时在健康方面受到欺骗和误导。

新的《烟草制品条例(平装法案)》对烟草包装和产品的外观进行了标准化。例如所有烟草产品的包装必须是同样的深棕色,仅允许文字在标准位置,以标准字体样式、标准字体颜色和标准大小显示。产品包装的大小和形状也是标准的。产品元素如品牌、规格、生产商信息、地址等被限制出现在包装上。

在上市方面,加热卷烟在加拿大申请上市与传统卷烟基本一致,需要提交政府重点关注的烟气化学成分(如烟碱、一氧化碳、焦油、甲醛、巴豆醛、苯并[a]芘、氢氰酸、氨、烟草特有亚硝胺等)、烟草化学成分(如生物碱、重金属和烟草特有亚硝胺等)和烟气三项毒理学(中性红、微核和 Ames)的检测报告。值得一提的是,这些化学成分不仅需要在 ISO 和 HCI 模式下进行,还要同时提交主流烟气和侧流烟气的烟气检测数据。政府不仅对检测范围、检测方法、检测量有规定,对数据的允许公差也有相应的规定。

6.7 日本

目前日本尚未出台专门针对加热卷烟产品的法律法规，在日本可以销售加热卷烟，同时此类产品按照斗烟进行征税，即按照烟草的重量进行征税。根据日本《烟草商业法》和《日本烟草公司法》的规定：第一，外国烟草公司可以直接进入或委托自己选择的代理商在日本销售烟草制品，但烟草进口商和卷烟批发商必须满足规定的条件，须经日本财政主管部门批准后登记注册，所有烟草制品（包括进口产品）的零售价也都需报经日本财政主管部门审核同意；第二，在日本市场上，除日本专卖公社以外的烟草进口商和批发商只能经营进口卷烟；第三，不允许国内外其他企业进入卷烟生产领域。

6.8 德国

经过两年的过渡期，按照德国的实际情况，在新欧盟烟草制品指令（2014/40/EU）的基础上，德国联邦议院对新指令进行调整，于2016年通过了《烟草制品法》和《烟草制品和相关产品执行指令》，并在联邦法律公报上进行了公告。指令中明确了在德国销售和使用加热卷烟的合法性，允许在德国境内进口、销售和使用加热卷烟。同时，在这两部法规中，明确了对加热卷烟的监管内容，主要包括对加热卷烟成分，加热卷烟性质，加热卷烟警示标志和包装，加热卷烟制造商、进口商和经销商的一般义务等内容的监管，同时规定了在德国境内申请销售加热卷烟的申报要求、信息要求、销售要求、警示标签和包装。

《烟草制品法》中第4条规定，卷烟释放物应满足以下要求：

（1）焦油：每支卷烟焦油含量应低于10 mg；

（2）烟碱：每支卷烟烟碱含量应低于1mg；

（3）一氧化碳：每支卷烟一氧化碳含量应低于10 mg；

（4）经联邦经济和能源部同意，联邦食品和农业部有权在获得联邦委员会批准后，通过法律法规进一步制定排放限值，在保护消费者免受健康损害或实施欧盟法案所必需的范围内。

《烟草制品法》中第 12 条 "新烟草产品" 中则规定：

（1）新烟草产品只有在获得授权后才能投放市场。

（2）联邦消费者保护和食品安全办公室应负责与联邦经济事务和出口管制办公室达成授权协议。

（3）只有在以下情况下，才能拒绝授权：

新烟草产品，无论是吸烟烟草证书还是无烟烟草产品，不符合本法要求或不符合根据本法通过的法律法规时。

（4）本法或根据本法通过的适用要求为：如果不再遵守法律法规，则应撤销批准。

（5）特此授权联邦食品和农业部：联邦经济和能源部应通过经联邦委员会同意的法律法规，对录取程序进行管理，包括申请人提供的信息，尤其是以下方面的信息：

①健康影响，包括成瘾可能性和风险效益分析；

②市场调查和预期消费者感知。

6.9　中国

《中华人民共和国烟草专卖法实施条例》第三条明确规定："烟草专卖品中的烟丝是指用烟叶、复烤烟叶、烟草薄片为原料加工制成的丝、末、粒状商品。"因此，加热卷烟与传统卷烟一样，都属于烟草专卖品。在中国经营加热卷烟必须符合《中华人民共和国烟草专卖法》等相关法律法规的规定。目前，我国没有允许任何企业进口和销售加热卷烟，国内市场销售的所有此类产品都是通过非法渠道进入的。

6.10　其他国家

1. 柬埔寨

柬埔寨烟草市场规模相对较小，但仍然吸引了许多跨国烟草公司的目光。和其他东盟国家一样，柬埔寨严格禁止雾化产品和加热卷烟产品。柬埔寨政府于 2021 年颁布了一项全面禁止使用、销售和进口加热烟草产品的禁令，以补充现有的对电子烟和水烟等新兴产品的禁令。

2. 巴拿马

巴拿马国民议会批准了一项法案，将禁止销售所有含烟碱或不含烟碱的电子烟产品，该禁令也适用于 iQOS 等加热型烟草制品（HTPs）。

3. 新西兰

2018 年 3 月，新西兰惠灵顿地区法院驳回了新西兰卫生部对菲利普莫里斯国际公司在当地的子公司——菲利普莫里斯（新西兰）有限公司 (PMNZ) 的指控。法院认为，菲利普莫里斯的加热卷烟产品"HEETS"并不属于新西兰卫生部声称的"政府无烟环境保护法案中第 29 条所规定的有关规范烟草制品销售的相关产品"的范畴。该法案禁止出售任何可咀嚼或其他入口使用的烟草产品。惠灵顿地区法院的判决证实了 HEETS 的合法性，认为其是一种专门设计用于在新西兰地区销售的 iQOS 加热烟草产品，这意味着新西兰加热卷烟市场合法化。

同年，新西兰卫生部副部长正式发表草案修改提议，建议烟民转向减害的烟草替代品。其在修改草案中提到，在防止新型烟草产品多口味、颜色丰富等卖点吸引儿童的同时，政府应当采取措施，鼓励烟民们转向这一类减害的烟草产品。此举的出现，标志着新西兰政府正式承认了新型烟草产品的减害功能。

6.11 CORESTA

在过去的多年里，人们对加热卷烟产品的兴趣持续增长，使用加热卷烟技术的产品成为科研机构、卫生机构和监管机构讨论的焦点。尽管很多研究已经发表，但基于不同的方法，仍旧有不同的科学观点。因此需要进一步开展工作，以便更好地理解所有问题，并提供可靠的数据，以协助在设备、组件和产品使用模式方面做出科学决策。

基于以上原因，2019 年 5 月，CORESTA 成立加热烟草制品特别工作小组，主要目标是：①建立标准化的术语和定义，涵盖所有类别的加热烟草制品；②定义一种或多种用于生产和收集加热卷烟释放物的具体方法和制度；③定义并协商分析优先化合物，审查当前 CRM 的适用性，开发适用于加热卷烟的分析方法。

在 2020 年 5 月的工作会议中，CORESTA 对加热烟草制品（heated tobacco

products，HTP）做出了定义：加热烟草制品是指一种含有烟草基质的产品，设计用于加热而不是燃烧，通过单独的热源（如电、气溶胶、炭等）以产生烟碱的气溶胶。同时，在该次会议上，加热烟草制品特别工作小组按照不同热源将加热烟草制品分为三类，即电加热烟草制品（electrically heated tobacco product，eHTP）、气溶胶加热烟草制品（aerosol heated tobacco product，aHTP）和炭加热烟草制品（carbon heated tobacco product，cHTP）。同时对三类产品进行定义，定义和产品举例如表6-2所示。

6-2 CORESTA 对加热烟草制品的定义和分类

分类	定义	产品举例
eHTP	含有烟草基质的产品，该烟草基质通过电烟草加热装置（THD）加热而不燃烧烟草，以产生含烟碱的气溶胶	如：BAT 的 glo、PMI 的 iQOS 和韩国烟草的 lil
aHTP	含有烟草基质的产品，该烟草基质由电子烟草加热装置（THD）产生的气溶胶加热，而烟草不燃烧，以产生含烟碱的气溶胶	如：BAT 的 iFuse、日本烟草的 Ploom TECH 和韩国烟草的 HYBRID
cHTP	一种含有烟草基质的产品，通过燃烧的炭加热以产生含烟碱的气溶胶	如：雷诺公司的 Eclipse、PMI 的 TEEPS

在随后的工作中，为了产生和收集加热烟草制品的气溶胶和释放物，CORESTA 加热烟草制品特别工作小组也试图定义加热烟草制品的特定测试方法和抽吸测试条件，并联合世界各国烟草实验室进行共同实验，拟给出推荐方法。同时，CORESTA 加热烟草制品特别工作小组给出了优先考虑的加热烟草制品气溶胶中含有的有害和潜在有害化合物名单。

6.12 世界卫生组织（WHO）

6.12.1 概述

自2008年第三届《世界卫生组织烟草控制框架公约》（WHO FCTC）（以下简称《公约》缔约方会议以来，世界卫生组织烟草控制框架公约缔约方会议（COP3）一直在讨论全球市场上出现的新型及新兴烟碱和烟草产品。历届缔约方会议都看到并讨论了一系列技术问题报告，包括世卫组织编写的报告，并通过了一些决定，这些决定有可能指导缔约方的行动，为新出现的烟碱和烟草产品建立监管框架，并监测其在市场上的存在情况。

根据提交至缔约方会议的报告中使用的术语，主要的新型及新兴烟碱和烟草产品可分为三大类：电子烟碱输送系统（ENDS）、电子非烟碱输送系统（ENNDS）和加热烟草产品（HTP）。允许这类产品进入国家市场而不加以管制可能会威胁到烟草控制战略的实施，并可能破坏《公约》所支持的烟草使用的非规范化。

缔约方会议建议，在证明这些产品健康之前，应禁止这些产品的健康声明。COP6邀请缔约方采取措施与ENDS相关，并考虑禁止或酌情以其他方式对其进行管制，包括烟草制品、医药产品、消费品或其他类别。在第八届缔约方会议上，HTP被确认为烟草产品，受《世界卫生组织烟草控制框架公约》所有相关规定以及相关国内立法和管制的约束。

在《2018年世界卫生组织烟草控制框架公约执行情况全球进展报告》中，越来越多的国家表示，新型及新兴烟碱和烟草产品进入了它们的市场，通常不在国内法律或监管框架内。根据2018年世卫组织烟草控制框架公约报告周期的数据，181个缔约方中有102个缔约方报告在其市场上有新型及新兴烟碱和烟草产品终端，但只有63个缔约方将其作为烟草产品、仿烟草制品、药品、消费品或作为新产品类别进行了管理。这表明，从监管和执法的角度来看，这些产品已对各方构成日益严峻的挑战。此外，据报告，在许多国家出现了烟碱和烟草产品的非法贸易。

在2019年发布的《世界卫生组织全球烟草流行报告》中提到，近年来烟草行业推出了一系列新产品，其中大多数产品模拟吸烟行为，同时将烟碱送入人体。输送的烟碱量可能超过吸食传统烟草产品（如卷烟、水烟和无烟烟草）所释放的烟碱量。报告重申，这些产品作为传统卷烟的清洁替代品、戒烟辅助品或"降低风险"产品销售。此外，报告指出，这些产品有可能破坏现有的烟草控制措施，例如，这些产品可以享受免税政策或允许在无烟场所使用。

世卫组织的报告还强调了这些新产品正在全球市场扩散，另外，它们在青年中的使用率正在以惊人的速度增长，一些人认为这是青年中的一种流行病。烟草业吸引年轻消费者的一项关键战略是用香料掩盖烟草烟雾的刺鼻气味，从而促进烟草的推广和持续使用。在这方面，执行《公约》第9条和第10条部分，建议缔约方通过禁止或限制可用于增加烟草产品适口性的成分来加以管制。

《公约》秘书处同意世卫组织关于全球烟草流行的最新报告中的意见和建议，并根据第八届缔约方会议赋予的任务规定，与世卫组织一道，在包括分类、健康影响，以及新颖和新兴烟草产品的吸引力上采取措施。

此外，由于意识到有必要禁止或管制这些产品的重要性，《公约》秘书处印发了一份关于新型和新兴烟草产品分类的情况说明，其中汇编了缔约方会议关于这些产品的所有决定，以及世界海关组织正在进行的修订烟草和烟碱产品统一海关编码的进程。

《公约》秘书处提醒缔约方，烟草行业的利益与公共卫生政策利益之间存在根本性的、不可调和的冲突，这是根据公约第5.3条及其指导方针的缔约方行动的基础。烟草公司将新产品纳入其营销和游说战略。为应对这些问题，缔约方会议在其决定FCTC/COP8（22）中提醒缔约方在处理新的和正在出现的烟草产品所带来的挑战时，应考虑世卫组织在FCTC下的承诺，并在其他措施中考虑优先次序。根据《世界卫生组织烟草控制框架公约》第5.3条，保护烟草控制政策和活动不受与新型和新兴烟草产品有关的所有商业利益和其他既得利益的影响，包括烟草行业的利益。此外，在同一项决定中，还提醒缔约方根据《世界卫生组织烟草控制框架公约》第13条，对新型和新兴烟草产品的广告、促销和赞助采取措施。

6.12.2　世卫组织关于FDA批准加热卷烟iQOS在美国上市的声明

2019年7月7日，美国FDA批准加热卷烟iQOS在美国上市。世卫组织就美国FDA关于iQOS的决定发了一份声明，声明主要内容如下：

世卫组织提醒《世界卫生组织烟草控制框架公约》缔约国须履行的义务。世卫组织重申，减少接触加热烟草制品（HTPs）中的有害化学品不会使其无害，也不会降低其对人类健康的风险。事实上，HTP气溶胶中的某些有害成分含量高于传统卷烟烟气中的含量，接触这些物质对健康的影响尚不清楚。

2020年7月7日，美国食品和药物监督管理局根据《联邦食品、药品和化妆品法案》授权销售加热烟草制品——iQOS烟草加热系统。该法案要求新型烟草制品在上市前获得授权，然后才能进入美国市场。美国食品和药物监督管理局的声明指出："即使采取了这行动，这些产品也不安全，也未获得批准。"暴露修改令也不允许公司作出任何其他修改后的风险声明或任何明示或暗示，以误导消费者相信产品得到了FDA的认可或批准，或FDA认为产品对消费者是安全的。美国食品和药物监督管理局的授权驳回了使用该产品比其他烟草产品危害更小或降低健康风险的说法。FDA还要求烟草公司监控青少年对该产品的认识和使用情况，以确保MRTPs的营销不会对青少年产生意外后果，该公司还必须向FDA通报防止青少年接触和接触的措施。

所有烟草制品都对健康构成威胁，世卫组织敦促全面实施《世卫组织烟草控制框架公约》，支持戒烟尝试，减少非烟草产品使用者，特别是年轻人的主动吸烟行为，世卫组织建议通过干预措施停止所有烟草的使用,如卫生专业人员的简短建议、国家免费戒烟热线、烟碱替代疗法等干预措施。

6.12.3 对加热卷烟的监控和监管政策

从加热卷烟定义到组成,从加热卷烟生产到操作,从销售渠道到营销策略,世卫组织一直在监控着加热卷烟的发展状况。早在 2017 年 9 月,世卫组织就发布了第一份加热卷烟产品营销信息表。之后陆陆续续地发表了加热卷烟各种相关信息。

随着加热卷烟市场渗透率的不断上升,许多国家的决策者和管制机构希望世卫组织为制定加热烟草的最佳管制方法提供科学依据和指导。世卫组织在 FCTC/COP8(22) 号决定中提醒缔约方,在应对新型和新增烟草制品以及用于消费此类产品的装置挑战时需履行《公约》承诺,并考虑依照《公约》和国家法律优先采取以下措施:

①预防开始使用新型和新增烟草制品;

②防止人们接触其释放物,并且依据《公约》第 8 条将无烟立法范围明确扩展至这些产品;

③预防关于新型和新增烟草制品无害健康的说法;

④依据《公约》第 13 条适用于广告、促销和赞助新型和新增烟草制品的措施;

⑤依据《公约》第 9 条和第 10 条,管制新增和新型烟草制品的成分及成分披露;

⑥依据《公约》第 5.3 条,防止烟草控制政策和活动受到所有与新型和新增烟草产品有关的商业利益及其他既得利益,包括烟草业利益的影响;

⑦管制,包括限制或酌情禁止制造、进口、分销、推介、销售和使用新型和新增烟草制品,酌情遵照本国法律,同时考虑到高度保护人类健康;

⑧适当时针对用于消费此类产品的装置采取上述措施。

此外,世卫组织鼓励各国政府对加热卷烟征收新税,并呼吁各相关管理机构加强对加热烟草制品的监管,限制营销和推广,尤其是在这些加热烟草制品未经证实的一些健康声明的情况下;呼吁各国政府继续实施和强有力执行现有的烟草控制措施,如无烟公共场所和封闭场所以及图形健康警告;也督促各国充分执行《世卫组织烟草控制框架公约》,包括转向普通包装,全面禁止烟草广告、促销和赞助,以及加入《烟草产品非法贸易协定书》等。

FCTC/COP8(22) 号决定也请求世卫组织烟草实验室就新型和新增烟草制品,特别是加热烟草制品的研究和证据起草一份综合报告,并在缔约方会议第九次会议上提交。未来,在研究清楚新型烟草制品对非烟民的健康影响、致瘾性、认识和使用、吸引力、在开始吸烟和戒烟中的潜在作用、产品变异、营销策略和影响、对控烟工作的影响和研究差异等问题后,世卫组织会提出更加详尽和适用的准则。

6.13 小结

在过去的 50 年里,降低烟草危害的概念已经确立。瑞典使用鼻烟提供了有力的证据支持减少危害的战略。各国围绕降低危害的监管环境已经发生了变化,并在全球范围内不断演变。许多人认为,需要更具吸引力、有许可证的烟草新产品,能够在感官、药理学和行为学上与卷烟竞争,这才是前进的方向。

迄今为止,炭加热卷烟较少受到研究人员和政策制定者的关注。但随着未来相关产品的上市,炭加热卷烟健康风险与管控将成为一个全球化的研究课题。其产品特性、使用方式、对健康的影响、市场营销和生产实践以及对公共卫生和政策的反应都值得各国重视。

尽管有很多关于炭加热卷烟健康风险的报道,如与传统卷烟相比可能降低癌症和其他疾病风险,但是到目前为止还没有令人满意的证据表明炭加热卷烟比传统卷烟危害更小,或者认为炭加热卷烟是传统卷烟更安全的替代品,因此监管干预也就有了存在的必要性。

【参考文献】

[1] European Commission. Directive 2014/40/EU: The Manufacture, Presentation and Sale of Tobacco and Related Products and Repealing Directive 2001/37/EC [EB/OL]. [2014-04-29]. http://eur-lex.europa.eu/.

[2] U.S.Food& Drug Administration.Extending Authorities to All Tobacco Products, Including E-Cigarettes, Cigars, and Hookah[EB/OL].[2016-05-20].http://www. fda. gov/.

[3] FCTC.COP/5/13.Electronic nicotine delivery systems, including electronic cigarettes: report by the Convention Secretariat, Conference of the Parties to the WHO Framework Convention on Tobacco Control, fifth session, Provisional agenda item 6.5 [EB/OL].Seoul, Republic of Korea, [2012-06-18].http://apps.who.int/iris/bitstream/10665/75811/1/FCTC_COP5_13-en.pdf.

[4] FCTC/COP/6/10. Policy briefing Electronic Nicotine Delivery Systems: report by the Convention Secretariat. Conference of the Parties to the WHO Framework Convention on Tobacco Control, sixth session, Provisional agenda item 4.4.2[EB/OL].Moscow, [2014-12-15].http://apps. who. int/gb/fctc/PDF/cop6/FCTC-COP6_10-en.pdf.

[5] FCTC/COP/4/12. Control and prevention of smokeless tobacco products and electronic cigarettes: report by the Convention Secretariat. Conference of the Parties to the WHO Framework Convention on Tobacco Control, fourth session, Provisional agenda item 5.8 [EB/OL].Punta del Este, Uruguay, [2010-12-15]. http://apps.who.int/iris/bitstream/10665/75749/1/FCTC_COP4_12-en.pdf.

[6] FCTC/COP/4/DIV/6. Conference of the Parties to the WHO Framework Convention on Tobacco Control, fourth session[EB/OL].Punta del Este, Uruguay, [2010-12-06]. http: //apps.who.int/iris/bitstream/10665/77501/1/FCTC_COP4_DIV6-ch.pdf.

[7] FCTC/COP/6/31. Provisiona report of the sixth session of the conference of the Parties to the WHO Framework Convention on Tobacco Control[EB/OL].Moscow, [2014-10-18]. http: //apps.who.int/iris/bitstream/10665/147133/1/FCTC_COP6_31-en.pdf?ua=1.

[8] FCTC/COP6(9).Decision: electronic nicotine delivery systems1 and electronic non-nicotine delivery systems, Conference of the Parties to the WHO Framework Convention on Tobacco Control, sixth session [EB/OL].Moscow, Russian Federation[2014-10-18]. http: //apps.who.int/iris/bitstream/10665/145116/1/FCTC_COP6(9)-en.pdf?ua=1.

[9] FCTC/COP/7/11. Electronic nicotine delivery systems1 and electronic non-nicotine delivery systems report by WHO, Conference of the Parties to the WHO Framework Convention on Tobacco Control, seventh session, Provisional agenda item 5.5.2[EB/OL].Delhi, India [2016-08-05]. http: //www.who.int/fctc/cop/cop7/FCTC_COP_7_11_EN.pdf?ua=1&ua=1.

[10] FCTC/COP7(9). Decision: electronic nicotine delivery systems1 and electronic non-nicotine delivery systems. Conference of the Parties to the WHO Framework Convention on Tobacco Control, seventh session[EB/OL].Delhi, India [2016-11-12]. http: //www.who.int/fctc/cop/cop7/FCTC_COP7_26_EN.pdf?ua=1.

[11] FCTC/COP8. 世界卫生组织烟草控制框架公约缔约方会议第八届会议报告 [EB/OL]. https: //www.who.int/fctc/cop/sessions/cop8/en/.

附录

国内申请或公开的炭加热卷烟相关专利列表（1989—2018）

专利编号	申请号	申请日	专利名称
PM-1	89104935.5	1989-07-21	香烟制品、吸烟用品
PM-2	89104934.7	1989-07-21	用于抽烟装置的加热烟味源
PM-3	89104936.3	1989-07-21	碳质热源
PM-4	89104827.8	1989-07-21	香烟制品
PM-5	89108978.0	1989-12-07	烟具热源
PM-6	91105820.6	1991-08-21	烟具
PM-7	94106205.8	1994-06-02	制造含有金属氧化物的碳质热源的改进方法
PM-8	99802787.1	1999-01-06	降低侧流烟的香烟
PM-9	200580019889.7	2005-06-15	用于氧化香烟烟雾中的一氧化碳的催化剂
PM-10	200880102333.8	2008-08-08	基于蒸馏的发烟制品
PM-11	200880124170.3	2008-12-15	用于生产柱形热源的工艺
PM-12	200980153221.X	2009-12-29	用于组装用于吸烟制品的部件的设备及方法
PM-13	201180009907.9	2011-02-18	用于香烟制品的生成气溶胶的基质
PM-14	201280032154.8	2012-06-01	用于发烟制品的可燃热源
PM-15	201280051920.5	2012-11-14	包括有具有后方屏障涂层的可燃热源的发烟制品
PM-16	201280056053.4	2012-12-28	用于吸烟制品的复合热源
PM-16.5	201280072118.4	2012-12-28	具有可生物降解的香味产生部件的气雾产生制品
PM-17	201380005019.9	2013-01-08	具有双重功能的盖的发烟制品
PM-18	201380007051.0	2013-02-12	空气流动改进的发烟制品
PM-19	201380008557.3	2013-02-12	包括隔离的可燃热源的发烟制品
PM-20	201380016430.6	2013-02-12	包括双导热元件的发烟物品
PM-21	201380016398.1	2013-02-21	多层可燃烧热源
PM-22	201380026301.5	2013-03-15	制造可燃热源的方法
PM-23	201380031700.0	2013-03-15	两部分多部件组合机
PM-24	201380038772.8	2013-06-13	制造具有阻隔件的可燃热源的方法
PM-25	201380040899.3	2013-07-03	具有改进的粘结剂的可燃热源
PM-26	201380046055.X	2013-08-29	绝热热源
PM-27	201380063377.5	2013-12-06	带有可移除的盖子的吸烟制品
PM-28	201380063355.9	2013-12-06	用于制造具有可移除的包装件的吸烟制品部件的方法和设备

附录 国内申请或公开的炭加热卷烟相关专利列表（1989—2018）

续表

专利编号	申请号	申请日	专利名称
PM-29	201380066808.3	2013-12-20	包括气流引导元件的吸烟制品
LN-1	85106876.6	1985-09-11	吸烟制品
LN-1	90103438.X	1985-09-11	碳燃料元件及制备碳燃料元件的方法
LN-1	91109831.3	1985-09-11	吸烟制品
LN-1	91109832.1	1985-09-11	吸烟制品
LN-2	86105536	1986-07-26	烟制品-人造香烟
LN-3	87101955	1987-03-14	制备吸烟制品的碳质燃料的方法和由此制成的产品
LN-4	87105240	1987-07-27	处理供烟具使用的基体材料的方法和用此方法制造的产品
LN-5	87108020	1987-11-28	由改良的烟雾生成基材制作的吸烟制品
LN-6	87105964	1987-12-09	具有改进的燃料元件的吸烟制品
LN-7	88100383	1988-01-23	烟雾释放制品
LN-8	88101084	1988-02-27	制造吸烟制品的方法和在该制品中使用的各组件
LN-9	88106280.4	1988-08-25	具有改进烟嘴件的吸烟制品
LN-10	89102902.8	1989-04-25	有利于减少一氧化碳的含催化剂吸烟制品
LN-11	89103355.6	1989-05-15	具有改进的香料输送装置的烟制品
LN-12	91101339.3	1991-02-27	香烟
LN-13	91105363.8	1991-07-30	具有烟草/玻璃纤维燃料包裹纸的香烟
LN-14	91105535.5	1991-08-07	带改进的卷烟纸的吸烟制品
LN-15	92105261.8	1992-06-27	用于吸烟制品燃料元件的含碳组合物
LN-16	93103139.7	1993-03-20	烟制品的部件及其制造方法
LN-17	93117863.0	1993-09-17	吸烟制品的组合燃料元件
LN-18	93117028.1	1993-09-17	香烟及其制造方法
LN-19	94104119.0	1994-04-07	燃料元件组合物
LN-20	95121811.5	1995-12-29	调节烟制品燃料构件湿度的方法和装置
LN-21	98109677.8	1998-06-04	复合条带的成形设备和方法
LN-22	200980137177.3	2009-09-17	用于制备吸烟物品的燃料元件的方法
LN-23	201080038270.1	2010-08-10	带绝热垫的分段吸烟制品
LN-24	201180031721.3	2011-04-27	分段式抽吸制品

续表

专利编号	申请号	申请日	专利名称
LN-25	201280055319.3	2012-08-22	带有基质腔的分段吸烟制品
LN-26	201380017626.7	2013-03-18	制备吸烟制品的方法
YM-1	03143497.5	1995-09-06	卷烟制品的燃料、卷烟制品用的气悬体发生剂及气悬体发生燃料以及卷烟制品
YM-2	200510079014.8	1995-09-06	卷烟制品用的气悬体发生剂、气悬体发生燃料以及卷烟制品
YM-3	200610100695.6	1995-09-06	卷烟制品的燃料、卷烟制品用的气悬体发生剂及气悬体发生燃料以及卷烟制品
YM-4	201080046636.X	2010-10-15	对抽吸流量图的控制
YM-5	201380005402.4	2013-01-11	吸烟制品
JP-1	02826243.3	2002-12-18	烟制品
JP-2	200480034945.X	2004-11-05	碳质热源头的制造装置
JP-3	200580036614.4	2005-10-17	用于制造热源棒的制造机器及其制造方法
JP-4	200580046024.X	2005-12-22	非燃烧型吸烟物品用碳质热源组合物
JP-5	200780013028.7	2007-04-04	非燃烧型吸烟物品用碳质热源组成物和非燃烧型吸烟物品
JP-6	200980159916.9	2009-06-18	具备碳质热源的非燃烧型吸烟物品
JP-7	201180037410.8	2011-07-28	无烟的香味抽吸器
JP-8	201380018384.3	2013-03-27	碳热源和香味抽吸具
GN-1	201310145816.9	2013-04-24	利用乙醇制备烟用丝状碳质热源材料的方法
GN-2	201310145443.5	2013-04-24	利用乙醇制备烟用片状碳质热源材料的方法
GN-3	201310145457.7	2013-04-24	利用酸制备烟用片状碳质热源材料的方法
GN-4	201310144798.2	2013-04-24	利用酸制备烟用丝状碳质热源材料的方法
GN-5	201310144942.2	2013-04-24	利用钙盐制备烟用片状碳质热源材料的方法
GN-6	201310145445.4	2013-04-24	利用钙盐制备烟用丝状碳质热源材料的方法
GN-7	201310144843.4	2013-04-24	一种干馏型卷烟
GN-8	201320285346.1	2013-05-23	一种新型碳加热电子烟
GN-9	201310193621.1	2013-05-23	一种新型碳加热电子烟
GN-10	201310195725.6	2013-05-23	一种改善碳加热卷烟烟气口感的碳质热源
GN-11	201320570189.9	2013-09-13	一种碳质加热型卷烟

附录 国内申请或公开的炭加热卷烟相关专利列表（1989—2018）

续表

专利编号	申请号	申请日	专利名称
GN-12	201320680789.0	2013-10-31	干馏型卷烟碳质热源段
GN-13	201310539203.3	2013-11-04	金属导热式低温卷烟辅助工具
GN-14	201320689752.4	2013-11-04	一体导热式低温卷烟辅助工具
GN-15	201310538122.1	2013-11-04	一体导热式低温卷烟辅助工具
GN-16	201320692524.2	2013-11-05	一种低温卷烟的导热器
GN-17	201320692487.5	2013-11-05	火柴式导热吸烟装置
GN-18	201320694678.5	2013-11-05	外部导热吸烟装置
GN-19	201320694685.5	2013-11-05	具有增强热交换的烟草干馏装置
GN-20	201320696295.1	2013-11-05	具有聚热区的烟草干馏装置
GN-21	201320694806.6	2013-11-05	具有优化保温层的烟草干馏装置
GN-22	201320694054.3	2013-11-05	导热式低温卷烟的保温套
GN-23	201320694683.6	2013-11-05	一种后部进气式导热吸烟装置
GN-24	201310562994.1	2013-11-12	加热型低温卷烟及其制备方法
GN-25	201320775746.0	2013-11-28	一种针式碳加热卷烟的装置
GN-26	201410613310.0	2014-11-05	一种带有铝箔层的复合卷烟纸及其应用方法
GN-27	201410731807.2	2014-12-06	一种制作低温卷烟原料的装置及方法
GN-28	201510019346.0	2015-01-15	一种气路分离式碳质热源新型卷烟
GN-29	201510115206.3	2015-03-17	一种碳加热低温卷烟的复合雾化剂及其制备方法和应用
GN-30	201510115261.2	2015-03-17	一种碳加热低温卷烟复合填充丝及其制备方法
GN-31	201520222013.3	2015-04-14	一种碳质热源非燃烧型香烟
GN-32	201510242774.X	2015-05-12	加热型不燃卷烟
GN-33	201610442327.3	2016-06-20	一种烟雾量可调式燃料加热型烟草制品
GN-34	201610466840.6	2016-08-17	一种气路分离式燃料加热型烟草制品
GN-35	201610985613.4	2016-11-09	一种可点燃炭加热不燃烧卷烟的点燃器具
GN-36	201710332508.5	2017-05-12	一种可对内部燃料段补给氧气的吸气装置
GN-37	201710814141.0	2017-09-11	一种能自动点燃或加热卷烟的装置
GN-38	201810058984.7	2018-01-22	一种具有双层卷绕结构的炭质热源及其制备方法
GN-39	201810059551.3	2018-01-22	一种复合炭质热源及其制备方法

续表

专利编号	申请号	申请日	专利名称
GN-40	201810918505.4	2018-08-13	一种改性炭材料、其制备方法及用途
GN-41	201811284784.X	2018-10-31	一种炭加热不燃烧卷烟用复合隔热材料及其制备方法
GN-42	201910153141.X	2019-02-28	一种隔热毡、其制备方法及用于炭加热不燃烧卷烟的用途